国家领土主权与海洋权益协同创新中心资助出版

美国与世界经济秩序的变革（1916–1955）

张士伟 著

WUHAN UNIVERSITY PRESS
武汉大学出版社

图书在版编目(CIP)数据

美国与世界经济秩序的变革(1916～1955)/张士伟著.—武汉：武汉大学出版社,2015.10
ISBN 978-7-307-16967-8

Ⅰ.美…　Ⅱ.张…　Ⅲ.①经济史—研究—美国—1916～1955　②世界经济—经济秩序—经济史—研究—1916～1955　Ⅳ.①F171.295 ②F119.5

中国版本图书馆 CIP 数据核字(2015)第 240738 号

封面图片为上海富昱特授权使用(ⓒ IMAGEMORE Co., Ltd.)

责任编辑:李　琼　　责任校对:李孟潇　　版式设计:马　佳

出版发行:**武汉大学出版社**　(430072　武昌　珞珈山)
(电子邮件:cbs22@whu.edu.cn　网址:www.wdp.whu.edu.cn)
印刷:湖北民政印刷厂
开本:720×1000　1/16　印张:25.5　字数:366 千字　插页:1
版次:2015 年 10 月第 1 版　　2015 年 10 月第 1 次印刷
ISBN 978-7-307-16967-8　　定价:78.00 元

序

在 20 世纪世界历史中，伟大的反法西斯战争摧垮了世界殖民体系，推动了世界经济秩序的重大变革，为战后和平发展奠定了基础。美国变革世界经济秩序的理念起始于第一次世界大战威尔逊总统执政时期，而主导筹划构建新的世界经济秩序则是由富兰克林·罗斯福政府在第二次世界大战中所担负，并为其后几届政府所承继。长期以来，国内外学术界对 20 世纪前期美国对外经济政策的研究成果丰硕，大多集中于探讨美国经济霸权的取得、美英经济斗争以及美国多边贸易政策的成败等问题。但是，对美国与世界经济秩序变革这一问题的系统研究不够，留有较大的探索空间。张士伟博士在《美国与世界经济秩序的变革（1916—1955）》这本论著中所作的前沿性学术研究弥补了这一缺憾。

在该论著中，作者系统考察了从威尔逊到艾森豪威尔时期美国变革世界经济的理念与政策的轨迹，美国最终在第二次世界大战后建立起了美国领导下的，以美元为中心，其他国家货币以固定汇率盯紧美元实施兑换；各国大量废除贸易壁垒并削减关税，逐步实现自由贸易的新的世界经济秩序。作者在著作中细致地阐述了美国在这一变革中的成就与挫折，以及实现目标的持之以恒的整个过程。作者将精细的历史考察和严密的逻辑思辨结合起来，形成了以下颇具新意的认知与观点：

首先，美国拓展世界市场的需求是其变革世界经济秩序的直接推动力，而其变革的构想与实践则与国际形势的变化发展密切相关。因此，作者在著作中特别重视第一次世界大战、1929—1933年经济大危机、第二次世界大战和冷战等重大历史事件对美国变革理念和实践的影响，分析和揭示美国对外经济政策制定实施的特点和实质。

其次，建立固定汇率制与实施自由贸易是美国变革世界经济秩序的主要目标。美国在国际合作的旗帜下，通过多边会议谈判与双边私下交涉的方式实现了对世界经济秩序的改造。由此，这一变革也在很大程度上使战后世界避免了 20 世纪 30 年代经济战恶性发展的灾难。

再次，变革世界经济秩序从三种不同类型的国家和地区（资本主义国家、国营贸易国家、占领地区）入手，揭示了战后初期美国自由贸易实践的主要范畴，并探讨了这一实践的成败对世界经济格局所产生的深刻影响。

最后，变革世界经济秩序过程中存在的重大缺失。杜鲁门执政后极大地改变了罗斯福重视盟国，尤其是东西方盟国团结合作的政策，由强调国际合作转向了国际对抗。因此，世界经济秩序在战后初期实际上局限于资本主义世界。另外，美国主导的贸易秩序亦存在明显不足。美国在主导关贸总协定机制中总是过多地考虑美国的利益，而在实际操作中忽略发展中国家的利益，违背了多边贸易机制的普惠与非歧视原则。而这些弊端来源于美国对其自身利益最大化的追求。

可以说，作者上述通过研究得出的结论，不仅是对该领域研究的推进，也为我们辩证看待美国变革世界经济秩序提供了客观参照。

特别应该指出的是，对这一难度非常大的课题，张士伟博士以严谨求实的学术态度，坚忍不拔的治学精神，在历史学的基础上，吸收经济学、法学等相关学科的知识与方法，对各类档案文献进行了搜集、筛选、整理与研究。其中包括：美国国家档案馆馆藏国务院和财政部档案、联合国贸易与就业大会、关贸总协定会议记录，美英外交档案和联合国文件等。作者在美国访学期间还了解并掌握了有关这一论题的最新研究成果，进一步搜集了大量第一手资料。

总之，张士伟博士以翔实的文献资料、严谨的思辨分析，为学界奉献出了一份厚重的学术成果。同时，也为当代世界构筑起更为合理、互利共赢、包容共进、均衡普惠的世界经济秩序，进一步创新国际合作模式提供了有益的历史启示。

　　值此金秋之际，张士伟博士的著作出版，是值得庆贺之事，相信他定能再接再厉，奋发努力，在该领域的研究中再创佳绩。

韩永利

2015 年 9 月 12 日于珞珈山

目　录

绪　论

所谓世界经济秩序，指各国经济交流赖以存在的宏观架构，金融与贸易是其中最为重要的两个方面。本研究从金融与贸易两方面聚焦 20 世纪前期美国对世界经济秩序的变革，从国际视角出发，研究美国与固定汇率制度的起源和自由贸易在固定汇率基础上的实施，以使人们清晰认识美国与世界经济秩序的关系。当今世界在经济上是相互依赖和开放的体系，各国经济上的交流与往来每天都在频繁地发生，这些经济活动的背后，有着它的支撑架构：国际金融领域的国际货币基金组织和世界银行；国际贸易领域的关税与贸易总协定——世界贸易组织。这三大机构作为战后世界经济体系的三驾马车，① 规范世界经济秩序并发挥作用至今。战后 70 年来，世界经济无论是高速发展还是危机频发，都与这个秩序密切相关。因此，无论从学术意义还是现实意义来看，研究与理解现代世界经济秩序的起源都有重要意义。

首先，在第二次世界大战与战后世界转型发展的大背景下，详细考察美国与世界经济秩序的变革，能够深化我们对历史发展规律的认识。当前世界经济秩序由美国主导确立，如美国外交史学家韩德所言，1944 年中期，随着战争即将结束，美国拥有了超强的经济优势，罗斯福政府为战后国际经济提供了一种持久的框架，促进自由贸易。美国构建的机制带来了强大的国际共识，一直延续到

---

① 徐蓝：《中国与战后国际秩序的关系演变：回看历史，启示未来》，《近代史研究》2013 年第 6 期。

21 世纪，影响着全世界人民的日常生活。① 但我们对这一问题的认识还没有达到令人满意的程度，正如中国社科院中外关系史专家王建朗所言，学术界对盟国在战时及战后初期所规划的并在相当程度上得以延续下来的战后秩序关注不够。②

从学术意义上说，目前对布雷顿森林协定或关税与贸易总协定的法律和经济学研究成果已有很多，但史学界反映人们对战后初期世界经济秩序的认识的成果并不多见，对于世界经济秩序变革过程中的一些重要问题，如美国为什么会提出怀特计划，即便怀特明知其计划不能长久运行，为什么还要在世界范围内推行？美国如何规划并变革战后金融秩序与贸易秩序，两者在实现方式上有怎样的区别？从规划到实践阶段，二者存在怎样的关系与联系？20 世纪 30 年代经济大危机、第二次世界大战与冷战对这一进程有怎样的影响？等等，仍有进一步研究的必要。学者们不断推进的研究，以及越来越多档案资料的公布，都为本研究提供了坚实的研究基础。

其次，改革现行世界经济秩序一直都是我国的重要诉求，如何打破美元霸权体制，构建相对自由开放的贸易秩序？需要从对历史的思考中寻求解决问题的智慧。2013 年 9 月，我国提出"反对贸易保护主义，推动国际贸易自由化，致力于营造自由开放的全球贸易环境"，"多边贸易机制的生命力在于普惠性和非歧视性"。③ 一语道出了世界经济秩序的实质，普惠性和非歧视性本是美国倡导的核心贸易原则，如今为何需要中国来强调？又如，早在 2009 年 3 月，我国提出建立一种超主权储备货币是国际货币体系改革的理想目标，"历史上的银本位、金本位、金汇兑本位、布雷顿森林体系

---

① ［美］韩德著，马荣久等译：《美利坚独步天下》，上海人民出版社 2011 年版，第 176 页。（本书注释仅在初次出注时标出全注，后同书仅标明作者、书名及页码）

② 王建朗：《浅议二战后国际秩序设计的几个特点》，《近代史研究》2013 年第 6 期。

③ 《习近平在二十国集团领导人第八次峰会就贸易等议题发表讲话》，2013 年 9 月 6 日，http://news. xinhuanet. com/politics/2013-09/06/c＿1172 66701. htm，2013 年 10 月 5 日访问。

都是解决金融危机的不同制度安排，但现实表明，这一问题不仅远未解决，由于现行国际货币体系的内在缺陷反而愈演愈烈"。① 从历史上看，第二次世界大战期间，英国经济学家凯恩斯提出名为"班柯尔"的国际货币概念，不能不说具有历史前瞻性。它对今天的世界经济秩序改革有何借鉴意义？归根结底，需要考察美国与世界经济秩序的变革，以理解当前世界经济秩序的本质及发展趋势，为改革提供必要的历史借鉴和理论支持。

美国与世界经济秩序的变革，涉及 20 世纪前半期美国的对外政策、世界经济秩序的演变，并受到世界重大历史事件的影响，是涉及历史学与经济学的跨学科研究。本研究主要以原始档案资料为基础，从历史学的角度，阐释美国与世界经济秩序变革的关系。尽管美国与世界经济秩序的变革这一进程已过去大半个世纪，但迄今为止仍然是人们持续关注的热点。总体上，国内外学术界关于这一领域比较有代表性的研究可以分类如下：

（一）美国与世界金融秩序

国际金融史由于它的深奥和跨学科特点，无论对历史学者还是经济学家，都没有太大的吸引力。然而，近年来这种情况在西方国家尤其是美国有所转变，出现了一批关于布雷顿森林体系研究的重量级成果，同时，布雷顿森林会议各委员会大部分的会议记录，也于 2012 年出版了网络版本②，提供了研究上的便利。

埃克斯重新解释了布雷顿森林体系的缘起。过去，人们认为布雷顿森林体系的出现源于三点认识：（1）固定汇率对增加贸易和提高生产力是必要的条件；（2）20 世纪 30 年代各国竞争性贬值使浮动汇率无法正常工作；（3）政府和中央银行的失败需要超国家

---

① 《周小川：关于改革国际货币体系的思考》，2009 年 3 月 24 日，http://news. xinhuanet. com/fortune/2009-03/24/content_11060507. htm，2013 年 10 月 5 日访问。

② Kurt Schuler, Andrew Rosenberg, *the Bretton Woods Transcripts*, Center for Financial Stability, 2012.

机构监督以保障世界经济秩序的有效运行。但埃克斯发现，经济学家几乎没有去挖掘历史事实，历史学家则没能脱离政客的语言，几乎没有研究者花工夫将政府政策与实际情况分开。在作者看来，布雷顿森林体系是一个不成熟的尝试，它建立于对 30 年代经验浅薄的和不能令人满意的认识的基础之上。对于受到萧条威胁的世界经济来说，它是一个好的机制，但却忽视了通胀的影响，以至于将来不得不花大力气修补。①艾肯格林从新角度考察了布雷顿森林协定的失败。他认为现代民主政府都面临着一定的压力，如周期性失业，这与固定汇率的要求相冲突。政府从布雷顿森林体系的发展历程中，认识到同时维持国内外经济稳定的艰难，当问题出现，他们试图通过国际合作解决，却最终失败。② 作者的研究有助于理解国际货币关系中的错综复杂的关系，但他的某些结论也许太过片面了，如作者认为固定汇率或稳定汇率机制并不适合民主政府存在的世界。

从怀特与凯恩斯两人的关系入手，美国外交关系委员会斯泰尔2013 年出版的著作考察了布雷顿森林会议的前因后果，美国怀特计划与英国凯恩斯计划的不同，试图为今日的人们提供某种新思路。作者还对怀特的个人命运做了饶有兴趣的探究。③ 作者对凯恩斯计划和金本位制度关注过多，以至于忽视了战前世界经济秩序的货币贬值问题，而这正是新秩序着力要解决的基本问题。可能受到周小川 2009 年谈话的启发，④ 英国天空新闻社经济学家康威研究

①　Alfred E. , Jr. Eckes, *A Search for Solvency*：*Bretton Woods and the International Monetary System*, 1941-1971. University of Texas Press, 2012.

②　Barry Eichengreen, *Globalizing Capital*：*A History of the International Monetary System*. Princeton University Press, 1998.

③　Benn Steil, *The Battle of Bretton Woods*：*John Maynard Keynes, Harry Dexter White, and the Making of a New World Order*. Princeton University Press, 2013. 该书已译成中文：[美] 本·斯泰尔：《布雷顿森林货币战——美元如何统治世界》，机械工业出版社 2014 年版。

④　ED Conway, *the Summit*, *Bretton Woods*, 1944, *J. M. Keynes and the Reshaping of the Global Economy*. Pegasus Books, 2014：402.

了凯恩斯与布雷顿森林会议的关系，试图从中找到对当代国际货币体系有益的启示，作者认为，布雷顿森林体系在过去是成功的，现在的政治家们需要做的是修复这一体系，使它更完美。

加拿大滑铁卢大学国际政治经济学教授赫莱纳 2014 年出版的新书认为人们忽视了南方国家（欠发达国家）在构建布雷顿森林体系中的作用，因而着力挖掘拉美、东亚、东欧和南亚等地区的国家在布雷顿森林会议中的表现。作者注意到，欠发达国家发挥的作用比通常情况下人们所想的重要得多。作者意在纠正人们对欠发达国家长期存在的错误认识，为全球发展问题提供有益的借鉴。①

从以上最新研究可以发现，研究者们主要关注仍是布雷顿森林体系的缺陷以及出现缺陷的内在原因，很少有学者关注布雷顿森林体系为何呈现这样的面貌，实际上，离开当时的时代背景和美国在世界中的地位、面临的形势及要取得的国际目标，将很难理解布雷顿森林体系的面貌。而这正是历史学者需要解决的问题。

（二）美国与世界贸易秩序

美国与战后贸易机制构建方面，比较著名的学者是理查德·加德纳，托马斯·齐勒和苏珊·阿伦逊，从研究内容来看，他们多集中于美国自由贸易政策的推行。

加德纳的经典著作聚焦于美英合作重构多边贸易体系，围绕国际货币基金组织、关贸总协定诞生过程中的英美外交，他认为两国没有关注不发达国家的需要，也没能及时处理第二次世界大战参战国战后初期转型问题，多边贸易体系的构建并不成功;② 齐勒从英美两国斗争的角度来探讨自由贸易制度从构想到实践的过程，与加德纳相反，齐勒从对各国外交斡旋的考察中强调斗争关系。虽然美

① Eric Helleiner, *Forgotten Foundations of Bretton Woods, International Development and the Making of the Postwar Order.* Cornell University Press, 2014.

② Richard N. Gardner, *Sterling-Dollar Diplomacy：Anglo-American Collaboration in the Reconstruction of Multilateral Trade.* Clarendon Press, 1956.

国拥有他国无法挑战的经济实力，但是英国利用其经济陷于崩溃的弱势地位与美国讨价还价，迫使美国放弃完全自由贸易的要求，导致自由贸易体系的构建走向失败；① 阿伦逊从国内大众的角度做了阐释。她认为之所以战后初期多边自由贸易政策会失败，是因为其计划者们过分讨好利益集团，没有及时与大众充分交流，忽视了大众对他们支持度的影响。作为对比，几乎与之同时构建的联合国和布雷顿森林体系由于与民众充分的互动而取得了成功。②

1994 年，在布雷顿森林——关贸总协定系统建立 50 周年之际，美国召开学术研讨会，并出版《布雷顿森林—关贸总协定系统》③。该书分为三个部分，第一部分即为对历史的回顾。6 篇文章有 5 篇涉及布雷顿森林，主要涉及美国与《布雷顿森林协定》的关系，1 篇是关于当时拟议成立的国际贸易组织和关贸总协定，这些文章的一个共同特点是它们都是对历史过程的单纯记载和回顾，没有作深入的探讨。

中国方面，现有研究较少，且视角略显宏观。目前较成系统的是苏州大学金卫星教授对全球经济体系所做的考察。他认为第二次世界大战期间，美国即致力于构建战后世界金融有序合作和贸易自由开放的全球经济体系。这项全球战略的经济目标，最初体现于 1941 年 8 月 14 日颁布的《大西洋宪章》，正式实施于 1944 年 7 月召开的布雷顿森林会议。在更广阔的历史背景下，他认为美国的全球经济体系构想来自于门户开放政策的"机会均等"原则，体现了美国在 20 世纪以理想主义实施帝国主义扩张战略的特殊性。④

---

① Thomas W. Zeiler, *Free trade, Free World: The Advent of GATT*, University of North Carolina Press, 1999.

② Susan A. Aaronson, *Trade and the American Dream*. The University Press of Kentucky, 1996.

③ Orin Kirshner ed., *The Bretton Woods-GATT System: Retrospect and Prospect After Fifty Years*. M. E. Sharpe, 1996.

④ 金卫星：《二战期间美国筹建战后世界多边自由贸易体系的历程》，《史学月刊》2003 年第 12 期；《从"门户开放"到世界贸易组织：20 世纪美国全球扩张战略的历史轨迹》，苏州大学出版社 2001 年版。

作者将门户开放视做自由贸易体系的基础，但对自由贸易的其他重要内容诸如互惠贸易、减税、废除特惠和降低其他贸易壁垒涉及较少，须知机会均等并不是美国全球经济体系的唯一内容。

近年来，美国贸易政策渐成研究热点，美国如何形成当前的贸易格局，影响美国贸易政策走势的因素是什么，吸引了大批研究者的兴趣，其中有几篇博士论文需要提及。

王志从国家主义的视角出发，考察美国国家权力的变迁对多边贸易政策的影响。从国际权力角度，作者认为1934年至1970年，正是美国国际行为权力逐步形成的时期，美国致力于贸易自由化，并主导建立了多边贸易体系；从国内权力角度，第一个时期为"1934年体制"的建立和稳固。在这种体制下，行政机构控制了美国贸易政策制定，美国较容易制定多边贸易政策和推动多边贸易体系发展。① 崔岩认为美国在当代实施的战略性贸易政策是在特定的历史条件下产生的。在对历史的考察中，作者认为美国自第二次世界大战结束至20世纪70年代初实行的是自由贸易政策，给本书的思考以有益的启示，但对原因与内容的描述上却显薄弱，凸显历史学研究对完善经济学研究的必要性。②

孙天竺通过对1776—1940年美国对外贸易政策的研究，认为自由贸易理论和保护贸易理论并不对立。从亚当·斯密开始自由贸易理论一直是主流，而保护贸易理论修正了自由贸易理论的一些条件，从而使自由贸易政策表现在一个新的水平上。③ 作者对自由贸易新水平的论述开拓了人们的思路。

刘振环认为自由贸易体制具有冷战战略性质，是美国冷战战略的重要组成部分。美国在资本主义世界推动贸易的自由化，以此来复兴西欧、日本等盟国的经济，加强相互间的经济联系和团结，壮

① 王志：《美国多边贸易政策研究（1934—2009）》，复旦大学2010年博士论文。

② 崔岩：《美国战略性贸易政策研究》，吉林大学2010年博士论文。

③ 孙天竺：《美国对外贸易政策变迁轨迹研究（1776—1940）》，辽宁大学2008年博士论文。

大经济力量，共同遏制苏联。而自 20 世纪 30 年代以来，有保护的自由贸易是美国贸易政策的主流。①谢华考察了美国对第三世界经济外交的影响因素、特点及指导理论。从 1947 年至 1969 年，历史传统影响，尤其是冷战时期遏制战略的现实需要，促使美国采取经济外交来处理其与第三世界国家的关系，经济外交是为美国遏制战略服务的工具，而其本质，则是新殖民主义。作者没有考察美国对第三世界国家的贸易政策。②

　　总之，从美国战时形成的全面多边贸易体系的目标来看，它在战后初期的实践中遭受了挫折，但以失败来概括评价却不够全面和客观。原因有二：首先，第二次世界大战后，以美国为中心的西方世界出现了长达 20 年的黄金发展期，在世界范围内没有出现诸如第一次世界大战后各国随意提高关税或构筑贸易壁垒的混乱现象，除去战争的巨大危害对人类的警示后果，美国自由贸易构想在世界的实践是重要原因；其次，美国对自由贸易的实践并不仅仅是针对英国，它还包括苏联和东欧地区、众多新独立的不发达国家、前敌国德国和日本等，在美国的主导之下，1948 年通过的国际贸易组织哈瓦那宪章完整包含了与国营经济贸易相关的条文，并得到 56 个国家的认可，德国与日本等前敌国依次被纳入世界经济秩序，改变了第一次世界大战后战败国相对孤立的发展模式。从这两点来说，战后初期美国自由贸易理想的实践至少在部分上是成功的。至于美国所着力构建的自由贸易体系是否完全着眼于冷战战略，通过细致的研究可以发现，第二次世界大战期间形成的美国的自由贸易构想并不是如此。

（三）美英经济霸权转换

　　霸权对于学术界来说是一个充满吸引力的话题，因此也吸引

了大量优秀学者著书立论。国外比较有代表性的学者有伍兹、麦克尔彻、道迈尔和哈萨维，国内则有王在帮、金卫星和张振江等学者。

麦克尔彻对英美两国在经济大危机时期的经济外交、渥太华帝国会议以及罗斯福政府 1933 年后在对外贸易政策上的新变化做了详细考察，认为这些事件导致在国际经济领域出现美攻英守的局面，是美国全面取代英国霸权的前奏。不足之处是，作者的论述没有延续到 20 世纪 40 年代。① 伍兹对英美两国战时金融和贸易谈判做了详尽考察，作者认为，以 1944 年布雷顿森林会议的召开和 1945 年两国财政协定的达成为标志，美国多边主义者最终战胜了美国境内的孤立主义者和英国的帝国主义者，美国以雄厚的经济实力于 1946 年取代英国成为西欧保护者，完成了角色的转换;② 道迈尔考察了布雷顿森林体系从酝酿到形成的过程，认为布雷顿森林协定的意义是美国取代了英国的世界地位，美国对英贷款的达成则标志着英国治下的世界和平向美国治下的世界和平转变的完成，是从金融角度考察两国霸权转换的论著。③

与学者通常认为美国主动谋取霸权，英国积极防守的观点不同，哈萨维在两国霸权转换上提出了不同的观点，他认为美国是在一种消极的状态下获取了霸权。战后初期，美国金融和政治优势迫使英国不得不趋向于依赖美国力量的庇护。但美国并无意取代英国的作用，他们按照大战中确定的目标前进，直至 1947 年冬英国经济面临崩溃之时，他们才承担起英国曾经扮演过的世界领导者角色。在哈萨维眼中，美英经济关系更多地表现出了和谐

---

① Brian McKercher, *Transition of Power*: *Britain's Loss of Global Pre-eminence to the United States*, 1930-1945. Cambridge University Press, 1999.

② Randall B. Woods, *A Changing of the Guard*: *Anglo-American Relations*, 1941-1946. University of North Carolina Press, 1990.

③ Armand V. Dormael, *Bretton Woods*, *Birth of a Monetary System*. MacMillan Press, 1978.

的意味。①

中国学者方面，王在帮通过对布雷顿森林体系的形成与发展的考察，从多层次把握了西方经济体系的相对稳定，批判了霸权稳定论的观点，认为均势不等于混乱，霸权也不代表稳定。②

金卫星对美元霸权之路、美国全球经济体系的构想与实践作了考察。在美元霸权问题上，他认为第一次世界大战打破了19世纪中叶形成的以金本位为基础、以英镑为中心的国际货币体系，战后英镑被迫与美元和法郎分享国际货币的主导地位。而1929—1933年的世界经济大危机，则为美元初步崛起成为国际主导性货币提供了历史性机遇；在第二次世界大战结束之际诞生的布雷顿森林体系虽为美元霸权提供了国际制度的平台，但美元霸权地位的真正起步却缘于冷战开始之际的马歇尔计划。通过援助西欧重建，美元实际上在布雷顿森林体系发挥作用之前已全面介入了西欧的经济，并由此起步演变成为战后世界的霸权货币。③

南京大学因为两名学者对霸权与国际经济关系的研究而显示了它在这一领域的地位。张振江从霸权转换的角度研究了1933—1945年的美英经济外交，美英两国在各自对外经济战略的指引下，在金融和贸易领域展开竞争。以1945年12月《英美财政协定》的签订为标志，英国接受了美国主导战后国际经济体系的事实；舒建中以国际贸易组织和关贸总协定的建立为考察中心，认为后者的创立及历史演进与美国霸权和主导地位密切相关，标志着美国在战后国际贸易领域霸权地位的确立；另一方面，他也看到以关贸总协定制度为中心的多边贸易体系在全球化深入发展的进程中发挥了至

---

① Robert M. Hathaway, *Ambiguous Partnership*, *Britain and America*, 1944-1947. Columbia University Press, 1981.

② 王在帮：《霸权稳定论批判——布雷顿森林体系的历史考察》，时事出版社1994年版。

③ 金卫星：《美元的崛起与欧美经济民族主义博弈》，《世界历史》2008年第4期；《马歇尔计划与美元霸权的确立》，《史学集刊》2008年第6期。

关重要的制度保障作用。① 资料方面，两人主要利用了美国外交档案，没有使用联合国贸易与就业大会文件。谈谭详细考察了英美在贸易问题上的交涉，认为美国虽艰难取代了英国的位置，但却偏离了它所热衷的市场原则和多边非歧视自由贸易的目标。② 三位的研究确认了战时和战后初期经济霸权向美国的转移，以及给两国造成的影响。

博士论文方面，辛玫以美国与国际货币基金组织的关系为例考察了制度霸权。他认为，美国霸权的基础是经济霸权，经济霸权的基础是利用国际制度的机制化安排满足美国利益的国际经济组织，国际货币基金组织具有代表性。③ 赵航考察了美国霸权与多边贸易体制的关系。他的一个很重要的结论是认为美国霸权从多边贸易体制的发展中获取了安全、财富、规则和价值观等多重收益，它的霸权权力和全球经济领导地位得到了加强。因此美国会不断地推动多边贸易体制发展，将更多的经济领域纳入这个轨道中来，接受多边规则的制约。当美国真正走向贸易保护主义之时，就是美国霸权衰落的开始。④

总之，学者们在霸权问题上取得了丰硕的成果，为进一步地研究打下了坚实的基础。但是，战后初期美英两国经济关系，显然有超出霸权的内容。有两个问题需要注意：首先，两国经济关系变迁对世界的影响，尤其是在自由贸易方面，美英两国到底达成了怎样

---

① 张振江：《从英镑到美元：国际经济霸权的转移：1933—1945》，人民出版社 2006 年版；舒建中：《多边贸易体系与美国霸权——关贸总协定制度研究》，南京大学出版社 2009 年版；《美国与 1947 年日内瓦会议——兼论关贸总协定机制的建立与美国贸易霸权》，《解放军外国语学院学报》2005 年第 3 期。

② 谈谭：《国际贸易组织（ITO）的失败：国家与市场》，上海社会科学院出版社 2010 年版。

③ 辛玫：《美国与国际货币基金组织关系探析——制度霸权的研究视角》，吉林大学 2007 年硕士论文。

④ 赵航：《多边贸易体制与美国的霸权权力》，外交学院 2008 年博士论文。

的妥协？英国对美国的自由贸易构想产生了何种影响？其次，美英经济关系仅为美国对外经济关系的一个方面，美国对外推行自由贸易的全貌是怎样的？这都需要对档案材料进行分析，以求得更为真实的答案。

（四）　美国与苏联东欧集团的经济关系

战后初期东西方经济关系在美国自由贸易的构想中占据重要内容。由于苏联和东欧实行不同于西方的国营经济体制，故而它们与西方的经济来往并不活跃，学术界的研究也多集中于政治和军事层面，除个别外，对经济的有限关注也打上了冷战的深深烙印。

美国圣路易斯大学艾克瑟详细考察了苏联参加布雷顿森林协定的历程，包括美苏之间的初始讨论到其后两国针对具体条文的斗争，以及苏联放弃生效布雷顿森林协定的原因等。美国强调的国际合作与协作以及多边互惠经贸关系框架，被苏联视为不利情况而拒绝接受。在没有美国贷款的情况下苏联转向依靠赔款、国内资源和强制劳动来完成重建，美国对苏自由贸易构想走向破产。①

帕特森考察了大战结束前后美苏贷款事宜。战争后期，美国外交人员明显看到对苏贷款对维系美苏两国友谊与国际合作的重要性，但历史真相却是美国贷款最终给了英国而不是苏联。苏联直接判定美国是在组建封锁苏联的经济防线，重复第一次世界大战后的经历，从而拉开了两国对立的大幕；格申克荣考察了苏联与欧洲的经济关系，认为无论是经济利益还是政治利益都不足以解释苏联对东欧国家的经济渗透，苏联的真实意图是以之为跳板，在短期内谋求大西洋的军事利益，迫使美国做出对苏联有益的让步。②

杰克森考察了1947—1969年美英与东西方贸易关系，分析了

---

① Peter J. Acsay, "Planning for Postwar Economic Cooperation, 1933-1946", PHD Dissertation of Saint Louis University, 2000.

② Thomas G. Paterson, "The Abortive American Loan to Russia and the Origins of the Cold War, 1943-1946", *The Journal of American History*, Vol. 56, No. 1, Jun., 1969; Alexander Gerschenkron, "Russia's Trade in the Postwar Years", *Annals of the American Academy of Political and Social Science*, Vol. 263, May, 1949.

两国对东方进行贸易封锁的政策分歧与协调，与通常只关注政治和军事，并以此界定国际关系的研究者不同，他认为贸易是东西方冲突的根源之一，美英本欲通过战略禁运来阻止苏联军事力量的增长，但事与愿违，禁运不仅违背了美国一直以来所追求的自由贸易精神，也使西方盟国经常出现摩擦事件。杰克森特别呼吁加强对战后初期自由贸易的研究。①

国内方面，中国人民银行参事室谭秉文认为在国际金融机构中的权利与责任、基金和银行组织与联合国关系等一系列重要问题上与美国的分歧导致了苏联、东欧不再参加布雷顿森林协定。毛锐则认为苏联作为基金组织的发起国之一，最终拒绝加入基金和银行，是特殊国际环境下的产物，既不明智亦缺乏远见，为美国挑起"冷战"提供了借口，但事实说明，"冷战"是苏美双方互相猜疑、互相对峙和互相遏制的产物，双方均负有不可推卸的责任。② 张俺元、卢志渊则认为战后美苏经济战略的不同最终导致两国的分道扬镳。首先，美国的战略利益是"自由、开放、合作"的世界经济体系，而苏联则对计划、封闭、独立的经济体系念念不忘；其次，美国要在世界经济中扮演盟主的角色，而苏联则坚信资本主义国家之间迟早要再分裂而不认同美国的盟主地位。这样，美苏两国对外经济战略实际已隐含着原则上的对立，加上意识形态和国家利益的根本性分歧，马歇尔计划的实施，刺激了苏联加快组建社会主义经济体系的步伐。③

近年来有学者从合作角度考察了美苏经济关系。崔海智认为，第二次世界大战后期，苏美两国都有在战后保持经济合作的构想和尝试。但受政治因素和意识形态因素的影响，战后初期杜

---

① Ian Jackson, *The Economic Cold War*：*America*，*Britain and East-West Trade*，1948-1963，New York：Palgrave，2001.

② 谭秉文：《苏联和东欧国家与国际货币基金组织和世界银行》，《国际金融研究》1989 年第 11 期；毛锐：《试论战后初期苏联对"基金"和"银行"的态度转变及对苏美关系的影响》，《山东师大学报》1997 年第 1 期。

③ 张俺元、卢志渊：《二战结束初期美国和苏联对外经济战略比较》，《泉州师范学院学报》2008 年第 1 期。

鲁门政府主动关闭了美国同苏联和东欧社会主义国家发展自由贸易的大门。苏联拒绝参加马歇尔援助计划标志着战后初期苏美经济合作尝试的失败，并揭开了东西方经济冷战的序幕。在另一篇文章中，基于伊·迈斯基（Ivan Maisky）关于战后英、美经济政策的报告，认为迈斯基的构想与苏联领导人在战后初期奉行的大国合作战略以及关于国内经济重建问题的一些思考是一致的。当然，从另一方面来说，斯大林并不相信苏联与西方大国之间能够长久和平相处，苏联只是暂时需要西方的经济援助以恢复和发展国民经济。①

综上，学术界主要是基于冷战的思路来探求苏联和东欧地区与美国、国际经济组织之间的关系，这些探讨可以解释为何美苏两国迅速从战时合作转向战后对立关系，并且终苏联一世，两国合作关系亦没有恢复到战时水平。但是，正如剑桥大学雷诺德斯所言，欲清晰理解战后初期历史，必须要超越外交、战略层面，从社会、文化、经济等多层面进行多方研究，②因此，从经济视角出发，笃信"贸易促进和平和贸易避免战争"论的美国为何放弃同苏东集团建立稳固贸易关系的机会，苏联与自由贸易体系到底存在怎样的关系，自由贸易体系对其特殊经济体制做了怎样的安排，以及东西方世界对自由贸易的主张与冷战之间的关系，还需要通过对档案材料做认真解读，以求得到更为准确的答案。

（五）战后初期美国与前敌国经济关系

对战后初期美国与德日经济关系，学术界亦多着眼于冷战视角，将其与美国的世界战略、与苏联间的对抗结合起来考察，但却

---

①　崔海智：《战后苏美经济合作尝试的失败——兼论经济冷战的起源》，《世界历史》2011 年第 1 期；《苏联对战后经济重建的思考——迈斯基关于战后英、美经济政策的报告》，《俄罗斯研究》2011 年第 2 期。

②　David Reynolds, "From World War to Cold War: the Wartime Alliance and Postwar Transitions, 1941-1947", *The Historical Journal*, 45. 1, 2002.

忽视了这是美国构建的自由贸易体系的重要组成部分。战后初期，美国自由贸易理念实践的重要内容是将自由贸易理念扩及前敌国——后来的占领国家和地区，核心内容为无条件最惠国待遇的扩展以及将其纳入战后国际经济组织体系框架。

国外研究方面，加拿大国际委员会（Canadian international council）对日本加入关贸总协定的过程给予了大事记般的描述，前面提到的齐勒教授论著也涉及哈瓦那会议上各方对美国对占领地区经济政策的态度，认为美国与盟国之间的关系愈发困难，对经济关系问题本身没有触及；巴克利考察了战后初期英国与日本的外交关系，经济层面着重挖掘英国在日本的利益维护、与日本的经济冲突等，没有涉及自由贸易。①

国内方面，舒建中认为，美国竭力将德国西部纳入美国主导下的关贸总协定机制，借以加强西方世界的政治经济联系以及美国领导下的冷战同盟体系，因此，美国在关贸总协定机制下的对德政策从一个侧面表明美国已经在一定意义上将 1947 年关贸总协定机制作为推行全球战略和冷战政策的有力工具之一。②邓峰认为，冷战初期美国对日贸易政策具有极其浓厚的冷战政治色彩。该政策紧紧围绕着美国遏制社会主义国家的全球战略而展开，全面复兴日本即为其关键步骤。为此，促进日本实施扩大出口的贸易政策，积极推动日本入关。在此过程中，一方面，美国在国际上竭力与以英国为首的反对日本入关势力作斗争；另一方面，在国内千方百计克服国会中的贸易保护主义势力给政府造成的困难。虽然日本最终入关，但美国的政策并未完全获得成功，日本入关也给美国和美日经济关

---

① Canadian international council, "Japan and GATT", *International Journal*, Vol. 9, No. 3, Summer, 1954; Roger Buckley, *Occupation Diplomacy*. Cambridge University Press, 1982.

② 舒建中：《美国在关贸总协定机制下的对德政策（1948—1951）》，《西南大学学报》2008 年第 1 期。

系带来了一定的负面影响。①

实际上，美国此举遭到了以英、法、中、澳为代表的盟国的强烈反对，美国如何在战时盟国与战时敌国之间找到一个平衡点，并将之纳入到自由贸易体系中来，冷战对美国自由贸易体系的实践产生何种影响？这在目前国内外学术界尚无系统研究，将是本研究要解决的一个重要问题。

美国在 19 世纪末成为世界头号经济大国，第一次世界大战期间开始提出世界经济秩序主张，在第二次世界大战后成为首屈一指的超级大国，20 世纪前半期的世界经济秩序变革与它息息相关。而由于牵涉众多，学术界对这一课题的研究仍然存在不足，从历史学的角度，结合国际宏观视野，以原始档案资料为基础，开辟新的研究将是必要的。本书将主要研究世界经济秩序的两个主要方面——经济与贸易秩序，探讨美国外交在这两个领域的理想与现实。这不仅有助于我们了解现今的国际经济体系及其运行规律，也有助于我们理解美国行为的特点及其外交政策的特点。

本研究以原始档案资料为研究基础，资料来源与运用包括而不限于：

1. 美国国家档案馆二馆，以馆藏国务院和财政部档案为主

财政部档案主要包括布雷顿森林协定文件，从变革世界经济秩序的源起和筹备，到构思、沟通和实施，数量达 55 箱，极其详尽地提供了美国对世界经济秩序的态度和做法。

财政部部长特别助理哈里·怀特，同时也是世界金融秩序主要设计者，其个人文件有 15 箱，这些资料全面反映了怀特对世界金融秩序的认识的变迁和美国财政部对世界经济秩序的参与和改造情况。

美国国务院的档案包括两份。其一是布雷顿森林会议文件，有

---

① 邓峰：《试论推动日本加入关贸总协定的政治因素》、《冷战初期美国对日本的贸易政策》，《现代日本经济》2001 年第 4 期、2005 年第 5 期；《冷战初期美国对日本加入关贸总协定的外交政策》，《吉林大学社会科学学报》2001 年第 6 期。

15 箱，作为对财政部文件的补充；其二是国际组织事务局关于美国构建世界贸易组织机构的档案，截至 1955 年有 15 箱，全面反映了美国对世界贸易秩序的态度、立场和作为。

2. 国际经济组织档案

世界贸易组织在其网站公布了几乎全部国际贸易组织和关贸总协定成立初期档案，包括各类会议速记报告，全面呈现出各国不同的观点、立场和妥协情况，对于我们了解美国的构想和实践以及世界经济秩序的最终形成非常必要。国际货币基金组织同样公布了其成立初期的会议记录供学者研究。另外，它和世界银行的年度报告同样重要。

第一章　美国与 20 世纪初期
世界经济秩序

19 世纪中期，理查德·科布登赞扬美国正作为下一个世界强国冉冉升起，他认为美国会很快选择自由贸易。他在 1846 年年初的一次演讲中说到，美国总统波尔克（James K. Polk）和财政部长沃克（Robert J. Walker）已经在向民众宣扬自由贸易，尤其是沃克对自由贸易理念的认知远胜他人。① 事实上，作为美国历史上以勤奋和富有效率著称的总统，波尔克一反常规地积极推动减税，以至于有人认为美国"从 1846 年至 1861 年已经实行了自由贸易的税则"。② 在世界历史上，美国第一次如此接近自由贸易。尽管如此，此时距美国真正与自由贸易结缘，还有百余年的路要走。

在世界范围内，19 世纪末 20 世纪初是统一的世界市场和经济体系形成的时期，在这个基础上，世界政治与经济逐渐成为统一的整体。到第一次世界大战前夕，以英国为首的少数欧洲资本主义国家一直处于这个整体的中心地位，尤其是英国，长期在世界经济舞台上扮演主导者的角色。相比于第一次世界大战后的世界经济形势，此时的资本主义世界经济正经历着它的"黄金时代"，美国总统胡佛（Herbert Clark Hoover）曾说，"第一次世界大战前的 25 年是 10 个世纪以来西方社会最美好的时代"。③ 但这个"黄金时代"

---

① Richard Cobden, *Speeches on Free Trade.* MacMillan and Co., 1903: 184.

② 黄绍湘：《美国通史简编》，人民出版社 1979 年版，第 208~209 页。

③ Arthur M. Schlesinger, Jr., *The Crisis of the Old Order*, 1919-1933. Houghton Mifflin Company, 1957.

却面临着新老帝国主义国家在发展问题上的碰撞与竞争。作为传统世界政治和经济中心的欧洲在 20 世纪初第一次出现了地位不稳的状态，军事上的对峙削弱了欧洲的政治与经济地位，传统的国际秩序面临挑战，经济发展模式是其中的重要内容。另一方面，美国经济实力登上高峰，拥有"几乎可算是惊人的财富"，必须进入国际市场开展贸易，以至 20 世纪美国首位总统麦金莱（William McKinley）声称"孤立不再可能，亦非所愿"。① 在世界已经连接为一个整体，欧洲的事情再也不局限于欧洲的时候，美国开国总统华盛顿倡导孤立主义时的国际大环境已经不复存在，这些变化一方面使美国不可能维持在经济上连接世界，同时在政治上固守美洲的传统政策，另一方面也给了美国试图将其理念在国际上宣示并实践的机会。

第一节　威尔逊自由贸易理念的提出及命运

19 世纪末，美国经济攀上高峰，从总量上已经居于世界第一，并且持续发展。威尔逊的总统任期开局良好。数据显示，1913 年，美国制造业的产量就在整个世界制造业生产中占了 35.8%，与英、德、法、日四国工业生产量的总和相当。② 在这样的大环境之下，威尔逊所要推进的经济和政治改革在美国历史上有着明显的变革烙印。

一、威尔逊自由贸易理念的提出

威尔逊是美国历史上第一位具有博士学位的总统，眼光高远。他看到高关税已经不符合美国经济的发展要求。1897 年，丁利税

---

① ［美］沃尔特·拉菲伯、理查德·波伦堡、南希·沃洛奇著，黄磷译：《美国世纪——一个超级大国的崛起与兴盛》，海南出版社 2008 年版，第31 页。

② ［澳］A. G. 肯伍德、A. L. 洛赫德著，王春法译：《国际经济的成长，1820—1990》，经济科学出版社 1997 年版，第 167 页，表 15《1913—1938 年间世界制造业生产的分布》。

则（Dinley Tariff）确定美国平均税率为 57%，① 创下历史之最。虽然高关税在美国经济力量弱小之时曾起到了保护经济的作用，但随着美国经济的崛起，高关税不仅对美国经济的保护作用越来越小，反而还助长了国内垄断组织的壮大，对缓解美国债务亦没有好处。从对外贸易上来说，1860 年以来，美国贸易额不断增长，19世纪末的增幅甚至超过了国民收入的增长速度。从 1874 年开始，除少数几年外，美国对外贸易转为顺差，1895 年以后顺差更是大幅增长，到 1913 年第一次世界大战前夕，美国对外贸易总额接近43 亿美元，出超额达 6.5 亿美元。② 其中美国对工业原料的需求增长最快，价值从 1860 年的 3700 万美元增至 1913 年的 6.35 亿美元。1908 年，外国对美投资有 64 亿美元，而美国对外投资只有 39亿美元，相差 25 亿美元，1914 年，差值增加到近 37 亿美元，③ 因此，外国对美投资增加额度持续超过美国对外投资。在这种情况下，美国国内降低关税，增加贸易的呼声更是居高不下。

威尔逊上台以后，大力主张降低关税。早在就职演说中，威尔逊就提到，美国的关税制度"违反了征税的公正原则，并使政府沦为私人权益集团手中的便利工具"，并认为到了改变的时候。④1913 年 4 月 8 日，在国会参众两院联席会议第一次会议上，威尔逊紧紧抓住关税改革主题，强调"在工业和商业有了巨大改变的时候，关税必须得到改变"，而改革的目的则是"使美国的商人和制造业者比其他国家更具有竞争力、更有效率和胆识，美国公司要

---

① 夏炎德：《欧美经济史》，三联书店 1991 年版，第 552 页。

② U. S. Bureau of the Census, *Statistical Abstract of the United States*, 1914, Washington：Government Printing Office, 1915：317, No. 232. 期间仅有四年呈入超状态，数额分别为 1875 年 19562725，1888 年 28002607，1889 年 2730277，1893 年 18735728 美元。

③ 夏炎德：《欧美经济史》，第 551~552 页；[美] 福克讷著，王锟译：《美国经济史》下，商务印书馆 1989 年版，第 415 页。

④ 李剑鸣、章彤编：《美利坚合众国总统就职演说全集》，天津人民出版社 1996 年版，第 297 页。

在世界其余地方维持自己独有的市场"，① 可以看到，发展对外贸易是威尔逊降税的主要出发点。

威尔逊推行的关税改革并不是整体否定美国的关税保护制度，而是借此为美国企业走向世界提供良好的支撑。在威尔逊的主持之下，不仅降低了工业产品关税，还降低了包括食品、蔗糖和羊毛等在内的部分农产品关税，一大批消费品被列为免税商品。最终通过的《安德伍德—西蒙斯关税法》(Underwood-Simmons Tariff Act)，降低了 900 多种关税税率，总平均税率下降到 26.67%，较之以前大大降低。② 新税法大量削减"能够证明美国产品在世界贸易中占有统治地位的商品的"进口关税，③ 表明美国已经不需要去保护过多的垄断企业，是使"美国工业与欧洲制造商展开真正竞争的尝试"，甚至被誉为"真正的自由关税"。④

除了贸易以外，威尔逊还特别重视金融在经济发展中的作用。由于历史的原因，美国不仅没有中央银行制度，连本位制度也没有确定，美国金融秩序可谓混乱不堪。1863 年颁布的《国民银行法》(National Bank Act) 是内战期间为筹措战费而仓促创建的，门槛极低，任何具有一定资金和认购国库债券的 5 人集团就可以成立银行，发行纸币。20 世纪初，美国有私人银行 3 万多家，⑤ 竞争激

---

① John T. Woolley and Gerhard Peters, *The American Presidency Project* [online]. Santa Barbara, CA: University of California (hosted), Gerhard Peters (database). Available from: http://www.presidency.ucsb.edu/ws/index.php? pid=65368,2009 年 9 月 21 日访问。

② 刘绪贻、杨生茂主编：《美国通史》4，人民出版社 2005 年版，第 354~355 页。夏炎德：《欧美经济史》，第 555 页。

③ [美] 德怀特·杜蒙德著，宋岳亭译：《现代美国：1896—1946》，商务印书馆 1984 年版，第 186 页。

④ [美] 阿瑟·林克、威廉·卡顿著，刘绪贻译：《一九〇〇年以来的美国史》上，中国社会科学出版社 1983 年版，第 144 页。[美] H.N. 沙伊贝、H.G. 瓦特、H.U. 福克纳著，彭松建等译：《近百年美国经济史》，中国社会科学出版社 1983 年版，第 226 页。

⑤ [苏] 祖波克著，苏更生译：《美国史略：1877—1918》，三联书店 1959 年版，第 317 页。

烈，国家和人民的利益常常被牺牲。随着工业垄断组织的出现，金融行业也出现了垄断现象，金融大权越来越集中于东部少数银行家手中。金融是现代经济活动的基础，当时的美国任由私人控制金融，政府无能为力，因此改革势在必行。

威尔逊清楚地意识到了这一点。1913 年 6 月下旬，他在致国会参众两院联席会议的演说中提到，"伴随保护性关税的改革，必须同时建立新的银行和货币体系，加强储备，务必不使这个国家的金融资源集中到少数人手中"，"新的银行法将使银行运转公开化，成为商业和私人企业的工具而不是主人"。① 12 月，参议院通过《联邦储备法》（*Federal Reserve Act*），根据该法成立了联邦储备银行管理局。管理局负责指导整个银行系统，所有国民银行必须认购所在地区的联邦储备银行的股票，成为联邦储备系统的成员。联邦政府借此控制了银行，从而强化了国家对金融系统的控制力。

《联邦储备法》是威尔逊总统在内政改革方面取得的重要成就，它在一定程度上削弱了私人大银行对美国经济的控制，对稳定和发展美国经济起到了促进作用，威尔逊自己也认为，《联邦储备法》同《安德伍德—西蒙斯关税法》一样，为美国工商业提供了一个"自由而公平的天地"，财政部长威廉·麦卡多（William Gibbs McAdoo, Jr.）则说此法使美国"居于世界上压倒性的金融力量的地位"，② 为美国应对经济危机和走向世界奠定了基础。

威尔逊对国内经济政策的改革为他提出新的对外经济政策奠定了基础。作为新兴的经济大国，美国商品和资本需要海外市场，因此在国际层面构建对美国有利的发展环境是威尔逊的重要任务。早在 1913 年 10 月，他在向南部商会的致辞中即说，"美国决不会再

---

① John T. Woolley and Gerhard Peters, *The American Presidency Project* ［online］. http://www. presidency. ucsb. edu/ws/index. php？ pid = 653 69. 2009 年 9 月 21 日访问。

② 刘绪贻、杨生茂主编：《美国通史》4，第 361 页。邓蜀生：《伍德罗·威尔逊》，上海人民出版社 1982 年版，第 53 页。

通过征服来获取一寸额外土地"。① 他认为，依靠强大的经济实力，美国能够把欠发达国家和地区改造成对美国有利的样子。② 1914年7月，正值第一次世界大战爆发前夕，威尔逊在费城独立厅发表演说，"没有人比我更关心把美国商人的企业带到地球上每一个地区。在我成为一个政治家之前很久，我就关心这件事"③，提出美国经济扩张的理论依据。

大战之初，威尔逊坚持美国作为一个中立国的权利，同时与协约国和同盟国集团保持贸易往来。面对两大交战集团，威尔逊选择站在国际法一边。④但却面临着极大的困难。大战之初，英国就开始封锁海岸，阻止中立国与同盟国的贸易，德国则报之以潜艇战，双方争斗的结果之一是中立国贸易损失惨重，其中又以美国为甚。据统计，美国与德奥等国的直接贸易额从 1914 年的约 1.7 亿美元下降到 1916 年的 116 万美元，在不包括因德国潜艇袭击所带来的损失的前提下，损失超过 99%。从另一方面来说，英国对海洋的控制在客观上迫使美国同协约国做更多的贸易，同样是从 1914 年到 1916 年，美国与协约国的贸易额从约 8.2 亿上升到 32 亿美元，⑤ 增加了约 3 倍。由此产生的问题是，同协约国接近实际上要服从英国的海上政策，顺从英国对海洋的统治，否则，美国不能开展任何跨洋贸易。这是威尔逊所不能容忍的。1915 年 12 月，在致国会的第三次咨文中，威尔逊以较多篇幅提到"美国必须拥有强大的商船队，抓住发展对外贸易的机会，是美国迈向国际的第一步。但是，在其他国家发动战争的情况下，只有通过政府才能做到

---

① Edgar E. Robinson, Victor J. West, *The Foreign Policy of Woodrow Wilson*, *1913-1917*. The MacMillan Company, 1918: 21.

② ［美］迈克尔·亨特著，褚律元译：《意识形态与美国外交》，世界知识出版社 1999 年版，第 11 页。

③ 邓蜀生：《伍德罗·威尔逊》，第 121 页。

④ Edgar E. Robinson, Victor J. West, *The Foreign Policy of Woodrow Wilson*, *1913-1917*: 79.

⑤ ［美］阿瑟·林克、威廉·卡顿著，刘绪贻译：《一九〇〇年以来的美国史》上，第 199 页。

并且能够承担最初的金融风险，之后，政府把贸易完全还给私人"，① 威尔逊清晰地界定了美国经济走向世界的途径，即由政府出面组织贸易，摆脱英国的海上霸权。

1916 年 5 月，威尔逊萌发了建立"战后联盟"以维持海上航行自由和成员国领土完整的想法，这应该是他第一次提出世界范围内建立联盟的想法，② 当年 7 月，在底特律商人大会上，他又提到"美国在世界金融和商业上所占有的地位和必须占有的地位，是过去所未曾梦想到的"，"和平而体面地征服国外市场，是美国合理的雄心壮志"。③ 威尔逊用以实现这个雄心壮志的途径最后落脚到"十四点"计划，在该计划中，威尔逊不仅强调公海自由和贸易自由，更重要的是他通过对国际联盟的设计来确保了它们的实现，由政府担负美国产品最初走出去的风险。

在战后贸易格局上，威尔逊谋求建立开放的自由经济体系。十四点计划中的第二点即明确了航海自由，要求"无论和平还是战争时期，都要保持公海航行的绝对自由"；第三点则是"在所有认同和平的国家之间尽可能消除一切经济壁垒，建立平等的贸易环境，并予以保持"，这在后来的官员解释中意指"放弃一切特别的商业协定"，"最惠国条款自动地适用于国际联盟一切成员国"，而且也"适用于原料的分配"，④ 显然，威尔逊要借国际贸易保持美国经济自战争以来的高速发展，继续经济繁荣。第五条要求对殖民地做"自由、开放和绝对公正的改革，在决定一切有关主权问题

---

① John T. Woolley and Gerhard Peters, *The American Presidency Project* ［online］. http：//www. presidency. ucsb. edu/ws/index. php? pid＝29556. 2009 年 9 月 25 日访问。

② John T. Woolley and Gerhard Peters, *The American Presidency Project* ［online］. http：//www. presidency. ucsb. edu/ws/index. php? pid＝65391. 2009 年 9 月 25 日访问。

③ Edgar E. Robinson, Victor J. West, *The Foreign Policy of Woodrow Wilson*, *1913-1917*：338-341.

④ Charles Seymour ed., *The Intimate Papers of Colonel House*, Vol. 4 *The Ending of the War*, 1918. 6-1919. 8, Boston-New York, 1928：194.

时，应兼顾当地居民的利益和殖民政府之正当要求"，① 官方解释的内容则特别说明"当地居民的利益就是他们不被军事化，按门户开放的原则纳入世界体系"，② 这就不仅要求保障美国对外贸易的安全通道，还反映出美国对殖民地这个大市场的关心。

虽然这一计划是为应对俄国革命而提出，但却从根本上反映了威尔逊对战后世界贸易秩序的看法，比较完整地体现了威尔逊的对外经济思想。毫无疑问，在世界范围内建立自由开放的经济体系，符合当时美国经济发展的利益。

美国经济处于快速发展当中。当第一次世界大战于 1918 年结束时，美国的战时出口达到 58 亿美元，是 1914 年的 2.5 倍，但进口只增加 55%。其中工业制成品的出口明显增加，从 1914 年占全部出口值的 47% 增长到 1918 年的 58%，农产品则从 48% 降到 39%，③ 显示了美国工业的飞速发展及对世界市场的迫切需要。因此，相对于战前美国同外部世界的联系来说，战后的美国更需要保障海洋的畅通无阻。甚至早在 1917 年年初，威尔逊面向参院演说"为了和平的世界联盟"时就提到，"海路无论是在法律上还是实际上都应当是自由的，自由的海洋将是和平、平等与合作的必要条件"。④ 在美国走向世界的初步过程中，公海自由是自由贸易的基础。

通过十四点计划，威尔逊设计了新的世界经济秩序：各国和谐相处，公海航行自由，通过自由贸易来促进和保持世界和平。如果

---

① John T. Woolley and Gerhard Peters, *The American Presidency Project* [online]. http：//www. presidency. ucsb. edu/ws/index. php? pid = 65405，2009 年 9 月 26 日访问。下文中所有十四点计划的条文都是引于此处，不再标注。

② Charles Seymour ed.，*The Intimate Papers of Colonel House*，Vol. 4：195-196.

③ ［美］福克讷著，王锟译：《美国经济史》下，第 294 页，根据 1914—1921 年美国的进出口贸易整理而得。

④ John T. Woolley and Gerhard Peters, *The American Presidency Project* [online]. http://www. presidency. ucsb. edu/ws/index. php? pid = 65396. 2009 年 9 月 26 日访问。

说自由贸易是对美国传统外交政策的改变的话，那么，建立超国家的组织，通过外交手段打破各国的贸易壁垒，建立开放的贸易体系，则是对欧洲主要资本主义国家传统外交政策的一种突破。建立在自由贸易基础上的全球经济一体思想、平等和开放的贸易原则、让世界市场向美国全面开放，是美国外交政策在制度框架上的一种创新，也是威尔逊世界经济理念的一种体现。

二、威尔逊自由贸易理念的实施

第一次世界大战标志着掠夺性经济发展模式的失败，英国维持下的以黄金自由流动为基础的世界经济秩序遭到破坏。同时，大战不仅摧毁了德、奥、俄、土四大帝国，也削弱了欧洲的协约国集团，主要资本主义国家集体遭受重创，这给威尔逊重建世界贸易秩序以很大的机会。

威尔逊也面临着不利因素。尽管欧洲大国实力受损，间接动摇了世界殖民体系，但战后这一体系仍然得到维持，甚至随着主要资本主义国家的恢复而有所强化。这就使威尔逊十四点计划中打破殖民地界限的目标很难实现。

首先，战后英法等殖民大国虽然同意在"民族自决"原则的基础上达成殖民地解决方案，但它们强烈反对把这一原则应用到自己的殖民地，只同意对战败国殖民地和势力范围进行委任统治。法国在美国的坚持下接受了委任统治原则，但强烈要求瓜分原德国殖民地多哥兰和喀麦隆。日本则"无条件割让"所有原德国在赤道以北的太平洋岛屿和在中国的租借地胶州湾。比利时和意大利也各自提出了对东非和中东的领土要求。最终，由于国内的普遍反对，美国没有参加国际联盟及其对殖民地的"委任统治"。威尔逊的"民族自决"原则只被用于第一次世界大战后瓦解的帝国，自治的目标只适用于脱离土耳其统治的一些阿拉伯国家。主要参战国和协约国成为所占地区的受任国，有权分配委任统治权，这种安排反而增大了他们的权力。前德属西南非洲和德属太平洋各岛"作为其领土之一部分"受治于受委任国法律之下，实现了南非、澳大利亚、新西兰、日本等国要求兼并的愿望。法国的让步也得到了补偿，被允许招募委任地的土著人参加军队。这样，第一次世界大战后的殖民地只是重新分配了事，具有很大的局限性。

这样做的后果就是英法等国对殖民地的统治更加强化了。19世纪末20世纪初，英国在工业增长方面落后了，但在殖民地经营方面仍然领跑世界各国，从1884年到1900年，英国新增了958万平方公里（370万平方英里）的殖民领土，①如表1.1所示，几乎每个战胜国都扩张了海外领地与人口。1913年，不包括海外自治领如加拿大、澳大利亚、新西兰和南非联邦等，英国殖民地接近1250万平方公里，人口3.6亿多，1928年接近1500万平方公里，人口增长到4亿多人，两者都比战前增长10%以上，此外，英国还接受了为数最多的委任统治地（见表1.2）。到1919年，英帝国的统治范围达到顶点，版图覆盖了整个地球表面的1/4，是名符其实的"日不落帝国"。作为第一次世界大战损失最为惨重的国家，法国殖民地增长更快，疆域增长接近40%，人口超过80%，日本和美国也借机巩固了它们在亚洲和太平洋上的领地，并小有扩展。

由于只是对战败国的部分领地进行了"委任统治"，占有着世界绝大多数殖民地和势力范围的英法等国的殖民主义力量不仅没有削弱，反而得到了进一步的发展，战后的殖民主义体系得到了进一步巩固。

战后的欧洲因为大量新民族国家的出现，政治权力更为分散，并由此带来了更多经济边界。就世界范围来讲，各国在殖民地问题上的扩张与归属上的强调弱化了世界作为一个整体的发展模式。很明显，这与威尔逊的世界经济理念是相悖的。

---

① R. Palme Dutt, *Britain's Crisis of Empire*. Lawrence& Wishart, 1949: 19.

表1-1　1913—1928年四国海外领地（殖民地、保护地和属地等）统计①　　（单位：千平方公里，千人）

	英国 面积		英国 人口		法国 面积		法国 人口		日本 面积		日本 人口		美国 面积		美国 人口	
	1913	1928	1913	1928	1913	1928	1913	1928	1913	1928	1913	1928	1913	1928	1913	1928
亚洲	5090.5	5454	323963	349835	711.5	758.5	17270	220110	296	296.6	19074	26126	298	296	9407	11922
非洲	6822	7888	36398	47035	9831.5	13727.5	29831	49867	—	—	—	—	—	—	—	—
美洲	256.18	301.18	2119	2310	91	92.9	558	531	—	—	—	—	1.4	10.7	61	1510
大洋洲	292.5	292.53	618	664	24	23	82	88	—	2.1	—	61	17.7	17.7	233	340
欧洲	—	0.35	—	248	—	—	—	—	—	—	—	—	—	—	—	—
总计	12461.18	13936.06	363098	400092	10658	14601.9	47741	270596	296	298.7	19074	26187	317.1	324.4	9701	13772
增长	11.8%		10.2%		37.0%		82.4%		0.9%		37.3%		2.3%		42.0%	

① League of Nations, *International Statistical Year-Book*, 1926, Geneva: 1927: 10-15, Table 1 Area and Population; League of Nations, *International Statistical Year-Book*, 1929, Geneva: 1930: 18-23, Table 2 Area and Population. 此表系根据相关数据整理而得，下表系同。

表 1-2　　　　　　1928 年各殖民国家委任统治地统计

（单位：千平方公里，千人）

	英国		法国		日本	
	面积	人口	面积	人口	面积	人口
委任统治地统计	1436.03	10131	682	4 838	2.1	61
占海外属地比重	10.3%	2.5%	4.7%	1.8%	0.7%	0.2%

三、威尔逊自由贸易理念的夭折及战后世界经济的发展问题

在美国，威尔逊的思想并不是孤立的。时任国会议员科德尔·赫尔（Cordell Hull）是他的坚定支持者。从一开始，赫尔就反对高关税，认为那将使美国人民支付高昂的生活成本。1916 年，赫尔认为，无限制的贸易将有助于和平的维持，高关税、贸易壁垒和不平等的经济竞争最终将带来战争。① 当年 2 月，他提议在战后召开专门的世界贸易会议，并向国务卿兰辛（Lansing）解释了他的想法：一是对最惠国待遇的普遍采纳，二是停止贸易报复和不恰当的歧视。同威尔逊一致，他反对殖民体系，主张在母国与殖民地之间应废除特惠关税以及差别对待，② 是坚定的自由贸易主义者。

无独有偶，远在大洋彼岸的英国也有一位经济学家认同自由开放的经济秩序，他就是凯恩斯（John Maynard Keynes）。第一次世界大战之后，他主张应在国际联盟下建立自由贸易联盟，联盟成员答应不对其他成员国生产的产品征收保护性关税。这一主张的基础在于，战后欧洲诞生了 20 个左右主权独立的国家，造成了欧洲在经济上的分裂，同战前相比，欧洲经济边境变得过多过长，因此有必要改变这种不合理的情况。凯恩斯特别强调德国、波兰、从前组

---

① Cordell Hull, *The Memoirs of Cordell Hull*, Vol. I. The MacMillan Company, 1948：81.

② Cordell Hull, *The Memoirs of Cordell Hull*, Vol. I：84-85.

成奥匈帝国和土耳其帝国的新独立国家以及自治地区应强迫从属于该组织 10 年，英国将是当然创始国，其他国家可自愿加入。在他的设想下，由中欧、东欧、东南欧、西伯利亚、土耳其以及英国、埃及、印度组成的自由贸易联盟，对世界和平与繁荣的贡献将与国际联盟一样多。① 不能不说，这有利于世界经济的发展，但并没有被各国普遍接受。

就美国来说，国会内的共和党势力依然强大，他们反对低关税，反对过多地参与世界事务，此时的美国人民仍然深受孤立思想的影响；就世界范围来说，威尔逊"十四点"计划甫一出台，甚至德国都予以接受，却遭到英法的抵制。1918 年 1 月 5 日，英国首相劳合·乔治关于英国战争目的的发言中即指出，"要争取公正和持久的和平，就必须做到：一、保持条约的神圣性；二、保障建立于自决权或管辖权基础上的领土协定；三、建立国际组织，在某种程度上能够限制军备和阻止战争的爆发"②。这就表明，英国只是在表面上同意国际联盟的建立，实际上另有他意：其一，英国强调条约的神圣性，自然也强调了战时订立的大量秘密条约；其二，对管辖权的强调无疑是对殖民地主权的坚持，坚持将殖民地当作母国后花园，不允许他国染指。因此，在很大程度上，英国的战争目标与美国稍后发表的十四点计划背道而驰。

由此，在国内外实力派的反对之下，威尔逊的经济理念面临着危机。首先，在国内，他的全球自由贸易体系没有得到更多的支持，尤其是在参议院，《国联盟约》没有得到批准，直接导致美国在国联失去发言权，并在世界经济事务上重新走上了封闭的老路。同时，没有美国的支持，国联自成立之日起在运用国际权力方面显得先天不足。其次，国际上，力量相对不足的英法等国主导了世界

---

① ［英］约翰·梅纳德·凯恩斯著，谢晓迎等译：《凯恩斯文集》下，改革出版社 2000 年版，第 204 页。

② "Prime Minister Lloyd George on the British War Aims", January Fifth, Nineteen Hundred and Eighteen, http://wwi. lib. byu. edu/index. php/Prime _ Minister_Lloyd_George_on_the_British_War_Aims. 2009 年 9 月 30 日访问。

经济事务，它们对过去制度与发展模式的选择，使得它们不能够应付世界经济发展中出现的新情况，世界经济的健康发展仍然系于战后对世界事务不感兴趣的美国。这样，不仅威尔逊的经济理念不能够实施，20世纪20年代世界经济发展也面临着重重危机。

首先，战后欧洲经济的恢复与重建需要美国的信贷支持，否则无法维持，这成为制约世界经济发展的最大隐患。英法等协约国家虽然赢得了战争，但却输掉了经济，财政赤字和外债都非常惊人。巴黎和会所确立的战后经济恢复计划依赖战败国尤其是德国的赔偿。但是德国的损失十分惨重，赔偿不可能一蹴而就。战后，德国丧失了全部殖民地及海外财产，本土及人口被割让10%，煤矿被割让1/3，铁矿被割让3/4，200万年轻人阵亡，① 整个国家濒临破产。对外赔款的外汇来源只能是增加出口和减少进口，如果过多地抽出德国经济发展的资金将造成严重后果，甚至使经济崩溃。1913年，德国的进口额为112.06亿金马克，出口额为101.99亿金马克，仅有10.07亿金马克的贸易赤字。1920年，出口数字降到697.03亿纸币马克，仅相当于50.71亿金马克，不及1913年额度的一半，另一方面，进口额却达到993.71亿金马克，赤字达296.68亿纸币马克，② 合21.58亿金马克，在进出口贸易额急剧下降的情况下，赤字却是1913年的2倍多，协约国索取大规模赔款几乎成为不可能的事情。

由于德国处于赔款关系和偿还战债关系的中心，德国经济的走向因此关系到整个欧洲乃至世界经济的恢复，而唯一能使德国经济走出低谷的国家便是美国。美国1912年国民财富为1 863亿美元，1922年即猛增到3208亿美元，③ 增幅72%。在对外贸易上，1913

---

① ［英］约翰·梅纳德·凯恩斯著，谢晓迎等译：《凯恩斯文集》下，第193页。

② League of Nations, *International Statistical Year-Book*, 1926：108. Table 74, Imports and Exports of Merchandise, Bullion and Specie.

③ U. S. Bureau of the Census, *Statistical Abstract of the United States*, 1924. Government Printing Office, 1925：271, No. 257.

年出口为 24.66 亿美元，进口 18.13 亿美元，出超 6.53 亿美元，到了 1920 年，出口达到 82.28 亿美元，进口增到 52.78 亿美元，出超也增加到 29.5 亿美元，① 伴随着国民财富的增加，美国大力发展对外投资，美元地位上升，美国成为唯一有能力挽救德国经济的国家，但伴随美国愈益富裕的却是欧洲的日渐贫穷。

战后美国易党而治，共和党人哈定于 1920 年当选总统，政策急剧转向。1921 年，共和党议事日程上第一个项目便是修改税则，恢复传统的保护性关税。4 月 11 日通过了《1921 年紧急关税法》（*Emergency Tariff Act of* 1921），提高农产品关税价格，哈定于 5 月 7 日即签署该法；7 月，修改《安德伍德—西蒙斯关税法》，不仅紧急增加农产品关税，也涵盖大部分工业品税率，新的《福德尼—麦坎伯关税法》（*Fordney-McCumbet Tariff Act*）于 1922 年 9 月生效，征收的平均关税提高了 7%，达到 33%。② 这引起欧洲国家的愤而反击。1921 年英国实行《工业保护法》，对 6000 多种工业品进口税加征 33% 的从价税，1925 年修订该法，进一步扩大征税商品的范围，向保护性关税迈进。法、意、德等国家保护主义也不断加强。据国联估计：1925—1929 年德国关税平均水平提高了29%、法国提高了 38%、比利时提高了 50%。欧洲新兴中小民族也高筑关税堡垒，1913 年奥匈对 10 种德国制成品的关税税率为16%~25%，1927 年匈牙利的税率即提高到 34%~54%，欧洲其他一些国家以及印度、澳大利亚等国也分别提高了工业品或农产品的进口税率，上演了战后世界第一次关税大战。贸易保护主义的兴起，使国际贸易发展严重受阻。1913—1929 年世界工业平均年增长率为 2.7%，而世界贸易平均年增长率仅为 0.7%。③ 1929 年，

---

① U. S. Bureau of the Census, *Statistical Abstract of the United States*, 1922. Government Printing Office, 1923：351, No. 291.

② ［美］阿瑟·林克、威廉·卡顿著，刘绪贻译：《一九〇〇年以来的美国史》上，第 374 页。

③ ［法］米歇尔·博德，吴艾美等译：《资本主义史：1500—1980》，东方出版社 1986 年版，第 249 页。

按当时价格计算的国际贸易额为 1146 亿美元，比 1913 年增长
77.4%，可按 1913 年固定价格计算的国际贸易量，1924 年仅高出
战前水平 2.3%，到 1929 年也只比战前增长 29.9%。①尽管国联倡
导各国一致降低关税壁垒，但实际情况则是世界市场走向分裂，保
护贸易层出不穷，严重阻碍了战后世界经济的恢复。

威尔逊降低关税和建立全球自由贸易体系的努力被完全中止，
这在世界经济秩序中是危险的。一方面，美国财富的大幅积累必然
导致生产能力的大幅增长，急需外部市场的支持；另一方面，欧洲
普遍缺乏外汇的现实使他们难以购买所需的外国商品，而出口换
汇在美国高关税壁垒面前也效率低下。对美贸易的艰难客观上导致
国际贸易不能顺畅发展。实际上，美国也是这一现象的受害者，它
本身也经历了对外贸易上的低谷时期，进出口增幅缓慢。1923 年
美国贸易盈余仅有 3.75 亿美元，虽然在 1924 年有所回升，但到
1926 年又降至 3.78 亿美元，比 1915—1920 年的平均水平 31.63 亿
美元降低甚多，② 在整个 20 世纪 20 年代，美国也没能恢复到这个
数字的一半。

在这种背景下，各国需要重新反思 20 世纪以来的贸易政策，
美国取消战时债务也许是促使世界经济回升的直接有效办法。

英国首先提出这个建议。1922 年 8 月，在著名的巴尔福手记
（Balfour Note）中，英国政府提议，基于共同作战和共同担负的原
则，如果美国放弃债务，英国愿意放弃德国赔款以及盟国欠它的债
务。③ 对此，美国一方面拒绝要求德国赔款，一方面坚持盟国必须
偿还全部战债。也许美国并不缺少这些钱，但它们使美国成为债权
国，这种地位以及欧洲对资本的需要将铸就并维持美国强有力的经

---

①　宋则行、樊亢：《世界经济史》中，经济科学出版社 1998 年版，第
184 页。

②　U.S. Bureau of the Census, *Statistical Abstract of the United States*,
1926. Government Printing Office, 1927：439，No. 466.

③　"Lord Balfour's Note on Inter-Allied Debts", *Federal Reserve Bulletin*,
September 1922：1047-1048.

济优势。这是美国所不能放弃的。

美国的造成了两个后果，首先，由于美国既不放弃从欧洲流入的战债，又维持高关税，客观上减少了欧洲向美国的出口，造成货币或资本源源不断地由欧洲流入美国。正常的国际贸易应是货币循环流转而非单向流动。但战后的欧洲极为贫困，它们不可能在短时间内生产出大量产品并向外输出，必定需要有合理的资本来源才能推动国际贸易的发展。这种来源无非有两个，一是对殖民地的掠夺，这虽不必偿还，但代价较大；另一个是从美国获得资本，或贸易，或投资，或贷款，以此来填补空缺；其次，美国拒不放弃战债使欧洲战胜国将偿债的负担全部压向德国，1921 年 5 月，协约国向德国提出 330 亿美元的赔款要求，德国在枪炮和饥饿面前被迫接受，但是鲁尔危机之后，德国就接近破产，无力偿付。国际贸易的缺陷没有得到改善，反而是恶化了。

为了使欧洲不致破产以致战债无处回收，没有参加国联的美国介入到赔款程序中。1924 年 4 月出台的道威斯计划暂时解决了德国的资金来源问题。美国向德国提供贷款，使欧洲摆脱了崩溃的危险。从 1924 年到 1930 年，美国私人向德国中央政府、各州市和公司贷款总计约 25 亿美元，同期德国按照道威斯计划赔款总共近 20 亿美元，前协约国成员则偿付美国战债 26 亿余美元，① 这个数字大致相当于美国银行家借给德国的钱。表面上看，国际金融秩序比较稳定，但实际上却是脆弱的，它取决于美国的对德贷款和对外资本输出，一旦贷款收紧或取消，世界经济发展将面临灾难性的后果。

美国的介入暂时解决了战债问题，但是如何恢复战前稳定的国际货币秩序还是个问题。战后初期的金融秩序非常不稳定，在1920—1921 年发生了严重的物价下跌，并逐渐蔓延到那些试图与美元保持固定汇率的国家，造成这些国家的货币对美元价格的激烈

----

① ［美］阿瑟·林克、威廉·卡顿著，刘绪贻译：《一九〇〇年以来的美国史》上，第 405 页。

波动。表1-3显示，在36个国家中，有越来越多的国家汇价下跌，汇率不稳，战后初期的国际货币秩序面临严重的危机，亟须弥补。

表1-3　　　　超过对美元最低估价比例国家数量表①

年　份	10%以内	20%以内
1921	1个国家	6个国家
1922	8	15
1923	11	15
1924	12	22
1925	21	26

此时的人们选择了重回金本位制度。鉴于美国拥有世界黄金储备的40%，英国充分认识到了其地位的脆弱，但仍执意要维持伦敦作为世界经济中心的地位。在英国看来，恢复传统的金本位制将是恢复伦敦国际金融领导地位和英镑重新成为主导货币的必要条件。1919年，英国暂时停止了英镑同黄金的自由汇兑，并禁止黄金出口，英镑汇率开始自由浮动，但这不是英国政府所希望的，从1920年开始，英国政府的货币政策一直是为实现和恢复金本位制而制定的。1922年，在意大利热那亚召开的金融会议上，英国的目标是将破碎的欧洲经济整合成在英国领导之下的贸易和金融共同体，与会的英格兰银行行长蒙塔谷·诺曼（Montagu Norman）和财政部霍特里（R. G. Hawtrey）相信世界范围的金本位制将能够提升英国的经济力量，② 而也是此次会议通过的"节约黄金"方案，为各国恢复金本位制扫除了黄金不足的障碍。"节约黄金"方案，实际上就是指的金汇兑本位制（Gold Exchange Standard），即英国

---

　① Secretariat of the League of Nations, *The Course and Phases of the World Economic Depression*, Geneva: 1931: 25.

　② Frank C. Costigliola, "Anglo-American Financial Rivalry in the 1920s", *The Journal of Economic History*, Vol. 37, No. 4 (Dec., 1977): 917.

追随当时世界上几乎唯一一个金本位制国家美国，将英镑与美元硬性挂钩，由于美元盯住黄金，所以，从某种程度上说，英镑通过与美元的固定汇率也盯住了黄金，在此基础上，其他缺少黄金的国家将他们本国的货币盯准美元或英镑，从而实际上坚持了金本位制，这就是"节约黄金"的原理。毫无疑问，国际货币体系的稳定将取决于少数货币如美元和英镑的稳定程度，它们将担负起其他国家所不能担负的货币与黄金兑换义务，一旦这两个国家出现问题，则整个体系不免面临崩溃。该致命弱点在当时没有受到重视，英国急于主导战后世界金融体系的心态压倒了一切。1924 年，主张恢复金本位制的保守党在英国大选中大胜，鲍德温（Stanley Baldwin）组织政府，打开了重返"黄金时代"的大门。受此影响，1 英镑兑换的美元由 1924 年夏天的 4.4~4.5 上涨到 1924 年 12 月至 1925 年 4 月之间的 4.7~4.8，[1] 升值接近 10%，这与战前的 1:4.86 汇率已经相当接近。促使英国返回金本位制还有一个原因，即有数个自治领此时欲将其货币脱离与英镑的关系，转而与实行金本位制的美元建立联系，这就有使英镑在其帝国内外遭受孤立的危险，[2] 英国必须改善它的不利地位。

1925 年 4 月，英国按战前平价恢复了金本位制，即 1 盎司黄金等于 3 镑 17 先令 10½ 便士，也符合战前英美 1:4.86 的汇率。如此为之，不外以下几种考虑：第一，当时的财政大臣丘吉尔（Winston S. Churchill）认为英国应该"在世界金融体系中继续保持着如果不是首要，无论如何也是中心的地位"，而恢复战前英镑平价是保持外国对英镑的信心，使他们避免将业务转向纽约，保持伦敦作为世界金融中心地位的关键步骤。第二，丘吉尔还认为英国

---

① ［英］罗伯特·斯基德尔斯基著，相蓝欣、储英译：《凯恩斯传，1883—1946》，三联书店 2006 年版，第 402 页。

② Frank C. Costigliola, "Anglo-American Financial Rivalry in the 1920s", *The Journal of Economic History*, Vol. 37, No. 4 (Dec. , 1977): 920.

"不仅是世界金融的中心，也是一个广阔帝国的中心"，①而要保持在大英帝国内的这种地位，也必须保持英镑的战前平价；第三，高价英镑将在保持外国以英镑计价资产、购买外国商品以及偿还美国战债之时居于优势地位。但在考虑优点之余，丘吉尔却忽略了它所带来的劣势，即金融业得到满足的同时，工商业却遭受了灾难，英镑的高估值给英国出口带来损害，从而间接导致英国经济在20世纪20年代蹒跚不前。英国付出巨大代价的同时，也给世界经济带来严重影响。在英国之后，法国也恢复了金本位制，与英国相反，法国的问题不是定值过高，而是过低。1926年7月，法郎价格跌到了2美分，仅及战前的1/10，政府债券在标价以下销售，②尽管在12月又上升到约4美分，但相对于实际价值仍然要低许多。1928年6月，法国公布《新货币法》，正式实行金本位制，纸币法郎以黄金为基础，金币不在市面上流通，纸币须满21.5万法郎才能请求兑换黄金。相对于战前，此时的法郎贬值4/5，这虽然便利了法国的出口，使它比较容易地积累起巨额英镑和美元储备，但却没有考虑到当时存在国外的数额巨大的法国资本会给世界经济带来何种影响。正是由于选择的不同，1925—1929年英国仅有黄金储备7.19亿英镑，而同时法国则有16.31亿英镑。英国黄金储备不足的直接后果之一是导致英镑信用下降，考虑到它还主导着当时的经济体系，这给世界经济带来了不可预料的消极影响。

　　英国的选择显然具有广泛的指导作用，到1926年年初大约有39个国家恢复金本位制，除美英法以外，还有荷兰、瑞典、丹麦、瑞士、德国、奥地利、匈牙利、芬兰、捷克斯洛伐克等国。③它们或者保持战前平价，或者根据贬值了的价格恢复金本位制。到

　　①　[美] 查尔斯·P. 金德尔伯格著，徐子建等译：《西欧金融史》，中国金融出版社1991年版，第461页。

　　②　Walter C. Langsam, *The World Since* 1914. The MacMillan Company, 1933：295.

　　③　[澳] A. G. 肯伍德、A. L. 洛赫德著，王春法译：《国际经济的成长，1820—1990》，第179页。

1928 年，重建国际货币机制的工作基本完成，世界经济形势在统计数字上一片大好。但在实际上，这个金汇兑本位制已经不是战前严格意义上的金本位制。相对于战前伦敦唯一金融中心的地位，现在则有了纽约，一定程度上还有巴黎的竞争，多头中心将不可避免地导致效率低下，并且有了各国为求私利而置世界于不顾的危险。此外，由于金币在流通领域几乎已经绝迹，黄金的作用受到极大限制。到 1917 年为止，在欧洲 24 家中央银行中，外国货币储备已经占了所有储备的 42%，[①] 金本位制的根基超出黄金走向多元化，埋下了经济隐患，一旦作为外汇储备的国际货币出现问题，世界经济也必然会出现问题。

第一次世界大战后威尔逊的话不乏预见性。1919 年，针对欧洲出现的混乱景象，他曾告诫国会："我们必须面对现实，除非我们帮助欧洲恢复正常的生活和生产，否则，混乱状态将在那里跟着发生，而这将不可避免地影响我国。……美国拯救欧洲，也就是拯救自己……欧洲是我们最大的主顾。我们必须使它保持发展，否则，我们成千上万家工厂和数十座矿山将关闭。"[②]

除了认为美国必须对欧洲的复兴有所行动之外，威尔逊从不认为高关税可以和出口贸易的繁荣共生共存。他任内最后一个举动便是否决一项提高关税的议案。威尔逊认为，自从美国成为债权国以后，其他国家购买美国商品只能通过三条途径：从美国借贷美元，向美国售卖黄金，向美国出口货物。他认为前两项是不可取的，"如果我们乐于看到欧洲国家解决他们的债务问题，我们就必须得向他们买点什么"。[③] 不能不说，威尔逊是明智的，如果是通过贸易的方式来解决欧洲的债务问题及其他的财政经济问题，20 世纪 20 年代世界经济的发展很可能是另一番景象。但他的继任者，曾

---

① Derek H. Aldcroft, *The European Economy*, 1914-1970. Croom Helm, 1978：70.

② ［美］托马斯·帕特森著，李庆余译：《美国外交政策》，中国社会科学出版社 1989 年版，第 420 页。

③ Arthur M. Schlesinger, Jr., *The Crisis of the Old Order*, 1919-1933：64.

任商务部部长的胡佛选择了第一条途径来解决美国的出口问题，从而埋下了20年代末引发世界经济崩溃的种子。

第一次世界大战后的战胜国在修补战后世界之时，头脑中装的是对过去世界的记忆，新世纪的经济发展似乎没有在他们头脑中刻上印痕，短视的目光处处都是，以至他们建立起来的是一个漏洞百出的纸糊的货币机制，以及无休止的贸易冲突的体系。出于对商业（黄金）的追求或对过去世界的迷恋，20世纪20年代没有哪一个国家能够或愿意出面来维持或推动世界经济的健康发展。这一时期美国对自身商业利益而不是政治或其他利益的追求使得欧洲老牌大国无可奈何。但由于美国在战争积累起来的巨大经济实力，它们被迫对美国的要求予以合作，而对美国不感兴趣的方面，它们只能自主协商，世界经济产生一堆这样或那样的问题也就在所难免了。

虽然如此，在共和党的几届政府之后，追求自由贸易成为几代美国政治家努力的方向。无论是罗斯福的《互惠贸易协定》，还是战后的《关税和贸易总协定》，都摆脱不掉威尔逊的影子。他提出的平等贸易和降低贸易壁垒始终是国际贸易遵循的基本原则。虽然最后孤立主义占统治地位的国会没有通过美国参加国际联盟的决议，但美国参与国际事务的趋势却已无法改变，威尔逊的思想引导了美国在随后30年的奋斗目标，成为他留给那个时代最宝贵的遗产。

第二节　20世纪30年代世界经济发展中的危机应对

从数据看，1924—1929年是西方经济繁荣与安定的年代。就工业生产而言，主要资本主义国家法国于1924年，德国于1927年，英国于1929年先后超过战前水平，美国于1923年即超出战前水平的42%，并且直到1929年10月为止，没有出现衰退现象。世界生产相对于1920年增加了约11%，世界贸易则是增加了19%。①

---

① Secretariat of the League of Nations, *The Course and Phases of the World Economic Depression*：19. 夏炎德：《欧美经济史》，第638~639页。

这也是很多人所津津乐道的充满希望的 20 年代。但是，如果我们透过表面的现象就可以看到，20 年代世界经济发展的繁荣与和谐表象后面隐藏着深刻的矛盾与危机。以 1929 年 10 月 24 日的纽约股市大跌为标志，资本主义世界经济大危机全面爆发了。这场大危机所带来的远远不只是生产停滞和人民失业。从一定意义上说，它对战后各国好不容易恢复的世界经济秩序的打击甚至比第一次世界大战还要严重，经此一役，旧的世界经济秩序再也无法维持，人们被迫探寻新的解决方式，走上变革之路。

一、经济大危机对世界经济秩序的冲击和各国的错误应对

符合现代经济社会的特征，经济大危机发端于证券与金融业，鉴于 20 世纪 20 年代各国脆弱而又紧密的金融联系和极不稳定的根基，美国股票市场的崩溃很快蔓延到世界各国，对国际金融秩序造成了重大冲击。在 1933 年罗斯福上台以前，各国为求自保，置国际合作于不顾，世界经济秩序一片混乱，而在罗斯福上台以后，主要是由于国务卿赫尔的努力，美国由消极参加国际事务到主动为之，开始了在美国主导下以其庞大经济实力影响世界经济关系的历史进程。

前面提到，20 年代国际金融秩序的稳定得益于资本在世界范围内的健康流动，美国对外贷款起到了非常关键的作用。但从 1928 年下半年开始，在股票市场大幅上扬之时，美国资金投入方向发生变化，对外贷款逐步缩减，当年下半年比上半年减少了 50%，1929 年继续减少。对比之下，1927 年美国对外贷款有 13.36 亿美元，1928 年降到 12.5 亿美元，1929 年则只有 7.9 亿美元，1929 年，从债权国流出的总资本从 1928 年的 22.14 亿美元降到 14.14 亿美元，1930 年更是降到 3.63 亿美元，[①] 先后跌落 36% 和 74%，这种下降是惊人的，造成了严重的后果。

首先，在战后欧洲处于贫困和经济恢复发展之际，美国所实行

---

① Derek H. Aldcroft, *The European Economy*, 1914-1970: 85.

的高关税政策实质上是阻断了资金以对外贸易的形式由美国流向欧洲，黄金从而源源不断地进入美国。世界经济的发展不可能建立在资本的单向流动之上，美国的对欧贷款在某种程度上弥补了这种单向流动的缺陷。因此，美国减少对欧贷款对世界经济有着重大意义。基于美国贷款—德国赔款—协约国偿还战债的资金链出现断裂，德国经济离开美国的资金支持后寸步难行。它不仅无力偿还赔款，经济也很快陷于萧条，被迫另谋发展之路；离开了德国的偿债，原协约国集团不仅无力偿还美国战债，其本身的对外贷款也无力提供，20世纪20年代有效运转的偿债体制顷刻瓦解，世界经济陷于通货紧缩状态，20年代前期建立的脆弱的世界经济秩序弊端立现。

受直接影响的是当时最大的借债国德国，资金流入从1928年的9.67亿美元降到1929年的4.82亿美元以及1930年的1.29亿美元，[①] 降幅达87%，其他一些中东欧国家也同时遭遇了贷款的剧烈削减。资金的短缺不仅造成德国国内投资的减少，也造成需求不旺，影响到了进口，从而使对外贸易陷于危机当中。1931年7月，德国实行外汇管制，放弃金本位制。事实上，作为战后资本流动的中间国，德国经济状况的好坏直接影响着该体系的正常运转，1928年德国经济仍然存在的问题——资本短缺、高额利率、沉重税负以及农业萧条等所造成的经济失衡制约了它在这个体系中能发挥的作用，经济大危机的突然爆发加剧了这种不利的情况，作为其中一个核心问题的赔款问题，再次成为美英等国关注的焦点。

针对德国因为无法取得贷款继而偿债不顺，协约国的反应是修改道威斯计划，1928年9月决定成立新的和会来重新考虑德国赔款问题。美国没有参与该行动，但与会议主席扬格（Owen D. Young）保持联系，企图使会议免于讨论战债问题，但这遭到前协约国家的否决。会议最后决定撤除对德国财政的监督，减少德国赔款数额。虽然这引起英法两国的不快，但鉴于经济所面临的危机，扬格计划还是得到了批准。牵涉到美国的地方是，扬格计划规

---

① Derek H. Aldcroft, *The European Economy*, 1914-1970：85.

定某些年份德国赔偿的数额可视当年美国削减盟国所欠债款而定，① 这为美国所拒绝。即使如此，很快大危机的蔓延就打断了这一进程，1931 年 6 月，扬格计划确定 14 个月后，胡佛被迫发出延期偿债 1 年的声明，但仍然顽固地将赔款与偿债问题分开，坚持赔款是赔款、债务是债务，无论德国的赔款如何，协约国欠美国的债务必须偿还。这就表明，美国不愿牺牲自己的些许利益来换取赔款问题的解决，哪怕这种结果对缓解危机大有裨益。

无法取得美国的让步，英国只好自谋出路。1928 年，英国仍然顽强地维持着它定值过高的英镑金本位制，此时英格兰银行所掌握的黄金储备约有 1.5 亿英镑，合 7.4 亿美元，但之后呈螺旋式下降，1931 年只剩 5.9 亿美元。② 包括外汇在内的资金从伦敦市场流出，自 1931 年 7 月中旬到 9 月达 2 亿英镑，黄金的急剧减少使英国不能承受金本位制下黄金自由流动所带来的后果。1931 年 9 月中旬，受多重事件的影响，英镑遭到大规模的挤提，在新的贷款不易获得的情况下，9 月 19 日，英格兰银行正式提出要从 1925 年《金本位制法》（*Gold Standard Act*）按固定价格出售黄金的义务中脱身，内阁经过紧急会议予以通过，并迅速行动。③ 在工党政府垮台之后，刚刚组建国民联合政府的首相麦克唐纳（Ramsay MacDonald）对此十分重视，放弃假期赶回伦敦。21 日白天，虽然正值星期一，英格兰银行、合股商业银行和伦敦证券交易所全部关闭，21 日晚间麦克唐纳发表声明宣布放弃金本位制，并限制黄金出口，这使欧洲的财政动荡达到了顶点。英镑汇率急剧下跌，在几天之内就降了 25%，1 英镑价格从 4.86 美元跌到 3.75 美元，12 月

---

① ［美］H. N. 沙伊贝、H. G. 瓦特、H. U. 福克纳著，彭松建等译：《近百年美国经济史》，第 447 页。

② League of Nations, *Statistical Year-Book of the League of Nations*, 1933/34, Geneva: 1934: 212. Table 108, Gold and Foreign Assets Reserves.

③ Cabinet 60（31），CONCLUSIONS of a Meeting of the Cabinet, September 20th, 1931, *Conclusions of Meetings of the Cabinet*, CAB 23/68: 216-225. 本书所有 CAB 档案皆引自于英国国家档案馆网站上所公布的内阁文件集：http://www.nationalarchives.gov.uk/cabinetpapers/default.htm。

份更是跌到 3.25 美元，相对来说，那些坚持金本位制的国家货币对英镑升值 40%。对此，英国政府静观其变，没有干预。作为 20 年代世界经济运转的一个中心，英国放弃金本位制的一个重要影响是它重创了周边国家对金本位制的信心，致使短时间内包括日本在内的 25 个国家宣布脱离金本位。加上此前德奥两国已经放弃金本位，战后重建的世界金本位制一夜之间瓦解，货币稳定局面不复存在，此时距离它的形成也只有短短的 3 年时间。英国的做法开创了非常恶劣的先例，以至于英国财政部有官员（詹姆士·格里格爵士）说这是"破坏了当时世界所有的一致性和稳定性的任何基础"，德国更是有人认为英国"已经放弃它作为一个世界经济中心的作用"。①

从过去的经验来看，国际金本位制之所以能够发挥调节金融平衡的作用，是因为英国居于其中所做的调停工作，它从未受危机波及的中心地区提取黄金，向陷入金融危机的中心地区运送黄金，帮助处于困境的其他国家维持债务清偿的能力，从而维护了世界经济的稳定。但此时英国的经济力量无法再做到这一点。就战后的世界经济状况来看，与其说英国仍然是中心，倒不如说它只是一个"看守"中心，由于美国对世界责任的逃避，使英国不可避免地坐上了中心的位子。

英镑的贬值首先给欧洲国家带来压力，它们手中的英镑储备损失惨重，同时，由于害怕美国会重蹈英国覆辙，它们纷纷将手中美元兑换成黄金，以法国最为典型。9 月底 10 月初，英镑贬值仅仅 10 天，法国就兑换了 1.2 亿美元的黄金，加上其他国家的兑换，美国联邦储备系统流失的黄金从 9 月中旬到 10 月底总计达到 7.55 亿美元，② 这个流失甚至超过英国当年全部的黄金储备，从而给美元带来极大压力。1932 年 1 月，法国又兑换了约 6 亿美元的黄金，

---

① ［美］查尔斯·P. 金德尔伯格著，宋承先等译：《1929—1939 年世界经济萧条》，上海译文出版社 1986 年版，第 185~187 页。

② ［美］查尔斯·P. 金德尔伯格著，宋承先等译：《1929—1939 年世界经济萧条》，第 192 页。

到 6 月为止，除留下为数不多的 1000 万美元作为外汇储备以外，法国几乎兑换了它全部的美元。① 大量美元的流入使美国黄金储备由 47 亿美元下降到 36 亿美元，② 骤然增加了通货膨胀的危险。美国胡佛政府被迫于 1932 年 3 月宣告美元与黄金脱钩。

1933 年 3 月，罗斯福就任总统，他在就职演说中明白无误地表明，"国际贸易关系固然极为重要，但较之建立一种健全的国内经济，乃属第二位的事情"，只有在这个基础之上，才会"全力以赴地通过国际经济调整来恢复世界贸易"。③ 为国内政策计，罗斯福政府迅速改变了胡佛时期的内外政策。3 月 10 日，罗斯福就任 6 天后即发布命令，除财政部特别允许的以外，一律禁止黄金出口，4 月 19 日宣布放弃金本位制，全面禁止黄金出口，美元开始贬值，到 24 日为止，英镑对美元汇价就从 4 月上半月的 1 英镑合 3.24 美元升到 1 英镑合 3.86 美元。④ 美国之放弃金本位是继英国放弃金本位制之后世界经济走向混乱的又一个重大标志，国际货币秩序愈趋不稳，此时，大国中只有法国还在坚持金本位制度。

美元贬值以后，美国意欲将美元贬值 15% 至 25%，然后再与英法平衡外汇价格，英国则表示英镑的汇率也将同等降低，法国则强调美元贬值后坚持金本位的法郎如果被用来买进美元，最终会导致法郎贬值，从而使法国利益受损，遂拒绝了美元贬值后由三国建立外汇平准基金共同稳定币值的提议。随后，英国通过"外汇平衡账户"（Exchange Equalization Account）对英镑实行浮动管理，法国坚持金本位制，并与比利时、荷兰、瑞士、意大利和波兰等国曾经组成黄金集团（Gold Bloc）。法国之所以还能坚持金本位制度，是因为法郎定值趋低，导致大量资本流入，从而储存了大量黄

① [美] 查尔斯·P. 金德尔伯格著，宋承先等译：《1929—1939 年世界经济萧条》，第 211~213 页。
② [美] 默里·罗斯巴德著，谢华育译：《美国大萧条》，上海世纪出版集团 2003 年版，第 359 页。
③ 李剑鸣、章彤编：《美利坚合众国总统就职演说全集》，第 354 页。
④ [美] 查尔斯·P. 金德尔伯格著，宋承先等译：《1929—1939 年世界经济萧条》，第 235 页。

金，其黄金储存量在世界上仅次于美国。但是此后法国的发展却并不顺利，在别的国家经济出现复兴之际，法国却走进了灾难之中。1931年法国的黄金输入达到顶峰，第二年货币供应也达到顶点，[①]但好景不长，1935年6月，黄金集团成员国比利时首先放弃金本位制，货币贬值28%，导致黄金集团开始瓦解。此时尽管法国还没有放弃金本位制，但黄金集团的解体已经标志着国际货币体系进入到无政府状态。直接结果就是，20世纪30年代中期以后，国际金融秩序混乱不堪，经常出现各国为求自保竞相贬值本国货币，任意浮动汇率，各种金融集团开始出现，对当时的国际贸易产生了非常不利的影响，尤其是各国为自身利益管制外汇或竞相倾销外汇的做法使正在经济大危机中恢复的各国经济步履蹒跚。

从阿根廷的外汇管理中，我们可看到世界经济秩序的混乱状况。20世纪30年代初期，阿根廷发明了有5种不同汇率的货币体系。一方面是公开市场价格，即普通汇率，还有2种分别是相对有利汇率和相对不利汇率，用来买卖美元或其他外汇。如果是用来购买机器、原料或其他必需物资，阿根廷中央银行就用相对低的汇率卖掉外汇，反之就用不利的汇率来减少非必需物资的进口。另一方面，外汇又被以相对高的汇率从政府所鼓励行业的出口商手中买到，以相对低的汇率来偿付那些政府所不喜欢的行业产品的出口。[②] 不止阿根廷，其他国家也做了类似的事情。事实证明，这种随意汇率不但不能促进本国的经济增长，反而恶化了贸易环境。

贸易方面，在20年代的关税大战之后，战前的自由贸易再也没能回转，经济大危机进而加剧了这一进程。首先当推1930年美国通过酝酿已久的增收关税法案，75种农产品和925种工业品的关税被提高，导致关税的总平均水平增长为40%，隶属于关税的按

---

①　［法］弗朗索瓦·卡龙著，吴良健等译：《现代法国经济史》，商务印书馆1991年版，第227页。

②　John A. Hopkins, "*Significance of the Geneva Trade Conference to United States Agriculture*", Journal of Farm Economics, Vol. 29, No. 4, Part 2: Proceedings Number (Nov., 1947): 1058.

值所抽平均进口税，增长为50%。① 1930年6月7日，在全世界近
1000名经济学家和政要的抗议声中，胡佛签署该法案，这也被称
为《1930年关税法》(*Hawley-Smoot Tariff Act OR Tariff Act of* 1930)。
这项法案没有给美国农业带来明显的好处，但却立即在国际上引发
了更加激烈的关税战。先后有 20 余国提出抗议并采取报复措施，
1931年11月，英国颁布《紧急进口税条例》，将进口货物从价征
收50%的关税，翌年2月，英国又宣布对进入英国市场的外国商
品，一律征收10%的普通从价税，4月，又将普通商品关税提到
20%，奢侈品关税提高到24%~33%，全面放弃自由贸易。法国因
坚持金本位法郎汇价偏高，便在提高关税的同时率先在对外贸易中
实行大规模进口商品配额制，引起其他国家的效仿，到1932年年
底，就有 11 个国家实行完全配额或许可制度，② 这比高关税更恶
劣地限制了贸易。德国停止对外支付黄金，在保持金本位制的名义
下严格限定外汇支出小于出口收入，以此保持对外贸易收支平衡，
同时它还与相关贸易国家订立双边清算协定，通过"非现金结算
制度"开展贸易。总体看来，在区域贸易集团和各国贸易壁垒的
限制下，国际贸易体系陷入严重的割裂与封闭状态。

这些与自由贸易背道而驰的做法导致世界主要大国对外贸易量
都明显下降。首先是美国在 1932 年迎来对外贸易的最低值，与
1930年相比较，进口由31亿美元降到13亿美元，出口由39亿美
元降到16亿美元，分别跌落58%和59%，在整个30年代，它也没
能恢复1930年的对外贸易值。③ 在欧洲，从1931年到1935年，
法国进口由 422 亿法郎跌至 210 亿法郎，出口由 304 亿法郎跌至
155 亿法郎，分别跌落 50%和 49%；德国进口由 67 亿马克跌到 42

① [美] 阿瑟·林克、威廉·卡顿著，刘绪贻译：《一九○○年以来的
美国史》中，第 22 页。
② [澳] A.G. 肯伍德、A.L. 洛赫德著，王春法译：《国际经济的成
长，1820—1990》，第 200~201 页。
③ [英] B.R. 米切尔编，贺力平译：《帕尔格雷夫世界历史统计：美
洲卷（1750—1993）》，经济科学出版社 2002 年版，第 445 页，表 E1：北美
洲：对外贸易总额现价。

亿马克，出口由96亿马克跌到42亿马克，分别跌落37%和56%；意大利进口由116亿里拉降到78亿里拉，出口由102亿里拉降到52亿里拉，分别跌落33%和49%；甚至是苏联，虽然正值第二个五年计划的建设时期，对外贸易也急剧下滑，进出口分别下跌78%和55%。① 英国在这个阶段对外贸易虽然下跌缓慢，部分方面如出口在经过了1932年的低谷以后还有了回升，但如果考虑到它自1925年以来就一直呈下跌趋势，那英国经济也就称不上是在向前发展了。整个欧洲除了少数国家以外，对外贸易都有巨幅下跌，国际贸易往来陷入新的低潮，进而使经济大危机更加恶化。

这与各国摆脱危机的初衷格格不入。面对越来越糟的国际经济大环境，各国开始收缩，在小的层面和范围中探索走出危机的办法，由此诞生了一系列经济集团。这在一定程度上促进了各国经济的好转，但也在更大程度上割裂了世界经济秩序，离统一的国际经济环境越走越远。

1931年3月，受经济危机打击最严重的德国和奥地利签署了《库齐乌斯—朔贝尔草案》，欲通过区域性协定重新调整经济，②建立起关税同盟，遭到法国的强烈反对。4月27日，法国针对欧洲经济形势提出"建设性方案"，主张在国际联盟下建立为中东欧国家提供短期信贷服务的委员会，为使奥地利摆脱困境，由它的数个主要贸易国对其商品提供特惠关税。③ 在压力之下，9月，德奥被迫放弃关税同盟，但却掀起了区域贸易集团的兴起浪潮。经济集团最典型的莫过于以英国为中心，联系自治领、殖民地以及附属国建立的英镑集团。在放弃了金本位制以后，英国加强了外汇管制，

---

① ［英］B. R. 米切尔编，贺力平译：《帕尔格雷夫世界历史统计：欧洲卷（1750—1993）》，经济科学出版社2002年版，第611~614页，表E1：对外贸易总额现价。

② "奥地利和德国关于统一规定关税制度的议定书"，1931年3月19日，世界知识出版社编：《国际条约集（1924—1933）》，世界知识出版社1961年版，第486页。库齐乌斯和朔贝尔分别为当时德国和奥地利的外长。

③ *Documents on British Foreign Policy*, 1919-1939, 2nd Ser. Vol. II, No. 37, 1947：53-55.

并逐步组成了以英镑联系的集团。在除加拿大以外的英联邦各国和地区使用英镑作为基准货币，贸易及信贷都用英镑结算，各国货币亦可自由兑换，它们对集团外的外汇交易则实行严格的管制，以保护英镑集团的市场，这就是所谓的英镑集团。实际上，"在 1931 年，尤其是在此之后数年，更通用的名词英镑集团是被理解为一个松懈的、非正式的和完全自愿的组合。这个后来被不适当地称作英镑区的组合在那时并没有任何法律基础，参加这个集团也没有任何正式的义务。这是一个俱乐部，其中惯例和传统代替了规则和法律"①。

这样显然不够。由于英国征收保护关税，势必影响到与英国有密切经济联系的自治领和殖民地。为了使英国与自治领、殖民地之间的经济关系不致因此受到损害，并通过发展贸易来保护和扩大英国在这些国家的市场，1932 年 6 月，英帝国在加拿大首都渥太华召开经济会议，并于 7 月签署《渥太华协定》(Ottawa Agreements)，11 月正式生效，正式形成帝国特惠制（Empire Preference）。作为典型区域贸易集团的例子，帝国特惠制要点如下：第一，英国对来自自治领和殖民地的进口商品，给予关税优待，其中大约 80% 的商品免税输入，其他约 20% 的商品征收 10% 左右的低关税；第二，英国保证自治领和殖民地农产品在英国的销售市场，限制从自治领和殖民地以外的国家输入农产品；第三，英国的工业品在输往自治领和殖民地时要享受相应的优惠待遇；第四，自治领和殖民地在拟定关税政策时，要接受英国的建议，对从英国以外的国家输入商品要征收相对的高额关税。② 为了执行《渥太华协定》，英国又分别与各自治领和殖民地签订了一系列协定，明确这些国家和地区对英国商品所给予的优惠。这些协定一般将对英国商品征收的进口关税减至商品价值的 20%，大大低于对他国商品的征税水平。

---

① ［英］阿·尔·康南著，汉敖译：《英镑区》，世界知识出版社 1956 年版，第 157 页。

② David L. Glickman, "The British Imperial Preference System", *The Quarterly Journal of Economics*, Vol. 61, No. 3 (May, 1947): 443-444.

英帝国特惠制的建立对其他国家和地区产生了消极的影响，其他主要经济大国如法国、日本等随后建立了以其货币为主导的贸易体系，德国于20世纪30年代末与邻国和数个拉丁美洲国家建起了贸易同盟。与战后兴起的贸易集团不同，30年代所形成的贸易集团封闭，排斥或歧视与集团外国家和地区的贸易。正如法国外长白里安于1930年5月评价德奥关税同盟时所说，"关税同盟废除了国内关税障碍，是为了在边界上建立更强有力的关税壁垒，实际上是建立起抵制同盟以外各国的工具"，① 一语道破实质。这沉重打击了作为一个整体而存在的世界贸易。在一定程度上可以说，英帝国内部特惠制的推行是美国在世界经济舞台上不作为的结果，这也成为以后其走向世界之时所要面临的巨大障碍。美国更是有人将其称之为"帝国体系"或"殖民体系"，② 据估计，它影响到美国约1/5的出口贸易，主要涉及与英国和加拿大的贸易，合1.5亿美元。③ 这在以后多年都成为其所致力于要摧毁的经济集团。

在解决大危机的过程中，美英法等国在关税、贸易和金融汇率等方面产生了严重的利益冲突，并且使得1933年6月召开的为解决关税和货币问题的伦敦世界经济会议失败，④ 更加深了世界经济的对立和分裂。各行其道的老办法对解决危机无能为力，人们被迫寻找新的办法，以打开新时代世界经济发展的大门。

---

① Gehl Jurgen, *Austria*, *Germany*, *and the Anschluss*, 1931-1938. Oxford University Press, 1963: 9.

② Richard D. McKinzie, *Oral History Interview with John M. Leddy*, Washington D. C., June 15, 1973, from Harry S. Truman Library: 21.

③ "Empire Preference", *New York Times*. November 18, 1932: 18.

④ 正是罗斯福的举动直接毁掉了世界经济会议达成目标的任何希望，多年以后，美国财政部长摩根索还为之辩护说，这并不是出于民族利己主义，而是国际合作有赖于各民族国家金融体系的重建与复兴，而这只能靠单个国家的独立决策才能实现。Treasury Department, *Annual Report of the Secretary of the Treasury on the State of Finances (ARSTSF)*, *for the Fiscal Year Ended June 30*, 1940, Government Printing Office, 1941: 136.

二、美国重拾威尔逊经济理念

虽然罗斯福上台之初以关注国内事务为主，但并没有忘记美国之外的世界。在某些时刻，他亦主动参与国际经济事务，谋划对美国有利的世界格局，从而展现出他国际主义的一面。1933 年 1 月19 日，罗斯福宣布来自田纳西州的资深民主党人及参议员赫尔为国务卿，赫尔一向信奉自由主义，现在终于有机会推行自己的主张，推动美国在贸易领域推出变革政策。

1933 年世界经济会议失败以后，各国继续各自为战，危机仿佛没有尽头。它们提高关税和增加贸易壁垒，并且转向等额贸易，即两个互通贸易的国家之间进出口价值相等的商品。在赫尔看来，建立于易货基础上的贸易方式无疑是"通向经济自杀的快车道"。① 当年 12 月，美洲国家在乌拉圭首都蒙得维的亚（Montevideo）召开第 7 次泛美会议，赫尔奉罗斯福之命率美国代表团与会。从内心来讲，由于在世界经济会议上的失败，他并不想参加这次会议，但既然来了就要有所作为。首先，他要求罗斯福同意他在开幕词中提出关税休战的呼吁。由于罗斯福认为这必然会危害到他的新政改革而予以否决。② 但赫尔没有放弃，12 月 7 日，他连续发布消息，声称即使是在紧急时期，美国忽视"关税减让原则"也是不幸的，而拉丁美洲国家将依赖于适度的关税和正常的国际贸易，他坚持认为拉美国家"将在恐慌之后提出更加宏大的削减关税壁垒计划"，并使美国付出巨大的政治代价。这最终说服了罗斯福，也使得赫尔可以将其关税项目放入会议的正式议程。赫尔首先取得了阿根廷和巴西的支持，12 月 12 日，他呼吁通过西半球双边贸易协定的方式废除"无用和有害的"贸易壁垒，并将该行动扩展到全球。赫尔解除了拉美国家对美国的敌意，同时又赢得了它们对其国际贸易立场的支持，而这在 6 个月以前还被认为是

---

① Cordell Hull, *The Memoirs of Cordell Hull*, Vol. I: 354.

② Michael A. Butler, *Cautious Visionary*, *Cordell Hull and Trade Reform*, 1933-1937, The Kent State University Press, 1998: 87.

不可能的。这是他在国际上的第一次胜利。

蒙得维的亚会议与世界经济会议几乎相反的结果鼓舞了罗斯福，12月24日，他宣称，赫尔已经向拉丁美洲展示了"我们的思想并不是空洞无物的"。① 在赫尔看来，居于外交政策经济层面之上而又紧密联系的是政治层面，两个经济上彼此报复的国家不可能建立友好的政治关系，更何况，没有贸易的支持，美国经济也不可能做到真正复兴。有鉴于此，赫尔迅速展开贸易立法的行动。1934年2月底，国务院制订了贸易条约法草案，并得到了总统罗斯福的支持。在致国会的信中，罗斯福指出，美国在1933年的出口水平只相当于1929年数额的52%和价值的32%，"美国全面永久的复兴取决于国际贸易的复兴和加强"，"在没有相应的进口增长的情况下，美国出口不可能做到持续增长"②，以此表达了对赫尔的支持。

3月20日，众议院以274∶111的绝对多数通过法案，经过细微修改，6月4日，参议院以57∶33予以通过，有效期3年，这便是《互惠贸易法案》(Reciprocal Trade Agreement Act, RATT)，它有三个核心精神：其一，与外国签订的关税条约无需再经国会批准；其二，关税减让幅度可达50%；其三，减税适用于不歧视美国贸易的国家。③ 这里有几个突破，首先，它是美国政府在历史上第一次从国会获得同外国谈判减税的全权，在减税谈判中，同总统拟定细则，政府实施，国会监督，大大增加了美国政府在对外谈判中的可信任度；其次，该法案巧妙避开了现有关税法律的制约，它没有取代旧的法律，是一种全新的权力授予；再次，减税采用自动最惠国待遇方式，即无条件最惠国待遇，大大提高了减税的效率和对其他国家的吸引力。"无条件"的实质是将多个双边贸易协定自

① Michael A. Butler, *Cautious Visionary, Cordell Hull and Trade Reform*, 1933-1937：91.

② John T. Woolley and Gerhard Peters, *The American Presidency Project* [*online*]，http：//www. presidency. ucsb. edu/ws/? pid＝14817. 2009 年 10 月 1 日访问。

③ Cordell Hull, *The Memoirs of Cordell Hull*, Vol. I：359.

动地转化为多边贸易协定，从而美国可以通过该法案构建多边贸易的世界，这为以后世界各国间的贸易谈判开了先河，向人们展示了世界经济秩序未来的面貌。

法案通过以后，美国政府迅速行动。6 月 27 日，罗斯福命令创建部际间互惠信息委员会（Committee for Reciprocity Information），采集对贸易有利害关系的个人与公司意见。第二天，在赫尔的督导之下，又建立贸易协定委员会（Committee on Trade Agreements），成员包括来自国务院、财政部、农业部、商务部和关税委员会的代表，用来指导贸易协定的谈判工作。起初由负责经济和商业政策的助理国务卿、前总统威尔逊的女婿塞尔（Francis B. Sayre）担任主席，后来则是由负责拟定和谈判贸易协定的格雷迪（Henry F. Grady）担任。从一开始，贸易协定委员会是在外贸领域挑选能够提供最佳贸易前景的谈判者，它里面建立了若干"国家委员会"，按国别来研究美国的对外贸易，以求拟定对美国最佳的贸易协定。

美国在贸易法案旗帜下谈判的第一个国家是近邻古巴。8 月 24 日，《互惠贸易法案》付诸实施不到 3 个月，两国签订协议，美国在总税率上给予古巴 20% 的削减，古巴则对美国商品减税 20% ~ 40%。该协议的迅速达成具有重要的意义。而后，美国又启动了同巴西、海地、比利时、西班牙和瑞典等 11 国的谈判，到 1935 年年底，同巴西、比利时、海地、瑞典、哥伦比亚、加拿大和荷兰等 8 个国家签订了协议，1936 年年底则又同法国和瑞士等 6 国签订协议。短短两年时间，法案的实施成效显著。

在如火如荼的减税谈判过程中，美国对外贸易一扫经济大危机以来的低迷状态。在最初的 2 年里，由于平等待遇的推行，美国向这些国家的出口值达到 2.65 亿美元，进口达到 3000 万美元，比例几乎达到 9∶1。[①] 1936 年，美国对已经签订条约并生效的 14 国的出口值比上一年增加 14%，相比之下，对其他所有国家的出口值仅增加 4%，到 1937 年，对已经订约并生效的 16 国的出口值比

---

① Cordell Hull, *The Memoirs of Cordell Hull*, Vol. I: 362.

1935 年增加 60%，相对照的是，对其他所有国家的出口增加值为
39%，美国对这些国家的出口增长速度要高于其他国家对它的出口
速度。① 1940 年前详细的情况可参照表 1-4：

表 1-4 **1934—1939 年《互惠贸易法案》实施情况表②** 单位：百万美元

国家	日期		出口			进口		
	签署	生效	1934、1935年平均价值	1938、1939年平均价值	百分比变化	1934、1935年平均价值	1938、1939年平均价值	百分比变化
古巴	1934.8.24	1934.9.3	53	79	49.8	92	105	14.9
比利时	1935.2.27	1935.5.1	54	71	30.7	33	52	59.1
海地	1935.3.28	1935.6.3	3	4	31.3	1	3	151.6
瑞典	1935.3.25	1935.8.5	36	80	125.7	38	44	16.1
巴西	1935.2.2	1936.1.1	42	71	69.5	96	103	7.3
加拿大	1935.11.15	1936.1.1	313	481	53.6	259	300	15.8
荷兰及殖民地附属	1935.12.20	1936.2.1	149	339	127.5	185	266	43.8
瑞士	1936.1.9	1936.2.15	8	15	82.1	16	27	70.4
洪都拉斯	1935.12.18	1936.3.2	6	6	4.1	7	6	−9.2
哥伦比亚	1935.9.13	1936.5.20	22	46	111.5	49	49	0.8
危地马拉	1936.4.24	1936.6.15	4	8	93.2	5	10	89.5
法国及殖民地附属[1]	1936.5.6	1936.6.15	243	332	36.6	128	134	5
尼加拉瓜	1936.3.11	1936.10.1	2	4	43.3	2	3	20.8

---

① Cordell Hull, *The Memoirs of Cordell Hull*, Vol. I：375.

② S. Shepard Jones and Denys P. Myers ed., *Documents on American Foreign Relations*（*DAFR*）, *July* 1939-*June* 1940, Vol. II, World Peace Foundation, 1940：454-455.

续表

国家	日期		出口			进口		
	签署	生效	1934、1935年平均价值	1938、1939年平均价值	百分比变化	1934、1935年平均价值	1938、1939年平均价值	百分比变化
芬兰	1936.5.18	1936.11.2	6	13	110.2	11	19	83.1
萨尔瓦多	1937.2.19	1937.5.31	3	4	29.1	4	6	69
哥斯达黎加	1936.11.28	1937.8.2	3	8	179.9	3	4	41.2
厄瓜多尔2	1938.8.6	1938.10.23	3	6	78.2	3	4	36
英国及殖民地附属2	1938.11.17	1939.1.1	600	586	-2.3	286	367	28.3
合计3	—	—	757	1232	62.8	774	942	21.6
无协定国家合计	—	—	992	1306	31.7	772	868	12.5
总计	—	—	2208	3136	42	1851	2139	15.6

注:[1]不包括摩洛哥,[2]为 1938 年和 1939 年的统计数据,[3]不包括厄瓜多尔和英国及其皇家殖民地的数据。

综合此表可以看出,在法案通过的 5 年时间里,美国对外贸易有了不同程度的增长,《互惠贸易法案》下的进出口增长值差不多是其余进出口增长值的 2 倍,而出口又明显超过进口的 2~3 倍,无论是从价值还是从范围,互惠贸易协定之下的增长都远远超出平均水平,在赫尔看来,这一切似乎是应验了他理论的正确性:不歧视可以促进贸易。由于这一切都是在没有国际摩擦的情况下实现的,① 就更显得意义重大。在相当长的一段时间里,《互惠贸易法

① Harold B. Hinton, *Cordell Hull*, *A Biography*. Doubleday, Doran & Company, 1942:271.

案》在1937年、1940年、1943年和1945年都得到了国会的延长许可，这也使得美国政府得以在《互惠贸易法案》的框架下持续推动减税谈判。

这里需要说明的是美国同英国贸易条约的签订问题。英国作为世界上除了美国之外最大的贸易国家，本身又有帝国特惠制的保护，因此，考察美国如何处理与它的贸易关系，并借机打破帝国特惠制对美国对外贸易的封锁非常重要。

美国对帝国特惠制早有不满，据官方估计，美国每年因为帝国特惠制而遭受的损失达3亿美元，[①] 1935年年底，美国确定了对英经济外交的工作思路：即以瓷器、陶器和棉纺织品等76项产品的对英减税换取英国在猪油、烟草、大麦等农副产品和部分工业产品上关税优惠，同时将"必须修改《渥太华协定》"定为奋斗目标，强调"如果英国不做此安排，谈判就不存在任何合适的基础"。[②] 美国定调过高了，发出如此狠话在短期内并没有得到英国的回应。英国在帝国特惠制下取得的利益不需要同美国进行交换，因而谈判断断续续，一直没有大的进展。

1937年，欧洲的形势发生了较大的变化，德国扩张态势加剧，凡尔赛—华盛顿体系濒于坍塌。英国有识之士认识到英美合作的重要性，驻美大使林赛（Sir Ronald Lindsay）指出，"一旦欧洲发生一次重大危机，最妨碍美国政府采取任何有利于大英帝国的措施的因素将是（美国）中西部。而与联合王国缔结一项贸易条约对中西部将有直接的有利的影响……这甚至可能成为美国采取什么态度的决定性因素"。[③] 甚至还有人认为，"在经济领域维持美国对我们的友好，在目前不利的世界形势下，将构成未来两年我们生死存亡的问题"。一些对谈判有疑虑的人士也表示："从纯经济观念看，

---

① 杨生茂：《美国外交政策史》，人民出版社1991年版，第439页。

② Ian M. Drummond, *Negotiating Freer Trade*: *the United Kingdom*, *the United States*, *Canada*, *and the Trade Agreements of* 1938. Wilfrid Laurier University Press, 1989: 39.

③ ［英］C. A. 麦克唐纳著，何抗生译：《美国、英国与绥靖：1936—1939年》，中国对外翻译出版公司1986年版，第30页。

美国的要求是荒谬的，除非美国打算提供大幅度的减税……惟有很强的政治考虑，能说明现存条件下与美商业谈判的必要性。"① 另一方面，美国继续施压规劝甚至威胁。罗斯福声称，"我们并不认为更加自由化的国际贸易就会防止战争，但是，我们担心没有更加自由化的国际贸易，战争就将成为必然的结果"②。赫尔也语重心长，"两个伟大国家带着一份内容广泛的贸易协定走到一起，这很可能被视为重构世界秩序的基础……除非我们能使张伯伦先生（Arthur Neville Chamberlain）和英国政府接受这点，并在更广泛的领域解决这一问题，否则只有德意日和其他国家捞到好处"③。这让人联想到 20 世纪 20 年代，由于美国拒不对世界经济秩序承担责任最终导致经济危机爆发并扩大的事实，悲惨的记忆犹在心头，英国不能不考虑同美国谈判的问题。

1938 年 2 月 23 日，英国代表团抵达美国，正式展开谈判。由于面临着德国扩张的阴影，两国都有了超出经济考虑的意图。3 月 11 日，德国吞并奥地利，5 月，希特勒又向捷克斯洛伐克提出苏台德问题，欧洲战云密布，随时有失控的危险。英国不可能视而不见，正如一英外交官描述的，"一份令人满意的协定——近在咫尺——最低程度上也会在目前令人焦虑不安的时刻起到维护和平的有限作用"。④ 1938 年 11 月 17 日，美英加三国在华盛顿签订三方协议，英国同意降低小麦、猪油和面粉等农产品的进口税，美国欲打破帝国特惠制的想法要付诸实现为时尚早，但是协议的达成本身已经表明英国愿意作出某些改变，赫尔在谈到成果时曾说，"协定扭转了已经持续 8 年的经济保护主义趋势，并打开了帝国特惠制的缺口"⑤。接下来美国的任务是使英国作出更多和更大的改变。同英国的谈判是所有贸易条约谈判中最为艰难的一个，这次会谈很像

① Ian M. Drummond, *Negotiating Freer Trade*：35.
② 关在汉编译：《罗斯福选集》，商务印书馆 1982 年版，第 133 页。
③ Ian M. Drummond, *Negotiating Freer Trade*：117.
④ Ian M. Drummond, *Negotiating Freer Trade*：115.
⑤ Cordell Hull, *The Memoirs of Cordell Hull*, Vol. I：530.

是第二次世界大战爆发以后美英间诸多经济会谈的一个前奏或演练，废除帝国特惠制与重建世界经济秩序的斗争任重而道远。

美国在贸易领域推出了《互惠贸易法案》，在金融领域同样作出了有益的实践，并在一定程度上改善了经济大危机以来日益恶化的国际金融环境。

罗斯福甫一上台，即积极在金融领域展开行动。在放弃金本位制以后，1933 年 9 月，他将国内黄金价格从每盎司 20.67 美元提高到 29.82 美元，并授权复兴金融公司在国内收购新出产的黄金。他曾在炉边谈话中宣布，"国际贸易上的偶然因素、其他国家的国内政策以及其他各洲的政治动乱，都对美元产生了重大影响。因此，美国必须坚定地自行控制美元的黄金价值"，"价格由财政部长和总统协商而随时予以规定……必要时还将在世界市场上购买或出售黄金"①。从 10 月 25 日开始，罗斯福与摩根索（Henry Morgenthau, Jr., 1934 年 1 月任财政部长）一起逐日提高黄金价格，复兴金融公司则从 10 月 29 日开始从世界市场购买黄金。这造成的直接后果便是美元贬值。11 月 15 日，美元与英镑的比价进一步跌至 5.5 : 1。

1934 年 1 月 30 日，国会通过《黄金储备法令》（*Gold Reserve Act of* 1934），根据授权，美元贬值为 35 美元折合黄金 1 盎司，从而使美国商品更加容易出口，黄金持续流入美国。到 1942 年 1 月为止，美国财政部已经持有超过 220 亿美元的黄金，略低于世界黄金储备的 80%。②这势必引起他国的不满。

1933 年世界经济会议的失败表明建立一个稳定的国际金融体系的时机并不成熟，但这不表明世界各国尤其是大国不愿建立稳定的国际金融秩序。摩根索领导下的财政部相信，国内经济的复兴与稳定依赖于美元的外汇价值，美国的繁荣将依赖国际合作，美国需

---

① 关在汉编译：《罗斯福选集》，第 55~56 页。

② Peter J. Acsay, "Planning for Postwar Economic Cooperation, 1933-1946", PHD Dissertation of Saint Louis University, 2000：183.

要保证黄金在持有和使用上的便利，平衡国际收支和稳定外汇汇率。①美国能在国际金融领域上频频发声与国际局势的演变息息相关。1935 年春，法国政治上的不稳以及欧洲局势的紧张导致了其国内的金融恐慌，法郎被大量兑换成黄金、美元或英镑，法兰西银行逐渐丧失了它的储备，从而出现法郎贬值的危险，政治危机一触即发。5 月 17 日，法兰西银行负责外汇业务的卡里盖尔（M. Charles Cariguel）向纽约联邦储备银行告急，请求贷款 2 亿美元，摩根索觉得是时候展开国际合作了。

在确定了法国将会出售法郎兑换黄金以后，5 月 29 日，在罗斯福的同意下，摩根索建议法国向英国寻求这笔贷款，将英国引入到稳定法郎的行动中，并企图以此确定民主国家在货币事务上进行合作的先例。② 但由于法国对英镑不感兴趣，以及英国无意帮助稳定法郎而告流产。法国于是再次向美国提出 2 亿美元的贷款要求，美国遂予以同意。5 月 31 日凌晨 1 时，法国政府倒台。卡里盖尔运用贷款中的 3300 万美元成功应付了局势而没有使法郎贬值，③平安渡过了此次法郎危机，这是美国第一次在国际金融领域做稳定一国货币的尝试，基本上是成功的。

在国际金本位制崩溃的大局势之下，此次的法郎危机将不会是最后一次。除非局势稳定，法郎还会面临更大的危机。1936 年 3 月，德国占领莱茵非军事区，在欧洲再次引起政治危机，并引起法郎恐慌和法国黄金储备的大量流失，这次危机的严重性前所未有。6 月 20 日，法国财政部长奥里奥尔（Vincent Auriol）的特使莫尼克（Emmanuel Monick）抵达华盛顿。莫尼克曾是法国财政部驻伦敦代表。摩根索表示乐于看到法郎做适度的贬值。在同罗斯福会谈时，莫尼克谈到他此次赴美主要是由于欧洲糟糕的政治形势。他认

① Esther R. Taus, *The Role of the U. S. Treasury in Stabilizing the Economy*, 1941-1946. University Press of America, 1981：36.

② John M. Blum, *From the Morgenthau Diaries*, *Years of Crisis*, 1928-1938, Houghton Mifflin Company, 1959：135.

③ John M. Blum, *From the Morgenthau Diaries*, *Years of Crisis*, 1928-1938：137.

为德国周围的小国尤其是波兰将会屈服于德国，并很快崩溃，而比利时和荷兰根本没有防卫能力，欧洲的前景如此黯淡，以致立即给法国政府以支持非常必要，他希望美英能够支持法郎贬值。罗斯福建议法国同时向英美两国发出邀请，然后同英国交换意见，三方会议成功的可能性也将大增。① 6 月 24 日，莫尼克又到美国财政部同摩根索商谈贬值的具体问题，他认为英镑在 4.75~4.97 美元（中间恰巧是 4.86）之间浮动是合适的，而法郎的价值则是介于 0.0475 美元和 0.0497 美元之间，法国从贬值中获取的资金将用于建立稳定法郎的基金。摩根索极为赞同，认为法国必须要有这样一项基金，而如果英国和美国也各有一个类似的基金，那么它们之间可以展开合作，管理好各自的货币。② 两国就法郎贬值问题初步达成了协议。

9 月 4 日，奥里奥尔向美国驻法使馆财政专家科克伦（Merle Cochran）提出协定草案，主要内容有三：第一，在法郎贬值的同时，英镑和美元保持价值不变。第二，三国中央银行保持合作，各自盯紧本国货币在特定条件下和特定限度内变动。第三，宣布已经实施的货币稳定措施将打开削减贸易壁垒的通道。法国的所有努力都为重回金本位制而准备。③ 9 月 9 日，美国同意法郎贬值，但不同意回归金本位制，私下里，摩根索认为法郎贬值 15%~20%将是合适的。14 日，英国也作出了类似的表示，承诺英镑不贬值。尽管英美有一些细节上的意见，但法国坚持回归金本位制，④ 这让罗斯福感到糟透了。18 日，英国表示反对重回金本位制，同时，摩根索得到确切消息，法郎将贬值 24%~32%，这被认为不是不可接受的。美国遂立即制订稳定法郎的协定草案，美国的想法是三国政

---

① United States Department of State, *Foreign Relations of the United States Diplomatic Papers*（以下简写为 *FRUS*），1936, Vol. I. Government Printing Office, 1953：540-541.

② John M. Blum, *From the Morgenthau Diaries, Years of Crisis*, 1928-1938：158.

③ *FRUS*, 1936, Vol. I：542.

④ *FRUS*, 1936, Vol. I：548-551.

府同时发表独立声明。内容包含对法郎贬值的支持和理解，三国政府将合作确保他们的政策有利于国际贸易的发展，同时，对其他国家——主要是德国和意大利可能的干涉和破坏行动，三国政府将联合反对。① 这得到了罗斯福的同意，随后寄给英法两国。

9 月 25 日早上（美国东部时间），英国首相张伯伦度完周末回到伦敦，基本上同意了美国的草案，法国也是如此，同时提出法郎要贬值 25%～34.35%，比摩根索早先知道的要稍高一些，三国随即达成协议。在美国傍晚时间同时发布了协议文本，基本内容为：（1）美国政府同英法政府一起确信该政策将致力于维持国际汇兑平衡，并防止引起该体系的混乱；（2）为实现主要货币间的稳定关系，法国修改法郎定值，美英欢迎这一旨在增强国际经济关系稳定的决定，三国政府将采取必要的措施来防止国际汇兑体系可能发生的混乱；（3）三国政府确信该项政策的成功与否取决于国际贸易的发展，三国政府期望并邀请其他国家的合作，同时确信将没有国家会试图谋求不合理的竞争性汇兑优势，从而妨碍三国所致力于恢复更为稳定的经济关系的努力。② 第二天，赫尔也发表了声明，指出国际汇兑体系的稳定不仅有利于美国国内经济的恢复，还将极大的便利废除配额限制、外汇管制和其他过度限制国家间贸易发展的行为。③

在三方协议（Tripartite Accord）保证之下，10 月 1 日，法国通过新货币法，免除法兰西银行用票据兑换黄金的义务，法郎贬值 25.19%～34.35%，这就使法国立即获得了 170 亿法郎的账面盈余，其中的 100 亿法郎被用于汇兑平准基金，此前英国和美国已经采取了这样的措施，9 月 26 日，比利时宣布向三方协议的原则看齐，27 日，瑞士将其货币贬值 25.94%，30 日，荷兰建立了拥有 3 亿荷

---

①　John M. Blum, *From the Morgenthau Diaries*, *Years of Crisis*, 1928-1938：165-167.

②　*FRUS*, 1936, Vol. I：560-561.

③　*FRUS*, 1936, Vol. I：561.

兰盾资金的平准基金,① 黄金集团三国先后加入英法美三方协议,完成了世界上最后一波对金本位制的调整。金本位制完全崩溃的同时,美国也开始探索后金本位时期的货币稳定制度。此后,10月中旬,美国又同英法订立三国黄金协定,规定彼此间可以自由兑换黄金,并提供黄金给需要外汇平衡或稳定基金的国家。② 在一定区域内,黄金重新进入流通领域,在一定程度上稳定了币值,减少了货币在流通和交易过程中其价值易变的风险。

三方协议的达成一扫英国放弃金本位制以来国际金融领域群龙无首的局面,各国竞争性货币贬值等严重危害国际金融稳定的行为在某种程度上被制止,在国际金融史上写下了重要的一页。这个过程中的某些做法,如成立平准基金稳定货币,承认某些国家存在困难并协助解决问题所体现出的合作精神,正是20世纪40年代美国重建世界金融秩序的核心精神,这为美国在世界经济领域发挥更大的作用提供了经验上的准备,是一种有益的尝试。

但是似乎也不能过分夸大三方协议的作用,毕竟这只是一个开始,是对过去20年弯路的一个小小纠正。之所以发挥了作用,不能忽略当时政治紧张局势的影响,实际上,也正是因为欧洲大陆局势的紧张和法国政治、社会的动荡才迫使英美做出支持法郎贬值的决定。这从莫尼克访美主要谈政治局势,从英国对支持法郎不感兴趣可见一斑。而美国也坚持不用条约而选择三方协议的形式来支持法郎,就是要避免承担条约规定的义务,保有在未来自主行动的自由。因此,这种在三方协议基础上的合作还是非常初级的形式,无力从根本上纠正当时混乱不堪的经济秩序,要真正建立稳定的国际金融秩序还有很长的一段路要走。

---

① S. Shepard Jones and Denys P. Myers ed. , *DAFR*, *January* 1938-*June* 1939, Vol. I, World Peace Foundation, 1939: 396.

② *ARSTSF*, *for the Fiscal Year Ended June* 30, 1937. Government Printing Office, 1938: 260, Exhibit 25.

第二章　美国变革世界经济秩序的规划及面临的挑战

第一节　美国初步筹划战后世界经济秩序蓝图

第二次世界大战直接宣告了世界经济秩序的破产，给美国变革世界经济秩序提供了历史条件，使美国不必小打小闹地局限于改变世界经济秩序的某个部分，而可以将威尔逊世界经济理念付诸实施。在第二次世界大战爆发初期，美国官方和民间开始研究美国参战的目的，战后应该建立何种经济政治秩序等，并提出了不少方案。随着美国参战以及反法西斯战争走向胜利，美国构建战后世界蓝图的框架就更为清晰，而在美国战后规划当中，关于世界经济秩序的规划占据了非常重要的位置。

一、美国领导与世界经济秩序变革原则的提出

从美国 1934 年《互惠贸易法案》通过之日起，罗斯福比较多地论及自由与开放的世界经济秩序理念，并且强调美国在世界金融与贸易等方面的领导作用。

1937 年秋，在世界军事形势日益紧张之际，罗斯福看到，各国在军备上的花费正吞噬着越来越多的生产力，军工产业的发展必然导致各国经济结构的混乱，牺牲了人民本来可以拥有的更高水准的生活，因此，世界各国应订立致力于裁减军备、更广泛利用资源以及改善所有民族间经济关系的协定。罗斯福还提出各国政府应尽早就四点达成共识：（1）国际行为的基本原则；（2）集体限制与裁减军备的最有效途径；（3）在平等对待和机会均等基础上增进

所有国家经济安全、稳定和繁荣的方式；（4）战争状态下最大程度尊重人本主义的方式。① 其中，罗斯福提到了美国所赞同的世界经济秩序的核心原则，即平等对待和机会均等。无论从历史还是现实来看，这两条观念在美国都深入人心。早在立国之初，华盛顿就在告别演说中提出，美国在与其他国家的商业关系中应"保持平等和公正，既不寻求也不给予排他性的照顾或优惠"，② 这实际上也是最惠国待遇的理论根源。威尔逊在十四点计划中表明，美国要建立"在所有认同和平的国家之间尽可能消除一切经济壁垒，建立平等的贸易环境，并予以保持"的世界经济秩序。虽然最终夭折，但却打开了美国要建立这样一种体系的潘多拉盒子。其后，《互惠贸易法案》正式确定了非歧视与自动最惠国待遇的原则，使美国向自由贸易体系的方向上迈了一大步，在某种程度上，这是继承了美国的传统。

1939 年 9 月欧洲战争刚刚爆发，美国助理国务卿格雷迪即发表演说，即使经济因素不是战争的唯一原因，也是当前国家间冲突的最根本的和主要的原因。各国须认识到，只有维持抱有合作态度的国际结构和承认世界一体以及国家间相互依存，各国的生存和繁荣才有保证。由于 1934 年以来《互惠贸易法案》实践的结果，罗斯福和赫尔相信成功的世界贸易秩序是和平世界的基础，一直以来，他们都想重建国际政治和经济秩序。美国期待，世界秩序建立于所有国家间非歧视和平等对待基础上，不会因为政治目的而出现人为干预贸易的事情。美国愿同各国一起降低过高的贸易壁垒，促进世界贸易以及经济交流。格雷迪在演说中最后指出：

　　　　战争会持续多久，或它会以何种方式结束都不重要。建立

---

① Sumner Welles, *The Time for Decision*, Harper & Brothers Publishers, 1944: 64-65.

② John T. Woolley and Gerhard Peters, *The American Presidency Project* [online]; http://www.presidency.ucsb.edu/ws/? pid = 65539. 2009 年 10 月 5 日访问。

保障并推动国际贸易大发展环境的必要性一直存在，战争中出现的很多问题在战后依然会存在。实际上，战争只是激化了问题，真正要解决它们将面临更大的困难。①

从一开始，美国就明确要建立非歧视与平等对待的世界经济秩序，这是赢得战争的重要目的。在罗斯福和国务院官员的思考中，战争与否对美国似乎还不是头等大事，而真正的问题是如何在战后建立有利于美国的世界经济秩序，将美国在战前所推行的互惠贸易推向全世界。

1940 年 1 月 3 日，罗斯福在致国会的年度咨文中第一次全面阐述了他对战后世界经济秩序的看法。他认为，在（第一次）世界大战后的许多年里，包括美国在内的许多国家都盲目实施自私的经济政策，制造了许多贸易壁垒，阻碍了商品在国家间的流动，破坏性极大，在事实上部分导致了战争的爆发。贸易壁垒导致了庞大的滞销，给美国和其他国家带来痛苦。为解除这些痛苦，罗斯福认为最重要的是延长《互惠贸易法案》，并将其作为稳定与持久和平不可分割的一部分。此前，1939 年 12 月初，赫尔在芝加哥发表演说，特别阐明延长《互惠贸易法案》的必要性，得到了罗斯福的赞同。他号召内阁以实际行动来支持法案。罗斯福的这一举动前所未有，这甚至让赫尔感觉到这是自 1933 年以来罗斯福第一次真的是在支持贸易协定。②

更进一步，罗斯福认为，美国应在世界经济秩序构建中发挥"领导"作用。美国应该利用影响力在世界范围打开贸易通道。在这里，强调世界范围有着现实意义，即只有在世界范围内实现贸易的畅通无阻，各国能够和平地获得所需物资或服务，战争才有可能

---

① "The World's Fair and Peace", Remarks by Assistant Secretary Grady, *The Department of State Bulletin*, Vol. 1, No. 12, September 16, 1939: 254-255.

② Cordell Hull, *The Memoirs of Cordell Hull*, Vol. I: 747.

避免。① 在国情咨文中，罗斯福极力强调美国的领导作用，为国务院和财政部等一干政府部门筹划战后世界经济秩序明确了首要的原则。而这个"领导"作用的提出，适逢国会孤立主义势力遭受挫折之际，以罗斯福为首的美国政府此时得以摆脱掣肘，完全改变了20世纪20年代共和党政府孤立于美洲大陆的外交观念，大步向国际主义迈进。

不仅如此，1941年1月6日，罗斯福又向国会提出了"四大自由"（Four Freedoms）的理念，其中第三条是"免于匮乏的自由"（Freedom from Want），即从世界范围的意义上达到经济上的融洽关系，保证世界一切地方的居民都能过一种健康与和平的生活。② 其后出版的政府小册子对此做了解释。"免于匮乏的自由"建立于两个基础之上，其一：人类已经具备了生产极其丰富并且足够满足每一个人所需日用品的能力；其二：地球是不可分割的整体，单个人的饥饿也意味着其他人的食物匮乏，世界必须作为整体看待，地球居民才能生存并发展繁荣。如今，与历史上一个地区的繁荣以另一个地区的贫困为代价不同，联合国家的成立将使"免于匮乏的自由"成为"必须"而不是"可以"的事情。③ 从广泛的层次上来说，这要求建立自由与公平的世界贸易秩序，从而保证国家不分大小，都能和平地获得与交换资源，从而达到免于匮乏和自由生活的目的。

罗斯福政府的这一主张得到了美国社会前所未有的支持。在美国"领导"作用的催化下，1941年2月17日，亨利·卢斯（Henry Luce）发表了《美国世纪》一文，他认为，在20世纪

① John T. Woolley and Gerhard Peters, *The American Presidency Project* [online], http://www.presidency.ucsb.edu/ws/? pid = 15856. 2009 年10月5日访问。

② John T. Woolley and Gerhard Peters, *The American Presidency Project* [online], http://www.presidency.ucsb.edu/ws/? pid = 16092. 2009 年10月5日访问。

③ Office of War Information, *The United Nations Fight for the Four Freedoms*. Government Printing Office, 1942: 9-11.

20—30 年代痛失领导世界的机会之后，美国这一次再也不能错过，在卢斯看来，只要做到四点，20 世纪将是美国世纪。四点中，首要内容便是，只有美国才可以决定是否建立一个自由经济秩序。美国要保证公海航行自由，要做世界贸易强有力的领袖就不能束缚自己。① 卢斯的文章发表在发行量巨大的《生活》杂志上，引起了普通美国人的共鸣与支持。

美国政府对战后世界经济秩序的理念越来越鲜明。4 月，赫尔在关于贸易协定的声明中说，美国政府正设法在贸易协定体系下追求国际贸易的重建，美国政府将用一切力量来推动这个进程，贸易协定体系之下的原则将是战后世界经济生活得以重建的唯一可能的基础。基于该政策和其他有共同目标国家的合作，美国将在这一过程中发挥意义重大的领导作用。② 与此同时，罗斯福要求明确美国经济政策的某些原则，这一切为美国追求构建世界经济新秩序奠定了基础。

1941 年 5 月 17 日，美国全国对外贸易周开幕。罗斯福再次强调了美国在自由经济政策上的领导作用，称极权主义必须要从政治和国际贸易领域中清除出去，坚持美国要在互惠、公平交易和友好合作基础上重建世界贸易秩序。③ 第二天，国务卿赫尔在更具体的细节上阐述了罗斯福的经济思想。他认为，当前的战争并不是唯一的危险，更危险的是，侵略者赢得了战争之后会强推他们的世界经济秩序：核心内容是征服，他们在征服的每一块土地上都建立了经济上的主从关系，被奴役国家的经济结构被强行重塑并附属于他们的统治，经济上的专制或自足成为经济政策的典型特征。在这个过程当中，法西斯国家增强了力量，持续侵略世界其他自由地区。这是美国所不能容忍的。与之相对，赫尔提出了美国中意的战后世界

---

① Henry R. Luce, "The American Century", *Life*, Vol. 10, February 17, 1941: 61-65.

② "The Trade-Agreements Program", Statement by the Secretary of State, *The Department of State Bulletin*, Vol. 4, No. 93, April 5, 1941: 425.

③ "National Foreign-Trade Week", Statement by the President, *The Department of State Bulletin*, Vol. 4, No. 99, May 17, 1941: 573.

经济秩序的原则：

第一，将不再允许极端民族主义构筑过高贸易壁垒的做法；

第二，不歧视原则（Non-discrimination）务必成为国际贸易关系中的准则，这是国际贸易发展繁荣的基础；

第三，所有国家都能不受歧视地获取原料资源；

第四，规范商品供应的国际协定必须能充分保护消费国和人民的利益；

第五，国际金融机制和安排的原则为：各国向其他国家的基本产业和持续发展提供援助，各国在贸易发展与其福祉相一致的基础上确保支付。①

赫尔将正在进行的战争看成专制经济与自由经济的斗争，并称如果不建立开放的贸易体系，则世界仍会再现政治不稳和经济崩溃的现象，从这个意义上讲，和平缔造无从谈起。此后，在这一问题上美国相继有重量级人物发表言论呼应赫尔的观点。5 月 23 日，美国助理国务卿伯尔在新泽西州大西洋城发表演说，称没有任何国家可以独自发展——哪怕力量强大的战争策源国也是在战前囤积了大量的资源才有力量发动战争，国际生活依赖于对物资的稳定与合理的分配，而这通常是由贸易（而非战争）来完成的，如果贸易不能奏效，则要通过金融规范贸易。伯尔宣称，美国正在构建这样一种机制。在美国的领导方面，他认为美国已经具备了联合各种族和各民族的能力，美国也具备与各民族和平共处的生活方式，而欧洲历史上从来没有实现这一步。② 此前，5 月 21 日，助理国务卿

---

① "Radio Address by the Secretary of State", *The Department of State Bulletin*, Vol. 4, No. 99, May 17, 1941：575.

② "The Coming Epoch of Rebuilding", Address by Assistant Secretary Berle, *The Department of State Bulletin*, Vol. 4, No. 100, May 24, 1941：613-615.

艾奇逊（Dean Acheson）在巴尔的摩发表演说，肯定了赫尔的广播。同一日，国务卿特别助理埃德明斯特在芝加哥演讲，特别重复了赫尔的五点原则，认为美国对外贸易的保持与发展将取决于美国在多大程度上做到这五点。他还提到了与英帝国的合作问题，认为此时改善并发展与英帝国的经济合作是可能的。① 还是在 5 月 21日，美国国务院贸易事务司司长盖斯特在芝加哥细化了美国对战后世界经济秩序的理念：建立于平等贸易基础之上，采取不歧视原则，对最惠国待遇的普遍接受，对原料和农产品的合理分配，将黄金重新作为国际汇兑的标准，工业品尤其是消费品世界市场的扩大，以及在陆地、海洋和天空扩大运输。② 美国政府对自由贸易如此高密度的宣讲在历史上可以说是前所未有，表明了坚定的决心。

从 1939 年 9 月欧战爆发到 1941 年期间，罗斯福和赫尔在变革战后世界经济秩序问题上阐发了两大原则：第一条原则就是美国的领导，这体现在：第一，新的世界经济秩序只有在美国的组织之下才有可能出现，赫尔自信美国有这样的能力，包括资源、头脑智慧以及实干的双手。第二，该经济秩序必须要符合美国的利益才有可能运行，美国对新秩序有绝对的话语权。以此为基础，促进国际贸易的发展和世界经济的繁荣，美国起到中枢作用。第二条原则就是在开放、自由和不歧视原则基础之上重构世界经济秩序，简单说来，就是后来常常见诸文字的"多边自由贸易体系"（Multilateral Free Trading System），是赫尔等开创的推进世界贸易的一条新路。当然，这个秩序在 1940 年年初还只是美国的粗略构思，与其后建立的世界经济秩序在很多方面有较大的差异。从 1941 年中期开始，无论美国政府还是民间社会，都对美国在战后所起的作用和在世界上所占的地位充满信心，尤其是在经济领域。对美国领导下的

---

① "Foreign Trade and the World Crisis", Address by Lynn R. Edminster, *The Department of State Bulletin*, Vol. 4, No. 100, May 24, 1941: 626-627.

② "Economic Issues of the Present World Conflict, With Particular Reference to Foreign Trade", Address by Raymond H. Geist, *The Department of State Bulletin*, Vol. 4, No. 100, May 24, 1941: 629-630.

"美国世纪"即将来临的期盼开始成为美国社会的主流心态，并逐步减弱着美国社会自第一次世界大战后普遍弥漫的孤立主义情绪，问鼎主导世界秩序的"理想"被唤起。

二、美国国务院对战后世界经济秩序的初步筹划

美国国务院对战后世界经济秩序的规划体现在两个方面，一是如何在世界范围内建立多边贸易体系，以使美国的工业扩张在战后仍然能够不受阻碍地在世界范围内流通，从而避免胜利危机的发生；二是如何保证英国等战争受损国在重建的同时能够顺利融入到美国所倡导的多边贸易体系中来。

第一个方面是赫尔一贯的理想。从很早开始，赫尔就认为世界范围内的自由贸易是避免战争和维持和平的唯一途径。1938 年 11 月 1 日，他在全国贸易大会上发表讲话，再次表达了这一理念：

> 如果没有在公平交易和平等对待基础上发展国际贸易，那就不可能具有稳定和安全的国内外关系。一国中断与世界其他国家秩序井然的贸易关系将不可避免地导致对国家生活的统制、对人权的压制、更经常地准备战争和对周边国家持有更多的挑衅性态度。①

赫尔在国务院中得到了相当多的支持，如主管经济事务的助理国务卿塞尔以及他的继任者格兰迪，商业政策和贸易协定司司长霍金斯（Harry Hawkins）以及国际经济事务顾问赫伯特·菲斯（Herbert Feis）等，他们都认为必须要从凡尔赛的失败经验中汲取教训，孤立和中立并不能使美国避免战争，只会导致和平与繁荣的远去；而 20 世纪 30 年代经济大危机及"以邻为壑"贸易政策的惨痛教训也使他们印象深刻，这一派实力人物保证了赫尔的多边自

---

① Warren F. Kimball, "Lend-Lease and the Open Door: The Temptation of British Opulence, 1937-1942", *Political Science Quarterly*, Vol. 86, No. 2 (Jun., 1971): 235.

由贸易理念的传播。

1939 年年底，副国务卿韦尔斯（Sumner Welles）建立了官方的对外关系问题咨询委员会（Advisory Committee on Problems of Foreign Relations）以探讨和平条款的可能性和研究战后复兴，并于 1940 年 1 月 8 日对外公开，韦尔斯任主席，前驻德大使威尔逊（Hugh Wilson）任副主席，共有 15 名成员。[1] 委员会的活动下设 3 个小组，主要研究对象分别为政治事务、限制军备和战后经济问题。这些研究小组的任务主要是"在美国的最大利益之下，寻求在战后建立理想世界秩序的基本原则"。

单就经济小组来讲，它的主要目标是搜集各种信息和建议，试图影响政府的政策和行动。为此，小组潜心研究贸易政策与关系、货币政策与关系、信贷和投资关系等，其中所要解决的主要问题是：（1）期待的世界经济秩序的特性；（2）在特定条件下重构现有世界经济秩序的可行性；（3）为建立这样一种秩序，美国需要采纳何种政策；（4）即使美国能够实施这些政策，其他国家能做出什么贡献。此外，小组还要分析这些问题：（1）和平条约的经济条款；（2）1919—1939 年各大国的经济政策；（3）各类政府的经济行为，尤其是最近 10 年以来；（4）1919—1939 年的国际经济努力。[2] 这样，几乎在美国参战 2 年以前，美国就开始了对战后事务尤其是经济事务的研究，从而使国务院在设计战后世界经济秩序的过程中居于重要地位。

1940 年 2 月 9 日到 10 日，美国开始同 45 个中立国政府展开外交对话，并就"建立持久世界和平健康机制的两个基本问题"交换意见，在世界经济秩序问题上，大约有 2/3 的国家同意与美国全面合作。[3] 5 月，该委员会规模扩大，吸收国务院、财政部、商务

---

[1]　Cordell Hull, *The Memoirs of Cordell Hull*, Vol. II: 1627.

[2]　Appendix 2, January 3, 1940, "Subcommittee on Economic Problems of the Intradepartmental Committee on Peace and Reconstruction: Program of Work", Harley Notter, *Postwar Foreign Policy Preparation*, 1939-1945, 1949: 454-455.

[3]　Cordell Hull, *The Memoirs of Cordell Hull*, Vol. II: 1628.

部和农业部官员，升级为考虑国际经济问题与政策的部际委员会
（Interdepartmental Group to Consider International Economic Problems
and Policies），参加该委员会的都是政府高层官员，它又任命了分
委员会来考虑货币与金融政策，并从当年秋天起开会研究。①

　　7月，在哈瓦那第二届美洲外长会议上，赫尔指出，美国已经
准备好同美洲国家进行更多金融和外汇上的互利合作，并且在必要
时将这种准备扩大到贸易领域②，在会议决议第 25 章中，主要是
在美国国务院的努力下，重申了美洲国家在国际贸易领域坚持自由
原则，并在此基础上恢复与世界上其他有同样兴趣国家的贸易关
系。③ 美国在西半球就自由贸易问题达成一致，并为其以后的行动
打下基础。

　　1941 年 7 月 22 日，副国务卿韦尔斯发表讲话，呼吁在战争结
束后建立世界组织以重建法律与秩序，保证和平，并补充说持久和
平需要在全球范围基础上综合军事、政治和经济上的考虑。这次讲
话同时以欧洲 26 国语言转播。10 月 8 日，他又在全国对外贸易大
会世界贸易晚宴上表达了重建多边贸易的信念：美国对外政策的基
石是平等待遇的原则。美国体系依赖于这种前提，即建立于平等待
遇基础和植根于私人企业之上的多边贸易和支付体系，为体系在世
界范围内增加实际收入，提高生活水平。④ 实际上是重申并发展了
自由贸易的思想。

---

　　① John Parke Young, "Developing Plans for an International Monetary Fund
and a World Bank", *The Department of State Bulletin*, Vol. 23, No. 593,
November 13, 1950：778.

　　② Leo Pasvolsky, "Some Aspects of Our Foreign Economic Policy", *The
American Economic Review*, Vol. 30, No. 5, Papers and Proceedings of the Fifty-third
Annual Meeting of American Economic Association (Feb., 1941)：327.

　　③ "Habana Meeting of the Ministers of Foreign Affairs: Final Act and
Convention", *The Department of State Bulletin*, Vol. 3, No. 61, August 24,
1940：141-142.

　　④ J. B. Condliffe, *Agenda for a Postwar World*, New York：W. W. Norton &
Company, 1942：200.

12 月 22 日，珍珠港事变后两周，赫尔建议罗斯福成立新的咨询委员会，以集结政府内外人士群策群力研究战后问题，得到罗斯福的坚定支持。国务院即就战后国际事务问题成立了战后外交政策咨询委员会（The Advisory Committee on Post-War Foreign Policy），委员会负责引导必要的研究和准备荐言，以呈送总统。新委员会于1942 年 2 月 12 日召开第一次会议，正式开始运作。委员会的任务是把《大西洋宪章》以及罗斯福其他关于战后政策宣示中的广泛原则引入到其所准备的项目中去，它的范围则包括总体安全、军备限制、健全的国际经济关系和其他国际合作等不可分割的相关领域，而这对世界持久和平和经济进步来说是不可缺少的。①这是一个涵盖广泛的机构，成员不仅来自政府各部，还有社会人士，因而能够广泛吸收各方意见。这基本上继承了前述对外关系问题咨询委员会的工作，不同的是，在组成人员以及其责任范围上有所扩大，并且因为有了前面的基础，这次的组织和动员工作非常迅速。由于国务院在其中所起的主导作用，赫尔成为委员会当然的主席，韦尔斯则任副主席，这是美国所成立的第三个战后问题委员会，委员会成立了分委员会，其中经济分委员会由助理国务卿艾奇逊任主席，将精力集中到贸易政策和关系上。成员由 5 名国务院的高级官员和4 名其他部门的人员组成，② 国务院借此稳占规划战后事务方面的主导权。

但是，这个阶段由于欧洲、远东战事的迅速扩展，国务院实际上没有能够在战后事务的考虑上取得显著成绩。这一切直到 1942年年底才有所改观。首先是艾奇逊分委员会认为在近期和长远经济与社会问题上并没有实际分歧，其次，1943 年 4 月，赫尔新设第四个战后咨询机构——战后对外经济政策委员会（Committee on

---

① Harley Notter, *Postwar Foreign Policy Preparation*, 1939-1945：63-64；*FRUS*, 1941, Vol. I, Washington：Government Printing Office, 1958：594-595.

② Susan Aaronson , "How Cordell Hull and the Postwar Planners Designed a New Trade Policy", *Business and Economic History*, Second Series, Vol. 20, 1991：176.

Postwar Foreign Economic Policy），并以之代替了艾奇逊分委员会，① 美国计划者们开始就拟订长期计划进行实际操作。

对于第二个方面，对于英国等在战争中遭到了重大损失的国家，如何在放弃了政府对贸易和汇率的控制而又能够做到顺利复兴经济，国务院开出的药方即是增加对外出口。

1942 年 10 月，国务院贸易政策和协定司司长霍金斯指出，英国再次成为美国最重要市场之一的能力将比以前在更大程度上取决于其工业增加出口市场的能力和创造满足进口需求条件的能力，这些又取决于英国工业重新站在一个有竞争力基础上的问题。由此，英国生产商获得发展将使他们能够在拆除了帝国篱笆之后展开竞争并繁荣出口贸易——英国未来生活水准的提高将极大地依赖于此，毫无疑问是对美国有利的。美国应当视英国为顾客而不是竞争者。②

一言以蔽之，霍金斯认为，英国战后初期的困难将在对外贸易中解决，多边贸易体系将是促进其战后复兴的最好手段。显然，美国政府考虑到了欧亚参战国在战后初期的困难，但从今后的实践来看，考虑得并不充分。

第二节 美国变革世界经济秩序的基本原则

美国的战后规划工作卓有成效，但是要实际发挥作用，还需要得到盟国的认可，尤其是要得到英国的支持。在这个过程当中，美国首先要做的是就经济秩序原则问题在盟国间达成一致，英国在大战初期提出的对外经济政策将是美国政策制定过程中的重要考虑因素。

---

① Susan Aaronson ，"How Cordell Hull and the Postwar Planners Designed a New Trade Policy"，*Business and Economic History*，Second Series，Vol. 20，1991：178.

② "British-American Trade Relations after the War"，*The Department of State Bulletin*，Vol. 7，No. 172，October 9，1942：823.

一、美国提出战后世界经济秩序基本原则的背景

面对即将到来的战争，英国在财力准备方面捉襟见肘。1939年2月对当年防务开支的预测是5.8亿英镑，4月上升到6.3亿英镑，而到了7月，则达到了7.5亿英镑，不断增加的预测显示了英国对战争的准备不足，这对英国来说是沉重的负担。8月27日，战争爆发前4天，英国政府开始管制外汇和贸易，停止某些特定种类外国证券的交易，规定须在一个月内将其转给英格兰银行。涉及的国家有阿根廷、比利时、加拿大、法国、荷兰和荷属东印度、瑞典、挪威、瑞士和美国。在战争的头3个月里，英国卖掉了9500万美元的美国证券。① 英国参战时，尚有45亿美元的美国资产，其中包括美元现金、黄金和在美国可折算的投资，在战争的头16个月里，英国又想方设法增加了20亿美元：在南非开采新的金矿，以及千方百计地向美国输出商品——特别是奢侈品，如威士忌酒、上等毛织品和陶瓷等。② 1940年上半年，英国的黄金和美元储备还能够维持3年，③ 但形势在法国败降之后立即严峻起来，英国接管了法国在美国的合同契约，外汇开支增加了几乎一倍，财政负担大大加重。由于战争形势越来越紧张，英国的黄金与美元储备越来越少，可用美元陷于枯竭。

英国主要从三方面获得资源：英帝国、英镑区和美国，有四种方式能够获取硬通货：(1) 对外出口，(2) 黄金储备，(3) 政府能够得到的英国人所持有的美国证券，(4) 外国贷款。此时英镑区在伦敦的黄金储备每年只有约8000万英镑，可以出售的外国证券有2亿英镑，而在外国贷款上，由于没有偿清第一次世界大战时的美国债务，美国依据《约翰逊法》(Johnson Act)，使任何欠美国

---

① Buford Brandis, "British Overseas Trade and Foreign Exchange", *Political Science Quarterly*, Vol. 58, No. 2. (Jun., 1943):191.

② [英] 温斯顿·丘吉尔著，吴万沈等译：《第二次世界大战回忆录》2，南方出版社2003年版，第630~632页。

③ Donald Moggridge, *The Collected Writings of John Maynard Keynes*, Vol. 23, Macmillan Press, 1979：1.

债务的国家不能从美国政府或私人手中获取贷款。① 英国本身的黄金储备在 1938 年 4 月还有 8 亿英镑有余，但 15 个月来已经损失了40%。② 从节约黄金的角度出发，英国有两条道路：（1）增加出口，赚取美元，顺便打击敌国；（2）以增加英镑适用范围，从而解决美元不足的问题。

在战争开始的一年半里，英国对出口非常重视，这有两个目的：首先，这是英国支付战争物资的资金来源。在国民经济中，英国将出口产品的生产放在仅次于战争物资生产的位置。其次，英国加强出口还有打击德国经济、削减德国从中立国购买物资的目的。举例说，英国和德国是丹麦乳制品的主要进口来源国，而丹麦依赖于英国和德国的煤、机器和其他重型设备。如果英国以较低的价格向丹麦出口煤炭，则德国将被迫降低价格或放弃丹麦市场，从而德国能从丹麦市场购买的商品就相应减少了。③

战争之初，对德经济战是英国对外经济政策的中心内容。为了有效地打击和封锁德国经济，1939 年秋，英国成立了以著名财政学家李滋-罗斯爵士（Sir Frederick Leith-Ross）为主席的出口政策委员会，研究与中立国的贸易，确保经济战的基本原则得到执行。他们尤其注意避免德国以中立国为媒介同英国贸易。1940 年 2 月，出口委员会成立，它由政府和商界代表共 7 人组成，由贸易大臣直接担任主席，目的如下：

> 对于盟国战争来说，对外贸易极其重要。工商界和出口委员会的首要目的是保障机制上的变革以承担国家的战时经济责任，有效地扫除出口贸易的障碍。在战时情况下出口商接受中央政府在和平时期没有的指示、引导和支持是必要的，委员会

---

①　Cabinet 56（39），CONCLUSIONS of a Meeting of the Cabinet held on 5th July，1939，CAB 23/100：111-114.

②　CP. 149（39），Note on the Financial Situation，July 3，1939，CAB 23/100：138.

③　Buford Brandis，"British Overseas Trade and Foreign Exchange"，*Political Science Quarterly*，Vol. 58，No. 2.（Jun.，1943）：198.

在制定政策时没有任何限制。①

为了增加出口，英国还探讨了政府组织公司开展贸易的方式。

为同德国争夺中立国，1940 年春天，英国财政部组建联合王国商业有限公司（United Kingdom Commercial Corporation, Limited）来执行官方贸易政策。起初公司面向巴尔干国家，在德国占领巴尔干之后，公司到阿根廷开展业务，增进它与英国的贸易联系，同时打破德国在南美地区的宣传。到 1940 年年底，它开始以设立子公司的形式来开展对专门国家的业务。10 月是西班牙，其后又成立土耳其、巴勒斯坦、埃及、伊朗和伊拉克分公司，它还在纽约和印度设立了贸易代表。联合王国商业有限公司和它的子公司们与外交部和经济作战部密切合作，为了政治目的补贴对某些国家的特殊出口，实施优先购买权以阻止商品流向德国或其他轴心区。公司的活动在重组中东经济，加强英国在中东的政治和军事地位方面扮演了非常重要的角色。

在缺乏美元之时，英国想到的另一个办法是增加英镑的适用范围。1940 年 3 月，它同西班牙政府重新订立贸易和支付协定，清算了西班牙内战之前欠英国的 4500 万英镑。新协定确立了清偿债务和支付的新机制，西班牙出口到英国的商品将用设于伦敦的清偿账户来支付，其中 45% 的英镑用于在英国购买产品，45% 用于在英镑区其他地方购买，剩下的 10% 用来支付额外出现的款项。10 月，英国又与巴西和阿根廷订立了类似的支付协议，其中规定英镑区成员将通过专用账户来支付进口和进行金融交易。12 月，与土耳其订立了贸易协定，土耳其里拉在汇率上盯紧英镑。到 1940 年年底，特别结算解决办法已适用于除苏联、中国、日本和中美洲某些国家之外的世界其他地区。1941 年 7 月，苏联参战，英苏关系空前接近，两国签订支付协定，将"全部的苏联——英镑区贸易通过一个以苏联国家银行名义设于英格兰银行的集中账户"进行。当年

---

① Buford Brandis, "British Overseas Trade and Foreign Exchange", *Political Science Quarterly*, Vol. 58, No. 2. (Jun. , 1943) : 199, *Economist*, March 9, 1940 : 410.

年底，又为中国安排了特别账户。① 英镑适用范围进一步扩大。

在与美国的支付方面，1940 年形成了一套非正式的做法。在美国联邦储备系统之下，美国的银行处理美国与英镑区间的外汇结算时使用美元，或者在英国银行的注册账户中按官方汇率转化成美元。那些不在英镑区而又与英国联系紧密的国家如加拿大和纽芬兰则有权按它们自己的外汇政策处理它们的英镑收支情况。

在极端的战争状态下，英国倾其所能创造出了一套账户体系，不仅扩大了英镑的使用范围，还巩固了英镑的世界地位。在战争第一年里，英镑区国家在伦敦的资产快速增加，在整个 1941 年，伦敦对英帝国成员的英镑信贷一直处于增长状态，这为英国在战时的对美谈判中谋得了一定的筹码；另一方面，同时与多个国家往来的专用账户在某种程度上为多边支付体系做了尝试。英国利用这种方法巩固了自己的金融大国地位，并且有可能介入到战后世界经济安排中去。

战争初期的英国在对外经济政策方面的精力主要是应付战争、筹措战费和打击敌国经济，无暇顾及其他。对于美国此时所设想的战后世界经济秩序充耳不闻，战后事务还远远没有摆上英国战时内阁的会议桌。那么，在英国集中注意力自救的时刻，美国对战后世界经济秩序的谋划能引起英国人的兴趣吗？

二、美国战后经济目标与美英关系的首次裂痕

尽管美国确定了变革世界经济秩序的基本原则和目标，并努力规划，但是美国这一目标的实现必须与处理战时经济关系相结合，这就涉及与其他盟国，尤其是英国的关系处理问题。只有在盟国中间求得共识，美国才能继续行动。由于美英在战争目标上的差异，美国建立以其为中心的经济秩序不可能一蹴而就，这些首先反映在罗斯福政府对英国履行《租借协定》，以及与英国拟定《大西洋宪章》的关键条文上。

---

① Buford Brandis, "British Overseas Trade and Foreign Exchange", *Political Science Quarterly*, Vol. 58, No. 2. (Jun., 1943):209-210.

1941 年 3 月，罗斯福提交国会的《租借法案》迅速得到通过，基本上解除了英国的美元负担，美国自愿担当"民主国家兵工厂"的结果之一就是反法西斯国家的资源得到整合，美国以此获得了对盟国的外交优势。《租借法案》直接规定了美国应该获得的利益，"这种利益可以是以实物或财产形式的偿付或偿还，或总统认为满意的任何其他直接或间接利益"，① 因此，美国有义务为自己取得什么。这一切鲜明地体现在了与英国谈判中的《联合王国政府与美利坚合众国政府关于在进行反侵略战争中相互援助所适用原则的协定》（以下简称《租借协定》）中。3 月 13 日，在《租借法案》通过后 2 天，罗斯福指示财政部长摩根索在对英租借问题上制定"某种形式的全面协定"，为美国在战时或战后取得什么。要起草的协定将在一定程度上界定美英伙伴关系、英国的需求和资产规模。租借不涉及美元协定，但无疑需要在新的和特别的贸易上设法打下某些基础。第二天，罗斯福又告诉摩根索、霍金斯和他们的同事要注意的事项：（1）不能用条约的方式，因为这将需要参议院 2/3 多数票的批准；（2）其中不能提到钱款。他特别要求由财政部拟定协定。

摩根索素与国务卿赫尔不合，这一次他决定绕过赫尔，与助理国务卿艾奇逊合作。艾奇逊倾向于在战时订立某种形式的清偿机制，而不必等到战后——那时可能会扰乱英美贸易和政治关系，他反对用现金或商品偿还，主张英国需要归还在战争结束之时每一件可用的物资，同时，要求英国同意在削减关税和放弃外汇管制的过程中加入自由的世界经济秩序。摩根索担心这不能使国会满意，并且他还认为艾奇逊过多的战后考虑将增加谈判的难度。因而主张，英国不仅需要归还未使用的军用物资，已经使用的民用物资也要归还。艾奇逊在起草协定时吸纳了这个观点。② 在这种情况下，美国

---

① 《租借法》节录，方连庆等编：《现代国际关系史资料选辑》下，北京大学出版社 1987 年版，第 216 页。

② John M. Blum, *From the Morgenthau Diaries*, *Years of Crisis*, 1938-1941, Houghton Mifflin Company, 1965：243-244.

迎来了英国谈判代表。

1941 年 5 月 8 日，著名经济学家约翰·凯恩斯以英国财政部代表的身份访问美国，处理旧的财政问题和《租借协定》细节问题。13 日，凯恩斯同摩根索进行第一次会谈，但出发点相左。凯恩斯欲减少英国对租借的依赖程度，从而减轻美国对英国收支政策的控制，在某种程度上这也意味着在战后英国将享有更大的自主权，而摩根索的想法刚好相反，他一方面促使英国对其资源做最大的动员，另一方面又让英国重建现金储备的能力达到最小。①

就在双方僵持不下之际，5 月 16 日，罗斯福将《租借协定》谈判的工作转给国务院。他认为，相对于限制英国，在尽可能早的时间里订立协定更为重要。② 长期以推行自由贸易为己任的赫尔找到了迫使英国放弃帝国特惠制的绝好机会，他指示艾奇逊尽快拟订方案。

5 月下旬，凯恩斯获悉了艾奇逊所起草方案的大体内容，这份正处于考量之中的草案正在等待赫尔和罗斯福的批准，他向伦敦作了汇报，其中有关美国所得方面的内容是：

（1）凡是剩余的军用物资都要归还；

（5）对于战争结束时的任何剩余，不会仅因为经济上的考虑而要求转交。美国会综合考量政治、经济因素，该考量在战时是共同目的，战后是共同经济政策，后者尤其关键。

（7）战后共同经济政策声明，建立于赫尔最近的声明以及他那广为人知的观点——不歧视、自由贸易、在包括以前的敌国在内的所有国家间不受限制地获取原料和平等经济待遇。这很可能会与《渥太华协定》冲突，以及与我们很可能在战后将不可避免要依赖的外汇管制和进口许可相冲突。国务院的官员们了解这一点，因此，他们将竭力要求我们坦诚地同意这

---

① Robert Skidelsky, *John Maynard Keynes*, Vol. 3, *Fighting for Britain*：1937-1946, London, Macmillan, 2000：112.

② *FRUS*, 1941, Vol. III：Government Printing Office, 1959：5-6.

一协定。

(10) 罗斯福期望在 6 月 10 日向国会通报草案情况。但在此之前让我们同意涉及根本政策的草案将是不可能的。英国亦需要与诸自治领协商。①

凯恩斯敏锐地觉察到了美国对于英国的野心，它所要求的远远不止剩余物资，草案第 7 款（Article VII）实际上表明美国对世界经济秩序的要求，这与《互惠贸易法案》的精神是一致的。英国在此危急时刻将面临两难的抉择，一方面，如果做出承诺，意味着战后英国将一贫如洗，彻底与昔日经济大国形象再见；另一方面，如果拒绝美国的方案，靠英国自身将难以赢得战争，国务院接手谈判反而大大增加了英国的难度。

6 月 12 日，谈判正式在韦尔斯与英国驻美大使哈里法克斯勋爵（Lord Halifax）之间展开，两人的话题很快聚焦于贸易政策。韦尔斯要求英国对战后贸易政策做出承诺，由两国建立联合委员会制定有关经济政策。② 英国极力反对，丘吉尔专门给凯恩斯写信"强烈要求"（谈判中的）协定不能包含以现金或产品进行（分期）偿还的字样，鉴于战后英国将要出现的经济困难，丘吉尔坚持，无论如何，有关战后世界经济形态讨论的时机还不成熟，他建议凯恩斯与艾奇逊一起在"军事、政治和经济合作领域的考虑"方面寻求补偿。③

6 月 25 日，凯恩斯又与霍金斯展开谈判，霍金斯极力主张英国必须承诺在战后减少在帝国特惠、汇率控制和贸易数量上的限制。凯恩斯则极力反对任何旨在战后立即消除所有贸易控制手段的"发疯的建议"，这让霍金斯大失所望。他在记录中写道"凯恩斯

① Donald Moggridge, *The Collected Writings of John Maynard Keynes*, Vol. 23：101-102.

② Alan P. Dobson, *U. S. Wartime Aid to Britain*, 1940-1946, Dover：Croom Helm, 1986：47.

③ Randall B. Woods, *A Changing of the Guard：Anglo-American Relations*, 1941-1946：28-29.

完全没有看到在美国人民做出这么多牺牲以帮助英国人渡过目前难关（当然也是为我们自己的利益）之后，我们的公众舆论将不可能容忍美国的商品在英国或受英国影响的国家里受到歧视"。凯恩斯的立场得到英国财政大臣、外交大臣和贸易大臣的支持，他们一致认为"至少在过渡期应当要求全面的行动自由"。①

谈判前夕，凯恩斯在与国务院的一次非正式会谈结束后向哈里法克斯勋爵谈到，如果美国国务院有更为坚定的指示，以及在细节问题上有更大的谈判自由，则两国之间将能容易并且迅速地达成满意的结论，问题的关键在于总统（罗斯福）应该做出正确的指示，（这就需要让他明了两人的想法）。② 他们提出越过国务院，直接与最高首脑面谈的想法，两人一拍即合，7 月 7 日，凯恩斯与哈里法克斯拜会罗斯福，希望得到帮助。罗斯福告诉两人，现在形势并不非常明了，因此他不期望在这个时候就形成协定。他建议现在先订立一个初级协定，以便在需要的时候公布。对于英国不希望有债务负担和有妨碍两国间或同其他国家间经济与贸易关系的条文的要求，罗斯福也表示了理解，并认为是可行的。③ 在得到罗斯福的支持以后，他们随即拜会艾奇逊，告诉他 2~3 天后他们将带来按罗斯福的要求重新拟订的草案。对此，艾奇逊不为所动，表示看到草案后再与代理国务卿商议。7 月 15 日，凯恩斯将伦敦拟订的草案送到国务院，草案条文关键内容如下：

（1）为避免损害到战后美国和英联邦间的正常经济关系或英联邦国家购买美国商品和劳务的能力，不建立以赔偿为目的的现金账户，不要求任何物资和资产的移交。

（2）在美国总统的要求下，英国政府同意在战争结束之

---

① Robert Skidelsky, *John Maynard Keynes*, Vol. 3, *Fighting for Britain*：1937-1946：128-129.

② Donald Moggridge, *The Collected Writings of John Maynard Keynes*, Vol. 23：127.

③ *FRUS*, 1941, Vol. III：6-7.

日返还所有在《租借法案》下接收的尚未被毁坏或使用的物品。

(3) 在一定时机和条件下,英国政府同意与美国政府在更广泛的范围内商讨包括援助和合作在内的措施。①

这份草案激怒了艾奇逊,使他再也不能平静。艾奇逊认为英国草案完全是"空洞"的,无非是一个"备忘",而两国需要签订的是一个协定。由此他断定这是英国想逃避负债的责任,而且他们根本不想在战后事务上许下诺言,② 这与国务院的一贯要求相去甚远,是国务院根本不能接受的。

7月28日,国务院将美国草案文本交给了凯恩斯,艾奇逊在递交草案的时候称,罗斯福已经同意草案,总统本人也看不出有什么理由要改变计划,意在推翻7月7日凯恩斯所描绘的罗斯福形象。在艾奇逊看来,这个只有7项主要条文的草案"简单而又自由",罗斯福虽然无意将其作为最终文本,但同意作为谈判的基础。罗斯福对国务院的支持让艾奇逊底气大增。由于艾奇逊数次提及罗斯福,凯恩斯不敢怠慢,逐一阅读条文。在对第2款和第5款的疑问澄清以后,他读到了最关键的第7款:

> 在最后确定的英国从美国获取国防援助以及回报美国的条件是,不使两国间贸易感受到压力,应促进双方互利的经济关系和世界范围内经济关系的改善,两国将反对那些歧视原产于两国之外任何地区产品的行为,并找到实现此目的的措施。③

---

① Donald Moggridge, *The Collected Writings of John Maynard Keynes*, Vol. 23: 164-165. 关于第三条,英国政府的原文是"在一定时期,英国政府将乐于同美国政府在更广泛的范围内商讨合作的措施"。也许是觉得这太不具有可行性了,凯恩斯将其作了修改。

② Robert Skidelsky, *John Maynard Keynes*, Vol. 3, *Fighting for Britain*: 1937-1946: 129.

③ L. S. Pressnell, *External Economic Policy since the War*, Vol. 1, Her Majesty's Stationery Office, 1986: 371.

凯恩斯认为这一条款——"反对那些歧视原产于两国之外任何地区产品的行为"需要经过严肃的讨论，他随即问这是否关系到战后英帝国特惠、外汇和其他贸易控制。艾奇逊做了肯定的回答，并解释说条文这样写并不是为了强加单方面的义务，而是要正视所有这类问题，并尽两国最大的努力来商订避免歧视和民族主义行为的条款。

凯恩斯强烈反对，声称英国不能做出无法实现的承诺。未来英国恢复经济的唯一希望是保持进出口平衡，只能通过外汇控制来实现。可以预料到的是，在战争结束时，美国将会出现巨大的出超，英国则会出现巨量的入超，因此第7款的模式完全不可行。艾奇逊心平气和地称美国所要求的不过是在大量援助英国之后，英国不应继续歧视美国贸易，并希望他们同美国人一起商量不歧视贸易的必要步骤。凯恩斯答应将草案带回伦敦做进一步商讨。① 第二天，凯恩斯即返回英国，两国关于《租借协定》的直接会谈告一段落，但是第7款的精神在美英双方达成谅解之前，将是始终困扰英美关系的关键内容。

有关《租借协定》第7款争论的高潮出现在美英两国元首大西洋会晤中，这也是两国自谈判以来第一次将分歧直接呈现到双方首脑层面。会议上，丘吉尔带了副外交大臣卡多根（Alexander Cadogan）出席，罗斯福则带了支持自由贸易的副国务卿韦尔斯和霍金斯。在大西洋会议上两国在经济事务上起了争执是很偶然的事情。本来，大西洋会议是在德日法西斯出现新的侵略动向以后两国为讨论战场形势召开，讨论议题也非常明确：（1）对付日本可能发动的进攻；（2）援助苏联；（3）美英双边关系包括美国对英国供应军事物资等问题；（4）双方拟定联合宣言以向世界阐明作战立场。这本来是表现美英等民主国家政治和军事政策一致的大好时机，但却在经济上出现了观点上的不一致，正如我们后来所知道的，这种不一致在1941年夏不过是一个开始。

---

① *FRUS*, 1941, Vol. III: 10-13.

大西洋会晤从 8 月 9 日开始，首先是韦尔斯和卡多根两人的会谈，他们逐一沟通远东、欧洲和南美形势，经济问题被放到最后，也凸显出这个问题的复杂与重要性。韦尔斯侃侃而谈，认为战后重建应建立在各国间尽可能自由的经济交流基础之上，因政治目的而结成的帝国特惠和各式各样的经济壁垒应被放弃。他反对凯恩斯在战后初期保护经济的做法。卡多根委婉地表示，他个人反对《渥太华协定》，认为没有出路；两国之间如果不能就贸易自由与不歧视原则尽快达成一致，未来将没有任何希望，但同时他以不了解首相想法为由拒绝接受韦尔斯的建议，提议由丘吉尔和罗斯福直接会谈，① 巧妙地应付了韦尔斯咄咄逼人的态势。

10 日午饭前，卡多根向韦尔斯透露了他所起草的两国共同声明草稿，其中有关战后经济安排的第 4 条是这样写的：

> 他们（美英）将致力于不止是在一国领土范围内，还要在世界各国之间实现对必需的基本产品的公平与公正的分配。②

与美英共同声明一起的还有双方的对日声明草稿。由于担心与日本开战将造成大英帝国生命线的中断，英国将努力的重点放在说服美国阻止日本向东南亚进军的任务上。对于战后经济安排，英国能拖则拖。美国的注意力与英国显然不同，这样一个模糊的声明是它所不能接受的。

韦尔斯迅速行动，起草了美国版的第 4 条，即：

> 通过废除针对原产于对方国家的产品的任何歧视，英国和美国将致力于改善两国经济关系达到合作互利；将致力于推动

---

① *FRUS*, 1941, Vol. I：353-354.

② *FRUS*, 1941, Vol. I：355. W. P.（41）202，"Joint Anglo-American Declaration of Principles"，August 20, 1941, CAB 66/18：83.

各国人民平等的在世界范围内获取市场和原料，以实现经济繁荣。①

韦尔斯的条文与艾奇逊《租借协定》第 7 款没有本质区别，韦尔斯把美国一直都在强调的不歧视问题白纸黑字地写了进去，英国所要回避的帝国特惠问题成为被关注的核心问题，可以说，韦尔斯的声明完整体现了国务院的战后经济意图。但是考虑到英国的实际情况，罗斯福认为这更像是详细的贸易协定的文本，对英国过于苛刻，遂建议将分号之前的部分直接去掉，但他又将"不歧视"单独摘出来，放到最后一句里，这就变成了"各国人民在不歧视和平等条件下"，② 这并没有改变原文的实际意思，仅仅是在语气上变得更为缓和，目的不再那么直接，得到了韦尔斯的赞同。

8 月 10 日下午，丘吉尔再次同罗斯福讨论局势，先是欧洲与远东问题，经济问题照例放在最后。当韦尔斯拿出共同声明草案时，丘吉尔认真读完第四条，即：

他们（美英）将致力于推动各国人民在不歧视和平等条件下在世界范围内获取市场和原料，以实现经济繁荣。

然后他立即提问，这是不是意味着不歧视原则会应用于《渥太华协定》。韦尔斯给了他非常肯定的回答，并且再次申明美国要废除人为贸易壁垒和推进自由贸易的决心。为了获取丘吉尔的同意，韦尔斯又说鉴于英国的困难，这并不需要立即实施。在一旁的罗斯福也补充说，美英政府需承诺给予德国和意大利人民在战后经济活动中公平和平等的机会，这一点非常重要。丘吉尔不为所动，他直截了当地做了否定回答，称英国在没有同自治领协商并取得它们的一致同意以前，他个人不能做出任何决定。同卡多根一样，似

---

① Theodore A. Wilson, *The First Summit: Roosevelt and Churchill at Placentia Bay*, 1941, University Press of Kansas, 1991: 166.

② Richard N. Gardner, *Sterling-Dollar Diplomacy*: 44.

乎是为了安慰罗斯福，他又表示就其个人来讲，内心里非常赞同这一条，他个人也反对《渥太华协定》等。接着，老谋深算的丘吉尔拿出他的解决方案，即在"他们将致力于"之前加上"视我们当前义务而定"的字样，如此一来，韦尔斯费心拟定的迫使英国放弃特惠的努力将被大部抵消。可能是想尽快达成一致，罗斯福对此表示同意，指示韦尔斯照此拟出新的草案，并进一步征得丘吉尔和卡多根的同意。①

下午，丘吉尔对韦尔斯的新草案做了修改，新修改的条文如下：

> 第四，在适当尊重现有义务的情况下，他们将致力于推动各国人民在平等条件下在世界范围内获取贸易和原料，以实现经济繁荣。②

这个修改比下午丘吉尔自己的意见还后退了一步，不仅加上了"适当尊重义务"的字样，将美国视为核心内容的"不歧视"去掉，市场也换成了贸易，丘吉尔的陈述完全避开了帝国特惠制。韦尔斯感到非常失望，但是罗斯福还是同意了。他认为，美国所需要的就是原料，至于是市场还是贸易则无关紧要。对于罗斯福来说，贸易中的歧视完全可以忽略，因为政治诉求更为重要，现在要争取时间尽快发表共同声明。③

8月12日，英国战时内阁对之做了讨论，财政大臣伍德（Sir K. Wood）认为英国必须有权自主决定帝国特惠制政策，外交大臣艾登（A. Eden）认为最危险的是美国企图迫使英国在战后停止控制外汇，要求丘吉尔尽力为英国争取利益。④ 经英国修改最后发表

---

① *FRUS*, 1941, Vol. I: 361-362.

② WP（41）203, and Report in WP（41）202, CAB66/18：3，斜体系丘吉尔所改部分。

③ Theodore A. Wilson, *The First Summit: Roosevelt and Churchill at Placentia Bay*, 1941：173.

④ WAR CABINET 81（41），CONCLUSIONS of a Meeting of the War Cabinet, August 12, 1941, CAB65/19：88.

的声明已经与美国的初衷大相径庭：

> （4）两国在尊重他们现有义务的同时，力使一切国家，不论大小、胜败，对于为了它们的经济繁荣所必需的世界贸易及原料的取得俱享有平等待遇。①

这样，丘吉尔的初衷得以实现，就像他事后所说，最后的定稿中"在尊重他们现有义务的同时"这一句实际上节制着全节，已足以保障英国的立场。② 罗斯福轻轻的几句话不仅让韦尔斯失望透顶，也使国务院欲借此机会将英国绑上自由贸易战车的愿望化为泡影，从而注定了这是一场漫长之路。罗斯福之所以愿意同英国妥协，部分或与战场形势有关。虽然苏联已经参战，但英国的处境仍然不妙，在中东和北非面临着德国的攻击，在远东，日本的进攻更像是梦魇一样让丘吉尔寝食难安，在这种情况下，讨论有关战后安排的事务为时过早，团结似乎是美国能做的最重要的事情。如果凯恩斯的记叙是准确的，也许可以做一个佐证：还在 5 月底的时候，罗斯福邀请凯恩斯共进午餐，席间，罗斯福仔细阅读了凯恩斯带给他的战后经济方案，然后以不容置疑的语气说，此时他决不会讨论任何有关战后（计划）的细节。③

美国国务院虽然没有在会议上完全达到目的，但是通过《大

---

① "Joint Statement by President Roosevelt and Prime Minister Churchill, August 14, 1941", *FRUS*, 1941, Vol. I: 368. 当时驻美大使胡适发回的电文做如下翻译，"力使世界各国不论大小，不论胜利或溃败，对于贸易及原料之取得，俱享受平等待遇，两国对各国现有之组织亦当尊重"，这于 1942 年 1 月 2 日得到中国领导人蒋介石的同意。秦孝仪：《中华民国重要史料初编——对日抗战时期》第三编《战时外交》三，中国国民党中央委员会党史委员会 1981 年版，第 794~795 页。

② ［英］温斯顿·丘吉尔著，吴万沈等译：《第二次世界大战回忆录》3，第 513 页。

③ Donald Moggridge, *The Collected Writings of John Maynard Keynes*, Vol. 23: 109.

西洋宪章》的签订，美国的"领导作用"已经有了初步体现。在拟定《大西洋宪章》条款时美国字斟句酌，表明美国在战后经济问题上的明确目标，以及积极为这一目标争取的姿态都体现了其积极参与和主导国际事务的精神，美国国务院在文字上的寸步不让，是美国在战时争取世界新领导者地位的初露锋芒。事后丘吉尔也承认，只有以美国提出的条件为基础，才可能赢得和平。①《大西洋宪章》所确定的目的和原则很快引起了反法西斯国家的积极回应，9月，在伦敦召开了盟国政府代表全体会议，严肃地接受了宪章条款。其中，最引人注目的是苏联的态度，驻英大使伊·迈斯基宣布苏联接受宪章的"基本原则"，"苏联保障所有民族国家独立和领土完整的权利，以及所有民族为了促进经济和文化繁荣，按照它们自己认为合适和必要的方式建立社会秩序和选定政府形式的权利"②。在1942年元旦发布的联合国家宣言中它又得到更多反法西斯盟国的承认，遂被称为"世界宪章"，成为美国变革世界经济秩序的重要基石。

上述美英之间的矛盾与博弈，是罗斯福作为美国总统实践美国领导地位的一次尝试。在美英交涉中，罗斯福从共同反法西斯的现实出发，以政治合作优先原则在经济问题上对英国做出了让步，多少让人感到不可理解。堪萨斯大学历史学教授西奥多·威尔逊（Theodore A. Wilson）甚至将美国的让步称之为"罗斯福个人外交的谜团"。③

《大西洋宪章》是美英在战时第一次向世界宣示战争目标和战后世界远景的政治文件。与第一次世界大战后威尔逊失败的十四点不同，这次美国强调在战后将对战败国一视同仁，强调所有国家的平等待遇，意味着战后世界将在一个新型平等关系的基础上构建，

----

① 李铁城、武冰：《大西洋会议和大西洋宪章》，《世界历史》1985年第9期，第56页。

② ［美］威廉·哈代·麦克尼尔著，叶佐译：《美国、英国和俄国它们的合作和冲突，1941—1946》，上海译文出版社1987年版，第69页。

③ "Riddle of Personal Diplomacy", Douglas Brinkley and David R. Facey-Crowther, *The Atlantic Charter*. St. Martin's Press, 1994: 1.

是对殖民地体系的否定，这既是吸取了第一次世界大战后的惨痛教训的结果，也是人类进步的表现。殖民帝国的代言人丘吉尔也不能不承认，任何一个大国被拒绝于繁荣大门之外或其子民被剥夺了体面生活都是不符合世界利益的，① 在战胜纳粹之后，世界将迎来一个不分社会阶层和民族的繁荣与安全俱在的"金色世纪"，② 但是，丘吉尔眼中的这个"金色世纪"毕竟与"美国世纪"大不相同，美国也不会因为与英国初次交锋中的让步而放弃早已认准的世界经济秩序蓝图。

三、美国在变革世界经济秩序的基本原则上的妥协

国务卿赫尔被排除到大西洋会议之外，这让他倍感不满，在听到《大西洋宪章》中竟然没有提到不歧视和自由贸易等关键词时，他更加不满。会议之后，赫尔首先谋求对《大西洋宪章》第 4 条做重新解释，未果之后，他重新启动《租借协定》谈判，欲迫使英国人就范。大西洋会议之后，国务院霍金斯立即写信给艾奇逊，要求必须使英国人实施第 7 款，在他看来，这就是"完全放弃帝国特惠制和双边主义"。③

凯恩斯回到伦敦，发现内阁处于分裂状态。帝国孤立主义分子，以财政部顽固的亨德森爵士（Hubert Henderson）为代表，坚持认为接受第 7 款就意味着帝国特惠制的终结；以艾德礼（Clement Attlee）、道尔顿（Hugh Dalton）和莫里森（Herbert Morrison）等工党领袖为首的左翼则警告国外多边主义即是意味着自由企业在国内的胜利，他们质疑美国是否乐于采取措施保障充分就业。争论的结果是英国质疑美国政府是否乐于执行全面减税政策。英国看到，自《安德伍德—西蒙斯关税法》实施以来，美国

---

① "Prime Minister Churchill's Address", August 24, 1941, *Current History*, Oct. 1941:122.

② Lloyd C. Gardner, "The Atlantic Charter: Idea and Reality, 1942-1945", Douglas Brinkley and David R. Facey-Crowther, *The Atlantic Charter*:50.

③ Randall B. Woods, *A Changing of the Guard: Anglo-American Relations*, 1941-1946: 54.

就没有如此明显的减税了。对很多英国人来说，接受第 7 款就像美国在没有保证自己也会这样做的情况下，强迫英国放弃其特殊利益。①

国务院对此置之不理，并要求驻英大使怀南特（John Gilbert Winant）直接向丘吉尔呼吁在不加限定条件的情况下接受第 7 款，如此呼吁显然是为防止再次出现丘吉尔在大西洋会议上添词加句的举动。已经在大西洋会议上维护了大英帝国利益的丘吉尔无论从哪个角度也不想把这个利益再送出去，但又无法拒绝赫尔的谈判要求，他自认为罗斯福倾向于参加战争，② 而美国参战必然可以缓解英国在这个问题上的尴尬处境，遂采取拖延战术，以等待时机。

1941 年 10 月，在收到美国草案近 3 个月之后，英国"终于"拿出方案，并把它交给美国，第 7 款内容如下：

（1）英国从美国获取国防援助，需要回报美国，回报的方式不是要加重两国贸易压力，而是发展互利共赢的英美经济关系，同时促进世界范围内经济关系的改善。在它们各自经济状况之内，两国将步调一致，寻求国际经济的平衡、避免有害的歧视，实现 1941 年 8 月 12 日美国总统与英国首相在联合宣言中的总体经济目标。

（2）两国同意就近选择合适的日期就实现上述目标的最佳方式展开会谈。③

对于美国来说，问题的核心仍在于歧视与帝国特惠的存废问题。英国想极力抹杀全面废除歧视的做法，并欲在《大西洋宪章》

---

① Randall B. Woods, *A Changing of the Guard*: *Anglo-American Relations*, 1941-1946: 55-56.

② WAR CABINET 84（41），CONCLUSIONS of a Meeting of the War Cabinet, 19th August, 1941, CAB65/19: 104.

③ "Annex to CONSIDERATION FOR LEASE-LEND AID, History of the recent Discussions on Lease-Lend 'Consideration' ", W. P.（42）21. January 14, 1942, CAB66/21: 4.

基础上与美国订立《租借协定》，这正是赫尔要否定的，当然为美国国务院所不能容忍。

12月2日，艾奇逊与国务院国际经济事务顾问菲斯一同拜访了英国驻美大使馆，接待他们的是大使哈里法克斯和使馆一秘奥佩（Redvers Opie）。艾奇逊开门见山地将在美国《租借协定》原始草案和英国建议基础上再行修改的草案交给英国人，主要是对第7款作了改进，加入了"（废除特惠的联合行动）向其他持有相同理念的国家敞开大门"的条文，这让哈里法克斯感到有些接近英国立场。重新拟定的条款明确了政策将致力于扩展在生产、就业、外汇和消费品方面的经济活动，并不仅限于对商业或关税政策的界定。艾奇逊进一步解释，在没有认识到其他方向的共同行动能够使他们如此作为之前，美国并不要求英国一定同意跟随他们向着自由经济关系的方向前进。这也是为了避免英国政府此时在特惠或其他条约安排中出现政治尴尬的局面，从而缓解了英国对协定的抵触心理。① 艾奇逊将英国方案完全推翻，虽然加上了生产、就业、外汇和消费品的点缀，但重新强调了歧视性对待与帝国特惠的废除问题，在此问题上坚持不肯让步。

12月9日，美国卷入战争后第3天，等不及的赫尔指示怀南特面见丘吉尔，让他尽可能快地同意草案，表面上是怕耽误罗斯福1月向国会申请新的租借拨款——赫尔尤其强调，在美国参战以后一项英美协定是最能打动国会的——而实际上则是要快刀斩乱麻，以免夜长梦多。但这样他仍不放心，当天晚上8点又发了第二封电报，向怀南特强调需保证第7款：（1）最终协定将通过谈判达成；（2）其他国家也可以加入，从而使它们过渡到世界范围的重建中来。美国认为，第7款承认了增加国内和国际经济活动的重要性，提供了改善而不是恶化美英双边及与其他国家关系的机会，并以共同行动解决问题的方案。赫尔对此极为用心，用语也非常坦诚，最后他说，"有关歧视的部分，所有我们要求的只是让英国人坐下来

---

① *FRUS*, 1941, Vol. III: 43-45.

与我们一起解决问题，从而避免在和平时期出现代替战时合作的贸易战"。① 但是这仍然遭到英国的冷对，尽管美国已经参战，但丘吉尔所要等待的时机仍然没有到来。一直到 12 月 26 日丘吉尔赴美前夕，怀南特也没等到丘吉尔本人对此事认真考虑的任何口信，有鉴于此，他认为此时力压英国接受最后的协定是明智和必要的。②

事实上，12 月 23 日，英国重建经济问题委员会（Committee on Economic Aspects of Reconstruction Problems）讨论了新修订的《租借协定》第 7 款，但没有任何结果。内阁大臣们商议的结果是先由哈里法克斯向美国表明接受该条款的困难，并提出建议，如果两国能达成对该条款的一致解释，并适时向公众公布，也许情况会不一样，因此，当时的问题就变成由哈里法克斯直接与正在美国访问的丘吉尔商量。由于种种原因，丘吉尔没有考虑这个问题。③ 整个 1941 年下半年，尽管美国国务院对此事非常上心，但没有取得根本性的进展，这迫使赫尔在第二年里推出总统罗斯福向英国直接施压。

直到 1942 年 2 月 2 日，英国内阁才坐下来讨论这个问题，会上争辩激烈，赞同和反对之声不绝于耳。外交大臣艾登赞成在美国方案基础上与美国订立协定。他认为，如果不能同美国政府达成协议，得罪国务院不说，以后将面临着同国会直接交涉的局面，得不偿失；而且，怀南特与哈里法克斯都在强调尽快达成一致协议的重要性。空军大臣辛克莱（Archibald Sinclair）表示如果能将第 7 款作合适的解释，通过放弃帝国特惠制换来的美国低关税将能大大缓解英国的战后困难。自治领大臣艾德礼也说诸自治领政府已经准备好接受修订后的第 7 款。以财政大臣伍德为首的反对声音则是，美国已经参战，现在两国已经共享资源。面对战争形势发生重大变化的事实，英国不应再坚持美国参战以前拟订的协议草案。还有人认

---

① *FRUS*, 1941, Vol. III: 46-49.

② *FRUS*, 1941, Vol. III: 50.

③ WAR CABINET 1（42），CONCLUSIONS of a Meeting of the War Cabinet, January 1, 1942, CAB65/25: 5.

为，在这样的时刻签订协定会让公众认为英国试图打碎英帝国，对赢得战争并无好处。最终，会议决定推迟作出决定，指令互为对立方的艾登和伍德各准备草案供下一次讨论。①

在国务院的催促之下，罗斯福亲自过问此事，使整个事情有了转机的可能。2月4日，他直接督促丘吉尔接受《租借协定》草案，②6日，丘吉尔不得不再次召集战时内阁讨论。会议经过讨论认为即便英国改变特惠体系，也应该是作为与其他国家的经济让步谈判的一部分来进行。鉴于与美国的关系，应该让美国清楚如果强迫英国签字将会引起英帝国成员多么强烈的反应。立场确定以后，战时内阁也能做出决议了，他们将艾登草案寄发哈里法克斯；向诸自治领政府通报这一草案；丘吉尔给罗斯福发一封私人电报，向他强调最重要的是"我们不能做出以帝国特惠体系与租借法之下的得利相交换的保证"。③ 可以看出，英国仍不愿意就废除帝国特惠制作出承诺。

艾登的草案尽可能委婉地陈述了英国的想法，称让诸大臣（部长）认识一致的最切实可行的方式是对第 7 款的确切含义做出一致同意的解释。英国政府不明白为什么"歧视"这个词要用于同一个联邦（Commonwealth or Federation）——就像英联邦内部或美国与其属地之间的特别协定，而且，在接受任何明确涉及对帝国特惠制进行修订的承诺之前，联合王国政府都要同诸自治领事先协商。尽管自治领大臣艾德礼已经再三提到诸自治领准备接受修改过的第 7 款协定，但英国仍然把它列出当作筹码。④ 这份声明在 7 日通过怀南特转给罗斯福。

---

① WAR CABINET 14 (42), CONCLUSIONS of a Meeting of the War Cabinet, February 2, 1942, CAB65/25：75-77.

② Warren F. Kimball, *Churchill and Roosevelt*, *the Complete Correspondence*, Vol. I, Princeton University Press, 1984：344-345.

③ WAR CABINET 17 (42), CONCLUSIONS of a Meeting of the War Cabinet, February 6, 1942, CAB65/25：89-91.

④ W. P. (42) 62, "War Cabinet Consideration Under Lease-Lend", February 4th, 1942, CAB66/21：230-232.

2月11日，罗斯福做出了妥协，一如他在大西洋会议最后关头所做的那样。在给丘吉尔的私人信件中，罗斯福说，"我要明白地向你澄清，在我头脑中从没有想过要你们拿帝国特惠原则来与租借做交易"，"我对你们的政治关系有所了解，显然，自治领的意见不仅要照顾到，恐怕你要征得他们的同意才有可能变更现有的条约安排"。英国以自治领的意见做筹码取得了成功，罗斯福根本没有时间去等待，他最后说，"我们没有要求你们做出废除帝国特惠制的承诺，我可以说第7款也不包含任何这样的承诺。同样，我也不能对我们的关税政策做出进行重大变革的承诺"。① 罗斯福的转向如同久旱甘霖一般降临到英国头上，这让丘吉尔深为感激，既然帝国特惠能够继续维持，英国又怎么会关心美国关税政策是否变化呢？在最大的障碍扫除以后，2月23日，《租借协定》迅速在华盛顿签字，其中第7款的最终表述如下：

> 在最后确定联合王国政府为答还根据1941年3月11日国会法案所给予援助而将向美利坚合众国提供的利益时，其条件应该是不加重两国间贸易的负担，而应促进双方互利经济关系和世界范围内经济关系的改善。为此目的，上述条件应包含关于美利坚合众国与联合王国采取协议行动的规定，使具有同样理念的其他所有国家亦能参加，此项规定，通过适当的国际或国内措施，导向生产、就业以及商品交换和消费的扩大，作为一切人民自由与福利的物质基础，导向国际贸易中一切歧视待遇形式的废除以及税则和其他贸易障碍的降低，并最终实现1941年8月14日美利坚合众国总统与联合王国首相联合声明内所列举的经济目标。
>
> 两国政府应及早开始谈判，以便在目前经济条件下确定协议行动来达到上述目标以及争取其他具有同样理念的政府采取

---

① Warren F. Kimball, *Churchill and Roosevelt*, *the Complete Correspondence*, Vol. I: 357-358.

协议行动的最好办法。①

废除歧视最终写入了条文，这比《大西洋宪章》的精神前进了一步，显示出美国在世界经济基本原则问题上的一贯态度。6月，美国与中国和苏联等反法西斯大国签订了类似的《租借协定》，其中有关第 7 款的规定没有差别。到 1943 年中期，有 13 个主要盟国接受了这一条款，到 1945 年为止一共签订了 35 个租借协定。② 在这些《租借协定》之下，美国通过输出必备战争物资，谋得了大国对世界经济秩序基本原则的赞同与支持，这使美国计划者们能够在战略和机制上与盟国对话建立健康的世界经济秩序，而不仅仅是美英经济秩序或大西洋经济秩序。

尽管美国面临自第一次世界大战以来最好的外交局面，它仍然没有能够使英国彻底同意其战后经济秩序的原则，留下的帝国特惠这个尾巴大得足以将美国的战后计划毁掉。对于美国来说，它没有能够获得英国在帝国特惠问题上的完全承诺，表明其在变革世界经济秩序的过程中还要有相当长的一段路要走。

之所以出现这种情况，首先应该是盟国在战场形势上仍处于危急时刻，尤其是美国参战使得罗斯福更易于从政治和军事层面做出决策，从而在其他方面妥协；另一方面是英国坚持不肯在核心利益上让步，并巧妙地利用了战场形势和罗斯福个人的外交习惯，在第一波美英交涉中成功地保全了自己。为了取得对美经济外交主动权，英国决定主动行动，制订英国版的世界经济秩序方案。

第三节　美国变革世界经济秩序之初面临的挑战

美国在对战后世界经济秩序进行规划的同时也面临着挑战，这

---

① "Mutual-Aid Agreement with Great Britain", *The Department of State Bulletin*, Vol. 6, No. 140, February 28, 1942: 192.

② ［美］威廉·哈代·麦克尼尔著，叶佐译：《美国、英国和俄国它们的合作和冲突，1941—1946》，第 220 页。

个挑战主要来自英国。在与美国谈判《租借协定》的过程中，丘吉尔感觉到压力巨大，尤其是英国在战争的极端环境下，还没有认真思考这一问题。在世界经济领域，尤其是在国际合作基础上共创更为安全的世界贸易和支付体系的问题上面，英国政府并没有形成广泛的统一认知。① 经过一系列在根本原则问题上的争执之后，英国意识到它与美国有着不同的和平目标，尤其是在经济领域，英国决心改变被动抗争与接受的局面，起草自己的战后经济秩序方案。

一、英国世界经济秩序方案提出的背景

战后世界经济秩序方案出台的始作俑者是德国。1940 年春，德国在欧洲大陆大部分地区建立起自己的政治、经济和军事控制体系，但它不仅要在政治和军事上赢得胜利，还要在经济上赶超反法西斯国家。第一次世界大战结束后的整个 20 世纪 20 年代，德国经济都仰仗美英支持，在经济大危机的打击下损失惨重，希特勒上台后大力推行军事经济，不仅摆脱了失业问题，还实现了国际收支平衡、率先摆脱危机的同时，更是摆脱了对美英国家的依赖。德国对其经济和货币政策深信不疑，并欲将之推向更广泛的范围。

最初为让其他国家购买德国产品，德意志帝国银行行长沙赫特（Dr. Hjalmar Schacht）出台了一整套歧视性贸易措施，通过向各国提供债券支付、关税配额和外汇分配等特惠待遇，他为德国确立了商业上的特权。基于扩展的双边易货体系，沙赫特发明了一种特殊的货币即"艾斯克"马克（Aski Marks）用于国际贸易中的支付。不同于普通马克可以与黄金、美元和英镑等货币兑换，"艾斯克"马克不与黄金联系，只能用来购买德国的特殊商品。沙赫特利用德国的特殊地位，向其他国家开放市场的同时迫使它们接受"艾斯克"马克，这样它们就被纳入马克经济圈。② 德国实际上构建了完全控制的歧视性经济体系，从而与美国自由

---

① L. S. Pressnell, *External Economic Policy since the War*, Vol. 1: 29.

② Patrick J. Hearden, *Architects of Globalism: Building a New World Order during World War II*. The University of Arkansas Press, 2002: 8.

贸易主张完全相反。

继任沙赫特的瓦尔特·冯克博士（Dr. Walther Funk）将这一做法发扬光大。1940 年 7 月 25 日，身为德国经济事务部部长和帝国银行行长的冯克在柏林召开记者会，宣称要在战后重建中重组德国与欧洲经济，以此加强德国在世界贸易中的地位。按照冯克的设想，新秩序将建立于德国与意大利非常紧密的合作基础之上，这个新秩序的基本原则是：

> 经济管理处于首要地位，货币退居次要位置。在健康的欧洲经济框架和欧洲各国合理的劳动分工基础之上，配以简易的货币技术，货币问题可以自行解决。帝国马克将居于支配地位。①

冯克极力贬低黄金的作用，认为货币价值源于政府决定。简而言之，冯克方案就是在此前德国已有双边易货体系的基础上，由贸易伙伴国在各自的中央银行设立特别账户，用本国货币向这些账户支付从另一国进口的商品，这样，出口商获得的是本国货币，只要双方的进出口价值处于平衡状态，就没有兑换货币的必要。这就消除了关税障碍，也不会产生货币贬值的问题。冯克将沙赫特推行的双边清算制度发展成以德国为主导的多边清算同盟，同时，对德国占领区之外的国家或地区，继续保持双边清算制度。② 德国“新秩序”的实质是不顾最基本的经济规律，以管理的方式控制贸易支付，使德国成为世界经济秩序的领袖国家。

美国严厉抨击了德国的主张与做法。国务院贸易事务司司长盖斯特称，德国倡导的世界经济秩序建立于国家严格控制私人企业的基础上，其“新秩序”实质上是“封闭经济”（Closed Economy），与美国的构想完全相反。封闭经济体系拒绝使用黄金媒介，使用的

---

① Armand V. Dormael, *Bretton Woods, Birth of a Monetary System*：6.

② ［英］罗伯特·斯基德尔斯基著，相蓝欣、储英译：《凯恩斯传，1883—1946》，第 728 页。

是毫无价值的地区性货币，货币所标示的数字同真实的财产没有任何关系。在封闭经济体系之下，国民经济被削减到三个基本要素：原料、劳动力和食品。专制极权主义者钟情于不惜代价地实现自给自足，但往往事与愿违：原料稀缺、劳动力枯竭、食物变得昂贵甚至缺乏。实质上，封闭经济体系主要是在歧视与垄断经营基础上限定商品在一定势力范围内的交换。① 这显然与美国所主张的自由和开放的经济秩序完全对立，与英国的要求也相去甚远。

冯克"新秩序"甫一出台，德国宣传机构立即展开了强大的宣传攻势，公开挑战伦敦的世界金融中心地位，在英国及欧洲盟国中间产生了强烈反响。1940 年 11 月 19 日，英国情报部官员尼科尔森（Harold Nicolson）告诉凯恩斯，他们准备发起一场运动以打倒冯克的"新秩序"，他希望该运动由凯恩斯以广播的形式开头，继而拿出英国自己的计划。无独有偶，哈里法克斯也向财政大臣伍德提议由凯恩斯准备"一些权威声明以揭露德国'新秩序'荒谬的承诺"。② 德国构建的掠夺性的经济秩序显然是在开历史倒车，不具有长期实行的可能性，但其中的某些做法，如新货币的创造、对中央银行作用的强调却给了凯恩斯以有益的启发，他迅速行动，12 月 1 日即拿出了初案。

在这份标题为"反制德国'新秩序'建议"的文件中，凯恩斯对战后经济秩序的思想得以初步成型：

第一，与美国的合作问题。凯恩斯认为美国的合作是必需且还没有获得的，但是如果等待美国的支持，则英国将陷入无事可做的境地；

第二，他断定英国在战后将面临经济困难，如缺乏黄金以

---

① "Economic Issues of the Present World Conflict, With Particular Reference to Foreign Trade", Address by Raymond H. Geist, *The Department of State Bulletin*, Vol. 4, No. 100, May 24, 1941: 628.

② Donald Moggridge, *The Collected Writings of John Maynard Keynes*, Vol. 25. Macmillan Press, 1980: 1, 7.

及背负巨额债务，因此战后要继续实行外汇管制。冯克计划力求收支平衡，但却是通过武力实现，如果除去武力因素，则是个好方案。过去半年财政部和英格兰银行一直在建立收支平衡的外汇体系。如果我们尽到了义务又避免了混乱，对英国将是有利的。①

凯恩斯提出了对英国来说极为重要的两点，即第一，英国的战后计划必须得到美国的支持才能实现；第二，吸收德国方案合理的部分作为英国战后计划的组成部分是可行而且应当的。英国所要做的，是在和平的基础上建立起具有同样作用的经济秩序。

在随后的草案中，凯恩斯：

第一，概述了英国在战后实现的目标是实现国内外的社会安全（social security）；

第二，剖析了德国的虚伪之处，即冯克为战后设计的货币体系只局限于欧洲占领区之内，而英国则要建立向世界各国开放市场的国际汇兑体系，无论国家大小皆一视同仁地给予平等机会。而德国无法做到这一点；

第三，战后新解放的国家需要过渡期，英国将建立欧洲重建基金（European Reconstruction Fund）向各新解放的国家提供紧急信贷，以从国外购买食品和原料。认识到英帝国在海外所拥有的大量食品和原料储存，凯恩斯自信英国可以做到这一点，但需要美国的合作。②

1941 年 1 月 30 日，草案送到丘吉尔手上，受到他的重视。

4 月 25 日，凯恩斯补充了方案中有关汇率的部分。在致助理

---

① Donald Moggridge, *The Collected Writings of John Maynard Keynes*, Vol. 25：8-9.

② Donald Moggridge, *The Collected Writings of John Maynard Keynes*, Vol. 25：10-16.

副外交大臣阿什顿-格瓦特金（Frank T. Ashton-Gwatkin）的信中，凯恩斯声称，他从来没有将冯克方案中的汇率控制当成权宜之计，反而认为这是比货币自由流动更好的方法。受到冯克的启发，凯恩斯在方案中优先考虑贸易平衡。他认为，如果英镑区与美国处于实物交易（即双边清算）状态，两国汇率以及债务问题就会成为次要问题，与冯克不用考虑支付的不平衡不同，凯恩斯承认必须针对短期的支付不平衡做借贷的安排。① 这种想法其后成为财政部和英格兰银行的正式信条。

真正让凯恩斯静下心来决定准备一份战后国际货币协定草案还是在 1941 年 8 月。此前他刚在华盛顿经历了《租借协定》的谈判，对美国的情况有所把握和了解，认识到两国在战后经济秩序原则上存在着巨大的分歧。为解决这种分歧，他要设计一种方案，把美国锁进一个让所有国家都达到国际收支平衡的秩序，这样就可以避开《租借协定》中的贸易歧视问题，同时对赤字国家也没有强迫的紧缩政策、失业或债务羁绊的压力。② 9 月 3 日，凯恩斯回到提尔顿（Tilton），开始写一份"战后货币计划备忘录"，上次是针对德国，这次则是美国。

二、美国在金融领域面临的挑战

仅仅 5 天，凯恩斯便完成了两篇备忘录的写作：《战后货币政策》与《关于国际货币联盟的一些建议》。凯恩斯认为金本位制的失败是它将调节政策的重担强加到债务国身上，那些有国际收支赤字的国家不得不实行紧缩政策，而贸易顺差国家却可以囤积盈余，从而造成货币流动无序化，因此，"我们最能确定的事情是一定要控制住资本流动"。

战后英国将面临严重的经济困难，要想恢复经济，必须首先重

① Donald Moggridge, *The Collected Writings of John Maynard Keynes*, Vol. 25：16-19.

② ［英］罗伯特·斯基德尔斯基著，相蓝欣、储英译：《凯恩斯传，1883—1946》，第 728 页。

建贸易平衡。通过继续从那些愿意进口英国工业品的国家购买大宗食品和原材料，英国就能稳定和平衡对外贸易。但如果是这样的话，这不仅与冯克方案没有本质区别，同英国正在实施的排他性的帝国特惠制也很类似，因此不可能得到美国的支持。凯恩斯从国际主义的角度出发，想到了国际货币同盟的计划，在债务国行动自由受到约束的条件下，把主要的政策调节的功能交由债权国承担，在收支平衡之外的所有交易——逆差或顺差统统交由国际清算银行处理。各国中央银行均在这个国际银行中拥有"清算账户"，成员国的中央银行可以用本国货币买卖以应付亏空或盈余，贸易盈余存放于国际银行，以银行货币形式保存。

每个成员国拥有的银行货币份额根据它在战前最后 5 年年平均贸易量的一半计算，这是该国可以透支的数量，被称为指数配额。因此，国际清算银行的透支总额将达到战前国际贸易总额的一半，约为 250 亿美元。银行货币数量需用黄金兑换，但不能反向兑换，凯恩斯意在长远上使黄金与货币脱钩，使各国中央银行对储存黄金失去兴趣，而以银行货币作为最终的储备。

在国际清算银行具体的运行上，由于目的是使成员国实现收支平衡，而各国存于银行中的储备货币是由贸易中出现的顺差或逆差造成的，因此，只要出现这两种情况的国家及时进行清算，那么银行的目的便达到了。凯恩斯设计了一套方案，即向中央银行增压策略。规则如下：每年透支额达到其"指数配额"1/4 以上的中央银行被列为"赤字银行"（Deficiency Bank），该国货币将被允许在年底前贬值不超过 5%；如果透支额超过一半，则被列为"监管银行"（Supervised Bank），该国货币不仅被要求必须贬值（不超过5%），其多余黄金还应卖给国际清算银行，并禁止向外国出口资本。方案对一直保持顺差的国家亦加以限制，允许其货币升值不超过 5%，当该国在银行的账户盈余超过份额的 1/4 和 1/2 时，需支付 5% 和 10% 的利息。超过份额的资金在年底会被没收，放入公共储备。如果所有的成员国在年底都处于完全的收支平衡状态，那么银行账户中的总和将为零。

国际清算银行亦建有储备基金，用于救济任何陷于困境中不能自控或因其他目的而失控的中央银行。银行亦设计了辅助机构，如跨国警察部队、战后经济重建和救济组织等。银行的管理由8人组成的董事会和一位主席组成，其中，联合王国、联合王国之外的英帝国、美国和苏联将各出一名董事，剩下两名来自欧洲，一名来自拉美，还有一名未定。行长将由董事每年选出，他只有在董事会投票出现平局时才有投票权。①

凯恩斯设计的这套方案非常巧妙。首先，从现实考虑，他避开了美国对英国歧视性贸易的指责，将问题单纯地指向由贸易逆差或顺差带来的收支不平衡上，并由国际清算银行予以纠正，将贸易问题变成财政问题，美国将无的放矢；其次，在国际清算银行运行设计上，他吸收了第一次世界大战后由债务国（即英国）承担纠正收支失衡的难题，改由债权国——在战后显然是由美国来承担；再次，从长远考虑，他避开了战后英国在经济上的虚弱对其世界经济地位的不利影响。拟议中的银行份额以战前贸易数额计算，美英两国必然是份额最多的国家，他们将最多地担负银行运行所需的黄金，但在银行的管理制度上，凯恩斯明显倾向于英国。英帝国的票数有2席，而美国只有1席，如果再算上周边国家，则英帝国与欧洲共有4票，而包括美国在内的西半球只有2票，就算未定的1票也占到美国一边，那也只有4：3，英国在出钱较少的同时却主导了银行的运行，其在战后仍欲主导世界经济秩序的心态昭然若揭。

这迅速被称为凯恩斯计划。与这个计划几乎同时出台的还有英国财政部的战后货币政策、战后贸易与金融政策等，它们一同接受了政府和经济学家们对它们的分析与批评。

1942年1月25日，经四次修订后，凯恩斯计划定稿，正式定名为"国际清算同盟"（International Clearing Union）计划，凯恩斯将透支数额增加到400亿美元，并强调了"透支"原则，它是清算同盟的重要特征，强调了债权者在重建支付平衡方面的责任。在该原则之下，债务国能够自动地援引"透支"权利获取需要的

---

① Donald Moggridge, *The Collected Writings of John Maynard Keynes*, Vol. 25：21-40.

货币。尽管在某些美国观察家眼里，这有点债务国不负责任的味道，但是对美国人来说，两次大战间的基本问题就是作为债权国的美国筑起关税壁垒并放弃了对国际投资的债权国责任。在某种意义上，"透支"条款是在经典金本位制下对物价与黄金流入理论"自动性"进行复制的努力。除此之外，从一稿到四稿，变化的地方只是吸收了其他的不同意见，并在关键条文上做了更好的伪装，出发点几乎没有变化，仍是要在最大程度上维护战后英国的经济地位和利益。凯恩斯计划遂成为英国财政部的正式方案。

1942年5月1日，战时内阁讨论对外货币与经济政策，决定对财政部方案修订如下：要求赤字国家在改善其地位之时不能采取通货紧缩政策，消除回归金本位制度的风险；创始会员国加上苏联，实现美英苏三国共同管理。同时强调在某些条件下，如某国陷于经济混乱时，基金可以用于救济。会议决定将之发给驻美大使，并在这之前先确定美国驻英大使怀南特的态度。① 此前，主计大臣乔威特（Paymaster General，Sir William A. Jowitt）建议在《租借协定》第7款的要求下，同美国展开私下非正式会谈，这种会谈将不带任何承诺和表态性质（特别针对帝国特惠制）。② 这也得到了内阁的批准，1942年5月7日，战时内阁批准将清算同盟计划作为与美国谈判的基础。

三、美国在贸易领域面临的挑战

如果说清算同盟计划的推出是源于对德斗争，那么，英国贸易新方案的推出完全是出于与美国竞争的目的。无论是在大西洋会议上的谈判还是对《租借协定》第7款的抗争中，英国都深切感受到了美国要在战后建立一个多边自由贸易体系的决心，这促使它加

---

① WAR CABINET 55 (42), CONCLUSIONS of a Meeting of the War Cabinet, May 1, 1942, CAB65/26: 55-56.

② WAR CABINET W. P. (32) 159, "Preliminary Discussions with the United States, Memorandum by the Paymaster General", April 10,1942, CAB 66/23: 179.

强对战后计划的研究。1941 年 6 月，贸易部公务员沙克尔（R. J. Shackle）写了关于战后重建的备忘录，他强调要在开放自由贸易体系、可自由兑换的货币和外汇有限浮动等方面得到美国支持。①沙克尔强调了重建可自由兑换货币对贸易的重要作用，这份备忘录启动了英国官方对战后经济秩序的设计。

英国对战后贸易方案的思考主要是在以道尔顿为首的贸易部内进行的，而他们主要是工党成员，因此，了解英国对战后贸易体系的态度，必须首先了解工党的贸易主张。20 世纪 30 年代以来，工党主张国有化主要工业部门，在此基础上实行经济计划政策。同样，在国际经济和财政问题上，他们要求国际计划，通过全面减税，打击泛滥并且带来巨大危害的经济民族主义，建立计划的国际外汇体系。道尔顿在 1935 年出版《为英国实践社会主义》，鼓吹在多边或单边形式下同其他国家一起减少或废除进口关税，"只有这样，我们才能抓住繁荣"。但也有不同意见，如道尔顿的秘书、后来的财政大臣盖茨克尔（Hugh Gaitskell）认为，当内政有需要的时候，低关税集团的设想是没有意义的。1939 年以后，工党走向了在自由与保护贸易之间的第三条道路，但并没有明确的政策和方针。②

英国提出贸易新方案是从詹姆斯·米德（James Edward Meade）③ 开始的。很早以来，米德就着迷于国际经济问题。1939 年 9 月到 12 月，他滞留在日内瓦等待赴美之时写了一本小书：《持久和平的经济基础》，宣称战后让人满意的和平协定将需要国际组织的存在，必须界定该组织在战后世界所要扮演的经济角色。战后世界应该包括竞争性的自由市场经济和计划经济在内。像金本位制

① Douglas A. Irwin, *The Genesis of the GATT*. Cambridge University Press, 2008: 40-41.

② Richard Toye, "The Labour Party's External Economic Policy in the 1940s", *The Historical Journal*, Vol. 43, No. 1 (Mar., 2000): 189-215.

③ 詹姆斯·米德（1907—1995），1938—1940 年国联经济组成员，1940—1945 年和 1946—1947 年分别担任英国内阁秘书处经济科经济助理、主任，1977 年获诺贝尔经济学奖，被誉为 20 世纪最伟大的经济学家之一。

那样的国际货币体系可能适用于自由经济集团却不适用于自由与计划的混合经济体，它要求汇率安排更加灵活。汇率浮动带来了本身固有的问题：贸易不便、不确定的投机资本流动和竞争性外汇贬值的可能性增加。他钟情于能发行国际货币的国际银行，以解决国家的货币问题。遵从这些规则的国家将承诺推动多边自由贸易，并放弃单边外汇控制与支付制度。① 从一开始，米德就提出战后和平必须考虑苏联的存在，包括苏联在内的世界范围的贸易秩序的建立不可避免。他同时强调多边国际贸易机制，反对任何基于双边易货贸易体系和特定国家间的特惠贸易待遇等，这与美国国务院的目标基本一致。那么，在协调美国的要求与英国的现实之间，身为内阁秘书处经济科经济助理的米德能走多远呢？

　　凯恩斯的清算同盟引起了米德的注意，他很快受到启发，并起草与清算同盟计划互补的"国际贸易同盟"（International Commercial Union）方案，以在战后重建多边贸易和废除贸易壁垒。如同清算同盟计划依托于财政部，贸易部在英国制定战后贸易政策的过程中居于主导地位。贸易大臣多尔顿对此非常热心，甚至在贸易部内专门为米德提供条件以准备方案。1942 年 8 月初，"国际贸易同盟"草案出台，在这份 9 页的文件中，他认为，由于战后英国将面临严重的经济困难，只有英国才有兴趣废除所有的贸易限制，摆脱歧视和死板的双边交易，发展多边贸易。重要的是，他认为这与国营贸易并不矛盾。在草案中，米德认为国际贸易同盟有 3 个要素：（1）向所有愿意履行成员义务的国家敞开大门；（2）成员国间不允许有任何特惠或歧视性贸易行为（帝国特惠可以例外）；（3）废除所有针对联盟其他会员的特定贸易保护措施，最大程度地清理它们为本国生产者与同盟其他成员生产者之间的竞争提供的保护。涉及特惠的例外情况将允许"在任何程度上歧视那些尚未加入联盟的国家"，"允许在一定程度上歧视公认的政治或区域国家集团"，依此，也允许"适当程度下帝国特惠制的存在"。

---

① Susan Howson, "James Meade", *The Economic Journal*, Vol. 110, No. 461, Features (Feb. , 2000): F130-F131.

米德甚至考虑到了战后转型期。在管理上，米德设想了国际贸易委员会（International Commerce Commission），这是一个半仲裁和半司法的机构。他视争端解决机制为贸易联盟的"实质性部分"。米德在草案中强调贸易同盟与国有贸易之间并不矛盾。他认为多边削减贸易壁垒并不意味着要回到自由主义，也不意味着与国有贸易系统存在冲突。① 这就说明，在理论上，米德的方案将能够在世界范围内实行，无疑是有着进步意义的。

在道尔顿看来，贸易同盟通过大规模地清理战前的贸易障碍以满足美国人的自由贸易目标，它的手段包括全面减税，限制歧视性措施和减少配额制度的实施，以及废除其他各种各样的贸易限制。通过与拟议中清算同盟的互补设计，贸易同盟将追求发展变化的贸易政策。从主要内容上来看，这是一份两边讨好和两不得罪的计划，一方面满足了美国对多边贸易的期待，另一方面又对英国所钟情的帝国特惠做了例外的解释，但这种骑墙的方案首先要在英国内阁达成一致。

8月，贸易部第一助理大臣盖茨克尔对米德方案做了修改，得到道尔顿的支持，后者将其以贸易部文件的形式提交内阁，得到外交大臣艾登的大力支持，但遭到以财政大臣伍德为代表的内阁人士的反对。

为形成一致的贸易政策，道尔顿组织部际委员会，任命同样来自贸易部的奥弗顿（Arnold Overton）为主席。奥弗顿冷静谨慎，知识渊博而又乐于奉献，② 深受道尔顿赏识。1942 年 12 月，奥弗顿委员会大幅充实了米德方案，致力于呼吁在战后大力发展世界贸易，委员会主张"大力清理战前阻碍贸易的举措"，使英国出口增长能跟上支付进口的步伐。特别地，奥弗顿号召成立多边贸易组织

---

① "A Proposal for an International Commercial Union", 1st August, 1942, http：//www.worldtradelaw.net/misc/GATTtexts.htm, 2009 年 10 月 10 日访问; Douglas A. Irwin, *The Genesis of the GATT*：42-43.

② Hugh Dalton, *The Fateful Years*, *Memoirs*, 1931-1945, London：Frederick Muller Ltd. ,1957：388.

以寻求：

第一，大幅多边减税。

第二，3 年时间废除各式限制（战后 2 年开始实施，在这之后统一服从国际减税机构调度）。

第三，禁止建立新特惠，并削减现有特惠。

不止如此，委员会还特别规定了关税削减的力度，它建议所有国家应一致同意最惠国税率以 25% 封顶，所有税率削减 25%，但各国有权保持最低 10% 的税率，对特惠差额削减 50%，各特惠国有权保持最低 5% 的税率。奥弗顿报告的唯一目的是在世界范围内最大限度地削减关税和减少其他妨碍贸易的政策。① 为此不惜削减英国自家的特惠税率。

1943 年 1 月，英国政府讨论奥弗顿报告。贸易部、海外贸易部、自治领办公室、外交部和经济秘书处等非常欣赏这个致力于在战后实现自由贸易的计划，但遭到财政部的反对，凯恩斯也是反对者之一。在他看来，这份报告太过自由，在自由贸易上走得太远。凯恩斯相信战后经济政策应该服务于维护充分就业，为此英国必须控制贸易和外汇。特别地，他认为给减税规定具体的额度非常不明智，关于帝国特惠的削减将达到关税减让的 2 倍，只会将英国的命运拱手让给美国。② 尽管如此，奥弗顿报告还是赢得了多数同意，报告转入更高级别的赫斯特（Sir Alfred Hurst）委员会，并走向战时内阁层面。2 月，他们重新起草了方案，添加了保持和规范进口权力的一节，歧视性政策也得以保留，这样，对英国最为关键的几项又回来了。

1943 年 4 月 5 日，道尔顿和自治领大臣艾德礼联合向内阁提交了"战后贸易政策"备忘录，在赫斯特报告基础上提出了战后

---

① Douglas A. Irwin, *The Genesis of the GATT*：44-45.

② Donald Moggridge, *The Collected Writings of John Maynard Keynes*, Vol. 25：199-200.

贸易政策的三种观点：

第一，对贸易壁垒进行总体多边削减，这对英国最为有利。只有从总体上打破现有的贸易壁垒格局，英国才有希望实现充分就业和改善生活水平，这也有利于英国国际收支的平衡，因此，英国应该在同美国或其他联合国家的讨论中占据主动。

第二，英国不应自缚手脚，同样为国际收支平衡的目的考虑，英国应该有控制对外贸易的权力。因而，在没有歧视或政治偏见的情况下，逐步地削减进口限制是合适的。英国支持国际贸易组织的建立，但该组织不能决定英国的贸易政策。

第三，与第一条完全相反。认为总体削减关税壁垒的方案不符合英国的利益。经验显示，多边条约比多边协定更能带来好的结果，英国在外贸上的权力不应受到任何束缚。而且，在任何情况下主动向美国发起会谈都将是个错误。英国市场的价格是其讨价还价的有力武器，英国应该静待时机的发展。①

这实际上是三条发展道路，致力于实现国际收支平衡和充分就业，分歧的焦点在于，在未来的国际贸易问题上，英国究竟是选择多边还是双边协定的形式；在对外贸易的管理上，英国是要完全的还是有限的自由的问题。很明显，贸易部钟情于第一条道路。

3 天后，战时内阁对其做了讨论，综合比较了各方案的不同与分歧，剖析了美国可能出现的态度，并考虑到自治领政府的态度，决定走第一条道路。会议任命以财政大臣伍德为主席的委员会来进一步完善报告并提交内阁审议。而时机与程序问题，内阁决定将在随后的会谈中再行确定。②战时内阁对战后贸易政策投入了非常大

---

① WAR CABINET, W. P. （43）136, Note by the President of the Board of Trade, CAB66/35：183-184.

② WAR CABINET50（43）, CONCLUSIONS of a Meeting of the War Cabinet, April 8, 1943, CAB 65/34：13-14.

的精力，讨论时间之长以至在下午 5：30 开始的讨论到结束时已经是第二天了。

四、美国面临的谈判要求

作为老牌国家，英国对战后金融与贸易秩序的规划虽然起步晚，但却走到了美国之前形成方案。由于不能确定下一步行动，它决定同诸自治领商议。1943 年 3 月下旬，正当贸易草案还在英国政府内部讨论的时候，贸易大臣道尔顿即首开提议要征询各自治领政府的意见。① 4 月初，道尔顿和艾德礼联合提交的备忘录指出，基于在《租借协定》第 7 款下尽快与美国进行贸易谈判的义务，英国政府应迅速征求诸自治领政府的意见。由于内容庞杂，仅靠电报无济于事，因此，备忘录建议在未来 4 周内，由自治领政府派代表到伦敦统一协商。随后所附的致各自治领政府的电报指出，第 7 款中规定的扩展的世界贸易必须从多个角度出发才能实现，这就需要：第一，通过国际货币机制重建多边支付体系；第二，防止再次发生世界范围的经济大危机的行动；第三，增加有关国际投资的机制；第四，贸易政策上的有效措施。在这个过程当中，美国的态度无疑是至关重要的。电报中包括了对四个角度内容的详细解释与分析，其中存在的问题以及对英帝国的利弊，最后还包括了对美外交的策略问题。②

4 月 21 日，在举行了两次会议之后，伍德的备忘录完成，认可在没有同自治领政府达成一致以前最好不要开始和美国的谈判，但考虑到美国很有可能会在英国充分征求自治领的意见之前要求会谈，因此，当前最好的办法即是一方面致电驻美大使哈里法克斯，令其探听美国口风；另一方面邀请自治领政府尽快派代表至伦敦，以利协商。备忘录强调，除非被逼无可奈何，否则决不能在与自治

---

① WAR CABINET, W. P. （43）127, Post-War Reconstruction-Quarterly Survey, March 26, 1943, CAB 66/35：145-2.

② WAR CABINET, W. P. （43）136, Post-War Commercial Policy, Draft Telegram to the Dominion Governments, CAB66/35：183, 184-188.

领政府充分沟通之前同美国展开会谈。① 第二天，战时内阁基本同意了伍德备忘录，在印度事务大臣艾默里的要求下，在咨询的名单中加上了印度政府。②

作为同英国和美国都有密切联系的国家，加拿大最为支持英国的方案。1943 年 5 月，加拿大政府咨询委员会得出结论：多边贸易组织的谈判将是保障战后各国贸易关系的最佳方式，尤其对加拿大的利益而言更是如此。首先，在目前有效地服务于加拿大利益的双边协定模式基础上，要使加拿大的贸易扩展到许多国家即使不是不可能的也是非常困难的；其次，毫无疑问，美国要摧毁帝国特惠制。③ 从另一个角度讲，英帝国要力促美国减税，自身特惠作出让步是必要的。

6 月 15 日，联合王国同诸自治领和印度的会谈在伦敦开始。英国和加拿大钟情于第一项总体削减方案。英国钟情于多边选项是担心自治领单独拿帝国特惠与美国作交易，换取进入美国市场的通行证。加拿大钟情于自由贸易和低关税，认为双边谈判既陈旧又效率低，因而主张利用多边模式换取美国进一步减税，同时它还要求帝国特惠的任何削减都要与美国减税相联系。此前它已经同美国签订了《互惠贸易协定》，在双边谈判的基础上很难再有突破。加拿大外交部副外长罗伯特逊（Norman Robertson）认为已经到了采取基本行动减税的时候，减税的规模可达到 70%。否则，很可能又会重现战前的局面。④

澳大利亚、南非和新西兰倾向于双边谈判。作为后起的工业国，澳大利亚欲优先保护新生工业和充分就业。新西兰一开始支持英国的建议，南非顾左右而言他，印度也不想声明放弃保护工业的政策。在这样的情况下，会议既尊重了英国的选择，也尊重了帝国

---

① WAR CABINET, W. P. （43）168, Commercial Policy, Memorandum by the Chancellor of the Exchequer, 21st April, 1943, CAB 66/36：93.

② WAR CABINET 58（43）, CONCLUSIONS of a Meeting of the War Cabinet, April 22, 1943, CAB 65/34：240.

③ Douglas A. Irwin, *The Genesis of the GATT*：52.

④ *FRUS*, 1943, Vol. I, Government Printing Office, 1963：1104-1105.

成员国的利益，总的结论是：在不涉及其政府的情况下，诸自治领和印度代表们倾向于由联合王国主动发起同美国非正式和试探性的会谈。在初期会谈中，联合王国只代表其本国立场。英帝国其他成员国在时机合适时也有表达观点的权利，会谈应该向它们敞开大门。总体上，代表们倾向于第一条方案，即多边模式。①

1943年7月27日，战时内阁讨论确定同美国试探性接触并发起会谈，② 在发给美国的电报中，英国声称这得到了部分欧洲流亡政府的支持。英国派遣以副外交大臣理查德·劳（Richard K. Law）为首的代表团。代表团拥有处理所有事务尤其是货币政策、国际投资、初级产品规则和贸易政策的全权。英国期待不晚于9月上旬展开同美国的谈判，以就第7款的讨论日程达成广泛的一致。③2周后，美国同意开始初级会谈。按照此前的模式，货币议题包括国际投资在内，由两国财政部沟通协商；贸易政策、初级产品规则和其他相关议题则在国务院和来访的英国代表团之间协商，④ 得到了英国的赞同。

① WAR CABINET, W. P. （43）334, Commercial Policy, Note by the President of the Board of Trade, 23rd July, 1943, CAB 66/39：28.

② WAR CABINET 106（43）, CONCLUSIONS of a Meeting of the War Cabinet, 27th July, 1943, CAB 65/35：189.

③ *FRUS*, 1943, Vol. I：1106-1107.

④ "The Department of State to the British Embassy", August 17, *FRUS*, 1943, Vol. I：1107.

第三章　美国变革世界金融秩序

第一节　美国财政部设计世界金融秩序方案

1941 年 12 月初的珍珠港事件打碎了美国的和平幻想，但也提供了千载难逢的机会让它在世界舞台上一显身手。美国财政部抓住机会，在国内率先起草了战后世界金融秩序方案，在金融领域确定美国对世界的领导。

一、美国财政部开始考虑战后金融计划

1934 年开始就任财政部长的摩根索是罗斯福长期的好友，利用与总统密切的关系，摩根索得以在财政金融领域大展宏图，实施其抱负。作为财政部长，摩根索认为国际货币体系的不稳定是经济大危机发生的重要原因，而与之类似的不稳定在未来同样会引起危机，他相信可以采取一定的措施或机制来阻止危机的发生，[1] 而采取这个措施的主角应该是政府。因此，他首先加强财政部在金融领域的权威性。

摩根索是通过一系列立法将金融财政大权牢牢地掌握在财政部的手中。他不相信私人银行，认为它们过于追求私利，曾引起了数不清的灾难。1935 年的新银行法授权由总统任命联邦储备系统的全部 7 名新设董事，由于银行主要官员的任命都要经过联邦储备系统，因此政府加强了它对金融势力的掌控。该法还将公开市场证券

---

[1]　John M. Blum, *From the Morgenthau Diaries*, *Years of War*, 1941-1945. Houghton Mifflin Company, 1967: 229.

交易的权力转移到政府手中，规定大的州银行必须于 1942 年 7 月前加入联邦储备系统，从而实现了政府对金融业控制力前所未有的加强。① 实际上，也正是在罗斯福政府时期，对美国金融业的控制权由华尔街与大公司转到了美国政府手中，这为财政部从事国际金融秩序的构建打下了稳定的基础。

在国际上，摩根索认为租借在战时是必要的，它便利了英国和其他盟国获取物资和军火等以继续战争并赢得胜利，但是他不同意英国要求在战后继续租借以缓解英国对美元和其他资产的急需程度的说法。摩根索倒不是要加深英国的经济困难，或让其破产，让英国保持最低程度的外汇平衡，最符合美国的利益。摩根索特别助理怀特同样反对任何增加英国黄金和美元储备的行为。更进一步，他还想让美元成为战后世界的主要货币。怀特钟情于战后的国际货币合作，在他的构想中，美国和英国同样居于领导地位，但美国的地位更高。② 这基本上同此时所确定的在国际事务中"美国领导"是一致的。

怀特是摩根索的国际金融与货币事务顾问，是财政部中少数能对摩根索施加直接影响的人，因而其地位举足轻重。怀特一生经历颇丰，第一次世界大战时曾在法国参加战斗，30 岁才去大学读书，他主研法国战前的支付问题，1930 年于 38 岁时获得博士学位。怀特擅长国际经济尤其是国际金融事务，他在 1935 年发现，美国要想从经济大危机中恢复过来，必须重建稳定的国际货币体系。③ 这与摩根索的看法不谋而合。1935 年的英镑贬值让怀特看到了美元的作用，即"如果英镑美元比价不稳，那么让尽可能多的货币与美元而不是英镑联系是重要的。各国货币越多地与美元发生联系，则英国对美国货币政策的影响就越小。同样，一国国际贸易越多，

---

① 刘绪贻，杨生茂主编：《美国通史：罗斯福时代》5，第 126 页。

② John M. Blum, *From the Morgenthau Diaries*, *Years of War*, 1941-1945：123.

③ James M. Boughton, "Harry Dexter White and the International Monetary Fund", *Finance & Development*, September 1998：39.

它也就越可能吸引其他货币到其运行轨道，反之亦然"。① 1936 年
的美英法三方协议也在复兴问题上给了他更宽广的国际视野，他认
为美国必须要在稳定国际货币方面发出声音。1941 年 6 月 13 日，
摩根索在参议院银行与货币委员会前作证时说：

> 　　我大胆预测在三方协议中获取的国际货币合作经验将能被
> 证明是有着长久的价值。我相信这种机制——在合作与平等精
> 神下发挥作用——比任何一种侵略性的货币机制为未来的国际
> 经济组织能做出更多有益的实践。②

从某种程度上说，重视各国间的合作是美国设计战后金融机制
的重要原则。

1937 年 12 月，一些拉丁美洲国家尤其是古巴和墨西哥在偿还
债务方面遇到困难，它们纷纷把目光投向法西斯国家以寻求帮助。
考虑到此举势必造成西半球的军事动荡，是美国所不能容忍的。为
此，摩根索决定采取措施解决这一隐患。他以向这些国家购买白银
的方式提供美元支持，从而稳定了它们的出口价格和货币基础。6
个月后，怀特将白银收购方案扩展为建立美洲国家间白银银行的计
划。虽然初衷是为了保持并提高白银价格，但是它也有稳定美洲地
区货币稳定的作用。

该计划最终演变成了 1940 年的美洲国家间银行方案。1939 年
9 月在巴拿马召开的美洲国家会议上，各国一致同意"建立美洲国
家间财政经济咨询委员会（Inter-American Financial and Economic
Advisory Committee)，由 21 个美洲国家各派一位专家组成。目的是
通过加强美洲国家间的紧密合作来保持金融稳定，维持财政收支平

---

① "The United Kingdom of Great Britain（Draft submitted to Mr. Haas，
October 18, 1935)"，quoted from James M. Boughton，"American in the Shadows：
Harry Dexter White and the Design of the International Monetary Fund"，*IMF
Working Paper*，January，2006：9.

② Armand V. Dormael，*Bretton Woods，Birth of a Monetary System*：47.

衡，促进工农业发展和增进商业"。① 几周以后委员会宣告成立，怀特为委员会起草了美洲国家间银行方案。方案中，银行拥有资本1亿美元，大体上按 1000 美元每股由美洲国家认缴，认缴规模由各国 1938 年对外贸易总额的美元价值决定，每个参加国都有 20 个投票权，每增加 1 股就增加 1 票，对特定决议需要 4/5 的多数同意。② 虽然这个计划因美国国会没有批准而流产，但是由此而诞生的思路却没有中断。

怀特在国际金融上的看法得到了财政部长摩根索的赏识，由于一些共同的经历和认知，他成为摩根索信任的幕僚和好友。1941年 12 月 8 日，摩根索任命怀特担任他的特别助理——大致相当于助理财政部长，全权处理财政部一切涉外事务，并充当财政部与国务院之间的联络人。③ 美国参战给怀特带来了意想不到的机遇，一改前半生碌碌无为的经历，他在 1944 年成为财政部首席经济学家，因对布雷顿森林体系的设计而成为 20 世纪美国最伟大的经济学家之一，1941 年的任命只是一个开始。

摩根索迅速将战后事务提上日程，12 月 14 日虽然是周日，但他仍然打了电话，指示怀特起草一份关于建立盟国间平准基金（Inter-Allied Stabilization Fund）的备忘录，要求基金"在战时给予实际和潜在的盟国以财政援助并打击敌人，奠定战后货币稳定协定的基础，创造一种战后'国际货币'"。④ 摩根索非常重视交给怀特的任务，认为这是美国在国际金融领域推行的新政（New Deal）。

① Leo Pasvolsky, "Some Aspects of Our Foreign Economic Policy", *The American Economic Review*, Vol. 30, No. 5, Papers and Proceedings of the Fifty-third Annual Meeting of American Economic Association (Feb., 1941): 326.

② J. Keith Horsefield, *The International Monetary Fund*, 1945-1965, Vol. I: *Chronicle*. 1969: 11.

③ *ARSTSF, for the Fiscal Year Ended June* 30, 1942, Washington: Government Printing Office, 1943: 335.

④ *Diaries of Henry Morgenthau, Jr.*, Volume 473, December 14-December 16, 1941: 16. Franklin D. Roosevelt Presidential Library & Museum, Hyde Park, NY, US.

怀特之所以可以成为这一使命的不二人选，是因为他此时正负责美国汇兑平准基金（Exchange Stabilization Fund）。

美国在 1934 年成立了汇兑平准基金，目的是在美元脱离金本位制之后，利用平准基金稳定美元的黄金价值。美国随即发现各国货币价值经常出现波动，它们与美元的汇率变化成为比美元的黄金价值更为严重的问题，汇兑平准基金的主要功能遂演变为稳定美元与其他货币的关系。1935 年，怀特发现可以利用这基金扩展美国的国际金融利益，即"任何严格执行《金储备法》第十条（一）意图的尝试都提供了在国内外证券或货币市场行动的机会，一如在外汇市场上的直接行动"。1939 年，控制着利比里亚天然橡胶生产与出口的费尔斯通轮胎公司（Firestone Tire Company）开始向它的雇员用美元而不是英镑发工资，得到了美国财政部和国务院的支持。1942 年，国务院加大支持力度，提供了更多的美元，意图将英镑从流通领域排除出去。为了不引起英国的敌意，怀特提出由财政部从外汇平准基金中拿出不超过 25 万英镑（合 100 万美元）的资金从利比里亚政府手中购买英镑。1943 年，利比里亚宣布美元为其法定货币。①从而，外汇平准基金的经营获得了巨大成功。

外汇平准基金随着战争的进行有了新的发展，摩根索尤其看重它在维护国际货币稳定过程中发挥的价值。1940 年，中国和阿根廷先后加入平准基金体系，使它越来越像一个国际机构。摩根索认为，"我们已经处于许多货币和外汇管制体系之下，并且正在走向一个更加混乱的时代。平准基金是保障美国国际经济关系的有力武器。对于在和平条件下某些国家是否愿意放弃经济扩张措施，我们不得而知，也没有人知道这场战争会给我们带来何种类型的国际经济秩序，但是，将决定外汇和美元价值的权力交给私人投机者和外

---

① "The United Kingdom of Great Britain（Draft submitted to Mr. Haas，October 18,1935）"，quoted from James M. Boughton，"American in the Shadows：Harry Dexter White and the Design of the International Monetary Fund"，*IMF Working Paper*，January，2006：12-13.

国政府，显然是不明智的"①。表面上，这是管理和规范各国货币关系的行为，本质上说，则是规范与管理国际金融秩序的权力。摩根索非常明确，该权力必须掌握在美国政府手中。摩根索坚信民间金融界会把个人利益置于国家利益之上，这将使"华尔街"或联邦储备局不适合作为货币管理机构。怀特期望由财政部保持控制国际金融秩序，以将"金融家们"排除在国际金融塔之外。摩根索要怀特起草的方案，从一定程度上说，是外汇平准基金的升级。从一开始，摩根索就与怀特确立了美国主导国际金融秩序的方针。

怀特很快就拿出了方案。2个星期后，一项名为"盟国间货币与银行建议草案"（A Suggested Program for Inter-Allied Monetary and Banking Action）的备忘录出台，共 12 页，按怀特的设想，主要任务有两项：

第一，确定稳定外汇汇率的方式、工具与程序；

第二，创建拥有足够权力的机构以提供盟国经济复兴所需要的资本，提供为增加外贸而急需的短期资本，通常情况下利率要远远低于私人商业银行。②

在怀特眼中，这两项任务有很大的区别，表现在"对资源的组织、责任与义务、发挥作用的程序与规则"上。从其后的历史发展来看，这实际上是提出了国际货币基金组织与国际复兴与开发银行的雏形，而当时它们的名字叫做盟国间平准基金（Inter-Allied Stabilization Fund）和盟国间银行（Inter-Allied Bank）。

在怀特的设计下，平准基金意在稳定汇率和价格水平、减少外汇控制、废除多重货币或双边清算机制。基金只与各缔约国财政部或中央银行打交道，资本为 100 亿美元，各国要以黄金、货币或政府债券形式认缴份额，份额大小与投票权相联系，美国所拥有的份

---

① *ARSTSF*, *for the Fiscal Year Ended June* 30, 1941. Government Printing Office, 1942：53.

② Armand V. Dormael, *Bretton Woods*, *Birth of a Monetary System*：42-43.

额与投票权应超过 20%，以能对基金所有决议有否决权。而各国必须做到只有在基金同意下才能改变汇率，变动幅度也要为基金所同意。在一定调整期之后，承诺政府不控制汇率。怀特专门规定了美元的地位，非特殊情况下基金不能出售美元，美元专门用来平衡国际收支。①

怀特的备忘录着眼于战后世界，对摩根索指示中的"战时援助盟国与打击敌人"的目的，直接作用并不明显，而对于"国际货币"，怀特更是直接以美元代之，可以说，怀特就是要使美国主导世界金融秩序，为美国经济在战后的发展寻找出路。而后，美国财政部的主要工作就是争得总统罗斯福的支持，并说服盟国接受这个方案。

二、美国国内战后金融秩序设计主导权之争

财政部与国务院长期以来在对外经济政策，尤其是国际金融方面存在争论。1942 年 1 月 6 日，怀特第一次与国务院沟通国际金融事务，他将说明国际平准基金思想的备忘录示于副国务卿韦尔斯，引起了国务院的不快。在国务院看来，对外经济政策是外交事务的重要内容，属于他们的工作范围，但财政部利用它的影响力，在对外经济政策尤其是金融政策上常常自作主张，国务院在外交领域的权威受到挑战。这种状况由于罗斯福对国务院的不信任及他与摩根索良好的个人关系而加剧了。此前，在美国白银收购政策与中国的关系上，两部的外交政策以财政部占得上风而告终，让赫尔极为被动，而此次，对战后金融秩序的规划又被财政部占得先机，赫尔心有不甘，加紧行动，企图后来居上，夺回本属于自己的外交权。

首先在学术探讨的层面上，1942 年 1 月，国务院国际经济事务顾问菲斯提出"贸易平准预算或基金"(Trade Stabilization Budget or Fund) 的建议，美国政府每年预留一定额度的资金——开始是 30 亿~40 亿美元，将其指派给外国政府以使它们能够支付进口或

---

① Armand V. Dormael, *Bretton Woods*, *Birth of a Monetary System*：43-44.

偿还债务。这种机制意在建立稳定汇率，取消外汇管制，改善国际经济关系。① 同财政部的目的没有区别，与国务院长期以来所倡导的自由贸易理念亦是一致的。

　　财政部方面，1942 年 5 月初怀特又拿出修订版本，名称改为"联合及联系国家平准基金和国际复兴与开发银行"（Stabilization Fund for United and Associated Nations and International Bank for Reconstruction and Development）。5 月 15 日，摩根索向总统罗斯福汇报了该计划，特别指出这是为了应对战后出现的货币与信贷问题，防止出现外汇混乱、货币与信贷系统的崩溃、恢复对外贸易，同时提供资本用于国外救济、重建和维持能够增进世界繁荣以及更高生活水准的经济发展。这正是美国发展贸易所需要的。同时，他还认为：（1）现在已经是时候公布战后国际经济目标；（2）当敌国正在欧亚大陆宣扬"新秩序"之时，没有比宣布国际经济新政的行动更能表明美国决心的了，风向正在发生变化，盟国应该掌握主动权。② 摩根索有他自己的考虑，他欲就方案与盟国政府展开讨论，从而避开国务院，使财政部掌握在战后货币政策上的发言权。第二天，罗斯福同意了摩根索的建议，认为这正是他所想的，研究要继续下去，但又谨慎地建议他与国务卿赫尔和副国务卿韦尔斯联系并征询他们的意见。③ 罗斯福以此表达了他对美国设计战后金融秩序的支持。

　　5 月 20 日，摩根索亲自致信赫尔，告知计划的进展情况，并要求国务院派代表与财政部、经济作战局（Board of Economic Warfare）和进出口银行一起做进一步的研究。为了避免触怒赫尔，摩根索特别说明这份方案还只处于研究阶段，怀特随时准备与之沟通。④ 3 天后，赫尔指派特别助理帕斯沃尔斯基（Leo Pasvolsky）

---

①　Herbert Feis, "Restoring Trade after the War", *Foreign Affairs*, Vol. 20（1941-1942）：282-292.

②　*FRUS*, 1942, Vol. I, Government Printing Office, 1960：171-172.

③　John M. Blum, *From the Morgenthau Diaries*, *Years of War*, 1941-1945：232, Armand V. Dormael, *Bretton Woods*, *Birth of a Monetary System*：53.

④　*FRUS*, 1942, Vol. I：171.

和菲斯参与他们的研究，同时强调乐于看到在此项工作与战后外交政策咨询委员会之间建立起持续的联系。① 考虑到咨询委员会直接受赫尔领导，赫尔此话的含义也就非常明了，国务院不会放弃在这个问题上的主导权。

5月25日，摩根索召集了第一次会议，财政部方案所要达到的目的得到认可，会议成立部际分委员会——美国技术委员会（American Technical Committee）来讨论细节问题。② 国务院与财政部很快就发生了分歧。当怀特提出尽快召集国际会议以讨论计划时，国务院表达了它的担心，认为一旦会议失败将产生不幸的政治影响，作为替代方案，国务院的专家们建议在国际会谈之前先就此与英国和苏联展开双边会谈。③ 怀特提出国际会议的想法主要是基于降低英国作用的目的，尤其是拉美国家的出席将有利于美国坚持自己的立场，而苏联的参加——对于凯恩斯来讲，苏联的作用可有可无，因为它对英国经济影响有限——对美国来说，它的意义不在于贸易或金融关系，而是在决定战后和平与繁荣问题上的战略地位。④ 国务院之所以反对是因为它此时还没有形成自己的战后金融方案，国务院的专家们长期以来将目光集中于世界贸易而忽略了对金融事务的考虑，双边谈判可以起到一个缓冲作用，在这种私下谈判的背后，国务院将有时间拿出方案；从另一方面说，双边谈判的形式也可以保证战后世界金融秩序的构建完全掌握在国务院手中。

私下里，赫尔迅速指派助理国务卿伯尔起草国务院版的战后金融方案。伯尔于1938年作为拉美事务专家以助理国务卿身份进入国务院，1941年，他的工作从拉美事务转向财经领域，而在此前这恰恰是助理国务卿艾奇逊的主管领域，由此造成了两人之间的潜

---

①　*FRUS*, 1942, Vol. I: 190.

②　David Rees, *Harry Dexter White: A Study in Paradox*. Coward, McCann & Geoghegan, 1973: 140.

③　John M. Blum, *From the Morgenthau Diaries, Years of War*, 1941-1945: 233, Randall B. Woods, *A Changing of the Guard: Anglo-American Relations*, 1941-1946: 78.

④　James M. Boughton, "Why White, not Keynes? Inventing the Postwar Monetary System", *IMF Working Paper*, March, 2002: 15.

在矛盾。国务院的专家认识到，要想建立战后的自由贸易秩序，那么就绝不能让国家控制外汇，强大的国际控制也不行。货币的稳定与战后重建应该由国务院而不是财政部关心。伯尔由于艾奇逊在美英租借第7款的谈判中占据了主导，此时一心想扳回一局，从5月开始，他与赫尔一起努力，8月初，成果显现，罗斯福同意由伯尔来主持有关战后国际金融的所有谈判。

由于时间紧迫，伯尔加紧行动，于9月底拿出了可以称之为国务院版本的方案。简而言之，伯尔将美国联邦储备委员会国际化，建立国际储备银行，参加银行机构的国家应根据双方可接受的比例向银行缴纳黄金。一如联邦储备委员会，国际储备银行有权发行可以兑换黄金的票据，它可用于购买商业票据。银行没有自己的货币，但它有权以成员国货币——如英镑、美元、法郎等的形式发行黄金持有者或票据售卖者愿意购买的货币。由于此类活动将大大增加货币发行国的现金流量，因此，必须在事前征得相关国家的同意。国际储备银行将只与财政部或中央银行打交道。① 伯尔设计下的银行只具备有限权力，对美国所关心的汇率稳定和美元地位都没有提及，尤其是，他以被财政部打压的联邦储备系统为蓝本，不可能得到财政部的配合与支持。

结果显而易见，这个方案相对于怀特的方案来说，显得过于简单且缺乏实质性内容。甚至是伯尔自己也认为这不可能得到财政部的同意。国务院在国际金融问题上的欠缺考虑最终让这个计划胎死腹中，国务院随即转向与财政部关于谈判方式的斗争中去。1942年年初，美国技术委员会开始讨论召开联合国家技术专家会议以考虑财政部方案的可行性，遭到国务院的制止。7月，助理国务卿艾奇逊提出在美国与英国和其他大国讨论之前，不宜召开联合国家会议。② 在随后同财政部的磋商中，国务院提出在作为战后协定主要部分的

① Randall B. Woods, *A Changing of the Guard*: *Anglo-American Relations*, 1941-1946: 78.

② John Parke Young, "Developing Plans for an International Monetary Fund and a World Bank", *The Department of State Bulletin*, Vol. 23, No. 593, November 13, 1950: 780.

政治内容没有确定之前，召开任何讨论基金或银行的正式国际会议都是不可行的，相对来说，国务院更倾向于首先同英国做初级会谈，也可以稍稍扩展到其他少数几个友好国家。财政部兴致勃勃的劲头被国务院这么一冲撞，让摩根索怒不可遏。他直接认为这是"国务院在杀死任何他们不喜欢的东西"。发火之余，摩根索也明白自己能力有限，任何不能得到国务院支持的计划，财政部也将无力推行。最后他决定妥协，"找到赫尔想要的东西，然后从那儿开始"。①

国务院的提议得到了回应，7 月 21 日，两部之间达成妥协。之后，内阁委员会得出结论，基金和银行需要在战争结束前建立，因此必须立即邀请各国技术专家讨论。首先，美国向友好国家政府通报其技术专家正在研究在基金和银行方案上涉及的经济与财政问题；其次，财政部和国务院的代表们将向英国、苏联、中国、加拿大、澳大利亚、巴西和墨西哥等发起试探性会谈。如果得到了这些国家的积极响应，财政部就召集初级会议来拟定正式的国际会议所需的日程和其他必备文件。②

在两部达成一致之时，以联邦储备委员会为代表的美国金融界不甘心被财政部与国务院忽视，尤其是怀特计划对联邦储备委员会一字未提，他们迫切希望得到对国内事务的处理权，因而也在战后金融问题上发出了自己的声音。1942 年 12 月他们开始介入到这个问题，极力鼓动将美国的认缴额限定在 20 亿~25 亿美元，到 1943 年春，他们的计划成型，6 月，形成正式的文本，基本内容如下：

在基金的资金上，在不包括德国、意大利和日本的情况下，总额限定在 140 亿美元；各国配额以其 1936—1938 年对外贸易总额的 1/3 来确定，美国的配额约为 20 亿美元；一半或 3/4 的认缴应由黄金构成，基金将拥有约 70 亿美元的黄金储备；成员国间的黄

---

①　John M. Blum, *From the Morgenthau Diaries*, *Years of War*, 1941-1945:
233-234.

②　John M. Blum, *From the Morgenthau Diaries*, *Years of War*, 1941-1945:
234.

122

金交易必须通过基金；每个成员国都有权购买等同于其认缴额加上售予基金的黄金价值的外汇。

在权利上，各成员国每认缴 100 万美元可获 1 投票权，每向其他成员国提供 100 万美元本国货币也可获 1 投票权。债务国逆差相当于其配额 1/4 时，可以选择将其货币贬值 5%，达到配额一半时，可以再贬 5%，当高于一半时，基金将要求其贬值合适的比例。反之，当债权国顺差相当于其配额 1/4 时，可以选择将其货币升值5%，达到配额一半时，可以再升值 5%。基金有权要求成员国控制资本流动。基金应立即开始运作，初始汇率设置应有 2～4 年的过渡期。①

这份方案强调了黄金的作用。与怀特与凯恩斯计划不同的是，基金完全控制了黄金的交易，债权国的地位有所提升，投票权得以增加，但仍然要对国际收支失衡承担一定的责任。这虽然符合美国的部分利益，但却不可能得到其他国家的同意，单是黄金在认缴额中所占的巨大比重一项就将有很多国家无法达到要求，从而丧失投票权。财政部也拒绝考虑该提议，摩根索在参院银行与货币委员会前作证时甚至没有邀请联邦储备委员会的人员参与。从另一个方面也可以看出，美国财政部牢牢掌控着国际金融权，第一次世界大战后联邦储备委员会与英格兰银行联手操控国际金融秩序的时代已经一去不复返。

三、怀特计划正式成为美国战后金融方案

怀特计划成为了美国参与国际谈判的基础方案，经过一系列修改与完善，兼顾了财政部和国务院的战后要求，将美国欲在战后主导世界金融秩序与施行自由贸易的想法统一起来。

国际平准基金是怀特计划中最为重要的部分，怀特将之视为战后重建的关键因素。在他看来，完成战后重建需要通过四个方面的努力。第一是要对货币价值做合理调整，以抵消战争带来的冲击。

---

① J. Keith Horsefield, *The International Monetary Fund*, 1945-1965, Vol. I: *Chronicle*: 39-40.

第二是将那些不能承担支付压力的国家解放出来，这在战后重建时期尤其重要。遭到战争破坏的国家不仅需要食品和工厂设备等物资，亦需要资本，只有在健康的世界经济秩序中，通过国际机构的组织才能实现，私人资本无法满足重建的要求。第三是在各国调整各自国际经济地位的数月或数年之内，建立维持汇率稳定的框架。第四是要设立一种机制，以使汇率的改变能在有序状态下通过多边协定进行。①

怀特计划要实现的目的主要有：

第一，稳定联合国家之间的汇率；

第二，鼓励生产性资本在联合国家之间流动；

第三，帮助纠正黄金在联合国家之间的分配不均；

第四，缩短成员国国际账户中的严重失调期，帮助稳定价格水平；

第五，减少外汇管制的使用；

第六，减少对外贸易壁垒。

简而言之，这就是要解决三个方面的问题，即一是防止外汇紊乱，维持国际汇率体系稳定；二是指导资本流动，调节成员国收支平衡；三是促进生产，便于国际贸易的重建和发展。②

怀特计划是权利与义务的统一体，在拟议的平准基金中，资金组成采取份额制，规定总额至少为 50 亿美元。基金将采用新的国际货币——尤尼塔斯（Unitas），含金量 $137^1/_7$ 格令，相当于 10 美元。各成员国份额大小，采取了相对复杂的计算方式，在参考黄金存储比例、黄金产量、国民收入、对外贸易、人口、外国投资与债

---

① Harry D. White, "Postwar Currency Stabilization", *The American Economic Review*, Vol. 33, No. 1, Part 2, Supplement, Papers and Proceedings of the Fifty-fifth Annual Meeting of the American Economic Association (Mar., 1943):382-385.

② *ARSTSF, for the Fiscal Year Ended June* 30, 1943. Government Printing Office, 1944: 350.

务的基础上，怀特列出了主要国家的认缴额（见表 3-1）：

表 3-1 　　**怀特计划初稿中主要国家认缴额度分配表**（单位：亿美元）

国家	美国	英联邦（英国）	苏联	荷兰及殖民地	巴西
额度	31.96	10.55（6.35）	1.64	1.57	0.5

各国认缴额度的 50% 需要一次性付清，其中 25% 以政府有息证券形式、12.5% 以黄金、12.5% 以本国货币形式缴纳。但从表3-1中也可以看出，美国一国的额度是其他 4 个主要国家额度总和的 2 倍有余，凸显了美国要绝对控制平准基金的意图，这将是其他国家难以接受的。

怀特计划规定，在同时符合三种条件的情况下，任何一国都有权在基金内购买其他成员国的货币：（1）购买收支逆差国货币；（2）购买之后，该国在基金内的货币总额不能超过其认缴的黄金、本国货币和政府有息证券的总额；（3）汇率由基金决定。如果是大额购买，则另有规定。

在基金的权力上，当需要稳定汇率关系时，基金有权决定汇率，汇率的变更只有在"实质性纠正根本失衡"并得到 80% 以上成员国同意之时才能进行。需要这个多数同意的事项还有：（1）对非会员国货币超过 60 天的持有；（2）对任何货币的借贷；（3）以短期证券的形式投资任何一种货币——无论商业层面还是政府层面；（4）为调整债务而出售货币。另外，在有 75% 同意票的情况下，基金将允许成员国从基金中借出本国货币，最多不超过基金持有的该货币的 3/4，时限一年左右，年利率低至 1%，这甚至低于很多国家本国货币市场的利率。

基金面向联合和联系国家开放，它们加入基金之时必须同意：（1）除了基金的例外允许以外，在一年内放弃对与会员国外汇交易的所有限制与控制；（2）除了基金确定的小范围浮动以及所有成员国同意的情况以外，成员国改变汇率必须征得基金的同意；（3）在不经过别国同意的情况下，不接受或允许来自该国的存储和投资，同时，在任何成员国政府的请求之下，接受其以存储、投资和证券形式表示的所有财产；（4）不参加任何性质的双边清算安排，不建立任何"地理性质的特惠汇率"；（5）在多数会员票数（80%）认为其将导致一系列严重收支失衡之时，不采取任何货币或总体价格措施；（6）着手减少贸易壁垒；（7）在没有基金同意的情况下，不允许出现任何对外国政府、中央银行或政府机构的欠债；（8）在没有基金同意的情况下，不允许直接或间接补贴出口到成员国的产品。

在管理上，基金将由理事会来行使管理权。每个成员国任命一位理事，主席和执行委员会由理事中选出。执行委员会全面负责基金的日常工作。每一个成员国有 100 基本票，每增加 100 万美元的黄金或本国货币就增加一票，美国将获得 25.32% 的总票数，拉丁美洲 34.47%，英帝国 17.56%，中国 2.26%。复兴与开发银行行长同时也是基金理事会成员，他拥有 100 投票权，相当于总数的 1.63%。①

银行是怀特计划的另一重要组成部分，它与基金的定位区别，正如怀特所说，"基金负责防止汇率混乱，完善货币与信贷体系，帮助重建对外贸易，银行负责为联合国家及联系国家提供巨额资本，以用于重建、救济和经济复兴"。实际上，银行在很大程度上是怀特为回应外界对基金的批评而设立。这些批评包括基金不能增进货币稳定，在战后立即开始清理汇率控制等。独立的银行方案于 1942 年 12 月出台，到 1943 年 3 月，内容开始发生较大改变，授权资本由 100 亿美元增到 200 亿美元，相当于参加国 10% 的国民收入，但最初只需先行缴付配额的 20%，其中半数为黄金。在原始的设计中，银行权力很大，可以发行名为尤尼塔斯的国际货币，以及为各国中央银行服务。②

在怀特眼中，无论是在战争期间还是和平年代，这两个机构都

---

① J. Keith Horsefield, *The International Monetary Fund*, 1945-1965, Vol. I: *Chronicle*: 21-25.

② Raymond F. Mikesell, "The Bretton Woods Debates: a Memoir", *Essays in International Finance* (Department of Economics, Princeton University), No. 192, March, 1994: 30-31.

能利用充足的资源和权力应对复杂和严重的问题，这种机制将为各国在经济领域高度的合作铺平道路。联合国家通过国际平准基金和国际银行调整汇率，获得重建资金。不仅如此，此类国际机构还能对各国的国内经济政策如就业，减少关税、外汇和贸易限制，鼓励外汇投资的恢复等方面发挥作用。

同美国政府的理念一样，怀特尤其强调在构建国际组织的过程中美国要发挥的作用。他认为，国际货币合作的成功与否主要取决于美国的领导，由于美国掌握了世界上绝大多数的黄金和外汇，美元是如此强大以至于它将是战后货币框架稳定与否的基石。① 虽然罗斯福没有对战后货币基金发表看法，但据摩根索的记载，他对怀特计划读得非常仔细，"这些日子（1943 年春）他极少表现出任何热情，这非常罕见，所以不要失望"，② 他这样安慰怀特。

在美国政府内部掌控战后国际货币秩序规划和在诸政府间进行多边而非双边谈判的努力上，怀特和财政部是成功的。一贯地，国务院主张协定应该在两个主要的财政和经济大国之间协商之后再提交给其他国家，但怀特、摩根索和罗斯福致力于将所有的战后协定至少要在联合国家内平等呈现。当美国和英国毫无疑问地要主导战后规划时，罗斯福政府欲将此事与伦敦和殖民主义区分开，将之放在全面而又密切的多边会谈和各民族国家平等的框架下进行。这些设想源于罗斯福并由他推动。③ 授予中国和苏联的名望和地位也许并不能与它们当前的政治或经济影响力相匹配，但对于未来的发展来说，多边协商是重要且必要的。

---

① Harry D. White, "Postwar Currency Stabilization", *The American Economic Review*, Vol. 33, No. 1, Part 2, Supplement, Papers and Proceedings of the Fifty-fifth Annual Meeting of the American Economic Association (Mar., 1943): 386-387.

② John M. Blum, *From the Morgenthau Diaries*, *Years of War*, 1941-1945: 238.

③ See White's comments, "Meeting in Secretary Morgenthau's Office", July 2, 1942, MD 545: 109-113, quoted from Peter J. Acsay, "Planning for Postwar Economic Cooperation, 1933-1946", PHD Dissertation of Saint Louis University, 2000: 198.

第二节　联盟国家讨论战后世界金融方案

一、美英关于战后金融方案的交流

在战时内阁的部署下，英国准备充分，它选择两条腿走路，一方面同美国交涉，另一方面寻求其他盟国的支持，与美国的步骤可谓异曲同工。

1942 年 7 月 17 日，英国财政部驻美代表菲利普斯（Sir Frederick Phillips）拜访国务院，表达了英国愿立即与美国展开非正式会谈的意见。起初，英国只愿意与财政部对话。但艾奇逊驳回了这一提议，称国务院同样有兴趣于这一会谈，帕斯沃尔斯基则提议英国拿出初步会谈所需方案，菲利普斯简单介绍了清算同盟方案，称英国正在着手准备此事。[①]

一周后，英国政府与盟国流亡政府的财政部长和自治领的代表们在伦敦召开非正式会议，为防止战后出现经济困难与混乱，特成立分委员会讨论。据怀南特观察，在此类问题的技术性设置上，伦敦的盟国流亡政府都向英国看齐。在与盟国的接触中，英国首先收集他们所要面临的货币问题，形成非正式会谈的基础文本。同时，英国还征求美国和苏联在这个问题上的意见。[②] 最终，为获取委员会的资料，美国向分委员会派出了观察员。

8 月 18 日，菲利普斯再次拜会国务院，愿意将租借第 7 款下的问题整合为一个整体来谈，而不是像国务院所主张的单独进行。艾奇逊将其推给伯尔，称平准基金是由伯尔负责的工作。同时，艾奇逊再次澄清了赫尔的意图，即在战时而不是战争结束之后开始谈判。[③] 8 月 24 日，英国副外交大臣理查德·劳访问美国，当天赫尔即与之会谈，焦点是创建国际组织问题。赫尔着重指出对该组织

---

① *FRUS*, 1942, Vol. I: 192-193.
② *FRUS*, 1942, Vol. I: 194-195.
③ *FRUS*, 1942, Vol. I: 199-200.

而言最重要的是要有坚实的经济基础。一旦处理不好，第一次世界大战的恶果势必重现。① 赫尔眼中的坚实基础，显然是他所鼓吹的自由贸易。

8月28日，英国驻美使馆参赞奥佩将清算同盟草案（即"凯恩斯备忘录"）同时递交给了美国财政部与国务院，他特别强调草案只是专家讨论稿，并非在细节上已经完美无缺，② 为两国间的非正式会谈定下基调。国务院对此反应迟钝，伯尔迟至31日才给英国大使馆回话。此时他正与赫尔积极拟订自己的方案以与财政部争夺战后金融秩序设计的主导权，对英国发起的非正式会谈请求似乎有些勉强。

9月10日上午，在伯尔的办公室里，英美双方代表第一次就"凯恩斯备忘录"做了会谈。美国方面出席的是伯尔、怀特和帕斯沃尔斯基，英国方面则是菲利普斯和奥佩。双方没有谈到实质性内容，仅就非正式会谈的性质、清算同盟与怀特计划之间的异同做了意见交换。伯尔没有忘记国务院的宗旨，大谈自由贸易，而帕斯沃尔斯基则指出美国存在诸多疑问，待会后列成清单再与英国讨论。③

这一列就是接近一个月的时间，在这段时间里，国务院和财政部之间基本达成了一致，财政部将国务院的目标纳入到怀特计划中，同英国人的非正式会谈遂重新开始。10月6日，伯尔接见菲利普斯。他认为英国以及其他国家战后必定需要各类物资，因此必会面临贸易逆差，唯有两种方法——黄金或商品才能解决逆差问题。凯恩斯发明了新货币，以达到收支平衡。这让伯尔觉得新货币是英国用来套取美国物资的工具。菲利普斯予以否认，认为新货币最大的用处是对外借贷。伯尔遂向他出示了美国的诸多疑问（见表3-2），这些问题既有技术性的，又有政治性的。

---

① *FRUS*, 1942, Vol. I: 201-202.

② *FRUS*, 1942, Vol. I: 203.

③ *FRUS*, 1942, Vol. I: 222-224.

表 3-2　　　　　英国答美国对凯恩斯计划
（1942 年 8 月 28 日之版本）之疑问表①

序号	美国疑问	英国答复	分析
1	同盟成员间外汇将在黄金输送点（Gold Points）或其平价之间浮动？通过班柯尔（Bancor）机构获得的外汇只能以黄金输送点的价格出售？	凯恩斯认为成员国政府应当采取积极措施在黄金输送点或其平价基础上保持外汇稳定，但应对成员国中央银行对其本国国民所实施的汇率与同盟成员国间在同盟账面交易中的汇率做出区分。该计划赋予各中央银行在到目前为止的双边协议之下，确定不同的买与卖的汇率	为便于贸易考虑，美国钟情于单一汇率亦即稳定汇率；为战后复兴考虑，英国渴望由国家主导汇率，即实施外汇管制
2	除非政府积极通过平准基金或其他机构控制汇率，成员国间的交易是否能以固定汇率进行？		
3	不通过中央银行或财政部，直接交易班柯尔是可行的吗？该新"国际货币票据"发挥作用是通过清算同盟以班柯尔表示的可兑换票据（negotiable）还是只是在同盟的账面上？如果是前者，各国如何买卖它？班柯尔的交易是由中央银行或财政部专营，还是一般可兑换普通票据的性质？班柯尔可用于成员国和非成员国间的支付吗？如何实现？	除了通过中央银行、财政部或部分国际机构如救济委员会以外，班柯尔的交易里没有考虑其他的情况。对第一点，全部是账面，且是不可兑换的。非成员国所持有的班柯尔只能用于对成员国中央银行或财政部的支付	美国希望国际货币具有广泛的应用，并且与黄金挂钩，而不仅仅是账面的东西；英国则恰恰相反，致力于班柯尔与黄金脱钩

---

① *FRUS*, 1942, Vol. I: 225-226, 232, 235-240.

续表

序号	美国疑问	英国答复	分析
4	经常账户无国际收支逆差之时,阻止使用班柯尔配额来偿付外债的条款在哪?当弱势货币国家希望获得强势货币的时候,如何才能阻止他们迅速耗尽在同盟内的班柯尔配额?	除非征得强势货币国家的同意,弱势货币国家不能获得配额余额,因此它以配额换取强势货币的能力将非常有限。如理事会没有事先同意,成员国负债不能超过其配额的1/4,对超过一半的情况,理事会则要求控制资本外流,并采取其他措施改善处境	美国极为关心收支失衡问题,为此,凯恩斯减轻了债权国义务,增加了同盟在解决失衡问题上的责任。在班柯尔和配额问题上,同盟拥有强制权力
5	计划中的班柯尔总额有多少?我们这样理解是否正确:在总额的限制下,一个国家将无力抵挡清算同盟对其货币的要求?在最初的五年里,最多需要多少数额的美元以履行其兑换班柯尔的义务?	凯恩斯对之前的计划做了调整。总额仍以配额形式组成,原始配额将确定为一国战前三年对外贸易总额平均额的75%。过渡期之后,将根据过去三年贸易额平均值每年调整一次 计划不允许一国的债权(务)超过其配额。对债务国将严格执行该标准,采取各种措施制止其达到最高限度。对债权国则可以放宽执行。由于债权国的黄金是通过出口所得,如果它们积攒过多黄金,则导致其他国家无黄金可用。为维持世界贸易,债权国需主动或被动减少出口,并增加从债务国的进口。在清算同盟计划下,只要债权国使用班柯尔结算,则可以保持已有出口规模	美国关心的是债权国的权利。凯恩斯欲让债权国承担调整国际收支失衡的责任,减少债权国对黄金的依赖,这是美国所不能容忍的。凯恩斯此时强调债权国的权力,部分地迎合了美国的设想

续表

序号	美国疑问	英国答复	分析
6	为应对同盟解散或面临战争的情况，同盟需保有多少可支配资产以确保班柯尔信贷的清算？在某成员国可能撤出的情况下，将采取何种特别清算措施以阻止班柯尔的流失？	任何国家都无权要求以黄金清偿班柯尔，这是整个计划的基石。同盟内可随时调用的资产是由黄金和外汇构成，离开同盟的国家需要提前一年公示，充分的时间足以清算任何账目。如果做进一步考虑的话，理事会将要求债务国充实黄金、货币或政府债券，订立条款以保证在万一同盟解散或有国家退出之时使此类资产可供清算之用	这条具有根本性的意义，表明英国欲将黄金从国际流通领域中排除出去，美国肯定不会同意
7	英联邦将作为一个整体加入，在理事会占有一个席位，承担一份配额，还是各自治领拥有单独的代表和单独的配额？如果作为一个整体单位加入，在决定配额之时，联邦内贸易是被考虑为对外贸易吗？	诸自治领和印度将以单独国家的身份加入。在计算配额时，会加入联合王国和诸自治领、印度之间的贸易。联合王国与皇家殖民地一起以一个单独的单位参加同盟，它们之间的贸易在计算配额之时将予以忽略	美国主要想确定英国在同盟中到底有多大的权力
8	那些在清算同盟内很有可能积聚大额债权的国家在投票权和对政策的掌控上仍然处于少数不利地位？	几乎不可能预测哪个国家会成为债权国，在一定条件之下绝大多数国家都可能发展成为债权国。同盟不会给债权国特殊的投票权，但考虑给日益增加信贷额的债权国增加投票权，相应地，债务国的投票权将减少	战后初期，美国毫无疑问是债权国，它不可能在付出了大量资本以后却在决策上处于从属于英国的弱势地位

美国集中感兴趣的地方有三点：（1）债权国的地位问题。毫无疑问，美国在战时和战后初期很长一段时间都将是债权国，并且是世界上最大的债权国，但清算同盟却规定了债权国与债务国在纠正收支（贸易）逆差方面具有同等责任，这是美国不能接受的。（2）汇率稳定问题。美国认为，稳定的汇率是自由贸易的前提条件，是此时美国所致力于追求的目标，清算同盟规定汇率可以在一定范围内自由浮动显然不符合美国的利益。（3）英联邦问题。英联邦作为整体还是分拆对美国来说意义重大，这直接决定了美国在同盟内的地位。尤为重要的是，英联邦国家实行帝国特惠制，如果美国默认英国的做法，势必陷于付出甚多（大量的配额）、收获甚小（投票权上的不足，自由贸易遥遥无期）的境地。一言以蔽之，在美国不能确定它在同盟中的地位之前，它不会对英国的方案动心。

英国对此反应极为积极。10月12日，菲利普斯就带来了反馈意见，英国认为美国不会将怀特计划或凯恩斯计划直接交予盟国讨论，因而不反对美国就战后金融问题与苏联和中国交流。此时，英国内阁开始讨论战后重建问题，在恢复对外贸易问题上，认为英国应尽全力就战后经济和财政政策同美国达成谅解。因此，英国期待与美国早日展开对话。①

同月，怀特随摩根索访问英国，第一次见到了凯恩斯。10月23日，凯恩斯与怀特长谈两个方案之时，极力鼓动怀特同意三点：（1）配额应与贸易额相一致；（2）考虑到普通大众的感受，在不使用黄金作为货币储备的同时，为黄金找到新的用途；（3）在接近其他任何国家之前，英美两国应该达成一致。② 但怀特不为所动。11月25日，英国的反馈送达国务院，英国拿出了修改过的清算同盟方案，这不止是吸收了美国的意见，同时也增加了凯恩斯在

① WAR CABINET 155（42），CONCLUSIONS of a Meeting of the War Cabinet，November 19，1942，CAB 65/28：160.

② J. Keith Horsefield，*The International Monetary Fund*，*1945-1965*，Vol. I：*Chronicle*：30.

这段时间内的思考，① 方案之后对美国的疑惑也一一做了解析，如表 3-2 所示。

在英国积极推销凯恩斯计划的同时，怀特选择了回避。他没有对清算同盟草案发表看法，而是加紧修改自己的计划，此次修改主要是针对国际货币基金。在这期间，英国曾试图探听美国到底对凯恩斯计划有何意见，都被国务院以正在研究而回避。1943 年 2 月初，反复修改的怀特计划被正式送至英国，从而避开了对凯恩斯计划的讨论。同时，美国不顾英国对双边会谈的特别要求，将方案送交其他联合国家讨论，提早开始了国际层面的会谈，意在掌握谈判中的主动权。不出意外，英国很快就对程序问题提出异议，坚决反对就方案与苏联和中国之外的联盟国家先行讨论。此外，英国对凯恩斯计划仍没有死心，要求美国对其表态。最终美国同意在 2 月 23 日与英国展开会谈，在此之前，暂时搁置将怀特计划送与联盟国家的行动。② 美国达到了目的，掌握了谈判的主动权。

3 月 20 日，英国告知美国，准备与在伦敦开会的各国代表商议凯恩斯计划和怀特计划，遭到美国的反对，怀特坚持认为，盟国财政部长们对平准基金方案任何内容的讨论都应放至美国与他们的初步会谈之后进行，为显平等，对清算同盟方案，美国同样给予英国以机会去推动与各国的初级会谈。③ 但是 4 月 5 日，英国《金融新闻》刊登了怀特计划全文，打乱了美国的计划。

二、其他联盟国家对战后金融方案的态度

在邀请美国代表团至伦敦商讨战后金融方案未果之后，1942 年 10 月底，英国改为先行召集自治领国家在伦敦开会，商讨战后经济与金融问题。

11 月 20 日，英国贸易部、外交部及其他相关政府部门与在伦

---

① Donald Moggridge, *The Collected Writings of John Maynard Keynes*, Vol. 25: 195-196.

② *FRUS*, 1943, Vol. I: 1056-1057.

③ *FRUS*, 1943, Vol. I: 1063.

敦的盟国政府代表讨论贸易政策和其他经济问题，以确定战后世界经济和贸易的总体格局。参加者主要为欧洲流亡国家的代表和美国、苏联、中国及诸自治领的观察员。①一如英美间的会谈，这次会谈是非承诺性质的，代表们的意见只代表个人，不代表其政府，谁也不知道他们的意见对英国人修改方案能起多大作用。会议最后没有形成决议，用英国贸易部官员对美国人说的话就是，"这实际上意味着他们都在等待你们和我们先行一步并形成方案"。这也得到了部分盟国代表的证实，一些小国代表更是感觉到他们的贸易政策在很大程度上是由大国尤其是英美两国决定的。

在会上，法兰西民族解放委员会经济事务处主任阿尔方德（Herve Alphand）向美国观察员透露，他相信战后初期法国将会保持严格的定量配给、价格控制和外汇控制以阻止恶性通货膨胀的发生，尽管如此，他相信该外汇控制不会作为双边贸易的工具。同时他还认为，对于优先获取对恢复生产力非常关键的原料来说，外汇控制和进口控制是必备的工具，但应该努力阻止进口控制发展成为歧视性行为。当重建完成时，进口控制、定量配给和价格控制将被废除，除了对资本流动的必要阻止，外汇控制也会被放弃。②这是戴高乐领导下的自由法国政府第一次在国际场合阐述法国的战后经济政策，由于此时法国本土尚处于德国占领之下，自由法国也没有得到美国的承认，其在盟国中的发言权大大降低。

由此可见，英国与盟国的会议只是在讨论而已，凯恩斯是否从中吸纳到了有益的意见不得而知，从档案中可以看到的是，这次会议后5天，英国将再次修订的计划送交美国。如前所述，美国人没有对其多加注意，而是集中精力修订美国版本的战后世界金融方案。

1943年2月1日，在怀特计划被送至英国之后，美国还打算邀请他们在不远的将来派专家到华盛顿参加会议，并提出初步建

---

① *FRUS*, 1942, Vol. I: 228-229.
② *FRUS*, 1942, Vol. I: 240-242.

议。① 只是因为英国的问题才予以推迟。3 月 4 日,它终于被作为"政府专家的意见"送到了包括澳大利亚、加拿大、巴西等在内的33 个其他联盟国家手中,4 月,又扩大到了埃及、利比里亚等 5 个国家。②

3 月 23 日,趁英国正在召集盟国财政部长开会讨论金融事务之际,美国将平准基金草案传递过去供他们做初步的研究,并表达了要他们派专家来华盛顿参加讨论的意愿。同时,怀特也申明不愿看到在华盛顿会谈之前就在伦敦讨论怀特计划草案。③ 正是在这种情况之下,4 月 5 日,怀特计划遭到报界泄露,迫使美国提前发布计划。美国遂正式向 37 国财长发出邀请,强调战时和战后的国际合作,请他们派技术专家参加华盛顿的会谈,建立国际金融机构,在战后应对可能出现的危机。有 28 国接受了邀请。④ 其中除了美洲国家与英联邦国家、部分欧洲国家以外,还有中国和苏联,名单中没有法国。华盛顿会谈的对象是怀特计划,没有安排对凯恩斯计划的讨论。在美国的计划中,专家技术会谈将为最后的正式协商找到共识基础,而在技术会谈之前,美国还与主要国家事先进行双边初级会谈,这是一种由点及面的推广美国意识的方法,在最大程度上能够确保美国的意志得到体现。

在伦敦的欧洲流亡政府倾向于支持凯恩斯计划而不是怀特方案,同时他们还想在华盛顿会谈之前先在伦敦讨论两国方案,荷兰政府中的拜延博士(Dr. Beyen)成为流亡政府中推动这一事情的总召集人,这正中英国下怀。5 月 7 日,拜延召集的会议开幕,参加者有比利时、捷克斯洛伐克、希腊、卢森堡、挪威、波兰和南斯拉夫等流亡政府,英美苏三国作为观察员列席。但是会谈议题宽

---

① *FRUS*, 1943, Vol. I: 1055.

② John Parke Young, "Developing Plans for an International Monetary Fund and a World Bank", *The Department of State Bulletin*, Vol. 23, No. 593, November 13, 1950: 781.

③ *FRUS*, 1943, Vol. I: 1063.

④ *Diaries of Henry Morgenthau, Jr.*, Volume 473, December 14-December 16, 1941: 28-29. *ARSTSF, for the Fiscal Year Ended June* 30, 1943: 116-117.

泛，并没有达成一致协议。而且，可能是两个计划用语专业晦涩的缘故，至少三个欧洲国家的代表对此云里雾里。①

6月中旬，最终有19国参加的华盛顿非正式会谈开幕。

在对怀特计划的支持上，中国的态度比较明朗。根据美国驻华使馆的资料，4月28日，即在怀特计划与凯恩斯计划公布3周以后，中国财政部长孔祥熙召开银行与金融专家特别会议讨论这两个计划。绝大多数与会者认为，哪怕是牺牲部分自主改变币值的主权，中国也要积极参与倡导国际货币合作的国际机制。会议关注的焦点是灵活的配额和转型期经济复兴与调整的需求问题。与会大部分成员认为英国的方案在某些方面更加灵活，但粮食部长徐堪则认为尽管中国成功废弃了不平等条约，但是中国不能够期望在今后的国际事务中主权不会受损，现实地讲，中国必须掂量所得与所失孰轻孰重。他强烈建议中国加入，以从货币稳定中获取利益，跟从美国将获益更多，英国而不是美国将是中国贸易发展过程中的竞争者。② 徐堪得到了孔祥熙的支持，孔祥熙认为中国必须参加国际合作，并且必须与美国保持密切合作。剩下的事情就是上报并得到蒋介石委员长的批准。

6月初，中国组成了参加华盛顿会谈的代表团，成员有郭秉文博士和宋子文等人，与此同时，中国关于国际货币合作的方案也形成了，要点如下：

第一，将转型期间恢复国内币值的稳定列入方案的正式部分。

第二，解冻中国所有被冻结的海外资产。

第三，在各国总的进出口值和战后收支平衡可能的发展——涉及战后价格水平、流通中的货币总量和银行信贷、黄金持有和外国资产——上决定各国配额，配额在转型期为预

① *FRUS*, 1943, Vol. I：1074-1075.

② *FRUS*, 1943, Vol. I：1073-1074. *FRUS*, 1943, *China*, Government Printing Office, 1957：850-851.

设，其后可以变更。

第四，成员国配额及借贷的数量限制将在救济和经济复兴以及中等或长期的资本投资的基础上决定。配额由黄金、货币和证券组成，其中，货币占 1/2，证券占 1/4。在黄金基础上发行新的国际货币，但该货币不能再用于兑换黄金，属于非清偿货币。各国货币汇率的更改只能通过新成立的国际组织，应尽快放弃汇率控制，并持续监控资本流动。

第五，预备委员会由来自美国、英国、俄国和中国的各一名代表，以及其他联合国家的三名代表组成。否决对重要事务的决定需要 2/3 的多数票。①

中国方案与凯恩斯计划和怀特计划都有共同之处，应该是在这两个计划基础之上参考中国国情修改而成。战后初期货币的稳定对中国的恢复至关重要，这鲜明地体现在了对转型期的强调上。中国所致力于要达到的目标是：第一，中国在转型期需要外部的援助，通过两个途径，外国对华信贷和外汇售卖。第二，中国希望建立固定汇率体系，但不在汇率问题上做出承诺，只能是在国内金融、经济稳定之后、时机成熟的时候移除汇兑限制。第三，中国认为重建在很大程度上要取决于救济和经济复兴的国际规划，而一个为经济重建与复兴提供资本的国际组织的安排将是极为重要的。从中可以看出，中国特别看重的是在英美关注点之外对中国特殊利益的维护。

中国的计划很好，但是在实际过程中却往往得不到执行，就是中国本身，也常常改变目的与原则。7 月初，美国申明要将以下四点作为华盛顿会谈的前提：

第一，国际基金非常重要，美国对基金的承诺不超过 20亿~30 亿美元；

第二，每个缔约国需要认缴基金配额；

---

① *FRUS*, 1943, Vol. I: 1078-1080.

第三，成员国初始汇率固定化；

第四，在很大程度上，投票权建立于配额基础之上。

这明显与中国的初衷不符，但是在 7 月 14 日的一次会议上，孔祥熙认为中国应该同意该四点，因为中国拒绝其中的第三点而导致会议延搁是非常不合适的。会议同时一致决定要求中国代表团提出，对那些全部或部分遭占领的国家，应该准许他们支付 30% 黄金额度的 2/3 而不是 3/4。蒋介石对战后初期的世界贸易收缩和外汇控制表现出了强烈的兴趣。① 总的来说，中国站到了美国一边。

苏联的态度没有这么明朗。事实上，苏联从很早就开始关注战后事务，1941 年年底，它已经开始研究欧洲国家战后国家体制安排问题，1942 年年初形成系统的预案，其中关于经济部分是这样决定的：

> 研究和整理：拟议中的个别国家或国家集团关于战后经济安排的设想，工农业原料产地的再分配计划，成立关税联盟、消灭关税壁垒、统一货币制度、建立货币集团的方案，以及关于拟订工业和农业生产的国际"计划"的设想和其他战后经济问题。②

会议成立了资料筹备委员会，外交人民委员莫洛托夫（V. M. Mdotov）任主席，体现了委员会的重要性。尽管如此，由于特殊的经济体制，苏联关注的重点仍然是欧洲尤其是东欧的政治安排问题。在其后一段时间里，它对英美正在进行的战后经济考虑显得有些被动，甚至到了 1943 年 9 月，李维诺夫的和约与战后委员

---

① *FRUS*，1943，Vol. I：1080-1081.

② No. 03198，联共（布）中央政治局《关于东欧、亚洲和世界其他地区国家战后国家体制安排方案委员会》的纪录（第 36 号）摘抄（1942 年 1 月 28 日），沈志华编：《苏联历史档案选编》16，社会科学文献出版社 2005 年版，第 669~670 页。

会里还没有一个财务或经济专家，而在该委员会所要研究与分析的全部 34 项问题清单中，财政经济问题（包括税率问题、贸易条约、国际结算调整以及国际汇率等子问题）排在了第 33 位，排在国际红十字会、国际卫生组织之后，仅在国际礼仪问题之前。① 总体上，这也凸显了苏联政府对战后经济事务的漠不关心。

1943 年 5 月 31 日，在收到美国怀特计划以后，苏联驻美大使馆参赞葛罗米柯（Andrei Gromyko）打电话给摩根索，传达了苏联对有关国际平准基金谈判的"强烈兴趣"。苏联明白美国财政部并不确切知道它对战后货币合作的期待，称苏联专家将"尽快在适当的时候"参加。他还补充说苏联政府认为应该还有一个更为详细的说明。② 苏联的答复鼓舞了美国。

苏联的行动也仅限于此了，他们缺乏实际行动。苏联大使馆的观察员们参加了 6 月中旬在财政部召开的为期 3 天的 19 国非正式会议，他们没有被授权参与谈判，只是传递信息给国内的外交、贸易和财政人民委员部。自始至终，苏联都没有派代表参加在华盛顿举行的技术会议，他们只是在听。怀特将苏联纳入国际货币会谈的努力遭遇了挫折，但摩根索并不死心，10 月 23 日，他致信驻苏大使哈里曼（William Averell Harriman）要求探听苏联口风。10 月底，哈里曼回话称苏联财政人民委员部即将派专家赶赴华盛顿参与会谈，③但这直到 1944 年 1 月初才得以部分实现。

英国方面，在会谈接近结束之时，7 月 24 日，怀特致信凯恩斯，提出了美国对成员国基金资格的最低要求：

第一，在基金采取行动之前，英国不能改变英镑汇率；
第二，基金必须建立在认缴份额而非过度透支原则之上；

---

① 原文中序号标识为 35 项，但实际上只有 34 项，No. 03200，李维诺夫就和约与战后安排委员会将要研究的问题致斯大林和莫洛托夫的信函（1943 年 9 月 9 日），沈志华编：《苏联历史档案选编》16，第 676、683 页。

② Peter J. Acsay, "Planning for Postwar Economic Cooperation, 1933-1946", *PHD Dissertation* of Saint Louis University, 2000: 257.

③ *FRUS*, 1943, Vol. I: 1098.

第三，美国的份额必须是有限的，比如 20 亿~30 亿美元；

第四，美国必须对任何改变美元黄金价值和拟议中的新货币单位黄金价值的行动拥有否决权。①

8 月 10 日，凯恩斯表示接受，但又声明了英国在外汇定价方面需要更大的自主权，并且需要削减黄金份额。

在英国的自治领中，加拿大曾对在加美会谈之前就在伦敦开会，以及英美会谈将其排除在外感到失望。1943 年 7 月 12 日，在修订后的怀特计划公布 2 天以后，他们拿出了自己的方案，名字定为"国际汇兑联盟"（International Exchange Union），这很像一份平准基金方案，但又吸纳了加拿大认为合理的、应该予以保持的清算同盟的部分内容，它的亮点之处在于：

第一，联盟总额 80 亿美元，除此之外，联盟有权要求成员国借予不超过其一半配额的资金；所有配额必须一次性付清，其中 15% 为黄金，剩下的为本国货币，不含有息证券。

第二，汇率。原始汇率需要征得成员国的同意，在合适的情况下，债务国可以不经过联盟的同意将货币最多贬值 5%；

第三，联盟内的资源可以用来"平衡经常账户下的逆差"而不受已经遭受逆差的本国货币的限制；一年内的提款权不超过配额的 50%，最多不超过 200%，但不允许成员国的货币储备超过其配额。超过上述限制的提款在经过理事会投票特别同意的情况下可以实施。为此，以及为改变配额而进行的投票中，债权国的投票权将得到加强，相应地，债务国则降低。②

这就既坚持了美国看重的债权国权力，又保留了英国需要的透

---

① "From H. D. White", 24 July 1943, Donald Moggridge, *The Collected Writings of John Maynard Keynes*, Vol. 25：336-337.

② J. Keith Horsefield, *The International Monetary Fund*, 1945-1965, Vol. I：*Chronicle*：38.

支原则，总的来说，加拿大的方案更倾向于清算同盟。

同样的，不满于英美对其大国地位的忽视，自由法国也形成了一套方案，在 1943 年春由伊斯泰尔（Andre Istel）和阿尔方德提出。5 月 9 日，这套方案公之于众，其中的突出之处是以"核心国家"方式来解决货币稳定问题，目的是回归不包含外贸控制和汇兑管制的多边国际贸易秩序。这部分也是从 1938 年三方协定基础上演变而来。法国方案有七条，其中前四点——包括汇率和在一定限制之下与其他国家间的货币兑换同三方协定中的规定非常类似，这里不过是将其由三个核心国家扩展向世界范围。另外三点则是：每个成员国都要预存规定的担保品，以其他国家持有本国货币数量的既定比例为准；通货膨胀之时，各国要停止外汇流动；以及建立某种形式的国际机构，最好是永久性机构，如"货币平准办公室"，或者类似纽约时报所用的"国际清算办公室"。这套规则必须在战争一结束或之前就付诸实施，必须同时应用于对外贸和汇兑进行控制或保持自由的国家，这构成通向更好国际经济关系体系的第一步。① 法国的计划在源头上同美国有共同之处，但是由于法国政治地位的下降，美国甚至没有邀请其参加在华盛顿的预备会谈（后来实际上参加了），它在国际金融秩序问题上的发言权大大降低，除此之外，法国欲重回国际金本位制的目的也使其不可能得到英美的欢迎。

各方的积极参与显示了世界经济秩序的重要性，实际上，任何不能得到美国支持的方案都只能是纸上计划。4 月 6 日，在怀特计划向新闻界公布之后，美国财政部长摩根索向参议院对外关系委员会、银行与货币委员会和战后经济政策计划特别委员会解释财政部的计划：各国货币没有竞争性的贬值，其价值由黄金固定，并且只

---

① B. H. Beckhart, "The Bretton Woods Proposal for an International Monetary Fund", *Political Science Quarterly*, Vol. 59, No. 4 (Dec., 1944): 491-492, J. Keith Horsefield, *The International Monetary Fund*, 1945-1965, Vol. III: *Documents*. 1969: 97-102.

有得到其他国家同意才能更改币值，投票权主要由对基金的贡献决定。① 这是对美国所钟情的世界金融秩序目的与基本原则的概括，也是对战前混乱的世界金融秩序的显著变革。

第三节 美国主导重构世界金融秩序

一、美国筹备布雷顿森林会议

1943 年 6—7 月，经过与约 30 个联合国家技术专家的双边和多边会谈，美国基本确定了在战后货币计划上的立场，7 月 10 日，怀特再次修改方案，国际平准基金更名为国际货币基金（International Monetary Fund），这其中的亮点是引入了"稀有货币"（Scarce Currency）条款。"稀有货币"意味着当债权国的收支余额达到某一限度的时候，基金宣布它们的货币为"稀有"，然后基金可以分配"稀有"通货，债务国援引贸易限制来抵制"稀有"货币国家的产品，从而缓解本国的债务压力。通过这个条款，债权国对收支不平衡的责任得到确认，一种"自动"机制用以纠正这种不平衡，这可以说是美国对债务国作出的重大让步。

对这份草案，凯恩斯认为"这其中有一些原则是在自私自利基础上为一个拥有无限黄金的国家的利益服务"，怀特则告诉菲利普斯，美国国会要求在 4 个方面得到满意的结果：（1）英镑、美元必须维持在 1 英镑兑 4 美元的水平；（2）美国的配额不能超过30 亿美元；（3）美国国会掌有美元金价控制权；（4）货币机构必须是基金而非银行。凯恩斯转而提出接受的 2 个条件：（1）成员国对其汇率有更多的控制权；（2）基金不是以多国货币而是以国际货币来交易，各国认购的黄金不超过其份额的 12.5%，以政府不流通的有价证券作补充。② 这显示两国在基金控制和自主权上仍

① *ARSTSF*, *for the Fiscal Year Ended June* 30, 1943：350.
② ［英］罗伯特·斯基德尔斯基著，相蓝欣，储英译：《凯恩斯传，1883—1946》，第 786 页。

143

然存在严重分歧。

8月5日，英国向美国提出要在9月15日前启动双边会谈，不仅讨论战后货币方案，同时还有汇率、互惠援助和《租借协定》第7款的实施问题。① 美国则开始准备战后国际投资和长期国际信贷的研究工作，以为即将到来的两国会谈作好准备。

英国代表团的指令来自于贸易大臣道尔顿，主要集中在五点：(1) 各国都有改变本国货币汇率的自由；(2) 各国配额中黄金认缴比例限制在12.5%以内；(3) 基金应避免在货币市场主动行动，不买卖货币；(4) 基金应有较大额资本，如100亿美元；(5) 任何货币体系都不能把英镑债务包括进去。② 第五条对英国尤其具有现实意义。凯恩斯被迫放弃清算同盟计划，以怀特的方案"国际货币基金"作为谈判的基础，接受了美国方案下建立配额和投票权的原则和向基金提供资金的机制。前后经过九次会议之后，10月11日，两国基本原则草案形成，双方在基金目的、配额组成和基金运行等方面达成了一致，两国都向对方作了让步，美国完善了"稀有货币"条款，③ 总额度也更加接近英国的标准，即联合国家范围内的额度为85亿美元，世界作为一个整体为100亿美元，成员国能够以书面通知的形式退出基金，除了改变成员国配额的问题，所有的决定需要多数票同意。④

在会谈中，英国争辩说怀特计划改变了金本位制，并且美元不应替代黄金。怀特和财政部以对每个国家配额评估和提存权来回应，并增加基金至100亿美元来回答那些质疑基金因规模太小而不能发挥作用的批评。两国还在一些关键条文上存有分歧，分布如下表3-3：

---

① *FRUS*，1943，Vol. I：1081-1082.

② Donald Moggridge，*The Collected Writings of John Maynard Keynes*，Vol. 25：338.

③ John M. Blum，*From the Morgenthau Diaries*，*Years of War*，1941-1945：243-244.

④ Armand V. Dormael，*Bretton Woods*，*Birth of a Monetary System*：107.

表 3-3　华盛顿会谈中美英两国在国际平准基金问题之分歧表①

项目	美国观点	英国观点
黄金认缴额度	成员国必要的黄金认缴额将与其黄金持有量和自由外汇相联系，在 25% 的配额或 10% 的黄金和自由外汇持有量之间，选取较小的一个	成员国必要的黄金认缴额不超过配额的 12.5%，并且要保持于基金之内以保障成员国在基金内的借贷
货币兑换	只要成员国货币被基金接受，则它有权去获取基金内的任何一种可用货币——只要这个国家官方黄金和自由外汇持有超过配额，以其黄金或自由外汇支付的半数为限	只要成员国货币被基金接受，则它有权去获取基金内的任何一种可用货币
汇率波动	与基金协商以后，成员国可以改变既定汇率，但包括基金成立以来的变动在内，不能超过原始汇率的 10%。对超出以上规定而又不超过 10% 的进一步变动，基金将在 2 天内给出决定	与基金协商以后，成员国可以改变既定汇率，但包括过去连续的 10 年内的变动在内，不能超过 10%。对超出以上规定而又不超过 10% 的进一步变动，基金将在 2 天内给出决定
对黄金和自由外汇增长的处理	在既定期限内，如成员国黄金和自由外汇出现增长，并且其持有是充分的，将要求增长的半数用于购买基金所持有的超出其配额的货币	在基金财政年底，如有成员国的黄金和可兑换黄金货币的增长，可能需要拿出增长的全部或部分来购买基金所持有的超出其配额的货币

　　美英两国的分歧主要是在基金与成员国权力大小方面，美国倾

---

① *FRUS*，1943，Vol. I：1085-1088.

向于强调基金和债权国的权力，而英国则希望成员国有更大的自主权，不愿过多涉及债权国的地位问题。

英美初级会谈亦讨论了联合国家复兴与开发银行的问题，与基金不同的是，银行主要是为战后的经济复兴提供资金支持，银行方案于当年 11 月 24 日由美国财政部向世界发布。由于美国主要关心国际平准基金，对银行没有做过多的讨论，而英国代表团在赴美途中研究了银行草案，并予以赞同。实际上，两国在银行问题上的讨论只用了一天的时间。

1944 年 1 月 3 日到 5 月 10 日，苏联代表团在华盛顿同美国进行了讨论。第一阶段到 3 月 14 日为止，主要讨论基金问题，其后为第二阶段，讨论银行问题。

对于基金问题，苏联提出了自己的疑问与看法，综合如下：

在成员国黄金预交份额上，苏联要求将其限制在配额的 15%以内，对被占领国（包括苏联在内）则削减至 7.5%，成员国无需以黄金支付其任何提款的 50%以上，在计算成员国的黄金储备时，不应统计新开采的黄金。卢布的汇价不应由基金控制，只有从苏联购货之时才能从基金中提取卢布。① 这些问题关系到了苏联的切身利益，说服苏联让步非常困难。怀特向苏联解释说基金"将使俄国在国际贸易的更高层次获利"，并且也会帮助维持苏联的出口价格水平，企图以此吸引苏联的参加。由于共和党全国代表大会将于 6 月 26 日召开，摩根索和怀特希望在此之前就国际货币会议问题达成协议，美国专家同意苏联取得至少 10%的配额以获取接近 10%的否定（投票）权。怀特还同意在声明中插入"当成员国需要改变经济组织时，基金将不提出意见"，以保证苏联不受基金在支付平衡方面的束缚。除此之外，怀特还同意支持苏联配额增长 1/3 以及对占领国黄金认缴额 25%的下降，但在弥补基金亏空方面，不支持减少新出产黄金的数量。对苏联代表团的让步为美国技

---

① J. Keith Horsefield, *The International Monetary Fund*, 1945-1965, Vol. I: *Chronicle*: 77-78.

术专家所同意。① 显然，美国的让步是基于政治层面的考虑。

在银行问题上，苏联同样提出反对意见。被占领国的黄金认缴应该予以削减，它们应该获得优先考虑和条件优惠的贷款。"国营垄断贸易国"在获取贷款方面应该免于提供信息和审计。因为资本认缴不能增加在银行内的贷款能力，他们期望减少份额，但仍然期望保持至少 10% 的投票权。怀特在银行讨论中表现出更多的坚定态度。银行认缴额不能减少，但可以保留数年宽限期，以全面执行配额。贷款信息是必要条件，不只是对银行管理层，也是为了保证银行能够通过发行证券从市场中扩大资本额。当然，只有合理的和必要的信息才会被要求提供。苏联对银行的黄金认缴数量很少，因此很难削减。不需要特别指出的是，苏联将在董事会中拥有一个席位。②

苏联的目的是在寻求最多信贷和对董事会发挥最大影响的情况下尽可能少地提供黄金和经济信息，以确保其相对于资本主义世界的独立性，而美国对苏联既有让步也有坚持，是在维持美国对基金的作用与获取苏联的支持方面寻求平衡的做法，两国在一系列问题上没有达成一致，需要更深入的探讨。

美国对战后经济事务的考虑主要集中在：（1）为国际会谈创建某种形式的联合国家机制，以商讨国际经济关系；（2）创建协调行动的联合国家常设机构，这些机构分布于各个领域，如食品、农业和货币关系等，最好在数月内召开联合国家会议，建立此类常设机构；（3）对类似联合委员会一类的战时机制作可能的利用，

---

① "Memorandum of a Conversation on the International Stabilization Fund", January 5, 1944, "Meeting in Mr. White's Office", March 13, 14, 1944, quoted from Peter J. Acsay, "Planning for Postwar Economic Cooperation, 1933-1946", *PHD Dissertation* of Saint Louis University, 2000: 266, 270-271.

② "Meeting in Mr. White's Office", March 28, 30, April 26, 1944, quoted from Peter J. Acsay, "Planning for Postwar Economic Cooperation, 1933-1946", *PHD Dissertation* of Saint Louis University, 2000: 279-280.

制定合理的政策。①由于莫斯科会议提出小型委员会的设想，美国提出七国委员会的主张，除四大国以外，加上加拿大、荷兰和巴西。

1944 年 2 月 23 日，罗斯福发出呼吁，要求尽快考虑启动"联合国家正式货币会议"，以"完成德黑兰会议和莫斯科外长会议精神，在促进联合国家战后经济合作方面更进一步"。② 3 月 10 日，斯大林的回复给予了肯定的答复，称"在此时建立联合国家组织以考虑战后经济合作事务是非常方便而又实际的"。③ 4 月初，美国将召开联合国家货币会议的工作提上日程，认为在 5 月召开会议讨论国际货币基金和复兴银行是合适的。④ 摩根索还想早日发表美英两国基本原则联合声明，这样一是为在联合国家货币会议召开之前让英国政府与议会有足够时间沟通，二是方便他在参众两院相关委员会前作证时与国会沟通。为了使英国同意在 4 月中旬发表联合声明，摩根索称英国的拖延已经置美国于尴尬的境地，加大了推行共同事业的难度。⑤

英国的态度较为犹豫，财政大臣安德森（Sir John Anderson）和凯恩斯都支持发表共同声明，凯恩斯甚至认为，对基金内构建多边汇兑体系，"没有哪个国家比我们（英国）从中得到的更多"，⑥但是英格兰银行的董事们和他们在战时内阁的发言人掌玺大臣比弗布鲁克勋爵表示反对，他们害怕美国的计划将使伦敦丧失对国际金融的控制权，美元将代替英镑的地位。在现在看来，这种反对既无力量也不现实，但在当时，似乎丘吉尔也难以作出决定。⑦

---

① *FRUS*，1944，Vol. II，Washington：Government Printing Office，1967：17.

② *FRUS*，1944，Vol. II：14-15.

③ *FRUS*，1944，Vol. II：22-23.

④ *FRUS*，1944，Vol. II：107.

⑤ *FRUS*，1944，Vol. II：108-109.

⑥ Donald Moggridge，*The Collected Writings of John Maynard Keynes*，Vol. 26，London：Macmillan Press，1980：8.

⑦ *FRUS*，1944，Vol. II：110-111.

考虑到摩根索 4 月 20 日到国会作证，因而必须最迟于 4 月 17 日得到英国的同意，如果不能，则在当年召开国际货币会议的希望都要泡汤，摩根索绝不愿再拖延下去。他警告英国，在美国眼中，英国没有任何理由推迟共同声明的发表。①

在这种情况下，英国于 4 月 16 日回复接受美国在其认为合适的时候对外发表共同声明，但它强调英国政府对共同声明没有义务，英国的观点具体如下：

> 关于国际货币基金原则的声明是英美两国专家在数月内集中研究的成果，对相关国家政府不具有强制力。作为国际合作总体方案的一部分，它的目的是为了促进和维持国际贸易、保持充分就业、使价格合理稳定和汇率做到有序调整。②

英国的同意为美国发表联合声明扫除了最大障碍。4 月 17 日，摩根索同时向驻中国和苏联大使发去电报，提出要在四大国和其他联合国家首都同时发表联合声明。20 日，英国又一次表示同意美国尽快召开货币会议的建议，对此前美国所递交的银行初级方案，英国在支持银行目的的同时，对其是否具有现实可行性表示了怀疑，并建议在货币会议召开之时一并讨论银行方案。③

4 月 20 日，美国得到苏联的反馈消息。尽管苏联声称其专家并没有就所有问题达成一致意见，大部分专家反对其中一些要点，但苏联还是愿意配合摩根索来支持他的国际货币基金计划。苏联亦同意在莫斯科发表共同声明。④ 这得到了摩根索的积极评价。由于此前中国已经表示同意，因而，四大国在共同声明问题上最终达成一致。同日，摩根索确定货币会议日期将定在 5 月的最后一个星期开始，会议的主要议程是讨论国际货币基金和国际复兴与开发银

① *FRUS*, 1944, Vol. II：111-112.
② *FRUS*, 1944, Vol. II：112.
③ *FRUS*, 1944, Vol. II：125-126.
④ *FRUS*, 1944, Vol. II：126.

行。这得到了罗斯福的支持，摩根索将作为美国代表团团长出席，以此暗示各国应以其主要财政官员为代表团领导。摩根索之所以强调要在 5 月召开，仍有政治上的考虑。赶在 6 月份的两党全国代表大会之前进行，① 为罗斯福再次获得民主党的总统提名摇旗呐喊。

摩根索在国会的作证推迟了一天，共同声明的发表相应晚了一天。1944 年 4 月 21 日，华盛顿、伦敦、重庆和莫斯科等联合国家的首都同时发表声明，宣布将成立国际货币基金。共同声明为战后金融合作和国际金融机构的建立打下共识基础，这对于世界经济秩序的变革来说具有重要意义。摩根索随后确定了召开金融与货币会议的计划，即（1）8~10 国专家组成的起草委员会于 5 月 10 日在华盛顿集结，以准备日程和供大会审议的草案；（2）相关的正式邀请于 5 月 1 日发出；（3）大会第一次全体会议于 5 月 28 日举行。摩根索特别表明了对苏联的重视，不仅告知详细的计划，还着重邀请苏联财政人民委员率团与会。② 这得到了苏联善意的回应，苏联答应派团于 5 月底赶赴华盛顿参加会议，③ 苏联的积极响应是对摩根索的巨大支持。

在苏联确定参会之后，英国却出现了新的情况，它的态度将直接决定会议能否顺利召开。本来英国议会经过讨论已经认为，基本原则联合声明为增进战后经济合作的进一步协商提供了合适的基础，大多数议员也认可共同声明，④ 但财政大臣安德森表示不能亲自与会，英国将在安全形势许可的情况下派专家赴华盛顿，并安排某些欧洲国家代表一同前往。同时他又认为在实际的大会召开之前，还有许多工作要做。⑤ 这实际上是给英国其后的决定留下后路。5 月中旬，凯恩斯也表示，由于第二战场开辟在即，英国不可能派出内阁大臣级人物出访美国，并且，在技术会谈和政治会谈达

---

① *FRUS*，1944，Vol. II：127.

② *FRUS*，1944，Vol. II：129.

③ *FRUS*，1944，Vol. II：130.

④ Donald Moggridge, *The Collected Writings of John Maynard Keynes*, Vol. 26：1.

⑤ *FRUS*，1944，Vol. II：131-132.

成最后协议之间应有一段间歇期。在这段时间内，凯恩斯表示他愿意到美国参加有关复兴与开发银行的会谈。①

经过协商，5 月 25 日，罗斯福亲自向包括中、英、苏和自由法国在内的 42 个联合国家及联系国家发出邀请，会议的日期被推迟到 7 月 1 日。② 这个日期此后没有更改，6 月 3 日，会议地点选为美国新英格兰地区的避暑胜地布雷顿森林（Bretton Woods, NH）。

二、美国主导确立世界金融秩序

6 月 10 日，在与英国、苏联和中国协商之后，美国邀请澳大利亚、加拿大、荷兰、自由法国等 12 国专家在美国大西洋城召开预备会议，以确定布雷顿森林会议的主要议程，并就普遍问题先行探讨。6 月 24 日会议开幕时，包括美国代表在内，已有 16 国的代表参加。此时各国所面临的分歧主要有：

第一，配额与投票权。美国要求配额总和不超过 85 亿美元，美国的配额在 25 亿~27.5 亿美元，英国及其殖民地不超过 13 亿美元，英帝国作为一个整体必须少于美国配额。澳大利亚、比利时和墨西哥认为任何国家的总投票权都应限制在 20% 以内，苏联欲提高其配额至 10%，同时减少其认缴额。英国想到了在执委会中的办法，即美国拥有总投票权的 25%，英国 20%，苏联 15%，中国和法国各为 10%，在剩余国家中再遴选四国，各为 5%。

第二，黄金认缴额。苏联和其他一些国家期待减少被占领国的黄金认缴额，英国也期望减少其在冲抵负债中的黄金义务，美国则提醒黄金认缴的减少将同时降低其在基金内的提款权。

第三，汇率。数个国家，尤其是被占领国，寻求增加在汇率控制方面更大的灵活性，并特别要求原始汇率应是暂时性

---

① *FRUS*, 1944, Vol. II: 42-43.

② "United Nations Monetary and Financial Conference", May 26, *The Department of State Bulletin*, Vol. 10, No. 257, May 27, 1944: 498-499.

的。苏联的观点则是，鉴于卢布汇率没有任何国际意义，其汇率波动无需经过基金同意。

第四，债权国压力。以澳大利亚为代表的数国寻求在基金内给债权国以压力，就像债务国要承担的那样。简而言之，就是债权国与债务国都要承担一定的义务，这与清算同盟的精神不谋而合。

第五，白银。白银大国墨西哥，在玻利维亚的支持下，期望将白银也像黄金一样作为基金通货的基础。①

在银行问题上，大西洋城会议解决的是，银行的功能将定位于担保者而不是借贷者的角色，在向银行缴纳的本国货币中，80%不需要支付，除非该国违反了银行规定履行的责任与义务。在美英之间主要的分歧是：

第一，基金成员资格与银行成员资格挂钩问题；

第二，银行是为一般重建项目提供贷款还是限定其功能于特别或长期项目；

第三，英国钟情于收支平衡贷款，美国则倾向于限制它的使用。②

各国都有特殊国情，有为本国谋取最大利益的私心。经过激烈讨论与争辩，最终他们在大西洋城所提出的修正意见有 70 项之多，而这些要等到布雷顿森林会议解决。美国通过会议摸清了各国关注的重点，找到了为美国政策辩护的方式，为布雷顿森林会议的召开做足了准备。

7 月 1 日，联合国家货币与金融会议（即布雷顿森林会议）如

---

① J. Keith Horsefield, *The International Monetary Fund*, 1945-1965, Vol. I: *Chronicle*: 81-82.

② Raymond F. Mikesell, "The Bretton Woods Debates: a Memoir", *Essays in International Finance* (Department of Economics, Princeton University), No. 192, March, 1994: 33.

期在布雷顿森林开幕，加上 6 月底邀请的玻利维亚，一共有 44 国参加。美国总统罗斯福没有与会，但他表达了热切的期望，并着重指出，商业是自由社会的血液，"必须保证主动脉的畅通，而不能像过去那样通过经济复仇再次铸造人为的障碍"，各国经济相互依赖，只有健全的世界经济秩序才能实现各种希望，① 表达了美国要变革世界经济秩序的意愿和决心。布雷顿森林会议所要解决的，正是维持世界贸易秩序运行的基础，即确定各国货币币值，实现稳定的货币兑换。

会议的工作被分成 3 个部分。第一项，由怀特负责提出《国际货币基金协定》草案；第二项，由凯恩斯负责提出国际复兴与开发银行草案；第三项，由墨西哥财政部长苏亚雷斯（Eduardo Suarez）负责，考虑其他国际货币事务，尤其是白银地位和国际清算银行问题。美国代表团以备忘的形式很好地完成了会谈的准备工作。

从与会国家的历次讨论来看，美国主要在这几个问题上实现了目的：

首先是基金配额上的最多数。国际货币基金是会议最主要的议题，由怀特亲自负责。由于配额关系到成员国的权利与义务，尤其是在调整国际收支平衡上的重大作用，各国全都积极参与，因此是会议面临的最为艰难的任务，遂交由专门的配额委员会处理。美国代表团副团长、后来的财政部长文森（Fred M. Vinson）任委员会主席。最初，配额的构成非常复杂。早在 1943 年，美国确定一国的配额需要考虑该国的黄金和自由外汇的持有、国际收支平衡的大小及波动、国民收入等。此外，还需要在总配额中拿出 10% 用于特殊需要。如一旦某国的配额不合理，可从备用配额中予以调整。② 后来确定的配额大小是通过以下五种因素计算：

---

① "The United Nations Monetary and Financial Conference, Statement by the President", June 29, *The Department of State Bulletin*, Vol. 11, No. 262, July 2, 1944: 13.

② Oscar L. Altman, "Quotas in the International Monetary Fund", *Staff Papers-International Monetary Fund*, Vol. 5, No. 2（Aug., 1956）: 137.

第一，1940 年国民收入的 2%；

第二，1943 年 7 月 1 日为止所持有黄金及美元价值的 5%；

第三，1934—1938 年均进口值的 10%；

第四，1934—1938 年度出口波动最大值的 10%；

通过以下因素增加总值：

第五，1934—1938 年年均出口值相对于国民收入的比率。①

怀特认为，根据表 3-4 制定出来的配额仍需根据实际情况予以调整，对于本就低估的中苏，可以增加配额，对于绝大部分国家增加配额的要求，则不必理会。此举自然是满足政治上的需要，苏联对于赢得战争必不可少，而打赢日本就必须争得中国的支持。当然，英帝国所有成员的配额之和不能超过美国，② 从而保证美国对基金的主导权。

表 3-4　　　　　　　　　**各国配额变迁表③**　　　（单位：百万美元）

成员国	美国计划 1943. 6	美国提议 1944. 1	英国提议 1944. 3	美国计划 1944. 7	最终通过 1944. 7
澳大利亚	149	150	300	149	200
比利时	—	235	300	250	225

① Oscar L. Altman, "Quotas in the International Monetary Fund", *Staff Papers-International Monetary Fund*, Vol. 5, No. 2 (Aug., 1956): 138-139.

② "Instruction of American Delegates-Quotas of the Fund", July 3, 1944: 2, 5-6, Box8, RG56 Bretton Woods. National Archives II, College Park, MD, US. 以下引用如仅标注 RG56 或 RG59, 皆藏于此处。

③ J. Keith Horsefield, *The International Monetary Fund*, 1945-1965, Vol. I: *Chronicle*: 96, "Revision of Quotas suggested as a basis for further discussion", CAB 66/48: 236.

续表

成员国	美国计划 1943.6	美国提议 1944.1	英国提议 1944.3	美国计划 1944.7	最终通过 1944.7
玻利维亚	—	9	20	9	10
巴西	107	100	200	107	150
加拿大	278	300	300	278	300
智利	—	36	70	37	50
中国	350	600	500	350	550
哥伦比亚	—	30	60	30	50
哥斯达黎加	—	4	10	3	5
古巴	—	37	75	37	50
捷克斯洛伐克	—	116	230	117	125
丹麦	—	—	—	—	...
多米尼加	—	—	—	—	5
厄瓜多尔	—	5	10	5	5
埃及	—	59	120	59	45
萨尔瓦多	—	5	10	5	2.5
埃塞俄比亚	—	—	—	—	6
法国	—	500	500	620	450
希腊	—	41	80	41	40
危地马拉	—	7	15	7	5
海地	—	5	10	5	5
洪都拉斯	—	3	5	3	2.5
冰岛	—	—	—	4	1
印度和缅甸	367	300	400	367	400
伊朗	—	—	—	—	25
伊拉克	—	—	—	—	8
利比里亚	—	—	—	—	0.5
卢森堡	—	7	15	7	10

续表

成员国	美国计划 1943.6	美国提议 1944.1	英国提议 1944.3	美国计划 1944.7	最终通过 1944.7
墨西哥	63	80	150	63	90
荷兰	—	250	300	325	275
新西兰	54	54	110	54	50
尼加拉瓜	—	2	5	—	2
挪威	—	65	130	66	50
巴拿马	—	…	…	—	0.5
巴拉圭	—	3	5	2	2
秘鲁	—	21	40	21	25
菲律宾	—	—	—	—	15
波兰	—	113	225	114	125
南非联邦	175	150	300	175	100
苏联	763	900	900	763	1200
英国及殖民地	1275	1300	1300	1275	1300
美国	2929	2900	2900	2929	2750
乌拉圭	—	23	45	22	15
委内瑞拉	—	25	50	25	15
南斯拉夫	—	55	110	85	60
联合及联系 国家之外	3554	—	—	—	—
总计	10064	8490	9800	8409	8800

注：① "—" 意指列表中没有该国，"…" 意指该国在列表中，但没有分配配额。

②丹麦一栏中 "…" 意指稍后决定。

首先是总额的确定，一直以来，以英国为代表的债务国希望总额足够大，并给中小国家以更高的配额，以方便借贷推动战后重建工作，但美国则从其债权国地位出发，极力主张较小的总额，并且适时搬出国会来为自己辩护。起初美国确定基金总额应不高于 80 亿~83 亿美元，公开的提法是 80 亿美元，留下 3 亿美元作为机动额以应对各国要求。

其次，确定各国配额的大小。配额大小有三个重要指标：它决定着各国从基金中的借贷额度，每个国家的发言（否决）权重，以及它面临着总额的限制。从表 3-4 中可以看到，中小国家的变动不大，美英苏中四大国配额变化则意味深长。如果单单是从对外贸易额来考虑，则英国能拥有同美国不相上下的额度，事实上，这正是清算同盟中的计划，而如果从黄金持有和国民收入来看，则美国的配额就要大许多。

由于怀特始终认为，只要照顾好大国的配额利益即可，美国的基本立场有四，且需坚持到底：基金总资本不超过 83 亿美元；美国配额不多于 27.5 亿美元；英帝国整体应比美国稍少，绝对不能超过美国配额；中国应给予第四多的配额。①

苏联不是资本主义国家，但美国重视苏联在政治上的意义，不只是基金需要苏联，战后国际合作同样离不开苏联的支持。②苏联对其第三的位置没有异议，但是不满意实际缴纳额度，不仅提出要增加配额到 12 亿美元，还坚持所有遭受战争破坏的国家只需认缴 50%~75%，部分受破坏严重者如苏联和希腊应折半缴纳，以便于此类国家应对战后重建问题。③

美国代表团在布雷顿森林会议第一天就对此做了讨论，芝加哥第一国民银行的布朗（Edmund O. Brown）认为会议的成功将昭显美苏英三国的合作，但他也看到"俄国人并不需要基金，他们有完整的国营贸易体系。卢布值 5 分还是 5 美元对他们来说没有任何区别"，他们唯一感兴趣的只是为新出产的黄金寻找市场。怀特回

---

① "Instruction of American Delegates-Fund", July 1, 1944: 2-4, Box8, RG56 Bretton Woods.

② "Instruction of American Delegates-Fund", July 1, 1944: 11, Box8, RG56 Bretton Woods.

③ "Instruction of American Delegates-Fund", July 1, 1944: 5-7, Box8, RG56 Bretton Woods.

应说，"基金需要俄国"，新罕布什尔州的代表托比（Tobey）也说"世界合作肯定需要俄国"，并且国会同意苏联的参与。美国代表团最后从政治上的考虑出发，给苏联代表斯捷潘诺夫（Stepanov）两项选择：美国将支持其 12 亿美元配额，但前提是克里姆林宫撤销其他要求，包括此前已被同意的要求；或者苏联自由提出其他要求，美国限定其配额为 10 亿美元（后降为 9 亿美元①）。② 苏联同样将之视为政治问题，斯捷潘诺夫争辩说这不只是经济问题，苏联并不视基金为其经济重建或发展的唯一动力来源，"我们只是简单地想配得上我们的地位"，配额需略少于英国。③ 最终，为"阻止会议崩溃，以战后合作和集体安全来防止另一场世界大战"，摩根索和美国代表团认为有必要做某种形式的妥协，接受了苏联大部分的要求。无论托比还是纽约州参议员瓦格纳（Robert Wagner）都认为，为了几亿美元而丧失实质性的战后合作和可能的永久和平的机会都是不值得的。苏联最后获得了 12 亿美元配额，"卢布例外"，允许"国营贸易"下的货币单方面贬值，以及减少原始黄金认缴额等权利。莫斯科应该存放部分黄金的要求也被接受了。④ 可以认为，这是美国为了争取苏联的支持与合作而牺牲了一部分自己的配额（如表 3-4 所示），如果考虑到苏联实行的是计划经济体制，美国的这种举动就完全是"对苏联政治和潜在经济实力重要性的承认"。

大国政治地位影响了经济格局。美国的配额最终相当于英国的 2 倍。但在英国的极力争取下，澳大利亚和印度的配额得到大幅增加。最初的计划是苏联应该获得总额 10% 的配额，中国被赋予第四的位置。这个顺序没有发生变化，但苏联、中国的配额在数字上

---

① "Memorandum to Mr. Stepanov", July 7, 1944：2, Box9, RG56 Bretton Woods.

② "Fund-Russian Quota", July 6, 1944：8-9, Box8, RG56 Bretton Woods.

③ "Discussion with Russian Delegation on Quota Agreement", July 11, 1944：9, 11, Box9, RG56 Bretton Woods.

④ Peter J. Acsay, "Planning for Postwar Economic Cooperation, 1933-1946", *PHD Dissertation* of Saint Louis University, 2000：301, 304, 306-307.

有了大幅增加。四大国在经济领域的主导作用得以体现，这也表明美国对世界经济秩序的构建离不开各国尤其是大国的支持与配合。在某种程度上，中国第四的位置也是在政治上得到承认的结果，这个位置曾遭到法国的质疑和反对，尽管法国拥有超过中国的贸易量，① 但考虑到它们在战后世界的影响力，法国没有得到美国的支持。

从表3-4中可以看到，包括英国、印度及各自治领在内的英国份额只有23.50亿美元，少于美国一国的份额。相对来说，在相当多议题上，美国能够获得拉美国家的票数，但英国就未必能获得欧洲国家相应的支持，美国的国家实力得到了体现。

配额是投票权的基础，对投票权的设计将最终决定美国是否拥有对基金的主导权。从表3-4中可以看到的是，美国的配额占到了基金初始总额的31.25%，从发展的角度看，如果基金最终扩展到100亿美元，那么美国仍然占据了27.5%。美国的配额虽然稳居基金各国之首，但为了取得对基金的主导权，美国代表团提出投票权应与配额一致，怀特特别规定基金决议都要80%以上多数同意才能通过，这样就给了美国对基金所有决议的否决权。中小国家对此极为不满，他们提出每个国家的初始投票权应为100票，但为怀特所否决。② 美国依靠强大的经济实力在投票问题上如愿以偿。

再次，黄金与货币的关系同样重要。同凯恩斯刻意淡化黄金的作用不同，怀特强调黄金的作用。起初，他设计了国际货币尤尼塔斯，认为这样做的好处有：第一，保有稳定含金量的国际货币有广泛的可接受性，有利于国际贸易的进行；第二，阻止单方或竞争性的货币贬值；第三，尤尼塔斯的价值不会受到黄金工业技术进步或

---

① Raymond F. Mikesell, "The Bretton Woods Debates: a Memoir", *Essays in International Finance* (Department of Economics, Princeton University), No. 192, March, 1994: 23.

② Armand V. Dormael, *Bretton Woods, Birth of a Monetary System*: 170.

某一国黄金储备变化的影响,并且可以应对通货膨胀或紧缩。① 有鉴于此,在 1943 年 9 月以前,尤尼塔斯都是怀特计划的标配,但在当年美英会谈达成的协议中,却一致同意不再使用尤尼塔斯,改以各国货币直接以黄金或美元标价。② 此后,美国意图利用巨大的黄金存储优势,来保证自己的利益。有数字显示,到 1942 年 1 月为止,美国财政部已经持有超过 220 亿美元的黄金,略低于世界黄金储备的 80%,基金方案必须要考虑将黄金作为最终仲裁者和支付手段,以保证美国的地位。③ 从另一方面来说,美国的领导因为巨额黄金的存在而加强了。

在布雷顿森林会议上,来自美联储的艾克尔斯(Marriner S. Eccles)认为,如今世界上的黄金几乎都在美国,很可能会出现黄金跌价的情况,因而让其他国家拥有更多的黄金对美国是有益的。在这个认知的基础上,黄金只有在国际贸易或外汇交易中才能体现出价值,因此需要建立黄金与美元之间的关系,以此取代过去黄金与英镑的联系。其他国家接受黄金的同时,便接受了 35 美元兑换 1 盎司黄金的做法。这样,美元代替黄金在国际上流通,将使美国能保有足够的黄金储备。在他看来,美元与黄金挂钩将减缓黄金流出美国,从而获得国会和公众对布雷顿森林协定的支持。④ 通过每盎司黄金 35 美元的设计,美元实际上同黄金平起平坐,获得了超出一般货币的地位。这体现了美国实力的同时,也为以后布雷顿森林体系出现问题埋下了种子。

最后,如何处理与英国的关系亦非常重要。英国比苏联难以应对的是,其昔日全球经济霸主的经历让它熟谙经济事务,更知道自

① Department of State, *Proceedings and Documents of the United Nations Monetary & Financial Conference*, Vol. II, Government Printing Office, 1948: 1550-1551.

② *FRUS*, 1943, Vol. I: 1090-1092.

③ Peter J. Acsay, "Planning for Postwar Economic Cooperation, 1933-1946", *PHD Dissertation* of Saint Louis University, 2000: 183.

④ "Russian Provisions, Interest Rate, Location", July 7, 1944: 18, Box8, RG56 Bretton Woods.

己的需要和所要实现的目标及应该使用的手段。从战后自身经济困难和重建角度出发，英国欲利用基金来满足它战后初期对外汇尤其是美元外汇的需求，坚持认为他们使用基金资源是一种权利。但美国坚持认为如何使用基金资源是基金董事会的权利，成员国是否能够使用基金的资源将由他们做出决定。① 而由于美国实际控制了基金，则就相当于是美国控制了使用基金资源的权利。

从战后困难出发，英国强调债权国在纠正收支不平衡上的义务，并要求汇率上的自由浮动，这是清算同盟当初设计的主要目的。如果说苏联对美国提出的一系列要求只是代表了它自己的想法而不具有普遍性，那么英国则完全不同，英国所提出的每一个要求都有一定的普遍性基础，它得到了相当一部分中小国家，尤其是那些在战后同英国一样面临经济困难国家的响应。这对美国造成了巨大的政治压力。在英国力争之下，美国做出妥协，供会议讨论的文本草案更改为：

> 当基金被要求纠正某成员国的根本性失衡时，它将同意该国提议的政策改变。但是如果基金看到提议并不能纠正该种失衡且不具合理性时，它有权拒绝该国提议。又如果有成员国在基金反对的情况下擅自改变货币价格，基金将宣布该国失去使用基金资源的权利，基金在一段间隔期之后，可经讨论要求该国退出基金。②

凯恩斯认为取得了比较好的结果，这算是英国的一个成功。

除了基金外，银行也是战后国际金融机制的一项重要内容，它与国际投资密切相关。早在 1942 年，国务院就成立了新的部门经济研究司，由斯坦鲍尔（Leroy D. Stinebower）负责。除研究货币事务外，这个新部门还研究国际投资机构方案以便利贷款发放和资

---

① Armand V. Dormael, *Bretton Woods*, *Birth of a Monetary System*：171.

② "To Lord Catto", 4 July, 1944, Donald Moggridge, *The Collected Writings of John Maynard Keynes*, Vol. 26：79.

本流通，1943 年，助理国务卿伯尔将之提交美国技术委员会。经济研究司还考虑到了活跃私人投资的方式，以及成立可能的国际组织以完善外国政府平等待遇原则和投资行为标准等问题。①

1944 年 5 月底，美国对外经济政策执行委员会通过了战后金融重建建议稿，赫尔随之提交罗斯福审议。这份建议稿内容如下：

> 第一，美国政府的政策是利用外国投资支持被战争破坏地区的重建工作，方法包括加强美国的资本输出，促进欠发达地区的经济发展与工业化。
>
> 第二，该政策包含废除那些限制外国私人资本流动的不必要的障碍，以及规范资本流动使之不至于过多地危害到国际关系。
>
> 第三，在下一年或联合国家复兴与开发银行建立之前还没有足够的措施来资助重建与发展项目，而且，仍然存在联合国家银行不适于资助而美国政府参加的单边或双边安排适于资助的项目。
>
> 第四，重建所需的资金应采取需全部偿还的贷款形式。

为此就要：

> 第一，进出口银行立即向国会申请扩大权限：增加贷款额度 10 亿美元，废除《约翰逊法》。
>
> 第二，允许私人参加对特定欧洲国家的贷款。②

这基本上是要打开美国对私人投资的限制。从某种意义上说，这也是世界银行所要解决的问题。世界银行不仅向成员国提供贷

---

① John Parke Young, "Developing Plans for an International Monetary Fund and a World Bank", *The Department of State Bulletin*, Vol. 23, No. 593, November 13, 1950: 780.

② *FRUS*, 1944, Vol. II: 45-46.

款，它还为私人信贷提供担保，拓宽私人投资渠道，且不与私人竞争。它的功能还包括规避信贷中的特定风险，增加各国的经济活力。① 1944 年年初，凯恩斯私下认为美国财政部的联合国家复兴与开发银行方案志在"健康"的国际投资。②

这正是英国之所想。毫无疑问，英国将在转型期间面临经济困难，资金是解决战后困难最主要也是最迫切的问题，鉴于银行的主要功能是向成员国提供借贷，这也是凯恩斯在后期为什么将注意力集中于此的原因。

布雷顿森林会议上，银行方案由凯恩斯负责。这是怀特的策略，出发点倒不是为英国的财政困难考虑，主要是为避开凯恩斯对基金方案讨论的干扰。艾奇逊任美国在该分委员会的组长。就银行最为重要的借贷功能，凯恩斯建议银行总资本为 100 亿美元，成员国需立即缴付 10%，在需要时再交 10%，20 亿美元资本足够银行开展借贷活动，得到英国和荷兰的支持。它们提出各国认缴资本的 20% 用于银行的借贷行动，余下的 80% 用于满足基金意外产生的义务（如担保私人借贷等），③ 得到美国的赞同。在单个国家借贷规模上，有些发展中国家和遭受战争严重破坏的国家希望可以达到认缴额的 200%，谨慎的国家如荷兰则提出 75%。以为战后美国资本寻找出路计，同时将战后银行借贷模式推向多边模式，怀特建议借贷规模应该达到 400%～500%。④

就配额来讲，银行配额的权利与基金有所不同。在银行里，成员国的投票权虽然依赖于其配额大小，但是借贷机会却是视需要而定。在总的银行资本上，会议所定总目标是 88 亿美元，美国的认

① "Post-war International Economic Problems", *The Department of State Bulletin*, Vol. 11, No. 284, December 3, 1944: 658.

② *FRUS*, 1944, Vol. II: 3-4.

③ Raymond F. Mikesell, "The Bretton Woods Debates: a Memoir", *Essays in International Finance* (Department of Economics, Princeton University), No. 192, March, 1994: 40.

④ John M. Blum, *From the Morgenthau Diaries*, *Years of War*, 1941-1945: 271-272.

缴额度为 27.5 亿美元。① 苏联又出了问题，同基金一样，它在银行份额认缴问题上也是一波三折。斯捷潘诺夫认为，这是苏联首次参加此类国际组织，苏联人的到来并不是看工作如何完成，而是参加会议并给予帮助，因而拒绝提高它的银行份额至 9 亿美元以上，坚持与 12 亿美元基金配额分开看待。② 美国代表团内文森主张对苏强硬，③ 摩根索在同斯捷潘诺夫的一次会面中说，既然他同意提高苏联在基金中的配额是承认它在世界上的声望和重要性，那么在银行认缴中同样应该如此。美国经过了漫长的等待，一直到布雷顿森林会议闭幕当天，7 月 22 日晚 7 时，斯捷潘诺夫才通知摩根索，莫洛托夫授权 12 亿美元的银行认缴额，这让摩根索简直不敢相信，他对斯捷潘诺夫说，"我已经明白了，但你能不能再说一遍？"莫洛托夫以"这是摩根索让苏联这么做的"为由同意授权，表达了对美国的信任，而这无疑加强了摩根索对苏联的好感。④ 这一"爆炸性"信息引发了广泛的庆祝活动，离开布雷顿森林的代表们自信他们完成了一项极为艰难的工作。报纸以"成功"和"对未来集体安全、和平和繁荣的国际合作的良好预示"来报道这次会议。

　　苏联代表团几乎获得了自华盛顿会谈以来的每一项妥协：增加的基金配额，卢布"自愿退出"条款，降低的银行认缴额和拉长的支付时间表，贷款申请上的特惠待遇，"国营贸易合法性的承认"。尽管如此，它没有能够将它的联合黄金认缴额减到 3 亿美元以下，或者是免除向基金或银行提供最低限度的财政金融信息。美国坚持住了一定的底线。对摩根索来说，整个会议，尤其是苏联参加战后货币体系本身就是一个巨大的胜利。他写信给罗斯福说，莫洛托夫在最后一刻的电报显示出克里姆林宫"渴望与美国保持全

---

①　John M. Blum, *From the Morgenthau Diaries*, *Years of War*, 1941-1945：275.

②　"Bank：Russian Position", July 19, 1944：3-4, Box10, RG56 Bretton Woods.

③　"Bank：Russian Quota-BIS", July 20, 1944：2, Box10, RG56 Bretton Woods.

④　13-A, July 22, 1944：1-2, Box53, RG56 Bretton Woods.

面合作。迪安·艾奇逊将之视为一场巨大的外交胜利……以及巨大政治意义的事情"①。这也得到了一向支持同苏联合作的罗斯福的支持。基本上，各国对银行的关注要比基金为少，美国的方案得到了采纳。

最后一个问题是两大机构办公地点问题，这也成为争论的焦点，英国坚持应该有一个总部放在欧洲。美国则认为纽约已经成为世界金融中心，这应当得到合适的承认，它坚持基金与银行总部都要留在美国国内。② 美国代表团中的国会议员表示国会将坚持把这两个总部保持于美国。③ 看似是经济地位之争，实际是政治问题，总部所在地将在很大程度上决定基金或银行受谁的影响更大。最终，这两个机构总部不仅留在了美国，而且都定在了美国首都华盛顿，凸显了美国的巨大政治影响，这种政治上的影响并将持续下去。

摩根索在布雷顿森林会议闭幕讲话中说，各国代表聚在一起"设计一种机制，使人们能够在公平和稳定的基础上自由交换"，"国际货币基金与世界银行是持久和平与安全的两大基石"。④ 他可能言过其实了。美国设计布雷顿森林机构，首先是为了美国的利益。作为世界上最发达的工业经济体，美国敏感于世界金融与贸易中出现的每一个变化，它的繁荣依赖于世界经济的稳定，⑤ 这是固定汇率制度得以建立的重要原因。

---

① Peter J. Acsay, "Planning for Postwar Economic Cooperation, 1933-1946", *PHD Dissertation* of Saint Louis University, 2000: 307-311.

② 布雷顿森林会议期间，美国总统、国务卿和财政部长就已经达成共识，即出资基金份额最大的国家有权决定总部所在地，并且不容他国质疑。"Hull to Ambassador in London", 15 July, 1944, Box 2, United Nations Monetary & Financial Conference, Bretton Woods, NH, July, 1944, RG59.

③ John M. Blum, *From the Morgenthau Diaries*, *Years of War*, 1941-1945: 268-269.

④ *ARSTSF*, *for the Fiscal Year Ended June* 30, 1945, Government Printing Office, 1945: 340-341.

⑤ "The Bretton Woods Agreement and American Foreign Trade", August 25, 1944: 4, Box46, RG56 Bretton Woods.

从整个过程来看，美国主导了世界金融秩序的变革，其他国家如英国虽然也发挥了重要的作用，但远远谈不上是"共同领导了这次变革"①。尽管英国仍有巨大的号召力，尽管凯恩斯是比怀特更为知名的经济学家，但美国自始至终回避了对凯恩斯计划的讨论，做出的让步相当有限。从与各国的双边谈判到布雷顿森林会议，美国实现了几乎所有的目标，借国际合作之名巧妙攫取了国际金融秩序领导权。稳定的金融秩序是美国正在筹划的国际贸易秩序的基础，《布雷顿森林协定》第7条，即各缔约国应尽可能快地就减少国际贸易壁垒、增进双边互惠贸易关系达成一致，② 成为人们规范国际贸易秩序的指导，亦是美国变革世界贸易秩序的主要精神指导。

---

① Robert L. Hetzel, *The Monetary Policy of the Federal Reserve: A History*, Cambridge University Press, 2008: 100.

② "Committee: II. Statement by George F. Luthringer observer for International Monetary Fund", November 7, 1946, E/PC/T/C. II/43: 1, GATT Documents on the fourth floor of WTO Library (Centre William Rappard, Geneva, Switzerland)。按：该档案现已数字化，可在网上查阅，网址为 http://www.wto.org/gatt_ docs, 2011 年 5—6 月访问。以下无标明出处者皆同。J. Keith Horsefield, *The International Monetary Fund*, 1945-1965, Vol. I: *Chronicle*: 171.

第四章　美国变革世界贸易秩序的准备

相对于金融问题，贸易问题更为复杂和重要。它不仅牵涉到一系列对国民经济利益攸关的政策的制定，更涉及国家经济主权的部分让渡，是美国变革世界经济秩序的关键部分，它的结果将直接关系到世界经济秩序的成败。因而美国对此极为谨慎，美国国务院做了大量的前期准备工作，它首先针对《租借协定》第7款的内容同盟国交换意见并谋求取得一致。

第一节　美国与联合国家有关《租借协定》第7款的初步谈判

一、美国与联合国家有关《租借协定》第7款的初步谈判

在1943年金融会谈于怀特和凯恩斯之间进行之时，贸易谈判也在霍金斯和英国贸易部的利欣（Percivale Liesching）之间展开。英国的目的是：（1）促使美国减税；（2）允许实施进口控制；（3）使贸易谈判服务于英国的战后货币计划即清算同盟方案。①

1943年7月初，美国驻英使馆探听到了英国的贸易同盟计划，认为该计划意在限制关税，内容包括某种形式的关税既定削减、在紧急情况下对进口数量限制条款的使用、对国营贸易体系（如苏联）规则的研究等。除此之外，他们还注意到：（1）英国在表达

---

① Susan Howson and Donald Moggridge, *The Wartime Diaries of Lionel Robbins and James Meade*, *1943-1945*. Macmillan, 1990: 93-111.

对《互惠贸易协定》的欢迎时，不意味着要全面承担与《租借协定》第 7 款有关的义务。① 为避免国际收支的严重失衡，英国保留在战后紧急年代中管制进口的权利。① 8 月底，就拟议中的《租借协定》第 7 款谈判，英国曾建议美英两国与苏联和中国保持联系，随时通报谈判进展。美国则走得更远，由于它与苏联、中国都签订了与英国有相同第 7 款的租借协定，美国更乐于将会谈扩至四国范围。②

9 月 8 日，英国确定理查德·劳率领英国代表团参加贸易会谈，讨论的贸易议题有：第一，贸易政策；第二，国际商业安排；第三，卡特尔问题；第四，促进就业的协调措施。③然而，10 月 18日会谈结束之时，美国也没有形成立场。美国也许是不愿意提前公开立场，两国就广泛的议题讨论，意在摸清对方的底牌。

苏联方面，9 月 3 日，国务卿赫尔向苏联发出会谈邀请，没有收到反馈。10 月下旬，赫尔赴莫斯科参加三国外长会议时再次敦促莫洛托夫，这才知道，苏联认为《租借协定》第 7 款下的谈判内容涵盖广泛，要求美国对之分类并细化，明确会谈的性质。④中国方面，11 月中旬，中国要求美国提供两个文件，即《援助其他国家的联合行动》和《国际经济合作方案的基础》，这是美英会谈的成果，前者涉及形成国际领导机构的可能性，赫尔于 11 月 27 日将之交给中国驻美大使馆。⑤尽管如此，苏联与中国对之不像英国那样热心，直到当年年底，两国仍没有回复美国发起的双边会谈邀请。

在与英国会谈之后，美国形成了一个供正式讨论的提纲，其中包括了两大部分。第一部分是贸易政策，共分 7 条：

---

① *FRUS*, 1943, Vol. I：1103.
② *FRUS*, 1943, Vol. I：1110.
③ *FRUS*, 1943, Vol. I：1113.
④ *FRUS*, 1943, Vol. I：1116-1117.
⑤ *FRUS*, 1943, Vol. I：1118.

第一，关税。(1) 多边减税与双边减税在总体上的比较；(2) 减税二者择一。多边模式与双边模式。

第二，特惠。(1) 直接废除特惠——与减税相联系；(2) 平等贸易条款之外可能的例外（如边境贸易、现有的关税同盟或走向关税同盟的特惠体系）；(3) 对未来关税同盟下的国际贸易政策组织的分析；(4) 影响未来关税同盟可接受性的政治考量。

第三，进口禁止和数量限制。(1) 对废止进口禁止和数量限制的期望；(2) 被允许的进口数量限制亦需遵循不歧视的规则。

第四，出口税与限制。(1) 对废止出口禁止和数量限制的期望；(2) 废止出口税和其他导致国外售价高于国内价格的政府行为；(3) 对被允许的出口税和数量限制实施非歧视政策。

第五，补贴。(1) 国内补贴；(2) 出口补贴。

第六，国营贸易。(1) 性质与目标；(2) 自由市场经济国家贸易组织的建立；(3) 国营贸易国家和自由市场国家之间贸易安排的类型；(4) 国营贸易条款的临时紧急例外。

第七，国际贸易政策组织。(1) 功能：包括未来的贸易同盟、被允许的数量控制的实施与解释、调查与发现真相、调整组织内的分歧、决定会员资格等；(2) 管理。理事会与小型的事务委员会等。①

从一开始，美国就对苏联经济体制作了考虑，这是以前所没有的，赫尔意在世界范围内建立新型经济秩序。但是英国的情况则是另一番景象：(1) 英国代表团返回伦敦后不得不用 6 个星期的时间处理余下的工作；(2) 丘吉尔的长期缺席阻碍了内阁层面对贸易事务的处理；(3) 同诸自治领协商速度变慢，这使得美英两国

---

① *FRUS*, 1943, Vol. I: 1119-1125.

在1944年3月前重开谈判都变得不可能。[1]事实上，2月中旬，丘吉尔就下令暂时停止了同美国的贸易谈判，转而要求财政大臣安德森牵头成立专门委员会，系统研究美国方案并提出英国的应对措施。

1944年1月3日到7日于华盛顿，以及2月12到13日在纽约，美国与加拿大展开贸易会谈，加拿大主动提出削减特惠，打开了谈判的大门。为了达到同时削减特惠与关税的目的，加拿大提出任何多边模式下的减税都应只适用于非特惠税率，理论上讲，这将通过减少非特惠税率至特惠水平的方式来废除特惠体系。[2] 虽然这还是会留下大量的低税或无税特惠的存在，但是实际上这已经是最有利于英帝国特惠体系的解决方法。澳大利亚也表达了同样的谈判期望，得到了美国的肯定答复。但这些会谈如同前面美英非正式会谈一样，只是在讨论及提出初步的设想，并没有形成正式的文件。

二、美国与战争后期英国经济困难的初步解决

英国暂停谈判不是没有理由的。1944年，英国开始了对战争结束后本国经济重建与发展的考虑。英国战后财政困难体现在两个方面：首先，处理战争期间积累的债务，改善战后初期的国际收支平衡问题；其次是振兴对外贸易。英国计划用1~2年的时间将军工产业转向和平生产，重建出口贸易。[3] 在这段时间里，它需要食品和原材料，完全离不开美元外汇的支持。

1939年战争爆发之初，英国有黄金和美元储备合计6.2亿英镑，在随后的18个月里，战争耗尽了包括黄金、美元储备和可兑换美元的海外资产在内的8.5亿英镑资金。在此之后，英国一直依

---

① *FRUS*，1944，Vol. II：1.

② A. S. D.（44）16，"Article VII Discussions with Representatives of the Dominions and India"，21st March，1944，CAB 66/48：227.

③ B. H. Beckhart，"The Bretton Woods Proposal for an International Monetary Fund"，*Political Science Quarterly*，Vol. 59，No. 4（Dec.，1944）：495.

靠租借保持运转。到 1944 年，大部分应归功于美军在英镑区的活动，英国积累起一笔美元外汇，在当年年底达到 4 亿英镑。但是这相对于英国所负的债务来说微不足道。到 1944 年中，英国已累计卖掉海外资产达 10 亿英镑，海外债务 10 亿英镑，且每年递增 6 亿英镑以上。[①] 这就表明，英国自身无力解决债务问题，来自美国的资金将非常必要。

1945 年英国的处境非常困难，即便赢得战争，也不能立刻改变它基本上已经变成瓦砾这一事实，它的经济状况已经是历史上最糟的情况。在 1944 年，英国大约有 4800 万人口，而在诺曼底登陆前后，英国所动员起来服务于战争的人数达 1026.1 万人，这相对于 1943 年中期的 1031.4 万人虽然有所减少，但这是在 16~65 岁的男子，18~50 岁的女子都已被应征入伍的情况下出现的减少，如果再想到这个数字已经超过了英国所有就业人口的 65%，就不难看出，英国的人力资源动员已经达到极限;[②] 在统计了海外资产和对外贸易之后，英国认为到 1945 年年底，它的海外负债不会少于 40 亿英镑。而假设租借和加拿大的互惠援助得以继续，乐观的估计是在租借第二阶段第一年英国的贸易逆差将达到 6.5 亿~25 亿美元，贸易的好转只能寄希望于第二年出口的好转。但是在对外出口上，即便不算美国的租借援助和加拿大的互惠援助，英国在 1944 年的有形商品出也不足以支付它海外需求的 1/7，出口额只约相当于 1938 年的 30%。在这种情况下，当时比较乐观的估计仅仅是

① W. P. （44) 360. "Our Overseas Resources and Liabilities", 1st July, 1944, CAB 66/52：116.

② Mark Harrison, *The Economics of World War II*. Cambridge University Press, 1998：3：Table 1.1：46, Table 2.2, W. K. Hancock & M. M. Gowing, *British War Economy*, London, 1949：515, *FRUS*, *The Conference at Quebec*, 1944, Government Printing Office,1972：254, W. P. （44) 419, "British Requirements after the Close of the European War", 31st July, 1944, CAB 66/53：77.

1945 年的出口量接近 2 倍于 1944 年，达到 5 亿英镑。① 想到当时整个英国仅能抽调 2% 的人口从事对外贸易，该目标的实现也只能取决于丘吉尔能否从军工产业释放足够的人力资源到民用经济中去。

这种情况与盟军所取得的节节胜利并不相称，英国普通民众的感觉更是如此。一旦德国投降，他们将不能再忍受灯火管制的夜晚和节衣缩食的生活。他们需要更好的食物、衣服和房子，结束 5 年来的艰难生活。此时他们的生活物资是由全英 33% 的人口勉强提供，如果要使 1944 年的消费水平由战前的 50% 提高到 75%，就需要增加 100 万人到民用工业中去。② 对英国来讲，除了减少战争开支、增加出口、说服美国和加拿大继续提供租借和互惠援助，没有办法实现这样的目标。

美国方面又是另一种情况。在战争中，英国有 27% 的物资来自美国，③ 但是对英国至关重要的租借援助何时结束，英国人心里没有底。还在 1944 年 4 月，美国副国务卿斯退汀纽斯（Edward R. Stettinius）表示，租借将结束于停战之时，8 月初，斯退汀纽斯又在新闻发布会上表示，根据《租借法案》转移物资的权力将于 1945 年 6 月 30 日终止，如果国会两院有意还可能提前结束。④ 如果这样的话，英国不仅要为战争继续保持全面动员，重建外贸也无从谈起。因此，对它来讲，要想在战后获得和平与发展，需要立即解决的即是美国如何实施租借第二阶段计划。7 月底，英财政大臣

---

① Donald Moggridge, *The Collected Writings of John Maynard Keynes*, Vol. 24, Macmillan Press, 1979：115-116. W. P.（44）419, "British Requirements after the Close of the European War", 31st July, 1944, CAB 66／53：78, W. K. Hancock & M. M. Gowing, *British War Economy*：521, Richard Clarke, *Anglo-American Economic Collaboration in War and Peace*, 1942-1949, Clarendon Press, 1982：40.

② W. K. Hancock & M. M. Gowing, *British War Economy*：520.

③ *FRUS*, *The Conference at Quebec*, 1944：170.

④ *The Department of State Bulletin*, Vol. 11, No. 268, August 13, 1944：159.

和生产大臣联合向内阁提交的备忘录指出，当今英国只有黄金和美元储备约 4 亿英镑，在经济持续恶化的形势下，从加拿大和美国获取租借和互惠援助是必要的。在欧战结束以前，初步估算的额度约为每年 22.5 亿英镑，[1] 具体来源如表 4-1：

表 4-1　　　　　　　**欧战结束以前英国经济需求**

（单位：百万英镑/年）

	从美国	从加拿大
军火	1 000	300
非军火	750	200

8 月中旬，又确定从德国投降到战争全面结束的需求是（见表 4-2）：

表 4-2　　　　　　**从德国投降到战争结束英国经济需求**[2]

（单位：百万英镑/年）

	从美国	从加拿大
军火	4 000	1 200
非军火	3 000	1 000

并称即便如此，英国所面临的赤字问题还是非常严重。

英国财政部在 9 月 4 日制定了它在租借第二阶段的需求，认为在战略计划得以完成之前，英国对军火的需求很难以精确数字表示。其预计在第一年将会用到超过当前规模 60% 的军火，在年底

---

①　W. P. (44) 419, "Supplies from North America in Stage II, Memorandum by the Chancellor of the Exchequer and the Minister of Production", 31st July, 1944, CAB 66/53：75(1-2).

②　W. P. (44) 448, "British Requirements after the Close of the European War", 17th August, 1944. CAB 66/53：226.

降到 50%；在非军火项目——包括食品、航运、油料和原材料等援助物资上，英国在第二阶段第一年的需要将由当前年份的 39 亿美元降到 30 亿美元。① 丘吉尔正是带着这个计划来到魁北克与罗斯福会面。为了达到目的，英国战时内阁甚至还确定了一条自上而下宣传并说服美国的方式，即先从美国政府开始，通过它向美国民众搞宣传活动，尽力说服他们认识到这也符合美国的利益，最后再通过民众来影响国会，同时认为最有可能进行广播宣传的人是罗斯福。② 丘吉尔自信可以说服罗斯福。

罗斯福显然同情英国的处境，不仅在于英国是抗击德国法西斯的重要力量，更在于战后欧洲的和平需要相对强大的英国，在欧洲大陆老牌大国德法没落的时候，英国的作用就显得尤为重要。9 月 14 日下午，罗斯福与丘吉尔正式就第二阶段租借计划会谈。丘吉尔希望在和日本作战期间，英国能照例获得食品和货运等以满足需要。他还希望罗斯福能同意，假如英国削减 3/5 的军火产量，以空出劳动力去从事重建和出口工作，来自美国的军火租借也能成比例地填补该 3/5。摩根索则认为最好提出具体的数字，这得到了罗斯福的支持。丘吉尔强调对英援助供应都应放在租借名义之下，指出一旦英国（经济）难以维持，就需要恢复此前已经削减到非常小份额的对外贸易。他还补充说，"自然地，任何从租借下获取的哪怕物资都不会被出口，但实际上，美国也不会在其对英租借上附加任何条件，因为它们可能会损害英国对外贸易的复兴"，罗斯福也认为是合适的。③

丘吉尔提出在租借上不附加任何条件是有理由的，比如同样是反抗法西斯的盟国，美国对苏联的租借援助就没附加条件。尽管如此，罗斯福此举意味着颠覆了美国对英经济政策，中断了国务院长久以来的努力，即在满足英国对租借需求的同时，迫使其放弃帝国特惠制，拆除贸易壁垒，实现美国梦寐以求的自由贸易。如果罗

① *FRUS*, *The Conference at Quebec*, 1944：169-170.
② *FRUS*, *The Conference at Quebec*, 1944：159.
③ *FRUS*, *The Conference at Quebec*, 1944：345-346.

斯福的允诺得到执行，则是解决了英国的大问题，而美国国务院将再一次无功而返。

第二天中午，罗斯福再次审议第二阶段租借计划，提出了修改意见，即在"自然地，任何从租借下获取的哪怕类似的物资都不会被出口"一句后添加了"或出售"几个字。丘吉尔的顾问彻韦尔勋爵（Lord Cherwell）补充说他们一直在出售剩余的租借物资，于是罗斯福又加了几个字"为了营利"，协定终于签订，英国将获得 35 亿美元的军火援助和 30 亿美元的其他援助。① 丘吉尔达到了目的，尽管英国不知道他们是否会被告知租借物资在账上价格几何，但他们决定遵从罗斯福所添加的这一限制。这些细节无损于协定，相对于此前英国同美国交涉过程中签订的经济协定和受到的限制，这是一个好处颇多的方案。不仅如此，在对德分区占领问题上，罗斯福还在会议上放弃了他一直坚持的由美国占领德国西北部的要求，将之交给英国占领，而他讨厌的与法国接壤的德国西南部改由美国军队占领。打动罗斯福做出决定的一个理由是德国西北部集中了鲁尔和萨尔等核心工业区，它们有利于英国的复兴，这个安排得到了李海的热切支持。

罗斯福并没有向英国提及在他行前，阁员和幕僚们反复提醒他要注意的问题。9 月 8 日，国务卿赫尔特地向罗斯福提交备忘录，指出美国可以扩大给英国信贷，甚至可以考虑更多有助于英国恢复的财政措施，因为复兴后的英国将是美国商品的巨大市场，但同时他又指出，美国不能盲目地给英国以援助却不考虑它将要实行的商业政策和贸易行为，② 赫尔特别担心英国在得到了复兴的必要保证以后会避开自由贸易体系，将美国商品关于门外，从而与美国的初衷相背离。而霍普金斯（Harry L. Hopkins）也在同一天向罗斯福提到，在魁北克会议上向丘吉尔强调在世界贸易中降低贸易壁垒十分重要。但罗斯福在 9 月 9 日对国务院和财政部等负责人的回信中

---

① *FRUS*, *The Conference at Quebec*, 1944：361. Cordell Hull, *The Memoirs of Cordell Hull*, Vol. 2：1614.

② *FRUS*, *The Conference at Quebec*, 1944：173.

称，不愿任何一个部门单独研究租借计划，更不愿看到一旦德国崩溃就停止或取消租借援助的做法，① 置重要阁员与幕僚意见于不顾，显示了罗斯福内心自有他的考虑。

在魁北克会议上，经济问题只是罗斯福实现政治目标的手段，罗斯福与摩根索并不在乎给英国多少租借援助。按照之前——8月23日，罗斯福第16次就租借事务致国会的信中透露的想法，在德日无条件投降以前，美国应该继续对联合国家在打击敌人的过程中给予必要的援助，而不管这种援助规模到底有多大。② 魁北克会议上罗斯福的做法显然是这种思想走向实践的结果。在战后的欧洲，美国需要一个国家来维持秩序，并抵制潜在的苏联对西欧的不利影响，显然，除了英国以外没有别的国家能担此任。摩根索也认为，未来世界的和平首先系于"经济上强大和繁荣的英国"。③ 为了该政治目的的实现，在英国经济面临极度困难的情况下，罗斯福宁要不附加条件的租借。会后他告诉一个顾问，他相信"保持一个大英帝国的强大是必要的"，并"大谈特谈"他对战后合作所抱的希望。④ 9月29日，在致对外贸易管理局的信中，他又做了类似的指示："租借应为战争的最有效进行提供必要规模的援助，在打败德国以后，援助应与太平洋战争、重建项目和工业向民用转换的战略计划紧密相连，这需要建立在我们与盟国的相互理解之上，对外贸易管理局应在最大程度上执行此项援助政策"，⑤ 罗斯福所设想的

---

① *FRUS*, *The Conference at Quebec*, 1944: 180-181.

② *The Department of State Bulletin*, Vol. 11, No. 270, August 27, 1944: 205.

③ John M. Blum, *From the Morgenthau Diaries*, *Years of War*, 1941-1945: 324.

④ ［美］罗伯特·达莱克著，陈启迪等译：《罗斯福与美国对外政策，1932—1945》下，商务印书馆1984年版，第668页。

⑤ John T. Woolley and Gerhard Peters, *The American Presidency Project* ［online］, http：//www.presidency.ucsb.edu/ws/? pid = 16565. 2009年12月21日访问。

这种转变显然是从一个更广泛的层面来考虑美国的需要。① 而保持英国强大的意愿，也并不仅仅是一时的头脑发热，甚至是英国本身也看到了罗斯福的这种期望。1945 年 12 月，凯恩斯在上院作证时说，"美国在意的是我们的恢复，它需要和期盼一个强大的英国"②。事实上，英国也认为美国在第二阶段租借计划上的表态要比他们预想的好很多，③英国的战后困难的解决似乎一片光明。但是如此一来，最初设计用来赢得战争胜利，以及被国务院寄予厚望实现自由贸易的租借，此时将被用于盟国的战后复兴，租借的性质发生改变，迅速在美国国内引起了争论。

三、美国在第 7 款问题上所面临的主要挑战

美国在第 7 款上的主要挑战来自于英帝国。因为涉及帝国特惠制问题，英帝国诸自治领与印度一直非常关心英美《租借协定》的谈判与实施，如果要保证其利益不受损失，同英国展开对话就非常必要。1944 年 2 月 23 日，在《租借协定》签订 2 周年之际，英国同诸自治领和印度开始就第 7 款展开讨论，同时审议此前的美英华盛顿会谈，讨论冠上了非正式和不承诺的标签，议题分歧如下：

第一，国际商品问题。特殊商品协定应该在一般商品委员会（General Commodity Council）认可的原则之下，由各国政府直接谈判。协定草案在实施以前应提交一般商品委员会征求意见。加拿大则强调战后立即将商品协定付诸实施的重要性。

第二，关税与贸易政策。相对于英国，加拿大倾向于做出更大份额的关税削减。英国反对对补贴做正式限制，加拿大则认为把钱花在纳税人身上将是限制补贴的积极措施。

第三，全面就业。在国内全面就业与国际金融贸易和商业措施

---

① 关于罗斯福的对战后欧洲安排的考虑，详见拙文：《八边形会议期间罗斯福对战后欧洲事务的规划》，《历史教学》2012 年第 5 期。

② Orin Kirshner ed. , *The Bretton Woods-GATT System*：78.

③ W. M. （44）123rd Conclusions Minute 7, "The Quebec Conference", 18th September, 1944, CAB 65/47：65.

的关系方面存在争论。澳大利亚尤其强调这一点。各国承认，假定国际机制能够让人满意地运行，但因为国内政治的原因，国际组织或会议的决定可能对国内经济的影响有限，那么在国内保持高度的活力是极为必要的。①

3月24日，会谈结束。就各项政策而言，各自治领意见如下：

关税。基本上有三种可供选择的减税方式，即（1）设定最高关税值（如25%），在这之下适量减税（如在它们战前水平上削减25%），但减至某一数额如10%则停止，这是美英会谈模式；（2）所有关税都以一定的比例（如它们战前水平的25%）统一削减，这是美加会谈模式；（3）南非提出第三种方式，即对所有关税循序削减，可以先从50%削减到30%，再由30%到20%，然后到15%，最低值为10%。

第一种方式得到英国、南非和加拿大部分代表的认可。由于英国将战后出口机会更多地放到美国之外，它的态度尤为坚定。澳大利亚及新西兰、南非则分别钟情于第二、三种方式。但代表们认为无论采取何种方式，都存在一定的技术困难，召开一次多边贸易政策大会将是一个好的办法。加拿大尤其赞同，并且得到美国官员的认同。澳大利亚和新西兰亦认为两国的特殊情况使之在美国贸易法案构架之下能够获得特殊的利益，因而也不反对双边方式。印度本来因为没有多少"保护性"关税，因而认可第一种方式。

最终帝国成员们在关税问题上达成一致的是：

第一，减税要着眼于保持充分就业和贸易活力；

第二，上述第三种方式首阶段减税额的确定要依据英国、诸自治领和印度的利益仔细考量，澳大利亚乐于接受相当广泛的减税范围但通常都有例外条款；

第三，强调了对新兴产业或婴儿产业的保护力度，保留各国对之补贴的权利。只有加拿大反对10%的下限，认为这相当于是对当前不足10%税率商品的增税行为；

①　*FRUS*, 1944, Vol. II: 19-21.

第四，由于澳大利亚的坚持，一致同意开始以削减实际性关税为主，以美国和其他高关税国家为代表的债权国将有义务立即调整经济，同时，为关税削减设定最高与最低值，低于最低值以下的关税可保持不变。

特惠。英国提出研究把所有特惠削减一半的后果，此举将外加一限制性条款即所有特惠保持不低于 5%，以及美国等高关税国家减税至 25% 的上限。所有的帝国成员同意削减特惠必须与减税联系起来，而这正是第 7 款中国家间"互利经济关系"的体现。值得注意的是，尽管离减税和废除歧视性待遇的最终目标还很远，诸自治领加拿大、南非、新西兰和印度代表还是声称做好了实质性削减特惠的准备，而这也就意味着他们要承担一些严重的损失。澳大利亚虽然也认为特惠的削减不可避免，但在确认能增加其出口贸易之前，不准备承担削减特惠的义务。英国也认为保持 5% 的特惠是可取的。此时的问题是所有代表都意识到美国可能不会同意 5% 最低特惠的保持。

进口的数量限制和补贴。除了某些情况，如执行国际商品协定或扭转国际收支失衡的需要，一般不允许对进口施加限制。新西兰表达了保留意见，认为适当的限制对其来说是必要的，如果不可行，它将转而考虑国营贸易。澳大利亚、南非和印度也认为在某些情况下，相对于别的贸易保护举措，进口数量限制是可取的。在补贴上，各国都认可禁止出口补贴，但同意对生产进行补贴。英国提出要研究禁止出口补贴的可行性，南非认为最好是逐步废除，印度则否认保护性关税不如生产补贴可取的说法。

国际商品政策。英国特别强调这只是在国际组织调控管理下的一套国际商品间的规则与制度，得到了一致同意。对国际商品组织的评判中，以澳大利亚为首的部分代表认为其权力过大，损害了个人和政府对商品的控制。代表们还对该组织的常设机关组成与职能做了讨论，如加拿大对处理贸易政策和商品协定的国际组织形式有如下观点：应该是贸易政策组织，处理包括商业协定和卡特尔在内的问题。该组织下设商品协定部门，确立商品协定原则，评判政府间拟议协定，它将评估协定草案并提出建议，但是无权否定。如果它给出了不利或相反的意见，任何涉及其中的政府都可以向贸易政策组织提出上诉。如果某国政府不接受贸易政策组织的决定，则它们将被排除于特定有利的贸易政策协定之外。① 总体来看，代表们分歧不大。

虽然是非正式会谈，但却对在日后多边贸易政策大会中可能出现的各种问题做了讨论。在这个过程当中，英国摸清了各自治领的想法。为应对美国坚持以多边解决战后贸易问题奠定了基础，在相当大程度上对美国构建战后贸易秩序造成挑战。

第二节　美国自由贸易原则的拟定

一、美国对自由贸易的最初构想

在陆续与盟国签订《租借协定》以后，赫尔又任命了8人小组来确立美国的长期和平目标，小组由赫尔的特别助理帕斯沃尔斯基担任组长。帕斯沃尔斯基使这个小组与其他战后设计委员会不同的是，他发展出了新的方式，通过民间基金会资助而不是政府拨款的形式来支持他们的工作，这样就避开了使用政府资金所面临的种种限制。资助主要来自洛克菲勒基金会（Rockefeller Foundation）。虽然如此，一如国务院在之前所组织的委员会，在战争进行之时并没有在政策制定上取得大的进展，国务院对战后贸易秩序的规划与实施在战争末期方才取得实质性进展。

1944年春，美国对贸易秩序系统化的理论表述终于出台。比德维尔（Percy W. Bidwell）是耶鲁大学经济学家，美国对外关系委员会成员，受命研究经济与贸易政策，美国对战后贸易政策的最初设想就是发轫于他。

---

① *FRUS*, 1944, Vol. II: 25-28. A. S. D.（44）16, "Article VII Discussions with Representatives of the Dominions and India", 21st March, 1944, CAB 66/48: 224-232.

　　美国制定战后贸易政策的基本出发点是美国的长远利益。在比德维尔看来，美国的长远利益并不会因为战争而有所改变，维持和平和扩大国际贸易是重要内容。减税或废除其他贸易壁垒并不是唯一方式，美国需要通过大规模的资本投资提升落后国家的购买力，同时需要汇率稳定的多边协议。赫尔的互惠贸易体系刺激了出口的增长，但对进口的作用却很小，因而该体系在促进世界贸易发展方面还远远不够，美国需要创造更为有效的方式来实现既定目标，这就是多边贸易。

　　比德维尔认为，美国的持续出超严重威胁到战后年代的货币稳定、各国对自由贸易政策的采纳和国际贸易的增长。尽管在实践中，与重要贸易国的双边谈判非常成功，但是，从重建被战火毁坏的世界经济秩序的紧迫需求来看，这种耗时的方式并不可取。双边方式不适合战后世界发展的需要。战时诸大国的出现使得战后的汇率稳定、落后地区的工业化、主要商品价格的稳定都不能通过双边谈判的方式有效进行。美国的贸易政策应把国际贸易发展到真正建立于多边基础之上。

　　比德维尔坚持多边方式的另一个原因是，在战后初期的转型期内，从应对通货膨胀的需要出发，美国对进出口的许多限制将会继续保留，而另外一些国家，如英国，通货膨胀的压力会使它持续限制进口和鼓励出口。没有国家想要实施限制政策，但也没有哪个国家敢于单方面落实自由贸易，这迫使人们只能通过多边协定来发展世界贸易。

　　对英国的收支失衡，比德维尔认为与其说是战争的结果，倒不如归结于1931—1932年英国对自由贸易的放弃，正是这种政策导致了渥太华协定及其与阿根廷和其他国家的双边清算安排谈判，从实质上限制了国际贸易。他也认为美国不能解决英国的问题。在战前两国贸易最好的1937年，美国市场吸收了2亿美元的英国商品，只占英国总出口的6%，即便这一数字在战后得以翻番，对解决英国出口问题也是杯水车薪。在比德维尔看来，英国的问题只能通过多边下的削减关税壁垒的方式解决，这同国务院的一贯主张是一致的。

基于以上分析，比德维尔提出他的设想，即美国、英国、苏联、中国、加拿大和其他联合国家，在战时经济合作基础上，需立即在战后贸易政策上达成全面谅解，这一谅解将面向所有持有相同理念的国家，无论是战胜国还是战败国。创始会员国需要做到：

第一，降低保护性的进口关税；

第二，废除对进口的诸多限制措施，如许可证和配额制度；

第三，完全废除对进出口的禁止与限制；

第四，废除所有形式的关税歧视；

第五，放弃出口补贴和对外贸易中的不公平竞争。

此外，还应创建国际机构如"国际贸易委员会"（International Trade Commission）。该机构集研究与管理于一体。研究上，它持续探讨在规模日益扩大的国际贸易中，如何最有效地利用世界上的各种资源；检视各种限制或规制进出口的贸易政策、关税管理和各式立法或行政措施。管理上，它要同当地关税制定主体协商。与此前所设想的国际商品组织的功能类似。

在该机制下，如果某国面临着对外贸易上的严重失衡，它可以寻求国际汇兑平准基金的帮助，如不奏效，则它对进口施加新的限制之前应同贸易委员会协商；对工业欠发达国家来说，在战时建立起来的新工业可以使用关税来保护它们的"婴儿产业"。从理想层面上说，贸易委员会有权否决他们不同意的关税变更或施加于进出口上的额外限制。从现实层面来说，委员会拥有的权利是咨询与建议。多边协定应使国家在实行新的限制之前先行提交委员会审查，这包括：（1）新建工业在适度的保护之下，是否可以存活并发展；（2）此类工业的建立是否会走向经济上和社会上所期待的工业多样化；（3）此类国家援助是否比其他方式更好，如对生产者的补贴。委员会还应监督所有多边和双边贸易协定的实施，有权解释协定和解决争端。它的某些决定可以作为国际法院常设法庭裁决的参考。①

比德维尔的计划是在不歧视、平等待遇和自由市场基础上美国的多边自由贸易版本，简而言之，就是在战前赫尔双边互惠贸易体系的基础上，发展成世界范围的多边互惠贸易体系，它的提出，成为美国战时及战后初期一段时间位居核心的贸易理念。在这个设计当中，一如美国对国际货币基金、世界银行和国际投资的设计，美国将发挥决定性的领导作用。比德维尔更是大言不惭地提出整个世界都视美国为在这些新冒险活动中的领袖力量。

身在伦敦的霍金斯非常赞同比德维尔的计划，建议将其作为美国在整个 1945 年和 1946 年贸易谈判的基础，他在备忘录中写道：

> 我们需要在一系列规则基础上的贸易协定以规范贸易关系，国际贸易组织应该建立在协调各国贸易政策和研究如何达到互惠而非互损贸易基础之上，还要规划和监督政府间贸易协定的实施。

霍金斯恳请白宫将之作为美国战后经济政策的核心内容，如果美国总统带头在国际贸易领域支持这一政策，那么全世界的公众舆论都会支持他，战后和平年代的生产复兴计划也将在很大程度上依据他所提倡的原则和政策来制定，② 从而在世界范围内实现美国贸易政策目标。

除霍金斯之外，1944 年 4 月，助理国务卿朗（Breckinridge Long）在一次致辞中提到，国家之间的经济依赖已经成为活生生的现实，一国的国内和国际经济政策应致力于尽可能广泛地促进充

---

① Percy W. Bidwell, "A Postwar Commercial Policy for the United States", *The American Economic Review*, Vol. 34, No. 1, Part 2, Supplement, Papers and Proceedings of the Fifty-sixth Annual Meeting of the American Economic Association (Mar., 1944): 340-353.

② Randall B. Woods, *A Changing of the Guard*: *Anglo-American Relations*, 1941-1946: 191-192.

分就业、分配和生活水平的改善。战后贸易壁垒削减所带来的双边互惠贸易的发展将为美国战时服务于军工的劳动力带来工作机会。① 即从生产与就业的角度说，美国也应致力于多边贸易的开展，比德维尔的计划得到了国务院的全力支持。

二、美英交涉中的反复

4月中旬，赫尔急切地要求英国恢复《租借协定》第7款的专家会谈，第二天，丘吉尔致电罗斯福，表示赞同在战争结束以前开展国际讨论是有益的，然而，英国并不真想立即恢复会谈，丘吉尔话锋一转，"在美国副国务卿斯退汀纽斯访问伦敦之时确立讨论程序问题，以确保所有的经济问题都能在合适的时机解决"。② 在斯退汀纽斯来访以后，丘吉尔仍然不肯松口，又称需要2个星期的时间与自治领总理们协商，英王政府也有"一大把的重要政治考量需要仔细权衡"，③ 以此拒绝给予美国确切的时间和明确的态度。英国的举动引发了赫尔的担心，私下里，他怀疑丘吉尔是想原封不动地继续维持帝国特惠制，以及加强英帝国的内部联系，④ 这是美国不能容忍的。

5月，美国使馆从英国方面获得可靠消息，外交部与专家代表们都支持与美国立即展开有关第7款的会谈，障碍仍在内阁层面。而公众和议会方面的反对则更多的是出于误解，即拟议中的会谈仅仅是在英美两国之间，对英国来说，由于认为美国的减税没有力，它不被视为英国产品出口的潜在大市场。⑤ 要得到广泛的支持，两国需要向公众发布细节。英国文官们对立即开始两国之间的贸易会谈持悲观态度，虽然他们同意拟议中的多边贸易政策协定如若得到广泛传播，将对英国产生有利的宣传效果，但是他们怀疑这在美国

---

① Breckinridge Long, *Foreign Affairs of the United States in Wartime and After*, Washington: Government Printing Office, 1944: 7-8.

② *FRUS*, 1944, Vol. II: 36.

③ *FRUS*, 1944, Vol. II: 39.

④ *FRUS*, 1944, Vol. II: 40.

⑤ *FRUS*, 1944, Vol. II: 41-43.

11 月大选之前不会有实际意义，而大选可能会毁掉美国全面削减贸易壁垒的机会。①

赫尔把同样的邀请也发给了苏联，并强调开始关于第 7 款的会谈对美国政府至关重要。赫尔告诉驻苏大使哈里曼，战后经济秩序的形成与发起同苏联专家的会谈都很紧迫，两项工程都不能拖延。②5 月 3 日，莫洛托夫回话，称需要美国在这个问题上作更为详细的说明，③ 依然对此不甚关心。

虽然在英苏那边碰了钉子，但赫尔仍然不屈不挠，6 月中旬，他再次敦促英国，转而要求对《美英贸易协定》第 8 款展开会谈，并同时也要求直接同加拿大、澳大利亚、新西兰和南非举行会谈。此时，英国参加金融会议代表团主要人员名单出炉，其中有凯恩斯、驻美大使馆经济顾问罗伯特逊（Dennis H. Robertson）、战时内阁经济部办公室主任罗宾斯、罗纳德和英国自治领办公室斯内林（A. W. Snelling），他们都曾参加 1943 年 10 月在华盛顿举行的贸易会谈，这让国务院暂时抱有恢复美英贸易谈判的期望。④

这一切引起了驻英大使怀南特的忧虑，认为赫尔的立场过于软弱。怀南特长期任驻英大使，他对英国时局的把握有更深刻的个人体会。在 7 月初致赫尔的一封电报中，他说：

> 自国会通过《租借法案》以及第 7 款为联合国家接受逾 2 年以来，我一直在极力敦促你派代表同英国政府商讨该款的执行问题。但因为各种各样的原因，你认为甚至非正式的会议也不合时机，我的请求总是如石沉大海。这里的文官和其他制定经济政策的官员们已经由于内阁对这个问题持续的推迟考虑而变得不耐烦，他们中的大多数认为这关系到战后事务的主要部分，并在联合政府和保守党层面形成意见上的分歧。对于在华

---

① *FRUS*, 1944, Vol. II: 47.
② *FRUS*, 1944, Vol. II: 38.
③ *FRUS*, 1944, Vol. II: 40.
④ *FRUS*, 1944, Vol. II: 48.

盛顿召开非正式会议的提议，我从来没有获得国务院的任何支持，以至于这里已经渐渐有言论认为我们内部也有不同意见，这削弱了我们的立场，增强了反对者的力量。我个人强烈认为，无论建立世界警察力量的事情多么必要，在没有就世界经济问题——如就业、有秩序的经济发展达成一致以前都是不能持久的。①

怀南特强烈建议赫尔派助理国务卿艾奇逊和霍金斯到伦敦，督促英国启动谈判，将大大有助于国务院的事业。

赫尔没有直接回复，但提出美国及各国的时下任务是尽可能缩短战后过渡期，对于英国所提出的"在战后过渡期内它将通过特别的控制措施寻求外贸平衡的重建"，赫尔表示反对，认为美英两国政府对战后世界贸易共同负有关键责任，同时他坚持认为美国没有过渡问题，而英国则存在战后大量物资采购自原产地或专门来自英帝国内部的问题，将扰乱特定国家尤其是小型国家的原料出口市场——这些市场由于盟国的战时需求而大大扩展，并引起其战后的萧条。美国希望私人贸易能够补充该需求，如果不能，则美国将牺牲部分英帝国国家的利益，直接将购买转到这类国家。② 这对英国是一个比较现实的威胁。

在英国，阻碍废除帝国特惠制的因素有二：（1）政治上，对帝国统一所持有的政治感情；（2）经济上，废除帝国特惠并不能通过向特惠国家增税的办法实现，因为这意味着英国将损失很大份额的对外贸易，而美国则没有任何损失。类似地，英国放弃保护性进口关税的途径有：（1）削减非特惠关税至特惠水平；（2）总体关税削减50%，后一种正是美国的做法。③

7月下旬，英国在贸易问题上的谈判立场有了松动。国务大臣（Minister of State）理查德·劳对访问美国之际，称英国很可能会

---

① *FRUS*，1944，Vol. II：53-54.
② *FRUS*，1944，Vol. II：55.
③ *FRUS*，1944，Vol. II：56.

在 8 月派安德森访问华盛顿，英国还准备在秋季恢复同美国的贸易对话。① 随着战争形势的好转，英国预计战争可能在 11 月就会结束，因而希望美国能确定具体的贸易对话日期。此时英国的情况是：推迟贸易会谈的两大因素是农业和特惠问题，且涉及进口配额问题。文官们依然坚决反对配额——除非可能的紧急措施能够解决支付平衡上的困难，但一些大臣和他们的政治顾问热衷于进口配额——这在 20 世纪 30 年代曾是重要的保护性措施，并因此壮大了一批利益集团。贸易部也反对配额。极端农业保护主义者害怕关税将为生产成本的削减而抵消，因而倾向于特定的数量限制。不仅如此，一些政治"计划者们"也鼓吹配额。考虑到配额遭到政府内外几乎所有经济学家的反对，这只能认为是一项政治考虑。

据此，美国需要重视配额与高度保护所带来的不利影响，对于特惠，怀南特认为最有希望的办法是将其与其他一系列事情联系起来综合考虑，很多英国官员认为 20 世纪 30 年代帝国特惠制的出现是对美国《1930 年关税法》的回应，他们期待美国国会能够做实质性的关税削减以换取英国部分或全面放弃帝国特惠制。②

9 月初，国务院敦促罗斯福要求丘吉尔在 10 月中旬恢复贸易对话，议题将包括贸易政策、商品协定政策、卡特尔政策和国营贸易。美国打算首先开始初级会谈的准备工作，并征询英国的意见。③

10 月，国务院下属的贸易壁垒委员会提出《拟议中的多边贸易政策组织协定条款》(*Articles of Agreement for a Proposed Multilateral Convention on Commercial Policy*)，成立贸易组织对贸易歧视行为进行监督，并要求同英国继续重启有关"第 7 款"的谈判。草案中首次提出两套减税方案，其一是在百分比的基础上整体削减。由于这种方式给所有国家确定了明确的标准，所以将是易于实行的，霍金斯领导下的对外经济政策执行委员会也倾向于该削减方式；另一

---

① *FRUS*, 1944, Vol. III, Government Printing Office, 1965：51.

② *FRUS*, 1944, Vol. II：67-69.

③ *FRUS*, 1944, Vol. II：76-77.

种方式是替代方案，即在第一种方式之下，各国不能达到一致或协定没有被最终批准的情况下，美国和其他国家可以自由地"在最惠国待遇基础上谈判双边贸易协定"，即国家间通过双边谈判取得成果，再将这种成果扩展到主要核心国家，① 这间接可以实现一种多边效果。

10 月中旬，可能是怀南特的呼吁发生了作用，霍金斯调任美国驻伦敦公使衔经济参赞。他将《拟议中的多边贸易政策组织协定条款》带往伦敦直接与英国展开交涉。霍金斯先后与贸易部利欣和常务副大臣沙克尔会谈，了解到英国仍然对多边方式有所抵触，② 公众依然不知道有关第 7 款的非正式对话，官方依然担心美国对取消帝国特惠操之过急，英国亦没有把握确定美国对战后充分就业的态度如何。英国主要关心的是农业政策，英国放弃了此前将之整体放入多边贸易政策组织架构下的想法，而是考虑多边贸易政策组织下的食品贸易多边条款的专门计划。英国特别强调农业价格的稳定，即在战后英国需要大量进口粮食的情况下，如何保持农业长期稳定发展的问题。英国认为通过补贴、配额或关税中的任何一种都不足以解决，除非可以控制进口。以初级食品为例，英国倾向于使用补贴来代替配额和关税，同时不希望在控制进口方面被束缚住手脚。对于过度保护的担心，英国同样做了解释，即他们将对之实施限额保护。③ 在涉及对进口的数量限制时，英国仍然钟情于配额制，在国营贸易上，他们接受"贸易考虑"原则，这样进口国可以以最优惠的浮动价格来购买产品，考虑到与苏联的关系问题，英国极力避免对国营贸易发表具有敌意的看法。④ 直到 1944 年结束，双方虽然保持了非正式接触，但英国一直小心谨慎，两国也没有恢复正式的贸易会谈。

1945 年 1 月初，英国倾向于同意早先由加拿大首先提出的方

---

① *FRUS*, 1945, Vol. VI, Government Printing Office, 1969: 24-25.

② *FRUS*, 1944, Vol. II: 99.

③ *FRUS*, 1944, Vol. II: 102.

④ *FRUS*, 1944, Vol. II: 103-104.

式，即特惠的削减与关税的实质性削减额度紧密相连，他们认为这将会给特惠的削减留下广阔的余地，同时也转移了建立于情绪之上的国内政治压力。英国愿意降低特惠与大幅关税削减后的税率之间的差额，但坚持最低5%的特惠下限，并且认为将特惠保持在最低限度之上就足够与50%的关税减让相平衡。私下里，怀南特认为英国的观点并没有最后确定，有些大臣还拿不定主意，他们不大可能将最终决定完全建立于经济考量的基础上。① 在外汇管制方面，英国强调其已从债权国变成债务国，战争为英国累积了巨额的不可兑换英镑债务，而且对这些英镑拥有债权的是经济脆弱的国家，这些国家希望战争结束后能尽快用部分结存英镑购买商品。然而，英国不仅不能兑现它的债务，而且它自身的国际收支将面临严重困难。所以，英国认为商业政策协定不应包含比货币基金协定更严格的控制国际汇兑的条款。② 在国际贸易组织与关税联盟上，英国认为在前述特惠削减与关税实质性削减额度紧密相连的基础上，由关税削减带来的特惠将为国际贸易组织所准许，对关税同盟之下的成员则是自动生效。③ 关于对贸易政策采取国际行动的程序，与双边和多边—双边方式相比，英国倾向于多边方式。英国人认为，最好的程序是先确立一系列原则，并且努力就具体原则达成国际一致，然后成立一个国际贸易组织将原则转化为明确的多边协定。④

2月初，与英国人的非正式会谈告一段落。英国人普遍接受的目标是发展贸易和废除国际垄断贸易，钟情于在国际贸易组织中下设国际协商机制。⑤凯恩斯赞同英国在世界贸易多边组织之下有着根本和不可否认的利益，而过去经济大危机和世界大战的经历则只能使英国陷于灾难之中。⑥ 当月中旬，尽管有罗斯福亲自对英国恢复第7款会谈的催促，丘吉尔还是顶住了压力，他借口霍金斯回国

---

① *FRUS*，1945，Vol. Ⅵ：7-8.
② *FRUS*，1945，Vol. Ⅵ：9.
③ *FRUS*，1945，Vol. Ⅵ：12-13.
④ *FRUS*，1945，Vol. Ⅵ：15-16.
⑤ *FRUS*，1945，Vol. Ⅵ：17-18.
⑥ *FRUS*，1945，Vol. Ⅵ：19-20.

述职，称等 3 月初霍金斯返回伦敦，美国态度清晰以后再尽快考虑。另外就是战时内阁不能派出庞大代表团赴美国谈判，而英国贸易政策上的变动需要事先与自治领协商，① 这也成为丘吉尔屡试不爽的借口。

2 月下旬，驻英大使怀南特在霍金斯等人的协助下，总结了同英国人初步交涉的过程，认为美国此时应该寻求一系列准则基础上的国际协定以规范贸易关系，这些准则包括：确定战前的高关税为非法；禁止配额体系；排除歧视性贸易协定；禁止政府利用其本身的财政力量补贴本国生产者与外国的竞争；阻止私人卡特尔协定妨碍各国政府发展国际贸易的努力，一个国际贸易组织应该予以建立来协调各国贸易政策。为此，美国政府此时需要考虑的是：

第一，与英国的谈判需达成：在细节上完成规范战后国际贸易关系的准则；各国应采纳的措施和他们为实施这些准则应承担的义务；建立世界贸易组织以推动实施。

第二，总统致信国会要求支持政府的政策。

第三，美国应与其他国家在贸易政策原则上达成一致，以作为其后联合国会议讨论的基础，会议要达成的目标是：（1）寻求对细致的贸易政策原则的普遍接受；（2）立即建立国际贸易组织（International Trade Organization, ITO）或至少是过渡性贸易组织（Interim Trade Organization），后者将很快为永久性组织所代替；（3）指导该贸易组织将贸易原则转换成细致的多边贸易协定，并促使所有的联盟国家接受。②

怀南特的建议启发了国务院，并迅速发展出美国的国家政策。2 月 27 日，美国趁美洲国家会议召开之际，与美洲国家签订了《美洲国家经济宪章》，其中美国一直以来所追求的经济原则，即

---

① *FRUS*, 1945, Vol. Ⅵ: 21.

② *FRUS*, 1945, Vol. Ⅵ: 22-24.

削除关税壁垒、不歧视原则以及保障外国投资等原则得到了鲜明的体现，① 可以说是在西半球做了尝试，这为其在世界范围内推行自由贸易奠定了基础。

三、自由贸易上升为美国国家政策

3月初，美国国务院就扩展国际贸易的方法和程序问题开会讨论，就方法而论，提出美国应与尽可能多的国家特别是核心国家就下列目的达成协议：

第一，通过合适的国内与国际措施维持高就业和收入水平；

第二，实质性削减关税，最终废除配额和外汇控制；

第三，废除所有歧视性贸易待遇；

第四，废除出口补贴和规范其他形式的影响到国际贸易的补贴行为；

第五，废除限制性的国际私人商业协定。

为此而采取的方法是：

第一，认识到维持高就业和收入水平的重要性，在反萧条政策上确定国际协商的原则；

第二，对所有国家进口税的削减采用水平削减法，这套模式允许一个合适的"例外"条款，即允许采取临时限制进口的紧急措施；

第三，废除所有形式的特惠；

第四，全面放弃配额，除非是在紧急和过渡情况下；

第五，全面废除出口补贴，规范其他补贴；

第六，确立合适的国营贸易原则；

第七，根据国际货币基金条款，限制并最终废除外汇

---

① 刘绪贻、杨生茂主编：《美国通史》6，第41页。

管制；

　　第八，成立国际贸易组织。①

　　这些措施同时也在对外经济政策执行委员会的考虑之下。美国支持在商品政策和商品协定多边谅解基础上的谈判，作为总体贸易政策协定的组成部分，其重要原则与美国在谈判中所要达成的目的相符。

　　3 月中旬，驻英大使怀南特称当前最重要的就是由美国发起在联盟国家间达成多边协定，一如美国对布雷顿森林会议的筹划。头等重要的则是寻求国会对贸易政策的支持。同时他认为相对来说，《互惠贸易法案》所赋予政府减税的权力并不足以对英国产生吸引力，而美国在贸易政策上的立场也关系到英国议会对国际货币基金的态度。②

　　摆在美国政府面前的贸易政策之路有两条：一是在统一比例下水平无例外减税法，这已经同以英国为代表的联合国家商讨了一年有余，这将是对解决贸易壁垒问题更为有力和彻底的方式。二是同世界各国就减税开展程度不等的谈判，相较于第一种方式，这将费时费力、效率低下，并且要时时受到国会的制约。但是由于先前依据《互惠贸易法案》成功谈判的经验，实施起来便于操作。

　　美国政府内部对该问题有两种意见：一是要求国会授权对所有关税整体上削减 50% 的权力，但是这很困难，政府没有办法说服国会，也没有先例可循；二是在选择性基础上减税 50% 的权力。这在国会通过的可能性非常大。美国政府的考虑引起英国和加拿大的反弹。加拿大副外长罗伯特逊在最后时刻赶到美国，告诉美国助理国务卿克莱顿（William Clayton）第二种方式是灾难性的，"任何方法都会比你们正要去做的要好"，但克莱顿并没有更好的办法，"这正是这个国家的特色，明知不能满足你们对水平全面减税

---

　　①　FRUS，1945，Vol. VI：25-26.
　　②　FRUS，1945，Vol. VI：29-30.

的要求，但我们没有办法"。①

6 月，《互惠贸易法案》正式得到国会批准延长，根据法案，美国只能在选择性基础上同各国谈判减税。6 月 28 日，在发给国务卿的电文中，霍金斯提出，《互惠贸易法案》通过以后，美国政府拥有足够的权力参与双边减税谈判，他指出自 1934 年以来，美国就钟情于通过多边—双边谈判模式减税，是一种经过证明的和可行的减税方式，赫尔曾多次力促其他国家也采取类似的方法，从而达到全面减税以及减少或废除特惠，从而实现水平式削减关税的目的。此时《互惠贸易法案》的压倒性通过是得到国会支持的强烈信号。② 这意味着美国改变了最初所持的水平式减税方式，转而在现有法案框架允许的范围内，尽可能地实现多边减税计划。

英国和加拿大仍不能认同美国的做法，他们认为这低效耗时，尤其是加拿大，认为任何选择性的方式都是"毫无希望的不充分的"，完全不能满足需要，他们特别强调水平式减税方式。只是在确信不能之后，他们在选择性削减基础上提出了核心国家方案设想（即通过减税目的的核心道路 Nuclear Approach）：

> 核心国家立即展开双边谈判以实现实质性减税，双边协定生效之后的关税削减将一般性地适用于核心俱乐部的所有成员。
>
> 在特惠上，特惠国家主动削减特惠，并且不再增加新的特惠，在最惠国基础上的削减将自动适用于特惠国家。

加拿大建议的核心国家包括美国、英国、加拿大、澳大利亚、南非、新西兰、法国、荷兰、比利时、苏联、捷克斯洛伐克和印度。会谈将近结束时，加拿大提出某种可能，两个国家就某种商品达成免税协议。加拿大极为重视此类可能性，即便在减税效果不明

---

① McKinzie, Richard D. , *Oral History Interview with John M. Leddy*：39-40.

② *FRUS*, 1945, Vol. VI：57.

显的情况下，两国间的自由贸易可以带来实质性的互惠互利。这迫使克莱顿表态说美国并没有完全关闭考虑水平式减税的大门，但他和艾奇逊又同时认为很难得到国会的立法支持。甚至于，水平式减税由其他国家发起或许更有利于美国国会的同意。① 但加拿大的方案——由核心国家扩展到一众国家的方式给美国人带来了新的思路。

美国对外经济政策执行委员会出台多边贸易协定草案。他们顺应英国的想法，认为如果战后国际经济关系建立于自由竞争和扩展的世界贸易基础之上，势必要求大规模的关税削减，而这只能通过多边协议来实现，如此之下，所有参加国将同意同时以一定比例削减全部进口关税。此外，非关税贸易壁垒也将予以终结。在考虑英国设想的同时，美国又感觉到无论是多边水平削减还是任何其他不考虑选择性关税削减的程式都将难以推行，并很可能与《互惠贸易法案》冲突。为此，委员会极力推荐此前加拿大所提出选择性核心—多边方案，将多边水平减税方式作为备选项。

美国此时正逢大好时机，可以实现它多年以来的贸易理想，而时机又是短暂的和紧迫的。如果水平式方案没有被实际接受的可能，则核心—双边方案也能允许美国在减税问题上做出选择，谈判不至因此而中断。委员会最后认为，多边水平削减仍然是目前为止最好的方案，一旦英国拒绝了核心—双边方案，则美国政府应该重新考虑与国会展开交涉。②

在国会的压力下，美国暂时从完全多边立场后退，英国和加拿大多对之表达了失望之情。③ 7月下旬，英国大选结果显示执政的保守党联合政府没有获得议会多数席位，工党上台，政权移位，这给正在进行中的美英磋商带来不利影响。凯恩斯估计，最早也得8月中旬才能知道新政府对一系列重大问题的看法。在这种形势之下，8月初，克莱顿访问英国，在同凯恩斯等人谈话时，他称美国

① *FRUS*，1945，Vol. VI：66-74.

② *FRUS*，1945，Vol. VI：74-76.

③ *FRUS*，1945，Vol. VI：78.

依然致力于实现多边自由贸易，态度有所缓和。但英国还是认为在核心国家中间通过一系列单独的外交会谈是困难的。①

尽管如此，美国国务院沿着这条路走了下来，它拟定了核心国家名单，在数量尽可能少的原则之下，最后决定了 12 个国家：美国、英国、加拿大、澳大利亚、新西兰、南非联邦、法国、荷兰、比利时、苏联、中国和巴西。同加拿大的方案相比，加入了中国和巴西，去掉了捷克斯洛伐克与印度。这 12 个国家的进口值占到了战前（1937）世界进口值的一半以上。② 其中，美国、英国、苏联、中国和法国作为五大国必须包括在内。美国对名单的修订，不仅增加了代表的广泛性，美国一方的力量也有了增长，从而增加了它对核心国家集团的整体把握。

英国看到这个名单后，态度有所缓和，不再表示反对或失望，凯恩斯开始考虑它的实际操作问题，他继续认为双边程序仍是不可操作的，因为既没有这么多人，也没有这么多时间。而既然关税削减必须是选择性而不是统一的比例削减，那么单独的双边会谈模式也就没有必要。凯恩斯强调参加会议的各核心国家应该有权自主决定减让范围和减让条件。英国还建议核心国家间关税与非关税壁垒谈判应在同一批人员间同时进行。这就表明，虽然英国仍然不同意双边会谈模式，但也不再坚持完全多边模式，作出了一定程度的让步，开始接受美国提出的以双边带动多边的模式。同时，他们继续坚持特惠谈判应与关税谈判同时进行，为此，甚至以英国政治形势的残酷现实来要求美国的赞同。③ 英国对美国政策的支持至关重要，在克莱顿看来，世界不会反对美英一致同意的合理的贸易机制。

9 月 7 日，在综合考虑之下，国务院拿出了战后国际贸易组织草案，草案已经美国对外经济政策执行委员会同意并通过。这是规范国际贸易行为的文件。艾奇逊确定将其作为与英国谈判以及未来世界贸易与就业会议（当时预计在 1946 年年初召开）讨论的

---

① *FRUS*，1945，Vol. Ⅵ：87-88.
② *FRUS*，1945，Vol. Ⅵ：88-89.
③ *FRUS*，1945，Vol. Ⅵ：90-92.

基础。

在这份草案中，美国的目的是在联合国内实现一个多边协定，以达到：

第一，维持就业。各国同意采取一定的措施维持就业，这对各国保持合作实现美国的贸易目标方面非常重要；

第二，废弃所有形式的贸易壁垒，歧视性贸易政策将在总体上被禁止。对美国来说涉及关税削减。这将在《互惠贸易法案》的授权之下进行，特殊的关税减让将提交杜鲁门作首先的考虑。对特惠来说，美国将尽可能地要求英帝国放弃或削减，与此同时，美国与古巴和菲律宾的特惠也应同等对待；

第三，废除对私人商业活动的限制，这在美国涉及反托拉斯立法；

第四，在政府间商品协定谈判和实施中所要遵循的原则，从长远上看这是促进建立于不歧视原则基础上的国际贸易；

第五，建立政府间机构以讨论贸易问题。该机构将与联合国经济与社会理事会保持合作，它没有强制力，作为咨询机构，为各国探讨贸易问题提供平台。为此，美国尚需这方面的立法支持。①

美国形成了在贸易政策上的国家立场，即通过双边谈判模式实现多边自由贸易。与此同时，美国对外经济政策执行委员会通过了《过渡时期短缺物资之美国政策》和专门指导与英国财政部谈判的政策备忘录，坚持认为美国援助英国的基础是有助于美国对外贸易的扩展。这首先应用到了 1945 年 9 月到 12 月同英国所进行的华盛顿谈判上。

第三节　自由贸易成为美国变革世界贸易秩序的目标

在美国确定将多边自由贸易上升为国家政策的过程时，它也在

---

① *FRUS*, 1945, Vol. VI: 118-119.

国际层面上做好了变革世界贸易秩序的准备，同金融秩序的变革类似，英国的支持非常重要。

一、美国对英"租借"的突然停止与英国财政危机

1944 年 9 月的魁北克会议暂时给英国吃了一颗定心丸，但是，罗斯福在租借问题上对英国的慷慨却在国内掀起了轩然大波。赫尔在得知消息后，直言这"击中了他的软腹"，是他任国务卿以来最为窝火的事情，① 几年以来同英国所进行的《租借协定》第 7 款——这将使英国放弃帝国特惠制——的谈判将因此无果而终，从而葬送了美国对战后多边经济秩序的期望。国会也反对向英国做如此慷慨的让步。11 月，英国的要求被削减到 55 亿美元，包括 27 亿美元的军火和 28 亿美元的非军品，不到 1944 年租借的一半，② 比罗斯福的允诺少了约 15%。但这没有结束。

1945 年 3 月初，罗斯福的特别顾问罗森曼（Samuel I. Rosenman）访问英国，凯恩斯与之就英国的战后需求交换了意见，他认为战后初期英国最为关心的将是：（1）太平洋战争结束之后转型期内——军事开支仍然持续——的安排问题；（2）租借和互惠援助结束的时机及其问题。凯恩斯特别说明英国将是联合国家中金融地位唯一严重受损的国家，必须找到某种途径改善其地位。在战后对外经济政策上，凯恩斯直言，相对于贫乏无特惠的全面国际合作来说，双边主义和地区性特惠仍是时下英国政府所考虑的措施，但是凯恩斯个人相信如果能建立可行的经济秩序，英国也无意于寻求双边主义和特惠。③ 这显示了英国矛盾的态度。

8 月初，凯恩斯在同来访的美国助理国务卿克莱顿谈话时称，英国将面临两个基本问题，即日益增长的不可兑换英镑债务问题，以及对日胜利日（1945 年 9 月 2 日）之后持续增加的赤字问题。凯恩斯称 1945 年度英国的支付情况仍然极为糟糕，现金流出将达

---

① Cordell Hull, *The Memoirs of Cordell Hull*, Vol. 2：1614.

② John M. Blum, *From the Morgenthau Diaries*, *Years of War*, 1941-1945：321.

③ *FRUS*, 1945, Vol. VI：28-29.

到 7.5 亿英镑，而收入只有 1.5 亿英镑，赤字达 6 亿英镑；再加上贸易、运输和投资上的赤字 9 亿英镑，总的赤字将达到 15 亿英镑。除去租借援助与加拿大互惠援助的 7 亿~9 亿英镑，英国要想达到收支平衡，就要在英镑区内付出 7 亿~7.5 亿英镑的资本负债或增加新的不可兑换英镑数量。除此之外，英国的出口水平也非常低：相对于 1944 年 33% 的战前（1939）水平，1945 年上升到了战前的36%。战前出口按 1945 年价格计算约合 12.5 亿英镑，1944 年仅出口 2.83 亿英镑，1945 年有望达到 3.56 亿英镑，如果考虑到物价上升了 10%，则出口增长放慢了。预计战后三年里，英国保守估计会形成 15 亿英镑的赤字。英国在出口上的动员也不算成功，预计到 1945 年年底只有不到 10 万人回流到出口贸易行业。

英国的黄金和美元储备形势也不能让人乐观，见表 4-3。

表 4-3　　　　　　1938—1945 年英国黄金和美元储备表

（单位：亿美元）

时间	1938 年年底	1939.9	1941.4	1941 年年底	1942 年年底	1943 年年底	1945.4.30	1945.6.30	1945 年年底
储备值	42	25	0.1-0.12	4	7	13	18	18.46	20

注：①1941 年 4 月数字为获取复兴金融公司（RFC）贷款之前的数字。
②1943 年年底的数字超过美国财政部规定的 10 亿美元，曾引发大讨论。

美国一直警惕英国黄金和美元储备额，小心翼翼地使英国的储备处于受限制的范围，直到战争结束的半年后，英国的储备数字也只有战争爆发之时额度的 80%。无怪乎凯恩斯曾认为美国政府处心积虑地采取每个可能的步骤，让英国在《租借协定》生效之前就尽可能地破产……只要还有一线希望使英国在战争中发展下去，如果它能够在战争结束时不破产，美国就要想方设法地废除《租借协定》。除此之外，英国最大的黄金来源国南非年产黄金约为 1亿英镑，其中有一半用于支付进口，25% 转运英国，剩下的则作为南非国家的黄金储备。这对英镑来说也是杯水车薪。①

8月13日，凯恩斯在一份备忘录中提到，英国在1945年的财政缺口将达到21亿英镑，补充来源有（见表4-4）：

表4-4　　　　　　　　**1945年英国财政缺口补充来源**

租借（军火）	6
租借（非军火）	5
加拿大互惠援助	2.5
英镑区	7.5
总计	21亿英镑 ②

为此，英国非常需要美国能在战后至少是在1945年内继续提供租借援助，凯恩斯直言可立即停止对英军事租借，但希望能维持其他项目——主要是食品和燃料的租借。以缓解经济困难，并允诺其逆租借亦可照常进行。③ 英国将改变战后经济地位的希望放在了美国的持续租借上。但这不现实。早在6月初，美国陆军中将萨默维尔（Lt. Gen. Brehon B. Somervell）称他确信英国正在出口租借物资获利，而这正是魁北克会议上罗斯福反对的，为此他开始拒绝或延迟某些英国的物资要求。④ 这种情况很快得到发酵。8月18日，杜鲁门召开白宫会议，讨论并议定在战事结束后立即停止租借，在对日胜利日以后立即执行。在21日发布的公告中，尚未执行的非军火物资合同额大约有20亿美元，已经运往国外的介于10亿美元与15亿美元之间。⑤ 英国的愿望破灭了，依靠租借弥补贸易收支

①　*FRUS*, 1945, Vol. Ⅵ：79-85. ［英］罗伯特·斯基德尔斯基著，相蓝欣、储英译：《凯恩斯传，1883—1946》，第809页。

②　Donald Moggridge, *The Collected Writings of John Maynard Keynes*, Vol. 24：399.

③　*FRUS*, 1945, Vol. Ⅵ：97.

④　*FRUS*, 1945, Vol. Ⅵ：52.

⑤　*FRUS*, 1945, Vol. Ⅵ：109.

失衡的期望落空了。

公告发布之前没有同英国磋商，这对英国的打击不啻战时 V2 火箭对伦敦不宣而战的空袭，英国非常失望。已经就任财政大臣的道尔顿对前来访问的克莱顿大发雷霆，"我们刚刚知道你们在华盛顿做的事情，坐在这里谈还有什么用？"① 但是英国没有别的办法，新首相艾德礼于 9 月 1 日给杜鲁门拍发长信，除表达对美国突然停止租借援助的不满以外，还强调食品和部分原料的援助对维持英国生存的重要性，"我希望你能够立即指示继续提供物资——至少是在下个月内，而支付这些供应品的条件应在美国政府与英国派到华盛顿的特别使团之间达成"②。英国被迫承认了租借即将停止的事实，他们愿意支付此后的美国物资，并与美国展开谈判，得到了杜鲁门的同意。

在租借停止以后，英国几乎陷于破产的边缘。英国方面的资料很多，从美国出发，他们也注意到了这一点。针对英国对其在未来 3 年内将有 50 亿~60 亿美元赤字的预计，此时已正式担任助理财政部长的怀特认为没有数据显示这过于悲观。美国估计，在排除了租借剩余物资，以及 1946 年约 10 亿美元的英镑积累以外，英国赤字总额将达到 33 亿美元。其中有 15 亿美元的额度是美元赤字。因此一笔美元信贷对英国来说就相当重要。③ 此时的美国，产出占了整个世界的一半有余，整个国家在军事、经济和政治上达到了有史以来最高水平，与英国的衰落形成了鲜明对比。已经退休的赫尔称美国相对于英国的优势为"建立持久和平的最后机会"，④在为自由贸易秩序奔走多年之后，美国终于迎来了关键时刻。

---

① James N. Miller, "Origins of the GATT-British Resistance to American Multilateralism", *WB Working Paper*, No. 318, 2000：1.

② *FRUS*, 1945, Vol. VI：113-115.

③ *FRUS*, 1945, Vol. VI：141-142.

④ "Statement by Cordell Hull", *The Department of State Bulletin*, Vol. 13, No. 337, December 9, 1945：906.

二、美英就关税减让与逐步放弃帝国特惠制达成一致

1945 年 3 月，当罗斯福行政助理居里（Lauchlin Currie）访问英国之时，他发现英国虽然已经普遍接受世界范围内的多边自由贸易，但态度依然谨慎。一些有代表性的人——如凯恩斯——反对在最惠国待遇基础上的普遍性关税削减。他认为更好的方式是英帝国和美国联合创建某种形式的关税联盟，协调减税，同时联盟向其他国家开放。① 这实际上否定了美国所主张的以双边带多边的谈判模式，变成了英美双边谈判。毫无疑问，英国据此不仅能在世界贸易秩序构建过程中发挥更大作用，也能为自己争取更多利益。

美国早就看到战后英国的经济困难将是阻挡它在多边支付和废除贸易壁垒过程中取得快速进展的最大障碍。但毫无疑问的是，美国拥有解决其战后困难的经济力量，如果处理得当，英国将配合它对世界经济秩序的变革，这是美国在战争年代没能得到的。

助理国务卿克莱顿决定利用这种力量。他也看到"让英国接受美元信贷而不是寻求于在英镑区采取措施如不可兑换英镑、外汇管制、双边清算安排等以解决财政问题是困难的，因此在设计贷款和条件时必须小心翼翼"。据此，他认为美国应该向英国提供 20 亿~30 亿美元——借贷的数字必须能充分满足英国美元逆差的需要，为期 30 年，但允许提前还清。利率低至 2%，甚至美国可以接受英国利用一定数量的英镑偿还债务。

克莱顿的条件是：

第一，终止英镑区美元库（dollar pool）安排，并且其后（在现行交易下）非英国居民手中的英镑也可兑换成美元，简而言之，有条件的开放英镑的自由兑换。

第二，无论是作为《互惠贸易法案》实施的一项还是多边贸易组织的一部分，废除帝国特惠。但鉴于英国极力维持它的存在，美国所能期盼的也许只是对特惠的实质性削减。这一

---

① *FRUS*, 1945, Vol. VI: 38.

条对美国而言最为关键。

最后，考虑到英国在转型期内有倒向双边主义和限制性倾向政策的危险，还由于美国公众期望早日看到英国在战后贸易政策上与美国一致，克莱顿认为此时至关重要的是通过贷款这一途径加快英国对多边的认定。① 他 8 月访英时甚至认为，可以在相对自由的条件下为英国提供 30 亿美元贷款。克莱顿并不认为贷款已经很多，而是他考虑到公众不会支持更多的额度。这就是美国以贷款换取英国对其贸易政策支持策略的来源，克莱顿把贸易问题与金融问题绑定，得到了国务院的支持。

从贷款内容来看，克莱顿显然高估了英国解决自身困难的决心和力量。英国人于 8 月得知美国人的安排后立即发起诘问，称这是美国欲逼英国接受其贸易政策，而克莱顿的辩解一如往昔，即国际信贷的收回将取决于通过自由和多边方式促进的国际贸易。同时在处理金融事务时，要明晰贸易政策的目标和实现它们的措施。② 凯恩斯被美国人所激怒，称英国将被迫选择单边贸易政策。克莱顿方面以硬碰硬，他指出美国的财政援助将加速转型期的过渡，在这期间美国期待特惠的终止和英镑区美元库能够实现完全可兑换。毫无疑问，在一定期限内——大约 3 年，进口亦需在不歧视的基础上进行。英国所希望的是将租借与战后贸易政策联系起来，凯恩斯等人特别强调英国最终的贸易政策在租借期内不会定型。凯恩斯警告说，如果逼迫英国新内阁尽早做出决定，则后果将是灾难性的。③

两国准备 9 月于华盛顿展开会谈，在首相艾德礼的支持下，凯恩斯希望谈判的议题包括租借、英国财政地位，然后再延伸到商品协定、卡特尔政策和充分就业。英国需要美国的信贷，美国需要英国对其战后贸易政策的支持，尤其是，英国的这种支持在世界其他国家眼中有着表率作用，因而谈判是必然的。

---

① *FRUS*, 1945, Vol. VI: 54-56.
② *FRUS*, 1945, Vol. VI: 94-95.
③ *FRUS*, 1945, Vol. VI: 99-100.

9 月初，和平降临，第二次世界大战完全结束，英国失去了要求美国租借的理由，寻求一笔慷慨的贷款成为它参加谈判的主要目的。英国最初的设想是获得 50 亿美元无息贷款，另外再从加拿大、瑞典或其他国家获得 5 亿~10 亿美元，① 以推动它在战后转型期间的经济恢复工作。

美国由于战时开动了巨大的生产能力，此时最需要的是打开海外市场，扩展国际贸易，从而避免第一次世界大战后曾出现的生产过剩危机。美国对外经济政策执行委员会在 9 月 7 日的备忘录指出，它乐于向英国提供一笔美元信贷，这不仅可以帮助英国重建它的国际收支平衡，更重要的是将便于美国商品出口到英镑区。考虑到一笔美元信贷需要国会的同意，为讨好国会领袖，可以借机要求英国放弃严格的外汇管制，如此英镑区国家和部分西欧国家也会跟随英国，从而为美国商品打开出口到这些国家的大门。② 美国对英贷款的出发点集中于贸易是不言而喻的。

9 月 10 日，凯恩斯率领英国代表团抵达华盛顿，第二天就开始了谈判。谈判主题分为 4 个部分，分别是财政问题——文森负责，租借问题——对外经济管理局局长克罗利（Crowley）负责，贸易政策——克莱顿负责，以及其他财产分配问题。③ 对美国来说，贸易主题无疑是最重要的，而英国则钟情于前两个。哈里法克斯在致词时甚至没有提到贸易政策。值得注意的是，英国代表团无一人拥有对所谈事务的决定权，④ 所有的谈判内容要报请远在大西洋彼岸的英国内阁同意。因此，谈判的冗长低效将不可避免。

如美国所愿，贸易问题首当其冲。英国人认为，讨好美国人最为关键的是减税谈判，因而盯住不放。英国坚持帝国特惠的削减必须在同关税谈判类似的框架下进行，利欣强调英国将坚持这一立场

---

① *FRUS*, 1945, Vol. VI：133.
② *FRUS*, 1945, Vol. VI：120-121.
③ *FRUS*, 1945, Vol. VI：121.
④ *FRUS*, 1945, Vol. VI：123.

绝不后退。① 如此明显的利益差异使两国的贸易谈判从一开始就陷入僵局。9月底，英国不得不派出贸易专家利欣、沙克尔率领的贸易政策代表团赴美，以重点解决美国所需要的贸易政策支持，谈判向美国所期望的方向前进。

10月1日开始，两国展开贸易会谈。会议首先达成两点，即在1946年6月召开国际贸易与就业大会和在1946年3月在主要贸易国间展开初级贸易谈判。② 两国又进行了国营贸易、进口税、外汇管制方面的谈判。除了对国营贸易意见一致以外，在进口关税方面，英国反对立即取消，建议私下谈判进口关税；外汇管制方面，英国称早在《国际货币基金协定》中就予以解决，因而不属于贸易问题。在卡特尔问题上，英国原则上反对卡特尔和限制措施，但又同意给某些不坏的卡特尔留下后路。③

10月11日到月底，两国的谈判暂停，重点放在了技术分委员会工作层面。特惠分委员会同意：

第一，关税实质性减让与特惠关税的废除应有明确安排；

第二，作为废除特惠的第一步，必须同意最惠国税率的降低自动适用于特惠的削减或废除，现有国际安排不能阻碍特惠的变更，也不允许再引入新的特惠；

第三，废除特惠的行动必须与实质性削减贸易壁垒相关联。

英国所坚持的特惠削减必须与关税减让相联系得到了美国的认可，国务卿贝尔纳斯（James Francis Byrnes）承诺不会要求英国就关税与贸易壁垒问题做出单方承诺。这使英国认为在贸易谈判上取得了巨大进展。④

---

① *FRUS*, 1945, Vol. VI: 128.
② *FRUS*, 1945, Vol. VI: 137.
③ *FRUS*, 1945, Vol. VI: 144.
④ *FRUS*, 1945, Vol. VI: 153.

在卡特尔问题上，分委员会倾向于逐项处理方式（case-by-case approach）。对在战后转型期内为支付平衡的目的而使用的配额问题做了讨论。英国坚持权利——转型期内享有的对它国商品的歧视权，这是《国际货币基金协定》所赋予的。英镑有权在一定时期内——可能是一年——不开放自由兑换。①

在程序问题上，两国同意贸易政策应由美国国务院作为国际贸易与就业大会讨论草案发布；稍后美国将邀请13国或14国（包括苏联、法国、中国和英帝国成员）参加1946年3月召开的会议，会议将谈判达成多边贸易协定，就国际贸易组织机制、维持充分就业、卡特尔政策和商业政策达成一致意见。②

谈判已经持续了两个月，在贸易谈判取得重要进展的同时，英国最盼望的贷款事宜却没有多少进展，这让英国内阁和公众多少感到着急。11月初，英国外交大臣贝文（Ernest Bevin）对怀南特说，除非美国能够在英国收支严重失衡困难方面提供充分的帮助，否则他看不到未来有什么希望。③ 这是对美国的试探性威胁，贝文深知美国需要英国支持其政策，一旦英国撒手不管，美国的减税计划也不可能成功。在贸易方面的目标大多确定以后，美国开始考虑对英贷款问题。

针对一开始英国约60亿美元的贷款要求，美国专家认为英国夸大了自身财政危机的严重性。英国估计1946年年底其国际收支赤字将达31亿美元，美国人则估计为23亿美元，英国人估计1948年年底的亏空将达到50亿~60亿美元，美国人则估计为33亿美元，美国对英国所拥有黄金和美元数量的估计也比英国所提供的数字为大。④ 由此，美国确定了23亿~43亿美元的贷款范围，并认为最合适的数字是33亿美元。在详细计算了英国已有的黄金

---

① *FRUS*，1945，Vol. VI：152-153.

② *FRUS*，1945，Vol. VI：156.

③ *FRUS*，1945，Vol. VI：157.

④ ［美］哈里·杜鲁门著，李石译：《杜鲁门回忆录》上，三联书店1974年版，第383页。

和美元储备，以及英国可能从其他途径获得贷款以后，数字确定为35亿美元。新任财政部长文森认为35亿美元外加2%的利息是美国所能接受的最大额度。对于英国寻求无息贷款无望之后，英国又提出将之分为两部分或更多部分，其中一部分予以免息，遭到美国的拒绝。

美国国内对于贷款数额亦有争议。克莱顿认为英国不会接受少于40亿美元的贷款，因为35亿美元或40亿美元贷款对国会来说差别不大，他怀疑竭力将对英贷款压缩到35亿美元对整个经济谈判是否明智。文森则担心英国在帝国特惠和卡特尔问题上的让步能否令国会和公众满意。克莱顿确定在帝国特惠问题上已经达成共识。在英镑区双边清算和美元库问题上，克莱顿强调必须放弃双边清算机制，废除美元库，在他眼中，后者对美国出口商来说是比帝国特惠的废除更为重要的事情。在文森和美联储主席埃克尔斯的坚持下，克莱顿最终同意35亿美元的方案。尽管如此，美国决定在贷款谈判之前，应就英镑的可兑换、英镑区美元库和双边清算的性质等问题展开讨论。①

12月初，英国最终同意37.5亿美元贷款外加6.5亿租借，合计44亿美元借款，这同其当初要求的45亿美元贷款额相差不大。②《美英金融协定》于12月6日公布。英国接受了将使英镑区和贸易政策"自由化"——1946年年底以后将不能再歧视美国商品，在1945年年底前谋求国会批准布雷顿森林协定。美国贷款1年后开放英镑与美元的自由兑换等。

在贸易问题上，两国一致同意：

> 英国政府完全赞同这些建议中的基本原则并且把它们作为国际讨论的基础，英国政府将和美国政府一道，考虑其他国家的立场，尽最大努力促成此类讨论取得完全成功。
>
> 两国政府同时达成关于这些建议的国际谈判和实施的程

---

① *FRUS*, 1945, Vol. VI: 157-162.
② *FRUS*, 1945, Vol. VI: 187.

序，两国承诺和其他国家一道尽早开始讨论，以制订确切的计划来实现这些建议，包括削减各种形式贸易壁垒的明确措施。①

美国达到了目的。实际上，美国对英贷款并没有悬念，按照杜鲁门的说法，与其说这是基于英国的福祉，不如说是基于美国的利益。英国经济不能够崩溃，否则它又要求助于高墙林立的英镑区，这是美国绝不愿看到的。废除国际贸易上的人为障碍，不管是不合理的关税制度或特惠，还是商品的配额或根据卡特尔的限制性办法采取的禁运手段，从长远来看，对美国经济的繁荣都有好处。贷款不过是启动了英国的战后复兴，它的困难最终应该通过扩展世界贸易来解决。② 这无疑就是指要拆掉英国赖以生存的英帝国和英镑区，将其纳入到以美国为主导的多边贸易体系。国务卿贝尔纳斯亦称，美国从协定中得到的最重要的利益就是迫使英国承担了"支持美国贸易计划的义务"。法国稍后也做了同英国类似的承诺，赫尔的愿望实现了，美国欲通过关税减让谈判方式建立多边贸易秩序的努力似乎一帆风顺。对英国来说，它表面上被迫接受了美国的自由贸易主张，贷款数额被削减且需计息，但是在具体的实施上，它仍有讨价还价的主动性。

三、美国战后贸易机制的基本框架

到 1944 年为止，美国战后设计者们所设想的战后贸易体制包括三个方面的内容：（1）减税与废除特惠；（2）废除其他形式的贸易壁垒；（3）订立商品协定问题。综合起来，涉及建立国际贸易组织的问题。1944 年 9 月中旬，美国对外经济政策执行委员会

---

① "Joint Statement by the United States and the United Kingdom", *The Department of State Bulletin*, Vol. 13, No. 337, December 9, 1945: 912.

② "Harry S. Truman to Eleanor Roosevelt, November 26, 1945", Steve Neal, *Eleanor & Harry: The Correspondence of Eleanor Roosevelt and Harry S. Truman*, Scribner, 2002: 47. [美] 哈里·杜鲁门著，李石译：《杜鲁门回忆录》上，第 384 页。

出台国际商品协定建议草案，初步决定成立国际商品组织并制定一套规则，以便于各政府在世界范围内处理商品问题。① 赫尔极为支持这一行动，并积极谋求与联合国家在这个基础上展开会谈。

11 月 30 日，助理国务卿艾奇逊在众院对外贸易与航运特别委员会战后经济政策与计划分委员会面前阐述了美国的对外经济政策，认为只有维持充分就业与繁荣才是保障世界持久安全的方式，而这正是美国对外经济政策的目标，这也是基于美国自身利益所做的选择。在国际投资上，艾奇逊认为美国的资本输出对战后世界的重建具有非常重要的意义，这将打开国际资本流动的渠道，而战后初期世界对长期信贷的需求将更多。美国的对外投资对美国与世界都有显著的好处。它为美国商品提供了急需的市场，同时提高了发展中国家人民的购买力，它带来了经济扩展、充分就业和高额国民收入。在贸易政策上，艾奇逊提出了美国的目标：

　　第一，废除国际贸易中的所有歧视性待遇；

　　第二，移除对外贸易中的汇率限制，使布雷顿森林金融协定得到全面实施；

　　第三，在废除对进出口的配额、贸易禁运和法律禁令上取得进展；

　　第四，削减进口关税；

　　第五，涉及政府专营和国营贸易之处，实施公平贸易规则。自由和国营贸易国之间的贸易也包括在内。

　　第六，创建国际贸易组织以研究国际贸易问题，提出实际解决办法。

如果与其他国家的初级会谈取得成功，则美国就要倡导在尽可能早的时间里召开联合与联系国家贸易大会，以就削减各种形式的贸易壁垒进行谈判。

除此之外，由于国际卡特尔限制了私人资本的竞争，通过制造

---

　　① *FRUS*, 1944, Vol. II: 94-97.

商品紧缺抬高价格，这同时降低了生活水平，减少了就业机会，因而是另一种形式的贸易壁垒，必须要予以打破。罗斯福也认为"国际贸易中国际卡特尔对商品流动的限制必须要得到抑制"。在商品协定问题上，艾奇逊着重提到了美国战后可能的生产过剩问题，认为这会引发经济上的萧条，破坏充分就业，危害到各国收入。另一方面，这又会促使各国加强对本国和殖民地市场的掌控。这显然是美国不希望看到的。最为基础的办法，是将国际商品协定建立于特定的基本原则之上，服务于扩展世界贸易的目的。①

战争结束后，美国将国际贸易政策建立于 6 个基本原则之上：

第一，美国相信国际贸易总量应该持续增大，至少要高于两战期间的水平；

第二，国际贸易买卖应该由私人企业进行；

第三，贸易形式应采取多边而不是双边形式；

第四，国际贸易应建立于不歧视基础之上；

第五，工农业的繁荣稳定与国际贸易紧密联系、不可分割，因此稳定政策与贸易政策应彼此协调，前后一致；

第六，美国相信持续的国际协商与合作将是以上能够得以实现的必要条件。②

多边基础上的自由贸易理念由此出台，在此基础之上，1945 年 12 月 6 日，美国政府公布了《世界贸易与就业扩展方案》（*Proposals for the Expansion of World Trade and Employment*），第一次向世人和各国政府系统提出了世界贸易秩序内容，为将于 1946 年夏天召开的世界贸易大会（后更名为联合国贸易和就业大会）做准备。方案内容主要涉及了关税、特惠和配额削减等，尤其是提到了建立国际贸易组织的必要性。新的国际组织将处理货币、投资、

---

①　"Post-war International Economic Problems", *The Department of State Bulletin*, Vol. 11, No. 284, December 3, 1944：656-662.

②　Clair Wilcox, *A Charter for World Trade*, Macmillan Co., 1949：14-15.

农业和劳工等问题，而作为联合国的专门机构它还要处理关税壁垒、限制性贸易和国际商业协定等问题，总之，国际贸易组织将是世界上处理贸易问题的首要和主要组织，它的目的便是在世界范围内实现自由贸易。克莱顿曾表示，实现方案中的目标对美国来说意义重大，它将为美国打开世界市场。它在全局工作中也占据重要位置，因为如果经济合作不能持久，则政治和军事合作也不会长久。① 这对战后世界合作与和平的意义不言而喻。

如果看到方案后所附的国际贸易组织章程草案，就不难看出在富丽堂皇的条文之下美国要废除英帝国特惠制的一片苦心。第三章第二部分虽然是关于关税和特惠制的一部分，但主要内容放到了特惠制上。仍然是源于美英《租借协定》第7款的精神，草案规定加入国际贸易组织的国家必须要实质性削减关税以及废除特惠制，而作为废除特惠制的最初步骤，就必须做到：（1）已有的国际协定不再被允许继续受到特惠的影响；（2）所有谈判结束的减税将自动应用于对特惠制的废除或削减；（3）任何产品的特惠都不能再增加，或引入新的特惠。② 这将是美国构建战后自由贸易秩序的出发点。

自由贸易成为美国着力变革的世界经济秩序的核心内容。一方面，美国竭力向世界推行自由贸易，打开世界市场，以满足自己庞大的经济体对扩张的世界贸易的需求；另一方面，美国在政治上借联合国维持战时建立的盟国间统一与联合的局面，使自由贸易能推行于最广阔的空间。在美国看来，这是"赢得和平"的两项基本内容。最终，自由贸易将带来繁荣，巩固国家间合作，从而促进持久和平，全新的世界经济秩序将成为和平的最好保障。但实际上，在战后初期普遍的国际困难之下，这几乎不可能同时实现，势必要在国际形势的演变之下做出调整。

---

① "Remarks by Assistant Secretary Clayton", *The Department of State Bulletin*, Vol. 13, No. 337, December 9, 1945: 913.

② "Proposals Concerning an International Trade Organization", *The Department of State Bulletin*, Vol. 13, No. 337, December 9, 1945: 921.

第五章　美国自由贸易向资本主义
国家的推行

　　美国自由贸易的推行首先面向盟国中的资本主义国家，典型代表有英国、法国、比利时、加拿大、澳大利亚、新西兰和南非等国。此类国家有一个共同特征，即其经济发展长期处于资本主义世界经济秩序之中，战后初期面临着经济重建与发展的迫切愿望。此类国家是美国自由贸易政策推行的主要对象国，相对来说也最为顺利和成功。美国主要通过联合国贸易与就业大会系列会议与该类国家达成协议，系列会议中，两次预备大会分别在伦敦与日内瓦召开，正式会议于哈瓦那召开，以举办地区分，可分别简称为伦敦会议、日内瓦会议和哈瓦那会议。

第一节　美国推动资本主义国家
参加自由贸易会谈

　　1945 年 12 月 5 日，美国国务院开始筹备"世界贸易与就业扩展方案"筹备（初级）会议，定于 1946 年春开幕，拟请的国家有英国、法国、加拿大、南非、新西兰、澳大利亚、印度、比利时、卢森堡、巴西、荷兰、捷克斯洛伐克、古巴、苏联和中国。①这 16 国被称为核心国家集团（Nuclear Group of Countries），正式文件《世界贸易与就业扩展方案》则于 12 月 6 日公布。方案将首先在核心国家间达成一致，进而扩展到世界其他地区。此时，除苏联与中国外，其余 14 国皆为经济较为发达的自由资本主义国家。

---

　　①　*FRUS*，1945，Vol. II，Government Printing Office，1967：1345-1346.

一、美国公布自由贸易草案

美国推行自由贸易的心情是急迫的。1946 年 1 月下旬，联合国外长会议在伦敦召开，美国提出"现有的联合经济行动如货币与汇率稳定、国际资本流动等不足以保障世界经济的发展，涉及就业和贸易壁垒与歧视的有效行动必须付诸实施"，趁机提出在当年召开联合国贸易与就业会议，以推动自由贸易的实践。会议内容被确定为：（1）讨论维持高水平和稳定的就业与经济活力的协定；（2）讨论涉及规制、限制和歧视性国际贸易的协定；（3）讨论限制贸易的协定；（4）讨论政府间商品协定；（5）建立国际贸易组织，作为联合国的专门机构处理上述（2）、（3）、（4）的内容，一则交由联合国经社理事会负责。① 同时，又增加了三个核心国家：智利、挪威和黎巴嫩。② 美国成功获得了联合国的支持，将对自由贸易的追求转变成国际一致的共同事业。

美国对会议的期待体现在两重目标。首先，低层次的目标为推动直接减税。各国出台关税减让表，经过会议谈判形成总的减税方案——包含相互都可接受的关于削减关税和非关税贸易壁垒——如外汇管制、贸易限制、补贴和配额等的条文。在最惠国原则基础上，各国可以要求其他国家做出符合其期望的关税减让。总之，会议将是很好的谈判平台。其次，高级目标是在世界范围内形成贸易组织宪章，以从总体上规范世界贸易的自由化。拟议中的预备会议同样开放对商品协定、卡特尔政策和国际贸易组织议题的讨论，会议达成的协议（关税表除外）将最终由正式的国际会议形成文件，对各缔约国具有法定强制力。③整个文件认为世界安全与福利要求所有的国家遵从一套贸易模式，依靠永久的国际组织处理诸如政府

---

① *FRUS*, 1946, Vol. I, Washington: Government Printing Office, 1972:
1278-1279.

② *FRUS*, 1946, Vol. I: 1292.

③ *FRUS*, 1945, Vol. II: 1347-1348.

间贸易壁垒、卡特尔、国际商品协定等事务。① 如此之下，美国所设想的世界贸易秩序具有了实质性的运行保障机制。

从这个思路出发，2 月初，美国国务院贸易政策司出台备忘，正式推出《联合国国际贸易组织宪章》的设想。宪章不仅涉及组织运行的条文，还包括积极的和实质性的对各种贸易壁垒的削减、处理卡特尔事务的程序、规范政府间谈判和商业安排的原则以及国内就业政策国际方面的内容。减税是非常关键的内容。动辄涉及数千项商品减税的内容显然不可能直接写到宪章中去。因此，各国都应附上他们同意减税或不再增税的议定书，共同形成自由贸易的文件。

过去的经验表明，双边协定下的减税可以自动扩展到第三国，比如通过最惠国待遇，但第三国却不能独立地享有来自本国之外双边协定的关税减让权，简而言之，过去的关税减让或者是单方的，或者是借助于双边机制网络，每一份减让都独立于其他国家，多边模式则能够改变这种局面。在多边模式下，每一个降低贸易壁垒而不是关税的国家，仍然能够享受它在关税方面与其他减税国家同样宽广和准确的优惠措施。因此，无论在范围上还是法律适用上，每一个参加了多边协定的国家，基于其本身的权利和自动的最惠国待遇，都将获得其他国家表格中的减让利益，这是前所未有的。因此，在预备会议开幕之前，各国应充分沟通，以确定本国减税和要求别国减税的内容。这是关税减让谈判的核心精神之所在。预备会议谈判最后将出台《国际贸易组织宪章》草案和《各国议定书》。②

国务院的这份备忘是非常重要的文件。在随后美国与各核心国家的沟通中，它一直是最基础和最核心的文件，并为美国在减税活动中始终掌握主动权奠定了基础。在随后几天里，这份备忘录被迅速送到 15 个核心国家。

此时的国际形势已经与布雷顿森林会议召开之时完全不同。战

---

① *FRUS*, 1946, Vol. I: 1269.

② *FRUS*, 1946, Vol. I: 1281-1289.

争已经结束，如果说英国已经失去要求美国无偿租借援助的理由，那么同样地，美国也不能因此而对盟国提出不对称的要求，来实现其意志；另一方面，战争的结束使美国国内政治生活恢复正常，民主党政府不能像战时那样要求美国人民为赢得和平做出牺牲，这就给了共和党发声的机会，而这种声音，在相当程度上都与政府相左，在国际经济政策上尤其明显。形势的变化使美国在战后推行国际理念更为艰难，并需要付出更大的代价。

3月底，美国国务院认识到，第一，美国计划的成功与否将最终依赖于美国减税幅度，较大的减税幅度势必要引起国内保守势力的反弹，尤其是在战后共和党势力有所增强的情况之下。第二，需要考虑美国公众的反应。此时所有关于贸易的讨论都是秘密进行。因此需要提前数月对公众公开谈判问题，以了解美国民众的反应，这是美国将要面对的最大挑战。第三，减税清单问题。削减关税势必要损害国内生产者的短期利益，必定遭到部分利益集团的反对，他们可能会利用一切资源来给政府施加压力，如果他们成功了，则美国政府在贸易上的所有设想要化为泡影，这对美国来说极为重要。

国务卿贝尔纳斯认为所有筹备委员会成员，同时作为核心国家，应于8月1日在伦敦开会，首先就《国际贸易组织宪章》达成一致意见。同时将关税议定书的谈判推迟到9月1日以后进行。美国将尽最大努力，使用一切可能的办法——包括双边谈判在内来推动会议的举行。[1] 贝尔纳斯的这一建议充分考虑到了美国国内政治的现实，他本意是要减轻美国支持国际贸易组织的国内压力，实际上却将《国际贸易组织宪章》与减税谈判分开，导致在其后的发展上出现了完全不同的结果。

基于这样一种思路，国务院向总统杜鲁门提出了美国政府可以采纳的策略：

第一，由于与会国众多，减税产品清单也会很长，因此必

---

① *FRUS*, 1946, Vol. I: 1304-1305.

会遭到利益集团的反对,他们在内阁中的代理人很有可能会为他们做出某种形式的承诺,当前无比重要的是阻止他们做出承诺。

第二,在对抗议者的解释中,要申明政府必须考虑美国的整体利益,在这个前提下,地区或集团利益会被给予最大的安抚考虑。

第三,无论最终做出何种关税减让,美国都应坚持在未来的贸易安排中有充足"例外条款"(escape clause)的保障,这将使美国在任何紧急情况下都可以采取积极和有效的应对措施。保证不会出卖美国的工业、农业和劳动者的利益,从而大大缓解对既定工业会受到损害的疑虑。

第四,在谈判完成以前,实际接受或赋予的减让都暂不公布,并延续到年底或第二年年初。

国务院初步将9月15日定为贸易会议开幕日,这就意味着最迟要在6月15日正式向社会公布减税产品清单。①

美国国会在《英美金融协定》上迟迟没有动作,拖慢了召开贸易会议的步伐。杜鲁门政府将给英国的贷款视为重启战后贸易的必要步骤,也是换取英国支持美国贸易政策的保障,同时还将为美国打碎英镑区特惠体系提供更为有利的姿态。但部分国会议员认为利息太低,部分认为布雷顿森林机构不应由美国来召集,还有一些认为贷款问题应在多边而不是双边机制下解决。② 最终,减税谈判会议被推迟到1947年,美国国会中期选举之后召开。英国的反应是极度失望。

作为补救措施,美国督促联合国经社理事会筹备委员会会议于7月1日在纽约召开,讨论在美国"建议"基础上制定出《国际贸易组织宪章》细致条文。美国的设想是在会议闭幕以后,8月15日,草案起草分委员会再次开会,完成宪章草案起草工作,并将之

---

① *FRUS*,1946,Vol. I:1307-1308.

② *FRUS*,1946,Vol. I:1317,Footnote 65.

正式传递给筹备委员会所有成员国研究，这个时间大约是在 10 月 15 日。然后，11 月 15 日，美国发布减税谈判的通告，减税谈判会议定于 1947 年 3 月召开。① 这样就避开了国内的争议，既争取了时间，又推动了谈判的继续。

在英国和加拿大的支持下，美国最终同意推迟会议，同时将会址改至欧洲，以使各国有更多的时间考虑宪章草案。5 月 28 日，联合国秘书长赖伊（Trygve Lie）宣布筹备委员会会议将于 10 月 15 日在伦敦召开第一次会议，会议将讨论实质性的贸易壁垒谈判和《国际贸易组织宪章》问题。②

7 月，美国对外经济政策执行委员会完成了宪章草案的主体部分，作为筹备委员会中各国讨论的基础，涉及自由资本主义国家的内容如下：

第一，一般贸易政策。国际贸易组织内部在关税和国内税方面普遍适用最惠国待遇。有两点例外，即 1939 年 7 月 1 日以前生效的特惠关税，它包括：在同一主权地域生效的特惠和美国与古巴之间的特惠。除此之外，不允许在 1946 年 7 月 1 日之后引入新特惠，所有特惠应逐步取消。在税收方面给予国民待遇，在任一成员国境内免税运输等。

第二，关税与特惠。成员国在要求之下需开展互惠谈判，所有在最惠国进口税率之下的谈判减让将自动适用于对特惠差额的削减或废除。

第三，数量限制。废除对进出口的限制，例外情况为：（1）转型期间为平衡国际失衡；（2）在食品或其他必需品急缺基础上的临时性出口限制；（3）宪章之内政府间商品协定下的配额；（4）政府必须要在农产品上采取的限制性进口。

第四，外汇管制。各国同意不在商品交易中实施外汇管制，除非这为国际货币基金条文所允许。即便如此，各国同意

---

① *FRUS*, 1946, Vol. I: 1319.
② *FRUS*, 1946, Vol. I: 1337.

放弃《国际货币基金协定》第 14 条的权利。

第五，补贴。成员国在补贴国内产品时应通知国际贸易组织并与其他国家商议。转型期后的出口补贴将被禁止。

第六，紧急条款。在确认本国生产者受到损害，而扭转这种损害是必要的情况之下，才能实施。这将给成员以权利修改或撤销任何的关税或贸易壁垒削减。尽管如此，必须事先书面通知国际贸易组织，如果滥用此权则会受到处罚。

第七，限制性商业行为。成员国同意采取合适的单独或集体措施来阻止在国际贸易领域限制竞争、限制市场准入或垄断控制的行为。国际贸易组织将监控这一行为并做出反应。

第八，政府间商品协定。国际贸易组织将组织政府间会议达成国际商品协定的框架协议。①

美国的注意力完全集中于实现自由贸易，为美国商品走向世界打通道路。第一点中特惠方面对"同一主权地域"的界定基本上将英帝国特惠制排除在外，第二点中对"特惠差额的废除"否定了英国对特惠下限 5% 的坚持，第六点的说法为自己留下后路，美国所关心的问题都预设了解决办法。

减税谈判将是美国所要面对的最为困难和复杂的方面，多边基础上的减税谈判必须建立在每个国家事先明确要从其他国家得到哪些减让以及其他国家可以做出哪些减让上。如果减税谈判会议在 1947 年春天召开，那么美国就必须赶在年底前将初步的清单交与各国讨论。对于英国等国家关心的就业问题，草案中只用了很少的篇幅。②

7 月 15 日，美国国会终于通过了《英美金融协定》，杜鲁门当天即予以签署，表达了他对美国变革世界经济秩序的支持。正如他所说，"这笔贷款帮助我们恢复世界的贸易，是符合我国当前和长远的利益的。同时，这笔贷款还使英国能够同我们保持合作，来构

---

① *FRUS*, 1946, Vol. I: 1333-1335.

② *FRUS*, 1946, Vol. I: 1338.

建世界各国间的一种互利的新型经济关系"，美国所追求的这种贸易制度，在同等条件下向联合国所有成员敞开。① 国会此举给美国的贸易理想奠定了成功的基石，有力地推动了美国政府的工作。

为了8月的双边会谈，美国决定最迟在8月5日向核心国家分发草案并予以公布，以使它们有足够时间来研究和考虑。英国认为此时分发宪章草案在策略上是个错误，并且两国在对《国际贸易组织宪章》的解释上存在诸多对立。但英国的反对并不重要，美国仍然在8月5日向包括挪威、智利和黎巴嫩在内的诸核心国家分发了宪章草案及解释备忘。② 9月12日，美国宣布将于9月20日公布宪章草案，减税谈判确定在1947年4月召开。这个时间表此后没有改变。

二、伦敦会议两项成果

1946年8月下旬，霍金斯和彼得森（Avery Peterson）走访捷克斯洛伐克、挪威、比利时、荷兰和法国，就美国的宪章草案与之讨论，发现他们对很多条文存在误解，这个发现让美国在筹备委员会会议之前能够有所准备，有的放矢。10月，美国部际贸易协定委员会（Interdepartmental Trade Agreements Committee）完成了减税项目清单，同时也完成了需要从其他核心国家得到的减税项目清单。这在美国自己看来，既符合贸易协定程序，也为核心国家提供了协商的基础。由于涉及国家众多，以及美国对外贸易的广泛性，清单涵盖范围很广，如果它完全得到会议同意的话，那就意味着对现行美国关税法的大幅修改。如果仅仅是普通商品，谈判或许会相对容易，但是清单中还包括一些关键农产品如羊毛、黄油和肉类等在内。一方面，它们对谈判的成功起着非常重要的作用；另一方面，它们在国内有强大利益集团的保护。而一旦按照时间表于11月9日公布，必然引起它们的强烈反对，从而在政治上造成麻

---

① ［美］哈里·杜鲁门著，李石译：《杜鲁门回忆录》上，第385页。
② *FRUS*, 1946, Vol. I: 1342.

烦。① 但是美国必须减税，也只有在这个基础上才能寻求其他国家放松或放弃数量限制、外汇管制、特惠和其他贸易歧视，推动自由贸易。这对美国庞大的出口和国内经济具有重要意义。尤其重要的是，这对寻求美国农产品的巨额剩余以及在战时急剧扩充的重工业的出口市场意义非凡。②

1946 年 10 月 15 日，联合国贸易与就业筹备委员会第一届会议（United Nations Economic and Social Council Preparatory Committee of the International Conference on Trade and Employment，又称伦敦会议）举行第一次全体会议，对于美英两国于 1945 年年底达成的协议，会议充满了乐观气氛。英国的表态具有代表性，经济事务部大臣克里普斯（Stafford Cripps）发言称：国际贸易组织将建立于最大程度的自由之上，代表了世界人民对未来的美好期望，而美国方案对国际贸易组织的建立是一个真诚的尝试。③美国提出未来国际贸易的五大准则：实质性削减贸易壁垒；基于多边；不歧视性质；鉴于工农业的繁荣稳定与国际贸易息息相关，稳定就业政策与贸易政策需协调一致；平等待遇，公平考虑所有国家——无论个人主义还是集体主义或两者混合——的利益和需求。④这正是美国所钟情的贸易秩序的实质性内容。美国在伦敦会议的主要目标有两个：一是促成在世界贸易领域排除进口配额、数量限制等歧视性贸易措施；二是在各国间开展减税谈判，并且这种减税幅度能自动适用于特惠的削减或废除。伦敦会议作为专家会议，预备性质浓厚。11 月 26 日，会议就美国所提出的《国际贸易组织宪章》建议草案 89 条款中的 74 条达成了一致，主要内容如下：

第一，各国在国内采取合适的措施来保持高水平就业和有

---

①　*FRUS*，1946，Vol. I：1349-1351.

②　*FRUS*，1946，Vol. I：1353.

③　E/PC/T/PV/1，"Verbatim of the First Plenary Meeting"，Oct. 15，1946：6.

④　E/PC/T/PV/2，Verbatim Report of the Second Plenary Meeting，Oct. 17，1946：4-8.

效需求，这也是维持国际贸易繁荣的必要措施。

第二，除了个别特殊情况、国营贸易下指定遵守的准则以及成员国间减税谈判所要遵循的原则以外，各国采纳限制使用数量限制、外汇管制和出口补贴的贸易政策。

第三，宪章承认世界范围内经济发展的重要性，允许各国在宪章允许范围之内采取有限保护性措施鼓励工业发展。①

第四，宪章支持减少私人限制性贸易的国际行为。

第五，宪章下的准则将管理所有政府间商品协定，以克服主要商品生产与贸易上的困难。②

除此之外，其他技术问题，如会员国与非会员国间关系问题等则交由会议成立的起草委员会于 1947 年 1 月在纽约继续讨论。伦敦会议通过的宪章草案已经不再是仅供讨论的底本，而是实实在在的国际共识文件。其中，美国没有做出任何重大让步，也没有在原则问题上妥协。正如国务院国际贸易政策办公室主任威尔科克斯（Clair Wilcox）所言，伦敦建议草案的达成是肇始于赫尔的贸易协定立法，在 1941 年《大西洋宪章》和 1942 年《租借协定》中都有涉及，是美国一直以来所追求贸易政策的体现，③ 建议宪章的达成一致表明美国在推动以自由贸易为核心的世界经济秩序的道路上又前进了一大步。

---

① 伦敦会议取消了对战后转型期的限制，允许各国对他们认为重要的商品施加进口限制，直至他们满意。在数量限制问题上，会议基本同意各国可以对受冲击较大的商品实施数量限制，但前提是要提前或同步与国际贸易组织协商。美国认为只有确立与国际贸易组织的协商制度，才能保证各国不会滥用数量限制，从而保护自由贸易原则不受损害。参见 E/PC/T/C . II/QR/PV/6, Verbatim Report of the Sixth Meeting of the Sub-committee of Committee II, Nov. 21, 1946: 20-23。

② *FRUS*, 1946, Vol. I: 1358-1359.

③ Clair Wilcox, "The London Draft of a Charter for an International Trade Organization", *The American Economic Review*, Vol. 37, No. 2, Papers and Proceedings of the Fifty-ninth Annual Meeting of the American Economic Association (May, 1947): 529.

伦敦会议另一个重要成果是对减税谈判完成了全面规划，这体现在最后决议附件10《多边贸易协定谈判》中。其中规定，筹委会成员国间的减税谈判成果最终要纳入国际贸易组织的框架之下，谈判必须在已达成的《国际贸易组织宪章》草案原则指导下进行，减税实际上也是宪章草案第24条中确定的目标。

宪章草案第24条的三点原则是：

第一，针对特惠的谈判方面，先前的国际协定将不再生效。

第二，所有在最惠国待遇之上的关税谈判减让将自动适用于特惠差额的减少或废除。

第三，低关税或零关税待遇将在原则上被认为是高关税实质性减让或特惠的消除。

宪章草案第24条要求关税谈判建立在互惠互利基础上。在减税上，寻求关税的实质性削减将是总体目标，采取美国所主张的选择性及产品对产品的方式，将为每一项产品的减税提供充分的机会。一种特殊产品可以减税，也可以不减税，就幅度而言，可多可少，各国或各行业都将有充分的自由，这对特惠而言也是一样。尤其重要的是，这些针对关税和特惠的谈判经适当修正后也适用于同国营垄断国家的谈判，从而提供了一个宽松的环境。基本上，关税减让谈判的精神同宪章24条相符，设计中的谈判也是为了促进宪章被普遍接受。一旦宪章为各国所接受，则谈判即在国际贸易组织框架下开展，关税减让谈判不再单独进行。

伦敦会议拟定，在筹委会16国中，每个国家都拿出一份关税减让表，标明产品种类与其对特定国家最大的减税额，从而构成多边谈判的基础，这相对于过去的双边谈判优点在于它可以使过去一些中小国家得到过去不易得到的关税减让并稳定地享有减让成果。

会议确定关税减让谈判的程序分四个阶段：

第一，在1946年12月31日前确定各筹委会成员国所需减税初级清单，清单要包括现有税率和期望税率。清单需交给联合国秘书处，再转交各国。

第二，在筹委会第二次会议上，各国需将拟议中的关税减让以及对它国的期望减让表提交大会。

第三，虽然谈判是多边性质的，但通常直接相关的 2~3 个国家就可决定某一种特定商品的关税减让，每个国家要求的谈判小组数量将因其贸易关系的不同而有所不同，大的贸易国家必然会要求更多的谈判小组。联合国秘书处将负责准备谈判时间表。

第四，筹委会将总体把握谈判形势，并在最后的报告中论及减税情况。与此同时，各成员国也将有权知道其他国家间的谈判活动，以及时评估自己从中所能得到的好处。

会议还同意，关于《关税与贸易总体协定》（简称《关贸总协定》，*General Agreement on Tariffs and Trade*）应在谈判结束之时予以签署并公布。尤其重要的是，协定与宪章在法律上是两个相互独立的文件，它应该在签署并公布以后即发生效力，不止是签约国，它还暂时地适用于与不准备参加国际贸易组织国家之间的贸易关系处理。签署国可以在 3 年期满后自由退出该协定，或者在 6 个月的提前通知下退出。虽然协定与宪章是两个互相独立的文件，但是，协定不包含任何与宪章相违背的条款，与宪章精神保持完全一致。

在《关贸总协定》的考虑之下，会议同意成立临时机构，并存在到国际贸易组织成立为止。而一旦国际贸易组织成立，则《关贸总协定》签署国将自动成为其下成立的临时关税委员会创始国，它们将有权处理关税减让问题，并在世界范围内推动减税工作。①

对美国来说，伦敦会议既喜又忧。喜的是，在会议讨论通过的宪章下，美国没有牺牲任何主权，并且在任何情况下它都可以自由

---

① E/PC/T/33,"Annexure 10,Multilateral Trade-Agreements Negotiations", December,1946:48-51.

行动。即便违背了宪章义务，而又没有被包含在例外条款之内，唯一的后果也不过是其他成员国撤回对美国的减税义务。因此，加入该国际贸易组织对美国有百利而无一害。隐忧则是，美国官员担心宪章会对美国造成束缚，也突出表明其信心不足，行政当局已经丧失了战时巨大的权威，国会与民众的反应影响巨大。这一点美国官员非常清楚，即宪章成功与否，取决于美国国会和民众的支持程度，①国会能够对行政当局的对外经济活动施以重大影响，这对美国自由贸易的推行并不是一个好消息。

第二节　美国与自由贸易成果的初步达成

一、日内瓦前期谈判与美国《羊毛法案》

美国国会一直对政府的减税充满警惕，使美国政府大伤脑筋，杜鲁门欲兼顾国会与减税谈判，但难以把握，有时甚至给自由贸易的践行带来消极影响。1947 年 2 月初，参议院财政委员会主席米利金（Eugene Millikin）和外交委员会主席范登堡（Arthur Vandenberg）以及塔夫托（Robert Taft）三人宣布他们乐于推迟一年对关税采取行动。鉴于三人在国会中的巨大影响力，杜鲁门被迫让步，2 月 25 日，他发布行政命令，建立例外条款程序，规定在《互惠贸易协定法案》授权下做出的减税，一旦危及国内产业，则美国有撤回该项减让的自由，② 从而扫清了国会可能施加的障碍，但同时也给即将到来的日内瓦谈判蒙上了阴影。英国认为，例外条款再加上"选择性减税"窒息了自由贸易的动力，英格兰银行的贸易代表汤普森-麦科考斯兰德（L. P. Thompson-Mc Causland）则

---

① *FRUS*，1946，Vol. I：1365.

② John T. Woolley and Gerhard Peters, *The American Presidency Project*［online］, http：//www. presidency. ucsb. edu/ws/index. php？pid＝78089, 2012 年 3 月 8 日访问。

建议英国应该要求国际贸易组织的例外条款来保护自己。①

自由贸易对美国经济增长意义重大，这使杜鲁门政府不敢有所怠慢。1946年，美国出口商品和劳务合计150亿美元，对维持美国国内生产和就业发挥了重要作用。杜鲁门看到，美国高水平的出口反映的是战争对参战国生产能力的严重破坏。从长远看，只有美国愿意从国外购买，或者将资金投往国外，美国才能持续向国外销售商品。对外贸易与对外投资对维持美国经济活力至关重要。② 为此，杜鲁门特别称"自由的世界贸易是世界和平不可分割的一部分，并为持久和平提供必要的条件"。③

减税谈判作为实践自由贸易的直接途径得以加强。从源头上来说，它正是根据战时《租借协定》第7款的不歧视精神而来，并为实践第7款的目标而努力。4月2日，美国贸易协定部际委员会主席温斯洛普·布朗（Winthrop G. Brown）提出减税备忘录，美国削减外国向美国的出口产品关税14.07亿美元，要求外国削减对美国产品的进口关税合计14.33亿美元。减税项目涉及大部分进出口商品，如食品、烟草和机器设备等。布朗认为这些减让对美国经济并没有实质性的损害，但却是美国向世界拿出的诱人条件，在谈判中起着非常关键的作用。④美国欲在日内瓦会议上有所斩获，就必须坚持减税计划执行到底。

杜鲁门支持减税计划，他明确驳回了农业部对农产品减税的异议，对于政治上非常敏感的羊毛织品关税减让，杜鲁门特别谈到：我们通过进口更多的羊毛织品向英国提供额外的美元外汇是重要的，这样的（关税）减让是非常合情合理的。⑤外国的美元短缺问题促使杜鲁门支持美国减税。1947年，英国的对外收支节节下降。1946年7月，美国对英贷款37.5亿美元全部移交，到1947年4月

---

① "The Vandenberg Tariff", *The Economist*, March 15, 1947.

② *The Economic Report of the President*, 1947. Government Printing Office, 1947: 30.

③ [美] 哈里·杜鲁门著，李石译：《杜鲁门回忆录》下，第127页。

④ *FRUS*, 1947, Vol. I. Government Printing Office, 1973: 911-913.

⑤ *FRUS*, 1947, Vol. I: 914.

为止，英国就用掉了 13 亿美元，据财政大臣道尔顿的计算，美国贷款将于 1948 年 2 月用尽，① 后果非常严重。因此，解决以英国为代表的一些国家的外汇短缺问题，从而为美国所致力于要构建的自由贸易秩序考虑，正是杜鲁门坚决支持美国关税减让计划的出发点。

4 月 10 日，联合国贸易与就业筹备委员会第二届会议（Second Session of the Preparatory Committee of the United Nations Conference on Trade and Employment，又称日内瓦会议）开幕，按照伦敦会议的部署，此次会议有两项内容：一是关于《国际贸易组织宪章》的谈判；二是减税谈判。在美国代表团中，克莱顿任团长，威尔科克斯负责宪章谈判，布朗负责减税谈判。美国的主要目标是使会议通过宪章，完成首轮减税谈判，废除英帝国特惠制，完成变革以自由贸易为特征的世界经济秩序。美国、英国和加拿大是三个最为重要的国家。加拿大虽然是英联邦的一员，但在会议一开始就站到了美国一边。澳大利亚始终关注充分就业，中国关注工业化，在某种程度上成为不发达国家的代言人。除此之外，包括南非和新西兰等在内的南方自治领关于减税的兴趣全部集中于羊毛。②

大规模的关税减让在美国几乎史无前例，除了威尔逊实施过一次短暂的关税削减，其余时间美国都保持着高关税，《1930 年关税法》更是将美国关税推上新高。此次布朗关税减让表所导致的整体关税水平甚至比美国历史上最低的《安德伍德—西蒙斯关税法》都要低。在约 5000 项关税减让中，只有 25 项没有被白宫同意，减税幅度之大在当时已经是违反了全部的关税法。③ 因此，国会持何

---

①　C. P. 46（100），Exhaustion of the Dollar Credit，Memorandum by the Chancellor of the Exchequer，21st March，1947，*Cabinet Memoranda*，CAB 129/7，No. 29，245-1.

②　Richard D. McKinzie，*Oral History Interview with Winthrop G. Brown*，May 25，1973：24-25.

③　Richard D. McKinzie，*Oral History Interview with Winthrop G. Brown*：10.

种态度至关重要。在美国政府与国会的博弈中，羊毛关税扮演了关键角色。从历史上看，美国羊毛产业从 1816 年起实行保护关税，1930 年上升到 34 分/磅的税额，而国际上最大的羊毛利益攸关国澳大利亚希望它能至少削减一半，达到 17 分/磅的水平。

20 世纪 40 年代美国的羊毛工业欣欣向荣。战时美国对羊毛需求的 57% 来自进口，1946 年比 1945 年增长 29.6%，达 10.55 亿磅。① 战争的结束没有缓和美国对羊毛的需求，羊毛产业欣欣向荣。与美国相反，世界羊毛产业形势很不乐观。战时世界羊毛的生产即已超过消费需求，到 1945 年 7 月 1 日世界羊毛剩余接近 50 亿磅，是战前剩余水平的 3 倍，其中，英联邦国家占到约 2/3 的份额，排名世界第一的澳大利亚则是占到 14.6%，②世界羊毛生产大国对美国庞大的羊毛市场寄予厚望。

在此背景下，1946 年 11—12 月，参议院出台长期羊毛产业方案：第一，提高羊毛关税，以平衡国内外羊毛价格；第二，实行羊毛进口配额制，只有在国内羊毛供不应求时才能进口；第三，由农业部高价收购国内外羊毛，并以一定的价格出售，以提高世界羊毛价格。③ 从中可以看出，参议院的做法同两战期间各国应付危机的做法如出一辙，尤其是第三条，更是让人想到了美国曾于 1934 年实行的《白银收购法案》，是典型的为了少数利益集团而损害他国利益的做法。如果参议院的动机形成法案并付诸实践，显然将与美国正在日内瓦进行的减税谈判相抵触，对自由贸易实践造成极为消极的影响。

美国国会针对羊毛关税问题的辩论，向白宫提出了一个重要的问题，即美国是重复第一次世界大战后孤立保守的发展模式还是选

---

① U. S. Bureau of the Census, *Statistical Abstract of the United States*, 1949: 726, No. 802: Wool Production, Imports and Exports: 1839 to 1948.

② Raymond V. McNally, "The American Wool Problem", *American Journal of Economics and Sociology*, Vol. 7, No. 2 (Jan., 1948): 186.

③ *The Department of State Bulletin*, Vol. 15, No. 383, November 3, 1946: 786-788.

择自由贸易的开放发展模式？毫无疑问，美国政府的选择是后者。11 月 13 日，克莱顿在第 33 届全国外贸大会上发表关于对外经济政策的演说，重申遵循美国在《大西洋宪章》和《租借协定》中坚持的非歧视贸易原则，根据战后初期的各国现实，提出两条腿走路的办法：一是向遭遇救济、重建和发展问题的国家给予财政援助；二是废除那些限制世界贸易、阻碍生活和消费的贸易壁垒和歧视贸易原则以及降低关税，在过去一年以来所取得的成就上继续前进。① 一言以蔽之，美国对外经济政策在 1947 年及其后一段时间的主要任务是推动世界走向自由贸易，由于这是美国首倡，最不应该破坏这个进程的也当属美国。

形势的发展之快使美国政府来不及做出有效反应。1947 年 4 月下旬，美国与包括英、法、加、澳等在内的 10～15 个国家开始减税谈判，预备委员会也确定从 5 月 7 日起讨论国际贸易组织宪章，这些谈判涉及成员国间进口的国民待遇、免税过境传递以及规范减税等方面的关键问题，② 由于加税将直接违反伦敦宪章草案附件 10 "不加新税" 一节和减税谈判的精神，③ 美国 "羊毛法案" 的进展情况将直接关系到在日内瓦的减税谈判和国际贸易组织的命运，各国将目光聚焦美国。

4 月 27 日，澳大利亚向美国表明了在羊毛、肉类和黄油等产品降低关税、放宽市场进入对于澳大利亚的重要意义，代表团团长库姆斯（Herbert. C. Coombs）称美国在羊毛关税上的举动有可能迫使澳大利亚退出减税谈判，因而不能接受。他提醒美国不仅要考虑到涉及羊毛的政治因素，更要注意到万一谈判失败所带来的政治影响。澳大利亚不是孤立的，南非的立场同它一样坚定，不仅反对美国 "羊毛法案"，还要在英帝国内寻求新的特惠，其他自治领态度

---

① *The Department of State Bulletin*, Vol. 15, No. 386, November 24, 1946: 950-951.

② *The Department of State Bulletin*, Vol. 16, No. 411, May 18, 1947: 989-990.

③ *FRUS*, 1947, Vol. I: 916.

也大致相同，这得到了英国的支持。① 由于澳大利亚的立场在一定程度上还代表了不发达国家共同的声音，因此美国不能忽视澳大利亚的态度。克莱顿忧心忡忡，认为国内削减关税的努力一旦失败，将为日内瓦谈判带来严重后果，不仅将完全中断同南方自治领甚至还有英国的谈判，《国际贸易组织宪章》也会受到威胁，② 而宪章正是美国迫使英国放弃帝国特惠制，构建自由贸易秩序的主要文件。

5月6日，美国代表团决定两条腿走路，一方面，由克莱顿出面同英联邦国家代表单独面谈，向他们示以美国关税减让的重要部分，以及美国对于各自治领减让表中最不满意的部分，寻找突破口，同时在羊毛关税问题上，不做任何暗示；另一方面，代表团又同意克莱顿应该致力于将羊毛关税削减50%，并在适当的时机回国展开公关活动。③

首先是同英国代表团团长赫尔莫（James R. C. Helmore）的谈话。在特惠制的存废上，赫尔莫直接向克莱顿指出，在美国着手提高关税之时，要触及需6个（英联邦）国家一致同意才能变动的特惠系统非常困难。④ 尽管克莱顿一再指出美国虽然已经做了史无前例的关税削减，但仍被英国以减税幅度不足和企图为羊毛加税的理由驳回。除了英国，南非亦认为正是美国的羊毛问题阻碍了日内瓦谈判的进程，在没有找到别的市场替代之前，南非不可能放弃英帝国内的特惠，更深远一点说，这甚至关系到南非是否参加由美国主导建立的一系列国际经济组织的问题。⑤ 在广泛的反对之下，美国被迫暂时中止废除英帝国特惠制，自由贸易的实践遭遇战争结束

---

① "Coombs to Cabinet Sub-Committee on Trade and Employment Conference Cablegram ITO53"（AA：A1068，ER47/1/28，i），GENEVA，28 April 1947，Department of Foreign Affairs and Trade，*Documents on Australian Foreign Policy*，Vol. 12-98. http：//www. info. dfat. gov. au/historical，2012 年 5 月 8 日访问。

② *FRUS*，1947，Vol. I：918.

③ *FRUS*，1947，Vol. I：928.

④ *FRUS*，1947，Vol. I：931.

⑤ *FRUS*，1947，Vol. I：943.

以来的最大挫折。

5月18日，克莱顿星夜回国，欲阻止羊毛法案的通过。克莱顿非常明白，如果美国施加新的关税壁垒，就不可能指望它国全心全意地参加减税谈判，英联邦国家更不会主动废除帝国特惠制，自由贸易遥遥无期，这无疑是使世界经济秩序重蹈第一次世界大战后的覆辙。① 尽管克莱顿得到了马歇尔和艾奇逊的支持，但仍无济于事，5月23日，众院以151：65的绝对多数通过"羊毛法案"，参院也随后通过，此即《1947年羊毛法案》（*Wool Act of* 1947）。此前已有传言，如果美国不能降低羊毛关税，澳大利亚将要退出日内瓦谈判。美国国务卿马歇尔紧急灭火，称澳大利亚退出谈判只会增加美国国内反对羊毛立法一方的难度，对澳大利亚亦没有好处。这换来了澳大利亚更为坚定的反对，直言如果美国不削减羊毛关税，澳大利亚没有任何政府会牺牲特惠或接受国际贸易组织宪章。② 更为严峻的问题是，一向追随美国的加拿大也表态，在羊毛纠纷解决以前，它不会在特惠问题上有所作为。③ 虽然将5月18日到24日定为世界贸易周（此前的传统是全国贸易周），但正是在这个周里，美国在日内瓦被孤立了，羊毛这个不到美国农业收入1%的产业使美国致力于自由贸易秩序的谈判陷入停顿。

在复兴重任之下，面临出口增加无望，新贷款无处可寻的境地，英国代表团决心抓住千载难逢的机会，趁美国政府遭遇挫折之际，谋取美国放松对《英美金融协定》的严格解释，寻求英帝国特惠制的保留。

英国的财政状态正在急剧恶化。5月28日，道尔顿向内阁提交的备忘录显示，已经制定的《1947—1948年进口方案》同《英美金融协定》第9款的内容冲突，如果严格执行后者，则前者将

---

① *FRUS*, 1947, Vol. I: 949-950.

② *FRUS*, 1947, Vol. I: 951.

③ *FRUS*, 1947, Vol. I: 952.

不可能得到实施。①此时，英国面临的美元外汇危机有加重的趋势，到 1947 年 6 月为止，美国贷款已用去超过一半，以这样的速度，到 1947 年年底贷款就会用完，② 英国的贸易逆差在 1946 年为 4 亿英镑，即使前述进口方案得到通过，1947—1948 年年度所要面临的逆差也会上升到约 5.5 亿英镑。③

美国的巨额出超遂成为英国重点攻击的对象。6 月 11 日，英国经济事务部大臣克里普斯称，美国与世界其他国家的贸易失衡问题已经非常严重，每月出超达 5 亿美元，这只能通过"非常特殊和例外的方式"予以解决，正在谈判中的《国际贸易组织宪章》、关税与特惠的削减将无济于事，④ 否定了美国为世界经济问题所开的自由贸易的良方，6 月 21 日，赫尔莫又指出，美国"羊毛法案"一旦成为法律，将严重违背大西洋宪章的精神，以及过去数年来削减贸易壁垒的努力，不仅将破坏正在进行的减税谈判，对国际贸易组织也将是严重威胁，是严重的倒退行为。⑤ 如此，在"羊毛法案"问题还未获解决之际，英国非常巧妙地将问题症结引到了美国身上，从破坏建立自由贸易秩序的角色中脱身，从而在一定程度上掌握了谈判的主动权。

美国政府迅速行动，企图通过事后补救挽回局面。5 月 29 日，国务院直言反对国会的做法，认为羊毛是日内瓦谈判削减关税壁垒所涉及的关键商品，同时也是南方各自治领获取美元的重要途径，

① C. P. 47（167），Import Programme 1947-1948，Memorandum by the Chancellor of the Exchequer，28th May，1947，*Cabinet Memoranda*，CAB129/19，No. 29，81-87.

② C. M. 52（47），CONCLUSIONS of a Meeting of the Cabinet，5th June，1947，*Cabinet Conclusions*，CAB128/10，No. 46：73.

③ C. P. 47（167），Import Programme 1947-48，Appendix C，Balance of Payments in 1947-1948，*Cabinet Memoranda*，CAB129/19，No. 29，14.

④ Richard Toye，"The Attlee Government，the Imperial Preference System and the Creation of the GATT"，*English Historical Review*，Vol. 118，No. 478，（Sept. 2003）：924.

⑤ *FRUS*，1947，Vol. I：957.

美国不可能在提高羊毛关税的情况下还能指望它们配合减税谈判。同时，促进美国与世界的贸易不仅能够帮助美国卖掉剩余产品，还能够让其他国家赚到美元以进行战后建设，从而繁荣世界贸易。①这是对美国而言最好的兼顾本国贸易与欧洲重建的两全其美的办法。

美国国务院迅速出台系列解决方案，5月8日，艾奇逊代表杜鲁门在克利夫兰发表演说，称要为缓解西欧的凋敝做些事情，②6月5日，马歇尔在哈佛大学演讲时宣布，将向欧洲国家提供大规模援助，提供克里普斯所说的"非常特殊和例外的方式"。此举透露出来的信号是，美国要构建自由贸易秩序，最为紧迫的是解决好欧洲国家的收支平衡问题，然后才能展开正常的贸易，这正是马歇尔计划的使命。一方面，马歇尔计划提出以对外援助提供美元的方式解决欧洲的战后重建困难，将极大地增强美国代表团在日内瓦的谈判努力；另一方面，马歇尔计划将与正在日内瓦谈判的《国际贸易组织宪章》形成互补关系，克莱顿认为，在马歇尔计划之下，国际贸易组织更加重要了。③在某种程度上可以说，马歇尔计划是在为美国构建自由贸易体系提供条件。④

美国的行动不止于此。6月26日，杜鲁门以羊毛增税是在"重建战后经济和平的重要关口所犯的战略错误"为由否决了《1947年羊毛法案》，称美国绝不会重走第一次世界大战后走过的

---

① *The Department of State Bulletin*, Vol. 16, No. 414, June 6, 1947: 1137.

② *The Department of State Bulletin*, Vol. 16, No. 411, May 18, 1947: 991-993.

③ *FRUS*, 1947, Vol. I: 960.

④ 马歇尔计划在推动西欧走向自由贸易上取得巨大成功。1950年到1963年，西欧各国相互间出口增长3倍以上（由平均15.87亿美元增长至49.76亿美元），而对区域外出口仅增长2倍多一点（由6.94亿美元增长到14.66亿美元），但仍远远超过同期世界出口80%的增长率。详见［英］包斯坦著，周宪文译：《战后西欧经济史》，台湾银行经济研究室1975年版，第77页。

老路，以致在世界范围再次引起灾难性的后果。①

这两项政策的出台，暂时缓解了美国代表团在日内瓦的压力，也暂时排除了"羊毛法案"对美国的不利影响，使谈判出现了转机。美国得以继续向其设定的目标——废除帝国特惠制、减税和自由贸易迈进。

二、《帝国特惠制》问题的妥协与《关贸总协定》的签字

截至 7 月之时，日内瓦谈判的情况是：

第一，宪章谈判。美国正在经历着有史以来最为复杂的国际谈判。在过去 3 个月里，18 国间的多边谈判没有签署一项协议。此时有关就业、贸易政策和卡特尔的议题已经谈判结束，主要的分歧在于是否废除对进口商品的数量限制，由中国、新西兰和古巴等国发起反对。针对该问题，美国在伦敦会议上的妥协主要针对落后和不发达国家，并由国际贸易组织决定是否允许它们使用，而此次会议却修正为逐步削减直至取消有关数量限制的控制措施，威尔科克斯认为美国有足够的力量维持其意愿。此外，美国还成功地将参议院财政委员会、对外贸易委员会、全国制造业联合会和国际商业协会等组织的修正意见加入到了宪章中。

第二，关税减让谈判。美国已经与挪威、中国等国取得了重要进展，与南部自治领和英国的谈判由于羊毛关税问题而暂停，不久后重启；与法国的分歧主要在于以法国战前还是战后关税法作为谈判的基础；与印度的问题则取决于他们改善本国减让表的努力上。总之，减税谈判仍在继续，废除帝国特惠制作为核心工作还没有取得进展。

此时预计有关宪章的谈判将于 7 月 31 日结束，减税谈判则于

---

① John T. Woolley and Gerhard Peters, *The American Presidency Project* [online], http://www.presidency.ucsb.edu/ws/? pid=12683, 2011 年 9 月 14 日访问。

8月15日结束。①

　　在杜鲁门否决"羊毛法案"以后，美国在日内瓦的谈判仍然面临危机。美国提议缩小总协定的考虑范围至单纯减税，这虽然得到了部分国家如英国、加拿大、法国和比利时等国的支持，但遭到以澳大利亚为首的注重就业的国家的反对；由于美国国内临时贸易委员会财政分委员会的活动，部分国家酝酿使总协定的内容跟随宪章的生效而生效。由于"羊毛法案"的影响，此时美国代表团格外注意不在行政权可以保证的条款外承担义务。② 这样，无论是宪章的谈判，还是减税谈判，美国都处于守势。

　　美英两国的分歧很快成为主要的焦点。在7月中旬的对话中，英国表示在有关宪章的议题上都支持美国，但是有一点例外，即英国坚持在收支平衡的数量限制问题上不必事先征得国际贸易组织的同意。在美国久为诟病的帝国特惠制上，英国坚称不可能立即放弃特惠，而即便放弃特惠也必须征得各自治领的同意。美国虽然知道问题的核心不在自治领而在英国，但也不再坚持此时完全废除帝国特惠，转而要求英国承诺一个时间表，在一定时期内做到完全废除特惠。在关税减让上，美国自认已经在所有重要的产品上做了50%的削减，抨击英国的减让表微不足道，只具有象征性意义。克里普斯非常强硬，认为考虑到美国巨大的经济实力和对外贸易的迅速扩张，英国的减让已经足够多。如果美国认为太少，则尽可撤回对英国做出的减让。③美国被迫屈服。7月下旬，日内瓦会议确定《关贸总协定》将于当年11月1日首先在包括英美在内的几个特定国家之间生效。

　　英国敢于如此叫板美国仍是缘于它日益紧张的财政状况。7月15日，按照《英美金融协定》的要求，英镑开放兑换，几周以后，英国的美元储备告罄。7月24日，英国财政大臣道尔顿向内阁报告，9月底美国贷款就将用尽。为挽救财政危机，英国决定采取任

---

① *FRUS*，1947，Vol. I：961-964.
② *FRUS*，1947，Vol. I：958.
③ *FRUS*，1947，Vol. I：965-966.

何必要措施，包括在贸易上任何形式的歧视行为。这就危及拟议中的《关贸总协定》。一旦英国从非歧视的义务中抽身，则宪章与协定都不能顺利付诸实施，美国对此心知肚明。英国并不想放弃宪章与协定，遂建议协定推迟到随宪章生效而生效。①

美国并不认为英国的财政状况已经糟糕到要从宪章和协定中撤退，他们认为英国充分了解美国对宪章和协定的期待，以及使之尽可能早生效的愿望，从而占据了谈判的主动权。他们意在保留帝国特惠制，实际上他们在日内瓦会议上并没有提供实质性的特惠削减，英国议会及政府部分势力仍支持保留完整的帝国特惠制。美国认为，此时让英国签订协定使之承担降低关税壁垒的义务将是困难的，英国人将尽一切努力利用协定中的例外条款来控制进口并歧视美国商品。对于英国的建议，美国的第一反应是必须强烈反对，否则，从《大西洋宪章》到《租借协定》第 7 款的内容都将无法实现，而这几乎是最后的机会。为此，美国的策略是，将英国支持日内瓦谈判，承担不歧视义务作为财政援助的先决条件；同时尽可能自由地让英国采取歧视措施解决美元短缺困难，让其明白无论是宪章还是协定都不会阻碍英国采取必要的进口限制措施。②

8 月初，美国同意英国在最少地损害宪章的情况下采取必要的歧视政策，同时限制英国将之作为纯粹的保护措施。③ 但是英国打算——至少是在近期内——完全取消对歧视的限制，在特惠上，也要求美国放松要求——减少废除的项目、立即废除少数关键项目、大部分项目缓慢处理。而美国的观点是，《1930 年关税法》与帝国特惠体系是两战期间阻碍贸易的两个对等部分，美国在清算《1930 年关税法》的同时，必然要求英国在特惠上做出实质性动作。美国此时仍有讨价还价的资本——巨额减税、羊毛减税、近期内允许英国歧视、马歇尔计划的援助，如果此时不能废除特惠，以后也就没有可能了。在谈判进入到第 5 个月的时候，美英两国首先

① *FRUS*, 1947, Vol. I: 969-970.
② *FRUS*, 1947, Vol. I: 971-972.
③ *FRUS*, 1947, Vol. I: 973.

就宪章达成一致。8月下旬,《国际贸易组织宪章草案》成文,共9章100款,6个附件,包含了就业与经济活动、经济发展、贸易政策、政府间商业协定等内容,在历经约450次会谈之后,这份草案于8月22日得到筹委会的认可。①

相对宪章,减税谈判的过程更为复杂。此时不外乎有三种结果:一是美国不满英国的做法,退出会议,如此一来便承认了自由贸易实践的不可操作,从而丧失对世界经济事务的主导权,世界重走第一次世界大战后的老路;二是英国同意美国的做法,会议达成协定,从而英帝国在经济上完全解体,英国将丧失在国际事务上的发言权,从此看美国脸色行事;三是两国承认现实,互做妥协,共同构建世界经济秩序。

在此关键节点,美国代表团特别注意到,两国政府需要重建相互尊重与信任,这对两国合作重建战后西方世界是必要的。为此,在没有严重损害美国利益的基础上,给予英国在歧视上的更大自主权。从长远上看是有利的。② 尽管如此,到8月下旬,英国仍然不准备实质性削减特惠,它与诸自治领商议的结果是英国准备将特惠问题推迟3年,并在其后的10年内再逐步予以削减。③ 美国代表对此忍无可忍,9月15日,威尔科克斯发表长达10页的声明,回顾了自《大西洋宪章》发表以来美、英在自由贸易问题的言与行。美国对英国维护帝国特惠制的愤怒达到了顶点,认为英国是阻碍日内瓦会议成功的主要障碍。在欧洲的收支不平衡(即美元荒)上,美国并不认为是由于美国关税太高而导致欧洲商品无法行销美国,之所以出现美元荒,并不是美国出口太多而进口太少,从根本上来说,战后欧洲的重建需要美国的商品,而他们又无力生产美国所需要的商品。而要纠正这种不平衡,近期欧洲需要援助,从长远上看

---

① E/PC/T/186, *Report of the Second Session of the Preparatory Committee of the United Nations Conference on Trade and Employment*, 10 September, 1947: 5-7.

② *FRUS*, 1947, Vol. I: 975-977.

③ *FRUS*, 1947, Vol. I: 982.

只有减税促进国际贸易一途。

尽管如此，美国再次让步，接受英国延缓削减特惠的主张，在3年过渡期之后的10年里，美国提出3种方式，即一是通过削减最惠国税率，如果特惠国不愿意这样做，则可通过提高特惠税率的办法实现，还可以采取第三种即前两种相结合的方式。美国的让步接近底线，如果英国再不接受，则日内瓦会议将面临失败。鉴于这一时期美国代表团频频提起会议失败将要带来的悲观后果，这很有可能使美国政府放弃对代表团的支持，从而放弃对自由贸易的追求。①

英国依然坚持。克里普斯认为英国的特惠削减与美国的关税减让已经达成平衡，任何进一步削减特惠的活动都需要有美国相应的减税来补偿。他举例说在战前英国出口到美国的商品价值为1.5亿美元，而美国对英出口则接近4亿美元，同等条件下的税率削减将更有利于美国。美国显然不这样理解，他们认为在多边互惠的情况下，英国获益远不止此，不能简单地论证美英间的贸易数据。克里普斯答应将美国的方案提交内阁，但却直言不推荐内阁批准。美国驻英使馆感到事态严重，遂约见外交大臣贝文商谈。克里普斯坚持英国让步已经足够多，主张在3年期满后评估事态，再就是否削减特惠做出决定。美国人当即发问这是否在等待美国进一步的减税，克里普斯回答"当然了"。这让美国人简直失望到底。好在贝文仍然认为尽可能快地重返自由贸易符合英国的利益，但他也只是说在条件许可时英国将践行条约义务。此时美国所剩的唯一武器就是以马歇尔计划来压制英国了。②

美国不会退出会议，因为即使英国不会立即削减特惠，它依然能获得比此前双边谈判更多的关税减让利益。对此，霍金斯和布朗建议，将英美两国从减税谈判中单独拿出，这样在谈判实现的总体成就面前，这点不足就不那么明显了。而日内瓦会议的成功无疑将会给美国带来声誉，并促进《国际贸易组织宪章》取得成功。与

① *FRUS*, 1947, Vol. I: 983-992.
② *FRUS*, 1947, Vol. I: 993-996.

英国破裂则没有任何好处可言。如此一来，他们遂建议将美国的目标调整为：

> 第一，维持英国已经提出的令人满意的税率；
> 第二，在特惠削减上尽可能谋求最多的利益。①

9 月下旬，有《关贸总协定》的基本条款已经一致确定，美国从许多国家得到了满意的关税减让，它的利益得到了保证。但克莱顿要谋求更大的利益。9 月 25 日，英国内阁讨论的结果是，英国的让步已经够多，坚持在 3 年期满后再进一步谈判以确定税率削减，唯一的承诺是此间不再增加新的特惠，从而正式拒绝了此前威尔科克斯的建议。② 这激怒了克莱顿，并欲中断谈判回国。英国遂直接与国务卿马歇尔交涉。③

在争端上升到双方高层以后，解决的时机成熟了。

9 月底，在美国驻英大使道格拉斯（Lewis Douglas）拜会贝文之后，英国表示同意考虑美国的建议。与此同时，诸自治领尤其是加拿大也表达了对谈判破裂的担心，他们督促英国积极行动以防止会议的失败。加拿大国内本身也有强大的要求实施进口控制的力量，自由贸易支持者将宝押在了宪章与协定上，如果宪章最终失败，则无疑加拿大也将走上加强贸易壁垒的道路。印度则表示一旦会议破裂，则将与美国单独达成协定。④

在这种情况下，美国开始采取分而化之的策略，绕过英国与诸自治领展开谈判。10 月初，美国国务院决定，放弃此前逐步废除特惠的方案，在不涉及英国的情况下从自治领那里获得尽可能多的特惠清理——尤其是英国所享有的。美国的策略取得了成功。就在当天，出其不意地传出英国作出让步的消息。英国同意废除数项重

---

① *FRUS*，1947，Vol. I：997-998.
② *FRUS*，1947，Vol. I：999-1000.
③ *FRUS*，1947，Vol. I：1003.
④ *FRUS*，1947，Vol. I：1004-1005.

要项目的特惠，同时，如果美国在橡胶进口管制问题上作出让步，就拿出临时性一揽子整体削减20%其在殖民地所享特惠的方案。①

此时美国与澳大利亚的谈判进展顺利，美国在日内瓦逐渐走出困境。拟议中的宪章需要经过哈瓦那会议的审议，如果加上需要各国批准的时间，一切顺利的话，国际贸易组织的建立不会早于1949年，在美国需要国会的批准；协定方面，它将于1948年元旦临时生效，待所有签字国正式接受以后正式生效，在美国只要经行政机关同意即可。在国际贸易组织建立之前，《关贸总协定》将部分代替其发挥功能，这些方面包括：最惠国待遇、关税问题、数量限制和国营贸易等。

到10月中旬，关税谈判所涉及的108个双边会谈大部已经完成，美国也只剩了与英联邦国家的谈判没有完成。总协定即将出炉。宪章方面，在前面所述成员国使用进口限额是否需要经国际贸易组织先行批准的问题上，美国成功地为国际贸易组织争到了这种权力；在对成员国收支恶化的界定上，美国将最后决定权交给了国际货币基金——这个美国具有最终否决权的组织，从而保证了美国的利益。②

英国代表团也不愿冒承担历史责任的风险，遂将它所享有的殖民地特惠削减调高到25%，这勉强得到了克莱顿的认可，但却又在内阁遭遇阻力，成为协定签署的最后障碍。分析之后，美国代表团认为这是英国的策略，25%的减让对英国来说在经济上并无大的意义，在政治上却非同小可，因而决定将计就计，不再提特惠削减的事情，同时对于此前答应的放松橡胶进口管制也不再提及。③ 最终，英国内阁同意了此前的安排，并建议在"尽快就细节达成共识"的精神下恢复会谈。④ 在这种情况下，10月中旬，英国拿出包含了实质性特惠减让内容的表格，对此，布朗认为这标志着特惠

---

① *FRUS*, 1947, Vol. I: 1006.

② *FRUS*, 1947, Vol. I: 1008-1009.

③ *FRUS*, 1947, Vol. I: 1011.

④ *FRUS*, 1947, Vol. I: 1014.

体系最重要的部分已经被打破,① 美国在这个问题上取得了重大进展。

在这个基础上，会议迅速就关税与贸易问题达成最后一致，协议于 10 月 30 日签署，并于 11 月 18 日由联合国秘书长赖伊向世界公布。《关贸总协定》是在 23 个与会国间，历时 7 个月，涉及 123 次双边谈判和近千项表格，涵盖商品数目超过 45000 项，合计占与会国 2/3 的进口贸易，世界进口贸易的半数。关税水平平均降低 35%，影响的应税进口商品比例为 54%。如果折合成 1938 年的数字，美元价格为 100 亿美元,② 贸易份额占 70%（见表 5-1），是自第一次世界大战以来第一次在世界范围内推动减税与拆除贸易壁垒的多边行动，取得了重要的成就。此时它是作为国际贸易组织的附属而存在，是为了完成其先期使命。但是协定也没有停留于此，第 25 条直接规定，"各缔约方代表应本着协定条款生效的目的，进一步地，为着方便执行和深化协定目标的目的，不定时召集会议"③。这就为其后《关贸总协定》谈判回合的继续进行埋下了法律基础。

表 5-1　　参加减税谈判的各国在世界贸易中所占比重

（1938 年和最近 12 个月之和平均数）④

国　家	百分比	国　家	百分比
澳大利亚	2.2	法兰西联邦	6.6

① *FRUS*, 1947, Vol. I: 1015.

② United Nations, *Yearbook of the United Nations*, 1948-1949, Lake Success, N. Y.: Department of Public Information, 1949: 1108-1109；赵航：《多边贸易体制与美国的霸权权力》，外交学院 2008 年博士论文，第 44~45 页。

③ E/PC/T/214/Add. 1/ Rev. 1, "General Agreement on Tariffs and Trade": 58.

④ Press release No. 469, "Adoption and Signature of Final Act", 27 October 1947: 7.

续表

国　　家	百分比	国　　家	百分比
比利时、荷兰、卢森堡	7.6	印度、巴基斯坦	2.4
巴西	2.0	新西兰	0.8
缅甸	0.5	挪威	1.1
加拿大	5.0	南罗德西亚（津巴布韦）	0.2
锡兰（斯里兰卡）	0.4	黎巴嫩叙利亚关税同盟	0.1
智利	0.4	南非联邦	1.6
中国	1.9	联合王国	18.0
古巴	0.6	美国	17.6
捷克斯洛伐克	1.0	总计	70.0*

＊按 1938 年数据，剩余 30%为德国和日本份额。

　　美国巧妙地利用了国内法律对国际组织的不同认定，将《关贸总协定》避免铸成需要国会批准同意的国际组织。美国欲参加类似于国际贸易组织、国际货币基金等拥有固定的执行委员会（Executive Board）和成员国（Members）的组织必须经过国会的许可，但是，在一定立法的支持下，参加国际协定就完全是政府行为。在《关贸总协定》的谈判中，美国谈判人员特意不提成员国，而是以"缔约方全体"（Contracting Parties）代替，① 为的就是避免被称为国际组织，从而使政府完全掌握主动。

　　与此同时，《关贸总协定》缔约方发展迅速，在某种程度上甚至超过了联合国的会员国范畴。1947 年 6 月初，执行秘书处提交名单，列出部分曾在世界贸易中占据重要地位的国家（占世界贸易份额最低为 0.2%），邀请他们参加联合国贸易与就业大会，相关情况如表 5-2 所示：

---

① Richard D. McKinzie, *Oral History Interview with John M. Leddy*：53-54.

表 5-2　　　　拟邀国 1938 年所占世界贸易份额①

国　家	占世界贸易份额百分比
奥地利	1.00
保加利亚	0.27
芬兰	0.78
匈牙利	0.59
爱尔兰	0.68
意大利	2.41
葡萄牙	0.32
罗马尼亚	0.63
瑞士	1.42

值得注意的是，这些国家此时都不是联合国会员国。后来这个名单又增加了阿尔巴尼亚、外约旦和也门，② 包含了多数东欧、南欧国家，8 月 1 日，这个提议为联合国经社理事会同意。

应当指出的是，美国从中获益巨大。其所做关税削减在会议前后变化不大，但从与之直接谈判的各国所获减税额达 3.9 亿美元（1939 年价格），而从其他国家相互间关税减让所获利益保守估计也超过 1.5 亿美元，③ 而这对美国的自由贸易者来说还不够，其最终目标是在世界范围内实现自由贸易，实现威尔逊所未实现的抱负。

第三节　美国初步实现自由贸易目标

一、《国际贸易组织宪章》在剧变和分歧中出炉

按照既定日程，1947 年 11 月 18 日，联合国贸易与就业大会

① E/PC/T/Del/39, June 3, 1947：1.
② Press Release No. 234, 11 July 1947：7.
③ *FRUS*, 1947, Vol. I：1020.

（United Nations Conference on Trade and Employment）正式在哈瓦那开幕（也称哈瓦那会议），与日内瓦会议只有 23 国参加不同，这次会议有 56 国参加，如果考虑到此时联合国仅有 61 成员国，则哈瓦那会议是名符其实的世界级会议。会议主要议程是讨论《国际贸易组织宪章》，并正式成立国际贸易组织，这将是规范自由贸易的主要机构，与国际金融领域的国际货币基金组织、世界银行相对应。美国迎来了变革世界经济秩序最为关键的时刻。

首先，在哈瓦那会议上占据突出地位的是有关贸易政策的讨论。在这个问题上有近 300 条修正案提出，凸显了该问题的重要性。特惠仍是重要议题。会议讨论了包括美国—古巴特惠在内的现存特惠的例外问题，以及对建立新特惠的限制问题。美国虽然支持废除所有特惠，但鉴于可能出现的政治和经济后果，不再支持立即废除。美国也不再反对新增特惠，而是交由国际贸易组织判断对世界经济有益与否而定。除此之外，在数量限制上，绝大多数有修正案提出例外条款以扩大本国的配额使用权；外汇控制和收支平衡方面，一些收支困难的国家企图在没有国际货币基金同意的情况下谋求对汇率的自由控制权；补贴方面，美国提议只针对非主要商品禁止出口补贴。

其次，限制性商业行为问题。阿根廷提议废除所有对公共企业商业行为的控制，因为其主要功能是促进本国民族经济的发展，这代表了国营贸易国家的利益，得到了部分拉美国家的支持。美国坚持国营企业应与私人企业一视同仁。服务业的豁免权问题，同样是阿根廷，认为对国际服务业如运输、银行的限制应予以取消。

再次，政府间商品协定。加拿大等国坚持发起商品控制协定的权力应在国际贸易组织之内，但是委内瑞拉提出例外情况，即如果是为了稳定主要商品价格的目的，则国家可以使用。乌拉圭等国进而提出"主要商品"也应该包含工业制成品，遭到美国和英国的反对。①

---

① *FRUS*, 1948, Vol. I, Part 2. Government Printing Office, 1976: 809-816.

从大会一开始，各国间就充满了分歧，各种有利于自己的例外条款纷纷提出，让美国疲于应付。这从另一个侧面显示，各国经济的恢复与发展需要本国施加保护，自由贸易对他们来说太过理想了，对此美国亦无能为力。

此时美国已经不能单纯地就贸易问题而谈贸易了，它必须考虑到国际局势的风云剧变及国内政治形势的变化。冷战对美国国内政治产生了重要影响，右翼保守力量抬头，这直接地体现在美国1946 年国会的中期选举上。在这次选举中，共和党集团势力大增，取得了对国会的控制权，如果说他们没有对日内瓦谈判产生明显的消极影响，那么，在这次哈瓦那会议上则是发挥了可以左右形势的影响，杜鲁门政府要想在国际贸易领域有所作为，将不得不更加重视国会的要求。

1947 年 12 月底，美国谈判副首席代表威尔科克斯认为，美国在哈瓦那不可能再像在日内瓦那样就宪章达成广泛一致，他认为，美国应先取得 25～30 国家的同意，在一些特定章节上达成一致，宁愿最终接受一个"骨感的"宪章，也不要一个限制重重的顾问机构。如果这样，则在 1948 年通过国会的可能性就会大增，甚至有一半的可能会得到国会的"欣然同意"。与此同时，《互惠贸易协定法案》又要到期，如果不能在 1948 年延期的话，则美国政府将失去减税谈判的权力，由此，布朗建议美国政府必须寻求国会对延长法案的批准，哪怕只有 1 年，否则，传递给世界的信号将是美国要重回赫尔之前的关税制度，放弃在国际经济领域的合作。①

美国开始追求相对完整的宪章。1 月初，美国代表团拿出三个替代方案：（1）争取 30 个或更多国家支持的宪章，这些国家超过了世界贸易总量的 75%，这样的宪章将比较容易被接受；（2）在哈瓦那就宪章要点争取多数同意，剩余的事务交给后面于 6 月在日内瓦或纽约召开的会议处理；（3）在哈瓦那成立一个纯粹咨询性质的国际贸易组织，该组织将不含实质性承诺。综合考虑之下，第一种方案成为美国首选。此时必须要照顾到国会的反应。布朗认为

---

①　*FRUS*, 1948, Vol. I, Part 2：824.

基本不可能得到本届国会的善意支持，最好是能拖延到下届国会。尽管如此，在提交国会之前，势必要先同参议员范登堡商议，同时参议员巴克利（Barkley）、克利夫德（Clifford）和众议院民主党人等也需要顾及，他们的支持将是国际贸易组织成功的必要条件。延长《互惠贸易协定法案》的努力刻不容缓。① 1月底，国务卿马歇尔表示，由于在2月前期已不可能完成宪章，加之忙于马歇尔计划的推行，将于宪章完成之后再挑选合适时机提交国会。②

在贸易歧视问题上，1月中旬，美国代表团又遭到来自拉美国家的挑战。他们指责已经高度工业化的美国与欧洲国家联合起来忽视不发达国家的利益，因而要求一个使美国等工业国家承担义务而不发达国家可以在歧视方面拥有自主权的宪章。他们认为，国际贸易组织应该致力于在所有经济体间实现平衡。一向是美国后院的拉美国家成了它最为棘手的问题，美国甚至认为"阿根廷参会似乎意在毁掉国际贸易组织"。③ 为此，美国代表团不得不针对各国特点列出策略与方式，企图说服他们撤销对美国来说不可接受的要求。

欧洲国家方面，他们对歧视问题也提出了各种不同的修正意见，法国还要求将不歧视的实施推迟到1949年1月或国际贸易组织确定的更晚的日期。考虑到这将弱化自由贸易，为在更大范围实施例外条款打开缺口，以及可能的国内舆论反应，美国代表团拒绝了此类修正条件，并提醒国务院注意英法的态度。④ 尽管如此，1月底，美国政府最终同意他们暂时歧视外国商品，但国际贸易组织成立之后，成员国便不能再有歧视措施。⑤ 鉴于在《关贸总协定》模式下，美国已经同意欧洲国家将歧视保持到1949年元旦，而此时英国却提出将之延长到1952年3月，从而大大超出了此前的协

① *FRUS*, 1948, Vol. I, Part 2：829-830.
② *FRUS*, 1948, Vol. I, Part 2：839.
③ *FRUS*, 1948, Vol. I, Part 2：831.
④ *FRUS*, 1948, Vol. I, Part 2：835-836.
⑤ *FRUS*, 1948, Vol. I, Part 2：839.

议。威尔科克斯认为，如果答应了英国的要求，则美国从双边走向多边将变得更难。①

2月10日，美、英、法等九国会晤，一致认为应在10天内完成宪章，否则只能放弃，任务变得紧急起来，同时，会议失败的悲观情绪也开始蔓延，此时问题主要集中于同不发达国家的妥协问题：（1）更多新特惠、关税联盟和自由贸易区的问题；（2）在未经谈判的义务和事项上，不必经国际贸易组织事先批准的问题；（3）涉及关税委员会条文的修改以及建立经济发展委员会等。②

2月下旬，会议有关贸易歧视条款设置的安排惹怒了英国。一方面，为发展经济，美国在配额和贸易限制措施的使用上对南美国家、印度、澳大利亚等国做出了新的让步；另一方面，又要求英国废除贸易限制措施，这使英国外交大臣贝文与贸易大臣威尔逊（James Harold Wilson）同时向美国发起诘问，③迫使美国做出让步，2月23日，在《租借协定》明确不歧视原则6年以后，美国同意给予英国在转型期内比日内瓦草案更大的歧视自由度，其中一些项目在转型期满以后在国际贸易组织的同意之下仍可保持歧视。④

英国仍然不满意，2月25日，它列出了对哈瓦那宪章草案最不满意的部分：（1）不歧视原则遭到破坏；（2）为经济发展目的而采取的保护性数量限制过多；（3）允许建立新特惠。对于第一条，英国认为此时美国已经让除它以外的所有国家感到满意，只有英国被要求坚持不歧视原则；对第二条，英国反对在某些情况下可以自动采取数量限制措施，所有此类行动必须事先征得国际贸易组织的同意；对第三条，由于此前无论是1945年《英美金融协定》还是《伦敦宪章》草案、《日内瓦宪章》都明确不再增加新的特惠，此时美国态度的回转让英国感到愤怒。特别是地理上邻近或某

① *FRUS*, 1948, Vol. I, Part 2: 843-844.
② *FRUS*, 1948, Vol. I, Part 2: 852-853.
③ *FRUS*, 1948, Vol. I, Part 2: 864.
④ *FRUS*, 1948, Vol. I, Part 2: 867.

种形式的"经济区"都无需严密监控和检查，而英帝国要增加新的特惠就必须获得国际贸易组织 2/3 以上多数票的同意才行。① 对此，英国很难妥协，政治上也得不到国内的支持，以致驻英大使道格拉斯认为，英国很难在宪章上签字。哈瓦那会议再次到了成与败的关键时刻。

但是此时美国已经获得包括英帝国自治领在内的大多数国家的支持，遂决定一搏。克里普斯提出将哈瓦那会议休会 2~3 个月，以使英国政府有充足时间与美国沟通，但因为"有 50 多个国家等着签署宪章"，美国直接拒绝了该要求。克里普斯又威胁拒绝签署宪章。威尔科克斯则认为英国是害怕自由竞争，必须通过特惠体系、歧视性双边协定和易物交换来寻求封闭市场的庇护，因此英国从来都不支持采纳宪章以及建立国际贸易组织。②

威尔科克斯长期参与《国际贸易组织宪章》的商讨工作，对宪章有着深厚的感情，因此特别容易对英国的不合作感到愤怒，出言极端也就在所难免。实际上，英国并不是不想看到国际贸易组织的建立，但是作为被战争严重毁坏的国家，英国首要的任务是重建而不是自由贸易，它提出如此多在美国看来是吹毛求疵的要求，但对英国的国家利益来说却是再正常不过。更为重要的是，无论美国代表团有多愤怒或失望，英国的支持是其贸易理念得以实现不可缺少的条件。

2 月底，英国代表团成员、英格兰银行汤普森-麦考斯兰飞回伦敦向政府解释细节。3 月初，英国内阁开始逐步做出决定，他们希望将歧视期延长到 1952 年，并反对国际贸易组织的事先批准权。③ 3 月中旬，英国又提出，在日内瓦草案中，针对歧视是由国际货币基金与国际贸易组织双头监管，而此时改为前者单独监管，因而请求哈瓦那会议推迟做出决定，以让内阁有考虑的时间。对此，美国表示，国际货币基金将有权决定转型期何时结束，在哈瓦

---

① *FRUS*, 1948, Vol. I, Part 2: 869-871.

② *FRUS*, 1948, Vol. I, Part 2: 877-879.

③ Thomas W. Zeiler, *Free trade*, *Free World*: *The Advent of GATT*, p. 142.

那草案中，它将负责决定允许歧视的程度，而在日内瓦草案中，国际贸易组织负责允许歧视的广度，因此它们只是分工不同，而非双重监管。同时，美国告诉英国，美国代表团拥有全权并得到国务院的全力支持，因此，哈瓦那会议必须有所成就。①

尽管英国有种种保留，但鉴于签署最后决议并不意味着是对接受宪章的承诺，而不签署则违背其于 1945 年来的各项承诺，甚至严重威胁已与美国达成的减税协议，英国遂决定毫无保留地签署最后决议。② 3 月 24 日，距预定的闭幕日期 1 月 15 日已经过了 2 月有余，哈瓦那会议终于落下帷幕，包括中、法、英、美国在内的53 个国家签署了《国际贸易组织宪章》。对此，国务院称之为"意义重大的成就"。杜鲁门也认为这将能促进国际贸易的繁荣，从而极大地有助于持久和平的维持，马歇尔则盛赞单单宪章一个文件就在基本的经济政策上达成一致，这是历史上从来没有过的，接受宪章不仅有助于世界经济的恢复，而且还将促进繁荣与发展。③尽管如此，事情没有表面上这样美好。如果从美国与主要国家的交涉来看，则无论从三大内容中的哪一项——不歧视、数量限制或新特惠来看，都是美国做出让步与妥协的过程，虽然美国的基本目的达到了，但是这样一个经过妥协的文本最终还要经受美国国内舆论与国会的考验，这最后一步显得尤为关键。

实际上也的确如此，与会各国代表团签署宪章仅仅是其走向生效的第一步，它还要通过所在国政府或议会的批准，在一年时间内，只有多数国家在法律上完成了宪章的批准工作，宪章才能最终生效，否则，就只能等待特定条件的成熟。虽然如此，美国的最终意见将是决定性的，英国在签署宪章时就已经决定在美国国会的态度明了之前，不会把宪章提交议会。美国代表团获得了政府的全力

① *FRUS*，1948，Vol. I，Part 2：892-894.

② Cabinet 22（48），Conclusions of a Meeting of the Cabinet，15th March，1948，CAB 128/12：151-152.

③ *The Department of State Bulletin*，Vol. 18，No. 457，April 4，1948：443-444.

支持，但是它在国会就没有那么幸运了。

此时的国会仍然是共和党控制下的国会，这种情况以及随之而来的 1949 年年初的美国经济衰退迫使美国政府放缓向国会提交哈瓦那协议。直到 1949 年 4 月 28 日，杜鲁门才将宪章提交国会。在附带的信中，他从 20 世纪 30 年代不幸的经历说起，认为要防范经济恐慌，实现经济繁荣，国际贸易组织必不可少。作为"历史上最全面的经济合作协定"，它是更大规模经济重建与发展项目不可分割的组成部分，同时，已经建立起来的联合国的伟大合作应该有经济上的坚实基础，因此，国会有理由批准加入这样一个组织，美国也应为在其中所起的领导作用而自豪。① 5 月 3 日，国务卿艾奇逊在美国商会的年度演讲中也为《国际贸易组织宪章》造势，由于意识到美国商界不满意美国在宪章自由贸易部分所做出的让步和妥协，他指出应该放弃试图消除一切贸易壁垒的不现实的纯粹自由贸易理念。作为国务卿的艾奇逊在演讲中将宪章放在美国外交政策的大框架下，联系到马歇尔计划、国际金融体系、联合国以及遏制"所有共产主义分子的侵略阴谋"，他宣称宪章是自由世界"经济结构的柱石"，是所有相信和平与进步的人们都应该去支持的。② 威尔科克斯认为，"无论更好还是更坏，哈瓦那宪章是世界各国唯一能够考虑和采纳的宪章"。③ 尽管如此，美国国会在 1949 年仍然借口"没有时间"而拒绝讨论《国际贸易组织宪章》。

二、美国选择关贸总协定模式

1947 年日内瓦谈判中所达成的《关贸总协定》是一个多边谈判减税平台，作为国际贸易组织的附属而存在。后来在国际贸易组

---

① *Public Papers of the Presidents of the United States*, *Harry S. Truman*, 1949, Government Printing Office, 1964: 233-235.

② *The Department of State Bulletin*, Vol. 20, No. 515, May 15, 1949: 623-627.

③ William Diebold, Jr. "The End of the I. T. O", *Essays in International Finance* (Department of Economics, Princeton University), No. 16, October, 1952: 22.

织前景不明的情况下，这个平台在 1948 年哈瓦那会议期间有所发展并形成定制。

2 月 28 日，各国正在热烈讨论宪章的时候，按照第 25 条的精神，关贸总协定第一次会议在哈瓦那开幕，参加会议的有澳大利亚、比利时、法国、加拿大、古巴、卢森堡以及荷兰、英国和美国。包括中国在内的 14 观察国列席会议，它们签署了日内瓦最后协定但还没有完成生效程序。

会议就《关贸总协定》条款所进行的修正与正在讨论中的国际贸易组织宪章的变化息息相关，其修改主要是在精神和内容上与后者保持一致，体现在：

第一，修正第 14 条有关不歧视的特定条款和第 24 条有关关税联盟的条款以适应国际贸易组织宪章的新变化。

第二，同意在国际贸易组织宪章生效以后对相关章节进行修正替代。

第三，在得到 2/3 以上现有缔约国同意，义务得到厘清基础上，其他国家可以加入协定。①

这样就完成了程序上的设计，尤其是关于新成员加入机制的确立，更使得关贸总协定更像是一个组织而非临时性协议，这为它的长久存在打下了基础。

6 月 26 日，杜鲁门签署了只延长一年的《互惠贸易协定法案》，暂时为关贸总协定会议的继续扫清了法律障碍。② 1948 年 8 月 16 日，关贸总协定各缔约国在日内瓦召开了第二届大会。这次会议讨论了国际贸易组织临时运行问题。此前，3 月，在哈瓦那成立了国际贸易组织过渡委员会（Interim Commission of ITO），作为联合国的临时机构，执委会由 18 国代表组成，办公地点则是设在

---

① *FRUS*, 1948, Vol. I, Part 2：902.

② *Public Papers of the Presidents of the United States*, *Harry S. Truman*, 1948, Government Printing Office, 1964：385.

日内瓦万国宫，主要功能是筹备国际贸易组织第一次会议。① 大会取得的另一项成就是，美国所支持的《关贸总协定》与国际货币基金合作的提议在 8 月 24 日得到通过，两者间的合作主要是在有关汇率和数量限制方面。正因为此，国际货币基金也派人作为观察员参加了关贸总协定第二届大会。②

在等待国际贸易组织成立的过程当中，1949 年 4 月 8 日到 8 月 27 日，关贸总协定在法国安纳西（Annecy）举行了第二轮减税谈判，这次会议达成了 147 项协议，涵盖约 5000 项商品，关税水平的降低 35%，影响的应税进口商品比例为 5.6%，并计划于 1950 年新接纳 10 个成员国加入，这 10 个国家为：意大利、芬兰、丹麦、希腊、多米尼加、海地、瑞典、利比里亚、乌拉圭和尼加拉瓜，除利比里亚以外，均为欧美国家。③《关贸总协定》的存在越来越正式，它构建了减税谈判的框架，并且需要成员国派代表来参加它的会议，以便时不时地协调条款生效的问题。

美国政府为了保持在参加《关贸总协定》上的自由，可以说是煞费苦心。在其主导之下，关贸总协定没有总部，没有组织制度，它始终以临时机构的面貌存在，这种临时性一是体现在任何国家在 60 天的公告期满后就可以自由退出协定，二是《关贸总协定》规则的实施不能违反时下法律体系。美国政府甚至没有参加协定的预算支出，这样国会也无从掣肘。④

《国际贸易组织宪章》面临的是另一种命运，主要是由于冷战加剧——两德分裂，蒋介石在中国大陆败退，朝鲜局势的紧张以及美国国内政治气候的影响，1950 年年初，国会依然是没有"余力"来处理国际贸易组织的事务，有兴趣的国会议员不是认为宪章危害

---

① *FRUS*, 1948, Vol. I, Part 2：923-924.

② *FRUS*, 1948, Vol. I, Part 2：936. 合作问题在下文有详细论述。

③ United Nations, *Yearbook of the United Nations*, 1948-1949：1109；赵航：《多边贸易体制与美国的霸权权力》，外交学院 2008 年博士论文，第 45 页。

④ Richard D. McKinzie, *Oral History Interview with John M. Leddy*：60-62.

到了美国的国家主权就是任意解释宪章，千方百计地反对它。① 这让美国政府感到无奈，1950年12月，杜鲁门政府宣布，不再寻求国会通过《国际贸易组织宪章》，② 随后，英国也做了类似的表示，国际贸易组织正式退出历史舞台。

实际上就在此前，美国政府已经在贸易问题上做出抉择，即以关贸总协定取代国际贸易组织。1950年11月初，国务院内部人员认为国际贸易组织已不具有可行性，而已经有30余国参加的关贸总协定，具有同国际贸易组织相同的贸易规则，因此与其寻求国会对已经意不大的《国际贸易组织宪章》做毫无希望的表决，还不如寻求《互惠贸易协定法案》的通过，然后在总协定下建立组织机构，在实际上通过《关贸总协定》实现国际贸易组织的功能。③ 这样，美国政府只需要寻求国会给予谈判减税的权力和在总协定下建立国际论坛以讨论贸易争端的权力即可。得到了国务卿艾奇逊的同意，他向杜鲁门建议在关贸总协定下建立秘书处来处理贸易领域的大量争端事务，同时申明这不是一个国际组织，更与联合国没有关系。一旦国会同意如此，则国际贸易组织的善后工作将是：

第一，有关全面就业的第二章移交联合国经济与社会理事会。

第二，有关经济发展和重建的第三章通过第四点计划、美国与不发达国家的贸易协定和《关贸总协定》执行。

第三，有关贸易政策规则的第四章通过《关贸总协定》执行。

第四，有关寻求反对限制性商业举措国际行动的第五章，待总协定下国际机构成立后移交之。

---

① 关于美国国会对待国际贸易组织宪章的态度，详见谈谭：《国际贸易组织（ITO）的失败：国家与市场》，第242~257页。

② *FRUS*, 1950, Vol. I, Government Printing Office, 1977：787.

③ *FRUS*, 1950, Vol. I：781-782.

第五，有关商业协定规则的第六章，本来已经于1947年在经社理事会决议下生效，移交给总协定。

第六，处理组织事务的第七章，交由总协定下的国际机构。

艾奇逊强调，这种处理办法将有可能使原则上反对国际贸易组织的人，如全国对外贸易委员会及部分议员转而支持《关贸总协定》。如果此时政府早下决定，则正在托基（Torquay）① 的美国代表团就可迅速与各国展开非正式会商，从而及早达成一致。② 这在第二天的内阁会议上得到杜鲁门的支持。

最终，关贸总协定正式成为美国政府的选择。这是战后自由贸易秩序构建过程中的里程碑式的事件。在美国的影响下，关贸总协定正式成为各资本主义国家在贸易领域的选项，至1953年9日，经过三轮减税谈判和数轮事务性会谈，关贸总协定已经是33个国家广泛参加的世界性经济组织，贸易额占世界份额约80%，③ 自由贸易网络基本形成。这成为战后美国主导下的自由贸易秩序的主体力量，标志着美国面向此类国家的自由贸易政策基本成功，战后的世界经济秩序初现端倪。

---

① 托基，英国地名，关贸总协定第五届会议在此举行。

② *FRUS*，1950，Vol. I：782-786.

③ *FRUS*，1952-1954，Vol. I，Part 1，Government Printing Office，1983：159. 这33个国家依次为美国、英国、澳大利亚、比利时、加拿大、法国、捷克斯洛伐克、古巴、卢森堡、荷兰、南非、印度、挪威、津巴布韦、缅甸、斯里兰卡、巴西、新西兰、巴基斯坦、智利、海地、印度尼西亚、希腊、瑞典、多米尼加、芬兰、丹麦、尼加拉瓜、意大利、西德、秘鲁、土耳其和奥地利。分布范围遍及亚、欧、非、美、澳五洲，国家属性涵盖传统资本主义国家、新兴独立国家、计划体制国家、战后被占领地区。加入关贸总协定缔约方清单详见《关贸总协定123个缔约方名录》，《对外经贸实务》1994年第10期。

第六章　美国自由贸易推向苏东
国家的尝试

　　苏东国家实行与西方不同的社会制度，经济上亦独树一帜，典型特征是对内实行中央集权的计划体制，对外则实行国营外贸垄断，后者被称为苏联经济系统中最为根本和不可分割的组成部分。① 战前美苏经济关系良好，除德国外，美国是获得苏联授予贸易特权最多的国家。任何的战后世界经济计划都必须考虑到这个现实。第二次世界大战结束之前，苏联是实行计划经济的唯一国家，战后初期，在实行计划经济体制的国家当中，苏联处于主导地位，因此，本章主要以苏联为考察对象。与资本主义国家单纯就贸易问题进行协商不同，美国与计划经济体制国家间的贸易问题还掺杂了政治、军事和财政等各种问题，任何一方面出现纰漏，都有可能导致双方关系的重大退步，从而使美国自由贸易对此类国家的推行出现困难重重的局面。尽管如此，战争后期和战后初期一段时间，美国自由贸易者们还是对此做了尝试，而其结果也是引人深思。

第一节　美苏信贷分歧对双方贸易关系的影响

　　美苏经济关系与美英经济关系完全不同。美英两国关于《租借协定》第 7 款的谈判在战时一直进行，并在战后初期达成协议。相对来说，战时美苏之间并未就《租借协定》第 7 款展开实质性谈判，达成协议也就无从谈起。战争后期和战后初期，两国关系面

---

　　① 　Peter J. Acsay, "Planning for Postwar Economic Cooperation, 1933-1946": 216, 247.

临着由合作向冷战的过渡，在美国规划对苏自由贸易政策之时，美国对苏贷款问题首先成为两国经济关系中的焦点。围绕苏联战后重建的迫切需要，美国财政部与国务院有不同的看法，贷款的久议不决直接影响到了美国对苏贸易政策的实施。

一、贷款的源起与罗斯福政府的考虑

贷款问题源于苏联的请求。1943 年 12 月，苏联请求美国给予100 亿美元重建贷款，用于未来数年在美国购买工业和非军工物资。为有充足的时间进行全额偿付，苏联要求贷款期限最少 20年。① 这得到美国财政部的迅速响应。在 1944 年年初给总统罗斯福准备的备忘录中，财政部认为这在政治上和军事上具有重要意义，有必要给予对苏贷款以战争优先需要的地位。美国财政部②对苏联抱有期待，为增进两国长期利益，它甚至迅速拿出贷款方案，即或者通过增补《租借协定》；或者从国会取得必要的授权，并认为后者是更有利的办法。③ 摩根索设想的贷款条件非常宽松，如年息低至 1%~2%，期限长达 40~60 年。④ 这得到美国驻苏大使哈里曼和战时生产局局长纳尔逊（Donald Nelson）的支持。前者于1944 年 1 月开始与苏联展开会谈；后者曾于 1943 年访苏，认为苏联重建与工业化将能极大地增加美国对苏出口。⑤哈里曼此时热切

---

① "Cr. To Mr. White", 12/30/1943, Chronological File of Harry Dexter White #55, Box10, RG56.

② 美国财政部首先提出对苏贷款设想不是偶然的。1941 年 6 月到 11月，苏联在被德国猛烈攻击期间，是财政部想方设法帮助苏联完成在美国的物资采购。在对苏经济政策方面，美国财政部发挥了极为重要的作用。Peter J. Acsay, "Planning for Postwar Economic Cooperation, 1933-1946": 254.

③ "Memorandum for the President, Ten Billion Dollar Reconstruction Arrangement with Russia", 1/5/1944. Chronological File of Harry Dexter White #55, Box10, RG56.

④ FRUS, 1945, Vol. V, Government Printing Office, 1967: 937.

⑤ "Amendment to Our Master Lend Lease Agreement with Russia and Preliminary Discussions re Reconstruction Loans to Russia", March 16, 1944. Chronological File of Harry Dexter White #55, Box10, RG56.

盼望美国对贷款给予重视是基于三个理由：（1）对美国经济有重要价值，如果在战争结束之际，美国生产能力迅速转向苏联订单，可以减缓由战争到和平转换所带来的冲击；（2）对苏联的战争努力是一个激励；（3）战后时期，可以迫使苏联在国际问题上与美国保持合作。①从一开始，美国对贷款问题的考虑即超出财政方面，开展贸易往来与国际合作是重要目的。

与其上的乐观考虑不同，美国国务院对此心存疑虑。据推算，排除外国贷款，苏联仅仅依靠限定用途的黄金和赔偿，就能于1948年追平战前投资规模，20亿美元信贷只可能使之提前3~4个月实现这一目标。因此，在信贷谈判问题上，苏联能够保持高度自主的姿态，② 美国意图的实现存在较大的难度。另外，对于美国国会是否批准这一动议，国务院也没有把握。无论如何，国务院提供了另一种对苏外交思路。

与美国财政部的看法一致，苏联对长期信贷抱有期待。首先，这能够让他们购买美国不愿在《租借协定》下输送的工业设备。战争对苏联经济的打击非常严重。苏联西部受损严重，超过3万家工厂和4万英里的铁路毁于一旦，苏联农业1945年的产量仅有1940年的一半。据估计苏联的战争损失达160亿美元，相当于战前经济总量的1/4。③其次，苏联认为美国乐于贷款。1944年7月，苏联驻美大使葛罗米柯认为，罗斯福政府坚决支持同苏联保持友好合作关系，美国有兴趣在政治和经济方面同苏联保持合作，对战后向苏联提供贷款持积极的态度。④ 在葛罗米柯看来，美国对战后国际贸易的增长特别感兴趣：机器制造商渴望打入苏联市场，工业界

---

① *FRUS*，1944，Vol. IV，Washington：Government Printing Office，1966：1054-1055.

② *FRUS*，1945，Vol. V：939.

③ Thomas G. Paterson，"The Abortive American Loan to Russia and the Origins of the Cold War，1943-1946"，*The Journal of American History*，Vol. 56，No. 1（Jun.，1969）：71.

④ 崔海智：《战后苏美经济合作尝试的失败——兼论经济冷战的起源》，《世界历史》2011年第1期。

需要从苏联进口某些种类的原料，包括锰、铬和石棉等。向苏联提供贷款可以提供购买的媒介。在葛罗米柯与（美国）政府官员的谈话中，得知美国方面的计划涉及"数十亿美元……50 亿或 60 亿甚至更多"，期限 20~25 年，利率 2%~2.5%。他认为该方案"很可能是最适合我们的"。① 再次，战时《租借协定》第 7 款规定了自由贸易原则，而在苏联看来，这就是要求接受租借援助的国家以及美国都有义务在内外政策上采取相应的措施来扩大生产，有效利用劳动力以及扩大商品交换与需求。② 对苏联来说，扩大生产、交换与需求，仅仅是带来了合作的基础，而要促成合作，贷款必不可少。

在此情况下，苏联外交人民委员莫洛托夫于 1945 年年初正式提出，从美国贷款 60 亿美元以购买工业产品。贷款为期 30 年，年息 2.25%，从第 9 年的最后一天开始偿还。莫洛托夫认为此时提出贷款事宜是合适的，基于美好发展前景的指引，苏美关系需要建立于坚实的经济基础之上。③ 事实上，苏联对美国的确抱有期待，尤其看重与美国的盟国关系。若干年以后，莫洛托夫在采访中回忆，（战后初期）保持同美国的同盟，对我们是有利的，这很重要。④经济上的利益显然是重要的一面。

哈里曼的想法却发生了变化，在他的回忆当中，莫洛托夫的要求这样提出：

哈里曼应邀于 1945 年 1 月 3 日夜里，接受一份惊人的荒诞无稽的书面照会："考虑到美国知名人士再三声称，希望在战后和过渡时期接受面广量大的苏联订货，苏联政府认为以 60 亿美元的长期贷款为基础的订货是可能的。"由于苏联还声称"考虑到美国战

---

① Peter J. Acsay, "Planning for Postwar Economic Cooperation, 1933-1946": 317.

② 崔海智：《苏联对战后经济重建的思考——迈斯基关于战后英、美经济政策的报告》，《俄罗斯研究》2011 年第 2 期。

③ *FRUS*, 1945, Vol. V: 941-944.

④ ［苏］费·丘耶夫著，军事科学院外国军事研究部译：《同莫洛托夫的 140 次谈话》，新华出版社 1992 年版，第 90 页。

后将面临广泛失业和经济脱节，苏联准备尽好朋友之谊，通过订购价值 60 亿美元的货物和商品，来帮助美国摆脱困境"，同时给予苏联战时订货 20% 的折扣。哈里曼在回忆录中称之为最奇特的借款要求。①

在外交档案的记录中，哈里曼还多了一层反应：苏联看似提出不合常规的贷款，实际上是期待条件优惠的贷款。美国需要将贷款与总体对苏外交政策联系起来。哈里曼认为美国应为苏联的经济复兴提供一切可能的帮助，帮助他们建立健全的经济体系。同时必须使苏联人意识到美国此举将取决于它在国际事务中的行为。② 他欲借贷款使苏联在战后继续保持合作态度，顺应美国的外交目标，并力促国务院出台相应的对苏政策。

由于罗斯福对国务院并不信任，自他继任总统以来，美国对外政策一直政出多头，对苏政策亦不例外。一方面，财政部迅速行动，出台了比莫洛托夫的要求还要慷慨的方案。1 月 10 日，摩根索提议 100 亿美元对苏贷款，年息 2%，为期 35 年，苏联的偿还方式中将包括为美国提供其所缺乏的自然资源。③ 摩根索认识到长期信贷将是影响战后两国关系发展的重要因素，④ 因此贷款条件非常宽松，美国将按世界市场价格购买苏联汽油和矿产。⑤ 他相信此举将向苏联传递合作信号，解除苏联对美国未来行为的疑虑，⑥ 因而反对将贷款问题政治化。方案的起草者怀特认为，战后时期，两国

①　[美] W. 艾夫里尔·哈里曼、伊利·艾贝尔著，南京大学历史系译：《特使——与邱吉尔、斯大林周旋记，1941—1946》，三联书店 1978 年版，第 429～430 页。

②　*FRUS*，1945，Vol. V：946.

③　*FRUS*，1945，Vol. V：948-949. 苏联的自然资源对美国有着相当的价值，直到 1947 年 9 月，艾森豪威尔还在日记中写道：我们需要锰、橡胶、锡、锌，今后还将在石油、铜、铁等方面感到真正的不足。而这些正是苏联含量丰富、迫切需要国际市场消化的商品。详见 [美] 罗伯特·费雷尔编，陈子思等译：《艾森豪威尔日记》，新华出版社 1987 年版，第 188 页。

④　*FRUS*，1945，Vol. V：951.

⑤　*FRUS*，1945，Vol. V：967.

⑥　*FRUS*，1945，Vol. V：963.

将开创新的和更大规模的贸易往来。在美国向和平经济转换之时，苏联将为美国充分就业的保持作出重要贡献，贷款将为两国在战后时期的继续合作奠定良好的基础。① 在这个方案中，财政部充当了苏联声称的美国"知名人士"。

另一方面，国务院行动迟缓，但它作了细致而冷静的分析，并接近哈里曼的思路。考虑到行政当局在战后事务上需要得到国会的合作，因此它坚持将战后重建信贷与战时租借分开讨论，以掌握主动权。在国务院的考虑中，对苏协定是否与《大西洋宪章》相适应、与美国总体经济政策相一致是非常重要的，美国期待以信贷来增进两国总体外交关系，如苏联参加敦巴顿橡树园项目，参与以布雷顿森林体系为代表的经济合作，在罗马尼亚、保加利亚、匈牙利和德国的联合管制委员会中为美国安排合适的角色，在波兰、捷克斯洛伐克和巴尔干诸国的重建与发展中为美国安排合适的角色，伊朗亦如此。② 1 月底，哈里曼奉命答复苏方：美国正在研究对苏贷款，贷款问题将与租借分开处理；在等待国会立法授权期间，美国乐于了解苏联所有有关偿还条款、需求大小和范围等信息。③

针对财政部 100 亿美元对苏贷款，美国国务院做了积极的分析：（1）100 亿美元主要用于苏联在美购买重建物资，以美国供应短缺的战略性原材料和新开采黄金偿还；（2）由于苏联重建对外国贷款的依赖极为有限，它将在谈判中占据强有力的地位。谈判除对经济事务或次要政治事务有一定的影响力外，不能对重大政治问题产生重大影响；（3）转型期内的 100 亿美元贷款将推动美国资本产业的繁荣，有助于维持高就业率；（4）2% 的利率稍低于美国政府平均贷款利率。这将涉及补贴问题。进出口银行和世界银行将面临其他国家的巨大压力。对苏低利率贷款也许会强烈刺激国营社

　　① Thomas G. Paterson, "The Abortive American Loan to Russia and the Origins of the Cold War, 1943-1946", *The Journal of American History*, Vol. 56, No. 1 (Jun., 1969): 76.

　　② *FRUS*, 1945, Vol. V: 959-960.

　　③ *FRUS*, 1945, Vol. V: 969.

会主义在世界其他地方的发展；（5）偿还问题。这将取决于世界贸易的长时段发展趋势向，而还款额度之大使之几乎不可能成功实行。整个 20 世纪 30 年代，美国自苏联的进口额都没有超过 3100 万美元，假定战后美国国民收入为 1400 亿美元，自苏联的进口可能达到 1 亿美元，其中 7500 万美元为木制品和皮毛产品。苏联年新生产黄金为 2 亿美元，两者相加共 3 亿美元将刚好满足偿债需要，这种情况只能持续到第 8 年，第 8 年后，苏联将不能进口美国产品；（6）美国不可能从苏联进口如此多的原材料，而且这有双边贸易的趋势，与美国多边自由贸易政策精神不符；（7）苏联参加对日战争可能会改变它的战后需求。①，国务院的整体反应是消极的。

4 月 11 日，哈里曼发回电报，除了赞同国务院的意见以外，他还认为苏联急切地盼望贷款，以完成规划中的建设项目。但美国不能仅通过苏联解决矿产需求，它还要根据经济和政治利益考虑到巴西和英属殖民地。哈里曼主张美国政府从国会取得一般贷款权，而不是对苏专门贷款权，后者对美国没有任何好处。同时，哈里曼还坚持美国要保持对贷款的控制，以便在战后保护美国的重要利益。那么，对苏交往的要领是什么呢？哈里曼指出，要鼓励苏联，使之认为美国乐于支持其战后重建，同时美国迅速取得国会的贷款授权，尽早同苏联展开谈判。"尽管让苏联意识到我们逐渐熄掉援助的热情是不明智的，但要时刻让苏联明白我们的援助取决于它在其他事务上的合作。"② 同时，不能对苏联做出长期保证，最好的办法，是"商定一项为期一年的安排，考察其执行情况，再放宽时限"。③

4 月中旬，国务院金融与发展事务办公室拿出意见，与哈里曼基本一致。具体为：（1）尽快取得立法授权，在政治条件允许的

---

①　*FRUS*, 1945, Vol. V：973-975.

②　*FRUS*, 1945, Vol. V：995-996.

③　［美］W. 艾夫里尔·哈里曼、伊利·艾贝尔著，南京大学历史系译：《特使——与邱吉尔、斯大林周旋记，1941—1946》，第 500 页。

情况下，同苏联的谈判应在旧金山会议之后立即展开，额度为 10
亿美元；（2）苏联请求的 2.25% 年利率过低，应参考进出口银行
和布雷顿森林银行（即世界银行）长期信贷利率；（3）应确保贷
款用来进口美国商品，但进出口银行不应监督贷款的具体使用，苏
联的黄金储备和产出将足够保证还款；（4）美国购买矿产不应写
入协定，未来的对苏长期信贷应考虑布雷顿森林银行，而非完全通
过进出口银行。① 这得到助理国务卿克莱顿的同意。如何让苏联更
广泛地参加世界经济事务成为美国的重要诉求。

二、杜鲁门政府对贷款的考虑

罗斯福的逝世对美苏关系产生重大影响。继任总统杜鲁门与前
任迥然不同，他敌视共产主义，决定对苏联采取坚定的态度，对于
苏联"美国害怕战后不景气，自会向苏联提供信贷"的认识，杜
鲁门认为可笑至极。② 4 月 19 日，在莫洛托夫来访前夕，国务卿助
理、苏联问题专家波伦（Charles E. Bohlen）为杜鲁门拟订预案，
针对 60 亿美元贷款的部分是这样的：一方面，贷款需预先获得国
会的立法支持，两国需全面合作以维持持久和平，国会的态度将会
为这种前景所影响；另一方面，最好告知莫洛托夫，美国民众正对
东欧事态的发展充满兴趣，而民众是可以影响国会态度的力量。③
这就将经济事务政治化了，更致命的是，杜鲁门的态度强化了政治
性。4 月 21 日，哈里曼返回美国汇报苏联事务，他认为绝不能高
估苏联，苏联实际上是非常落后的国家，它急需美国的机器设备以
及诸多领域的专业知识，这是美国可以利用的牌。实际上，对苏贷
款是其中最大的一张牌，克莱顿与他的认识一致。包括艾奇逊在
内，他们都主张拖延对苏贷款，④ 以便在对苏交涉中取得更多

---

① *FRUS*, 1945, Vol. V: 997-998.
② ［美］W. 艾夫里尔·哈里曼、伊利·艾贝尔著，南京大学历史系
译：《特使——与邱吉尔、斯大林周旋记，1941—1946》，第 497 页。
③ *FRUS*, 1945, Vol. V: 838.
④ *FRUS*, 1945, Vol. V: 844-845.

优势。

4 月 23 日，杜鲁门接见莫洛托夫，宾主客气寒暄的场面没有出现。杜鲁门认定苏联没有履行《雅尔塔协定》关于波兰的决议，对莫洛托夫大声咆哮，要求苏联履行协议，只有这样才能得到美国公众理解，对苏战后援助计划才有可能为国会所通过。莫洛托夫此行本是应哈里曼所邀，安慰美国人民失去罗斯福的痛苦，延续罗斯福以来两国的合作关系，① 却横遭痛喝。在哈里曼看来，杜鲁门的态度"有点愚蠢，给莫洛托夫以借口，去告诉斯大林美国正在抛弃罗斯福的政策"。②

美苏两国的关系开始发生变化，在苏联坚定两国合作的信念之时，美国开始转向，这一趋势在欧战胜利之后更加明显。5 月上旬，德国投降，欧战结束，美国对苏贷款意愿进一步发生变化。国务卿斯退汀纽斯提出，美国的当务之急是援助西方盟国，对苏联的援助事宜应置于其后考虑。同时，美国立即削减并严审剩余对苏租借援助。③ 罗斯福于 1945 年年初强调的最大限度援苏的方针④被改变，第五次对苏议定书的精神被废弃。

这使苏联大感意外，以至苏联专门致电美国政府以确认是否为正式决定。在宣传方面，苏联保持了克制，没有在新闻媒体上发表美国将要削减租借物资的消息。但哈里曼对莫洛托夫空洞的安慰给即将开始的贷款谈判蒙上了阴影，两国关系面临重大转折。⑤ 此后一段时间，针对租借项目的谈判成为两国交涉的主要内容，贷款问题趋于停滞。

罗斯福的逝世与欧战的结束对美苏关系产生了不可逆转的消极影响，但两国还没有达到完全决裂的地步。5 月下旬，斯大林对来访的霍普金斯（Harry L. Hopkins）表态赞成美国的门户放开放政

① *FRUS*，1945，Vol. V：828-829.

② ［美］W. 艾夫里尔·哈里曼、伊利·艾贝尔著，南京大学历史系译：《特使——与邱吉尔、斯大林周旋记，1941—1946》，第 503 页。

③ *FRUS*，1945，Vol. V：998.

④ *FRUS*，1945，Vol. V：944.

⑤ *FRUS*，1945，Vol. V：1003-1004，1008-1009.

策，以表明苏联对合作政策未发生改变。① 6 月初，美国国务院和进出口银行建议杜鲁门致信国会，要求提高进出口银行贷款权限至 35 亿美元，并取消违约限制，以便为对苏贷款的谈判扫清障碍。② 美国政府的这一努力向苏联做了通报。

6 月中旬，苏联对外贸易人民委员米高扬（A. I. Mikoyan）来到美国驻苏使馆，约谈租借与贷款事宜。哈里曼谈到他对苏联某些做法的不理解，比如为何苏联不愿参加在《租借协定》下的贷款。哈里曼回忆起 1944 年 8 月底，他曾提醒苏联注意在租借终止（战后）而金融协定又没缔结的情况下，苏联所面临的形势——美国将无法向苏联继续提供租借物资或信贷。此时美国正设法继续输送某些项目以完成援苏工厂的兴建，而其他项目只能在现金基础上交易。米高扬认为美国需要在租借上做点什么，以维持两国合作关系。哈里曼坚称美国已经做出最大让步，苏联虽然有拒绝美国提议的权利，但却要承担两国关系受损的责任。哈里曼尤其拒绝这样的说辞或暗示，即"美国政府没有以最大的信念，没有尽全力就此事与苏联达成协议"，两国间出现问题的责任将在苏联一方。

苏联当然不能接受这样的指责，米高扬回忆，4 月初，欧战即将胜利，美国仍照顾到苏联在第五次议定书中的需求，彼时两国都没有考虑欧战胜利之后的停止租借事务。对于美国为何不与苏联协商即停止租借的决定，苏联感到不可理解。米高扬认为，战时两国总能成功达成一致的协议，是因为双方都本着友好与合作的态度。哈里曼认为苏联完全误解了美方的做法，坚持认为美国尽可能做到了公正和坦诚。米高扬撇开美国政府内部的运作问题，认为在国家利益的驱使下，美国政府与国会总能找到妥协之处，他对于不能说服哈里曼正确理解苏联的立场亦感到遗憾。言外之意，美国此时停止租借援助是有责任的。

哈里曼援引了丘吉尔的话来化解米高扬的指责，他说，"英国首相丘吉尔曾说，极少数的聪明人能够理解他本国的政治，然而却

---

① 杨生茂主编：《美国外交政策史，1775—1989》，第 431 页。
② FRUS, 1945, Vol. V: 1011.

没有人能理解别国的政治"。哈里曼以自己不够"聪明"为由拒绝向米高扬解释美国政治。①

两人间剑拔弩张的会谈在哈里曼的幽默中结束，但对已经出现裂痕的两国关系来说，这只是一个开始。在对苏租借即将终止的情况下，对苏贷款将是考验两国关系的关键事件。对苏联来说，租借或信贷对其对日作战或战后重建具有重要意义，是它迫切希望的。1945 年 5 月，乔治·凯南（George Frost Kennan）在致国务院的报告中明白指出，"苏联单战后重建就需要几年时间，俄国人渴望和平的心情是巨大的"。② 事实亦然，6 月 12 日，正值两国《租借协定》签订三周年，斯大林和莫洛托夫对美国及其人民的感谢信与贺信被登于苏联主要报纸头版的显要位置，③ 显然，苏联期望继续获得美国的支持。

8 月 28 日，苏联提出更为理智的贷款要求，额度降至 14 亿美元，其中 4 亿美元用于购买剩余租借物资，同时要求租借物资价格下降 10%，贮存费和运费另算；10 亿美元面向进出口银行，以满足新的订货需求。贷款为期 30 年，利率 2.375%，从第 9 年起开始偿还。④这比之前的 60 亿美元少了很多，利率也与美国的立场接近。这表明苏联在贷款问题上尊重美国的意愿，并且愿意作出妥协。

斯大林降低贷款要求的同时，亦做了缓和两国关系的表示。9 月，国会议员科尔默（William M. Colmer）率团访苏，并与斯大林进行了直接会谈。美国议员们担心，一旦苏联经济恢复了自给自足的状态，那么苏联还需要贸易吗？斯大林直言，一国的经济增长越快，则它的对外贸易潜力就越大。虽然俄国人已经花费了 50 年来发展国内经济，但苏联的国内市场仍是无限的，仅在远东就有 50 个城市需要建设。对于与美国的贸易，斯大林表示出乐观态度，称

① *FRUS*，1945，Vol. V：1019-1021.
② 杨生茂主编：《美国外交政策史，1775—1989》，第 437 页。
③ *FRUS*，1945，Vol. V：1023.
④ *FRUS*，1945，Vol. V：1034-1036.

"苏美贸易极有增长的可能"，苏联需要 500 万吨铁轨、10000 台机车和 10 万~15 万台列车车厢等，如果苏联将贷款应用于军事，则无异于自杀。① 苏联可以通过原材料和黄金偿还贷款。美国议员们还关心东欧国家的利益，苏联给他们提出了大量的出口要求。那么，苏联拿什么支付他们？斯大林称，我们没有办法从他们那里拿走多少，也没有什么能够提供给他们的。军队将很快撤走，而且苏联也不反对东欧国家与其他国家发展贸易。比如，最近罗马尼亚就要新建一座道奇汽车厂。对于民用航空问题，斯大林称虽然他们不知道以何种方式参与国际民用航空的发展，但他们会去做该做的工作；对于公开经济数据问题，斯大林称此类出版即将恢复，一如战前苏联所做的那样。在国会议员结束谈话之后，斯大林将陪同的凯南悄悄拉到一边，再次强调，"告诉你的同僚不要担心东欧国家，军队将很快撤出那里，届时一切都将恢复常态"。②可以说，苏联对于美国的各种要求，至少从表面上做了妥协与配合。

在哈里曼的记述中，斯大林强调苏美关系具有第一位的重要性，谈到维持两强在和平条件下的合作所面临的困难时，他严肃而又认真，情绪上既没有乐观，也没有悲观的表示。在被问到对美国为两国合作所在的努力是否满意时，他仅仅承认美国正在"寻求"多种途径。在当事人参议员佩珀（Pepper）的笔下，斯大林的回答是：战时美苏两国由于共同利益的存在而相当接近，对于美国的援助，苏联极为感激。但是，（此时）维系两国紧密关系的条件已不复存在，因此，未来需要寻找新的基础维系两国的紧密关系，而这往往并不容易。③ 在因双方直接接触所带来的缓和的氛围中，两国于 10 月签订《物资供应协定》，在苏联支付少量美元的情况下，

---

① Thomas G. Paterson, "The Abortive American Loan to Russia and the Origins of the Cold War, 1943-1946", *The Journal of American History*, Vol. 56, No. 1 (Jun., 1969): 83.

② *FRUS*, 1945, Vol. V: 882-883.

③ *FRUS*, 1945, Vol. V: 884.

美国继续供给苏联所必需的工业设备。①

尽管如此，对苏贷款事宜却停顿下来。11月底，在厘清《租借协定》问题上，苏联海军上将亚基莫夫（Yakimov）认为，按照罗斯福当年的说辞，苏联为战胜共同敌人所付出的重大牺牲，已足够偿还租借物资。如果美国人民充分了解了苏联的艰难形势，则他们中的大多数不会要求苏联以金钱偿还剩余物资。亚基莫夫借机驳斥了美国报纸对此问题的讨论，他认为美国部分报纸所热炒的未来美苏大战是毫无道理的，同样，那些要求苏联偿还租借物资的声音亦不具有广泛代表性。对于苏联进口机器设备以在不久的将来同美国在国际市场展开竞争的说辞，亚基莫夫认为，苏联的物资短缺非常严重，苏联商品达到与美国竞争的程度，需要30～40年的时间。而苏联请求10亿美元贷款以购买设备的谈判也没有取得任何进展，美国国务院对贷款问题消极应对。②

三、贷款与苏联参加国际经济组织问题

美国在贷款问题上的不作为影响到了苏联参加布雷顿森林体系的热情，苏联的态度日益勉强，而是否参加布雷顿森林体系将成为苏联参加自由贸易体系的试金石。1945年12月底，《布雷顿森林协定》生效，依此将成立国际货币基金组织和世界银行两大机构。对美国来说，苏联加入两大机构将有助于它融入世界经济秩序，并在重要问题上服从美国的要求，因而非常重要。但苏联在最后时刻改变立场，认为此时加入两大机构毫无意义。在苏联看来，加入基金和银行的英国与法国都获得了美国的巨额贷款，而苏联即便对美国表示了某种程度的屈从，美国亦无贷款的迹象。那么，如果苏联在此时签字，必给世人留下是有求于美国贷款才加入两大机构的印

---

① 在此协定下，美国共供给苏联价值222494574.01美元的物资，因此而产生的利息达107171641.28美元，相当于本金的48%，可谓极高。详见王瑶：《战后初期苏联战时经济向和平经济的转变》，中国社会科学院研究生院2000届硕士论文，第7页。

② *FRUS*, 1945, Vol. V：1047-1048.

象。事实上，在它看来，苏联参加两大机构将增加布雷顿森林体系的权威，对美国亦是巨大的政治支持。那么，在以优惠条件争取到贷款之前，苏联不会参加基金和银行。① 从中可以看到苏联行为的习惯，而且可以想象，在贷款问题解决之前，两国关系不可能向前发展。

1945 年年底 1946 年年初是战后美国对苏总体外交政策进入关键的成型期。尽管苏联在经济问题上向美国示弱，但它在其他问题上的强势却触怒了美国，如与管制委员会控制下的前法西斯卫星国展开经济合作和贸易，与罗马尼亚等国订立贸易条约，控制其金融机构；苏联掠夺红军控制区域的美国资产；掠夺在朝鲜的日本资产；在联合国善后救济总署救济的国家大量驻扎红军，劫掠救济物资等。在哈里曼看来，这些问题在短期内不会有所缓解。既然苏联的政治政策已经为经济目标所影响，那么，美国也要将经济政策更多地与对苏政策联系在一起。② 此时，国会亦支持将贷款作为外交手段使用。科尔默委员会称，在发展与苏联的经济合作之前，需要厘清的问题是：（1）援助不会运用于军工生产；（2）苏联需要全面真实地披露生产数据；（3）苏联必须从东欧撤出占领军；（4）苏联中止与东欧国家签订的贸易条约。此外还提到"门户开放"政策、保护版权等对贸易至关重要的问题。③ 早前波茨坦会议召开之时，纳尔逊提醒杜鲁门注意培育美苏贸易关系，并预言战后美苏贸易关系将会影响到两国政治关系的发展。④ 显然，美国对苏联的不满已经达到一个高度，而它对苏联的要求显然又超过了一笔贷款

---

① Harold James & Marzenna James，"The Origins of the Cold War: Some New Documents"，*The Historical Journal*，Vol. 37，No. 3（Sep.，1994）：619.

② *FRUS*，1945，Vol. V：853，1049.

③ Thomas G. Paterson，"The Abortive American Loan to Russia and the Origins of the Cold War，1943-1946"，*The Journal of American History*，Vol. 56，No. 1（Jun.，1969）：84.

④ Thomas G. Paterson，"The Abortive American Loan to Russia and the Origins of the Cold War，1943-1946"，*The Journal of American History*，Vol. 56，No. 1（Jun.，1969）：82.

所能带来的收益。

1946 年年初，代理国务卿艾奇逊提出租借信贷方案，欲将租借剩余物资卖给苏联，苏联以美国所提供信贷支付，贷款不超过 1 亿美元，年息 2.375%，8 年后开始偿还。哈里曼作为驻苏大使，长期奋战在对苏外交前线，强烈地感觉到，在同苏联就总体经济事务达成一致以前，美国不应再同苏联缔结单项经济条约。考虑到苏占区对美国财产的践踏引起了美国人的不快，在欧洲的复兴当中，苏联多采取单边经济活动，拒绝与美国合作或协商，甚至招呼也不打，严重侵蚀了当年《租借协定》第 7 款的规定。① 美国必须对苏联的行为有所回应。

国务院东欧事务司认为，授权 1 亿美元不附加条件的贷款以供苏联购买剩余租借物资，短期内可以尽快地解决剩余物资问题，但从长远来看是不明智的。苏联封锁了东欧的经济边界，美国无论抗议还是请求都无济于事。东欧司认为，此时对苏经济外交的唯一王牌就是贷款。此前的 4 亿美元的租借信贷和 2.5 亿美元的联合国善后救济总署救济物资已经削弱了美国讨价还价的能力，如果再加上该笔 1 亿美元信贷，则与之前苏联所渴望的 10 亿美元贷款已经相差无几。更重要的是，一旦苏联意识到美国较容易就能批准满足其需要的贷款，此前美国所宣称的破除东欧经济封锁、进出口银行贷款限制并没有在实际上限制其贷款能力，那么，苏联就会认为，美国在其他问题上也将乐于离开原来的目标而选择妥协。此时的苏联政府和媒体正在大肆宣扬，在不久的将来，美国就会面临生产过剩危机，而不得不在全世界寻找市场，届时，苏联就可以以逸待劳，从美国手中拿到贷款。②

国务院金融事务司认为，在贷款谈判开始以后，应就所有经济事务——包括东欧国家经济事务，进行全面讨论。1 月份，国务院曾期待苏联在贷款和参加布雷顿森林机构方面同步前进。而一旦苏联拒绝参加布雷顿森林机构，则美国将很难为它提供一笔重建贷

---

①　*FRUS*, 1946, Vol. Ⅵ, Government Printing Office, 1969：819-820.

②　*FRUS*, 1946, Vol. Ⅵ：820-821.

款。在全面讨论经济事务的前提下，美国进出口银行已为苏联预留10亿美元，超出部分则交给即将成立的国际复兴与开发银行。①

在此背景下，美国对苏自由贸易的实践拉开帷幕。1947年1月28日到2月2日，美国经济顾问在巴黎开会，专门商讨对苏经济政策，会议确定建立全面互惠的对苏经济关系。互惠包含如下含义：（1）苏联开放被其封锁的东欧贸易与投资边界；（2）接受美国在国际贸易中的多边原则，此前已在布雷顿森林机制中阐明。哈里曼的主要助手凯南声称，除非苏联在国际经济中，沿着美国的总体路线，以互惠合作态度展开对外贸易，否则美国不应提供任何贷款。②

至此，美国完全确定了对苏贷款的目的，拉拢苏东地区参加世界经济秩序，向苏东地区推行自由贸易。

对于年初艾奇逊的1亿美元贷款计划，2月11日，美国国务卿特别助理麦凯布（McCabe）向苏联代办奥列霍夫（Orekhov）提出，年息2.375%，1976年7月1日前还清。贷款供苏联在1948年之前完成对剩余租借物资的购买。③虽然这比4亿美元的要求相差甚多，4月13日，苏联还是同意了这个方案。④

小额贷款提出以后，两国关系有所缓和。2月21日，美国国务卿贝尔纳斯致信奥列霍夫，提出与苏联就包括10亿美元贷款在内的重大事务尽快与华盛顿开始协商，以促进互利经济关系的发展。这些事务包括：美国国民对苏联政府的抗议，包括苏联在占领区和自由地区的活动；美、苏、英共同遵循雅尔塔的一致协定，协助欧洲各民族获得自由以及在民主条件下解决经济问题；缔结协定，使国际攸关的河流航运应在完全平等的基础上向联合国各国人民、商船和货物自由开放；开始两国友好通商航海条约的初步谈

---

① *FRUS*，1946，Vol. Ⅵ：823-824.

② Thomas G. Paterson, "The Abortive American Loan to Russia and the Origins of the Cold War, 1943-1946", *The Journal of American History*, Vol. 56, No. 1（Jun., 1969）：85-86.

③ *FRUS*，1946，Vol. Ⅵ：825.

④ *FRUS*，1946，Vol. Ⅵ：833-834.

判；对投资者利益、作家和其他版权持有者予以充分保护；促进
1942 年 6 月 11 日《租借协定》第 7 款——战后其实质思想已经转
入世界贸易与就业扩展方案——生效的办法；战争结束之时苏联占
有或控制之下租借物资存货清单；于两国有益的国际民用航空等问
题。美国还同样期望苏联能派观察员参加即将召开的布雷顿森林机
构成立大会，并承诺如果苏联在 1946 年年底前批准布雷顿森林协
定，即力推理事会承认其创始会员国地位。①

3 月 15 日，苏联同意与美国就以下问题展开会谈：政府间长
期信贷的数额与条件；缔结一项友好通商航海条约；《租借协定》
第 7 款生效——即美国政府所提议的"世界贸易与就业扩展方
案"、剩余租借物资问题。苏联并不反对就其他问题进行协商，但
反对将之与信贷捆绑谈判，②两方都提到《租借协定》第 7 款的问
题，这就表明，两国对自由贸易问题都有意向解决，苏联则是进一
步向美国靠拢，事实证明，美国手中的牌多且有效，它决定继续前
进。4 月 18 日，美国申明，民用航空、航运自由同样重要，建议
两国间的谈判自 6 月 1 日于华盛顿开始。对此，5 月 17 日，尽管
认为美国的提议内容之间并无直接关联，但苏联还是全部同意。③
此前，3 月 1 日，美国发布美国政府对外贷款政策。根据该项政
策，美国对苏 10 亿美元贷款将不仅帮助苏联重建被战争毁坏的生
产能力，同时还应致力于创建包括容纳大额贸易和扩展国家间互惠
贸易的国际经济环境。④

此时的美国有理由相信，与苏联的谈判有可能形成成果。如果
苏联参加战后国际经济组织，那么美国对苏联推行自由贸易就有了
稳定的前提条件。3 月，苏联派观察员参加了国际贸易基金和国际
复兴与开发银行的理事会议，并表示有可能加入两组织，从而继续

---

① *FRUS*，1946，Vol. Ⅵ：828-829.
② *FRUS*，1946，Vol. Ⅵ：830.
③ *FRUS*，1946，Vol. Ⅵ：841-842.
④ *FRUS*，1946，Vol. Ⅵ：834-835.

参加它们的工作。① 这对美国来说是好消息，它决定更进一步，借助谈判总体上解决对苏经济关系。5 月 23 日，美国提出 10 亿美元贷款必须与总体经济、金融政策的考虑联系在一起。当然，就贷款本身来讲，美国自身也面临着严重困难：（1）进出口银行资本仅剩 2 亿美元，国会将把杜鲁门 12.5 亿美元的增资要求视为对苏贷款要求；（2）参议院艰难地审批了美英金融协定，而部分理由竟缘于这可以增强美国在处理对苏关系中的地位，涉及对苏贷款，反对势力只会增强，不会削弱；（3）对苏贷款的审议将在国会与新闻界引发指责与反指责的辩论，将苏联最近的所作所为暴于公众面前，苏联可能会因此拒绝美国的提议，而这又不必要地会增加美国民众的反苏情绪。为此，国务院金融与发展政策办公室提出两点计划：（1）利用苏联 5 月 17 日的表态，中止同苏联的贷款谈判；（2）推迟 12.5 亿美元的增资申请，直至美国能有把握获得谈判的胜利。这样，此时只需申请增资 2.5 亿~5 亿美元，同时与国会领袖达成谅解，与苏联谈判出现眉目以后再申请额外增资。②

6 月 13 日，美国决定开始与苏联谈判。在贝尔纳斯致苏联大使诺维科夫（Novikov）的信中，美国保持了强硬态度，要求谈判不能仅仅是意见的初步交换，坚持从总体上解决两国间经济问题，而这将为两国贸易及金融关系的互惠发展提供良好的基础。美国极力主张苏联参加国际货币基金与国际复兴与开发银行，称这将便利两国的经济谈判。③但是谈判并没有实质性展开。苏联迟迟没有答复美国 9 月 14 日和 10 月 31 日关于尽早开始谈判的建议。④

事实上，5 月上旬，报界即传出美国进出口银行资金不足的消息，导致苏联的极大不满。在回答苏联大使诺维科夫的质询时，艾奇逊称杜鲁门已向国会提出增资 12.5 亿美元的要求，并预计国会将在当年休会前予以通过。但此后事情发生了重大变化。6 月 14

---

① *FRUS*，1946，Vol. VI：836.
② *FRUS*，1946，Vol. VI：842-843.
③ *FRUS*，1946，Vol. VI：844-846.
④ *FRUS*，1946，Vol. VI：860-861.

日，杜鲁门在记者招待会上声称，"我还没到可以考虑这一问题的时候"。7月18日，杜鲁门更是否认曾有过这样一种动议。对于对苏贷款问题，杜鲁门声称"闻所未闻"。而在8月2日的记者会上，杜鲁门声称为进出口银行增资12.5亿美元的计划没有被列入1947年预算，至于对苏贷款问题，杜鲁门则强调依形势而定。此后，在整个1946年，对苏贷款问题便没有下文了。①

此时，两国就租借剩余物资问题的谈判进展亦不顺利。1946年12月初，美国明白与苏联就剩余租借物资的谈判已经走入尽头，并表现出失望情绪。截至1945年9月，对苏租借价值110亿美元，仅次于英国，与之对应，从苏联获得的逆租借价值仅300万美元，可以忽略不计。这不是一个好兆头，克莱顿预言这将很快引起新闻界与公众的愤怒。②而这也在很大程度上影响了对苏贷款的商讨。

对苏贷款本为加强美苏两国战后合作而产生，但在谈判的过程当中，双方都坚持本国利益至上，甚至我行我素，以至这笔纯粹经济意义上的贷款变成外交政策的工具。③ 贷款问题的不了了之固然与苏联对美国战后经济政策的消极应对、对剩余租借物资的消极偿还有关④，但更重要的原因是战争结束前后美国对外政策发生了转

---

① *FRUS*，1946，Vol. VI：839-840. 银行资金不足的消息来源于1946年5月9日《基督教科学箴言报》：临时指定的对苏10亿美元贷款，转为向法国、中国和意大利的贷款。不过，杜鲁门此时尚没有完全关闭向苏联贷款的大门，如果苏联接受美国的贸易原则，他打算为其提供15亿美元贷款。详见［美］威廉·哈代·麦克尼尔著，叶佐译：《美国、英国和俄国：它们的合作和冲突，1941—1946》，第1059页。

② *FRUS*，1946，Vol. VI：859.

③ Susan J. Linz，"Foreign Aid and Soviet Postwar Recovery"，*The Journal of Economic History*，Vol. 45，No. 4（Dec.，1985）：951.

④ 不能不说，苏联所欠美国的租借债务问题始终横亘在两国面前，在某种程度上成为解决两国贷款和贸易问题的拦路虎。很多年以后——1959年9月，赫鲁晓夫访问美国，要求美国取消针对苏联的贸易禁运，但艾森豪威尔感兴趣的仍是战时租借物资与贷款的偿还问题，后来，赫鲁晓夫与肯尼迪的会谈也遇到过这个问题。详见［苏］赫鲁晓夫著，上海市政协编译组译：《最后的遗言：赫鲁晓夫回忆录续集》，东方出版社1988年版，第567、739~740页。

变。从根本上来说，美国对苏联的期待，由它战时作为抵抗法西斯德、日的主要国家转变为战后对美国外交政策的积极支持者。苏联更为关心的是本国经济的恢复与发展、边疆的安全与巩固，美国所热衷追求的布雷顿森林体系、自由贸易在苏联看来只是增加了后者获取贷款的可能。实际上，战后美国对苏经济关系的唯一筹码即为对苏贷款，① 苏联希望得到无任何附加条件的贷款。可是，由这笔贷款延伸出的美国利益太多太重——从自然资源的索取到对美国经济领袖地位的承认，明明知道苏联会把政治置于经济之上，美国还是寻求对苏经济外交的一揽子解决，② 并附以东欧自由化这样的政治条件，使之成为苏联不能承受之重，以至还没有谈到贸易问题就已走向夭折之路。而这对苏联融入世界经济秩序带来巨大影响。

第二节　美国对苏东国家自由贸易
实践尝试的终止

直接对苏交涉不能解决自由贸易问题，那么，通过多边方式是否能达到预期目标？如前文所示，美苏两国关于贷款、剩余租借物资的谈判中涉及了《租借协定》第 7 款的应用问题，但随着贷款

---

① 实际上，从历史的发展来看，苏联对美国的政策做了相当多的误判。如迈斯基于 1945 年 11 月 14 日所做的判断：苏联和美国在贸易问题上有着共同的利益，苏联和美国都对建立新的贸易秩序较感兴趣。苏联市场对于美国的工业无疑具有非常重大的意义，在不远的将来，一旦爆发经济危机，苏联市场的潜力对美国的工业将具有特别的吸引力。另一方面，苏联拥有良好的提供贷款的条件（如果美国人愿意的话，他们很容易就能提供这些贷款），可以从美国得到许多东西用于国民经济的恢复和今后的发展。在经济上，美国对东欧国家的兴趣不大，美国也希望建立各种世界性的经济组织和经济秩序（粮食、石油、棉花等方面）。没有苏联的参与，这些经济组织几乎不可能发挥作用。因此，可以从上述得出结论：美苏之间加强经济关系的前景是非常好的。事实证明，这些判断是不准确的。档案原文详见崔海智：《苏联对战后经济重建的思考——迈斯基关于战后英、美经济政策的报告》，《俄罗斯研究》2011 年第 2 期。

② *FRUS*, 1945, Vol. V：855.

谈判的不了了之，《租借协定》第 7 款的生效问题也就无从谈起。但是，正如美国所认识到的，到了战后年代，第 7 款的精神已经为"世界贸易与就业扩展方案"所继承，并将通过世界贸易与就业大会来实现。美苏两国在方案上的分歧将决定战后初期两国经济关系的走势，以及美国自由贸易扩展的程度。

一、美国对苏联融入世界经济秩序的设想

从历史上看，将苏联纳入到世界经济秩序之中有着广泛的基础。早在 1939 年战争爆发之初，英国经济学家米德就在他的新书《持久和平的经济基础》中主张，让人满意的战后和平协定必须要有令人满意的经济秩序来支撑，令人满意的经济秩序需要包括竞争性的自由市场经济和计划经济在内。①米德的主张为美国打开了一扇门，使他们认识到向计划经济体制国家推行自由贸易的可行性。1943 年 12 月，美英之间围绕《租借协定》第 7 款的谈判告一段落，国营贸易是其中的重要议题。对美国来说要达成的目标为：协调国营贸易与私营企业国家间的贸易利益；废除歧视并扩展贸易；这些目标应在多边贸易协定或双边贸易协定体系下实现。但对于如何实现这些目标，美国并没有现成的策略。相反，诸多的疑问摆在面前：

首先，资本主义国家成立国营贸易组织，以处理与国营贸易国家相关的事务，是否可行？或者将国营贸易国家与一般资本主义国家一视同仁，对之仅使用一般贸易控制手段？在美国看来，苏联垄断对外贸易是走上了保护贸易的极端方式。② 西方要打破这种状态非常困难。

其次，两类国家之间需遵循一定的贸易原则，大致有四：第一，国营贸易国家承诺从自由市场国家购买特定数量的商品（双

---

① Susan Howson,"James Meade",*The Economic Journal*, Vol. 110, No. 461, Features,2000:F130-F131.

② ［美］夏尔·塔凯著，胡润之译:《论自由贸易》,《第欧根尼》1985 年第 2 期。

边协定为个别商品，多边协定为一般总体商品），以抵消后者贸易壁垒的削减；第二，在对供应国总体咨询的基础上，国营贸易国家分配购买；第三，国营贸易国家同意，贸易利益为对外交易的唯一考虑因素；第四，国营贸易国家对国内工业的保护不超过多边贸易政策协定所规定的程度，不以国家垄断形式给予国内工业更多的保护。可参考的标准有：同种商品的国内外价格、垄断是否全面满足了国内需求等。

再次，对临时突发例外情况的考虑。如战后初期的物资短缺问题，对剩余物资的处理等问题。[1]

事实证明，美国的设想非常全面、实际，并且考虑到了对苏贸易的核心问题，即苏联能否真正参加世界经济秩序，战后初期两国经济关系如何处理等。像上述贸易原则第一点也不是凭空想象。早在 1935 年，美国与苏联签订互惠贸易条约，为了平衡美国提供的最惠国贸易待遇，苏联同意每年在美国购买 3000 万美元（后提高至 4000 万美元）的物资，[2] 这成为后来苏联全球采购义务设想的来源。自此以后，如何确立合适的国营贸易原则始终都是美国所重视的问题。

1944 年 3 月，比德维尔在研究美国经济与贸易政策时，考虑了这些问题。他认为，苏联在战后会成为欧洲大陆上的军事与政治大国，在一定程度上也将是一个强大的工业国家。无论是从《大西洋宪章》还是《租借协定》第 7 款来看，苏联都需被纳入国际贸易体系当中。但是，如果苏联真的这样做了，它的巨额出口很可能会打破国际贸易平衡，对自由市场国家来说无异于倾销，很可能会使自由市场国家对之采取惩罚性的关税报复，从而回到战前的贸易战时代，这是美国不愿看到的。面对苏联的计划经济体制，没有现成的办法可以解决，包括《互惠贸易协定法案》在内也无能为力。但是，鉴于苏联拥有丰富的资源和技术，美国绝不能放弃。如

---

[1]　*FRUS*, 1943, Vol. I: 1122-1123.

[2]　Peter J. Acsay, "Planning for Postwar Economic Cooperation, 1933-1946": 253.

何在多边协定之下处理好自由经济与计划经济的关系，就需要对新形势下的不公平竞争作一全新诠释。从战前美苏贸易成功的实践出发，比德维尔认为，计划经济国家需保证全球进口维持在不少于其国内生产总额的某个比例，任何对这一数额的修正都要基于普通进出口贸易的考虑。而自由市场国家，也要承诺不对计划经济国家的出口采用反倾销或其他惩罚性措施，除非这种进口严重伤害到了某些庞大的国内产业。①从这一设想出发，苏联加入到国际贸易体系，需要付出的代价即为一定规模的全球采购义务。1944 年 11 月底，助理国务卿艾奇逊系统阐述了美国的对外经济政策，针对政府垄断与国营贸易以及自由与国营国家之间的贸易，艾奇逊认为需要制定公平贸易规则。② 为美国的下一步行动奠定了基础。

二、美苏在贸易问题上的分歧

战争的即将胜利使美国的乐观设想不得不发生变化，而这也促使美国拿出更为周到的方案。1945 年 3 月底，驻苏大使哈里曼认识到苏联对东欧的占领将是灾难性的，因而主张将对西方盟国需求置于政策考虑的首位。为了阻止苏联对欧洲的主导，美英应加强合作，首先将西方盟国和其他小国置于影响力之下，通过经济援助使之保持与美国相似的生活方式。哈里曼预计，战争结束后，苏联将拥有除美国以外最多的黄金储备；战争中尚未使用或损坏的巨额租借物资和设备——可以协助战后重建；他们将无情掠夺战败国，拿走任何能够移动的物资；控制附属国家的对外贸易以为苏联所用；对包括南美在内的其他国家使用政治、经济手段，迫使他们同意对苏联有利的贸易条约；从美国手中获取任何可能的援助。美国必须

---

① Percy W. Bidwell, "A Postwar Commercial Policy for the United States", *The American Economic Review*, Vol. 34, No. 1, Part 2, Supplement, Papers and Proceedings of the Fifty-sixth Annual Meeting of the American Economic Association (Mar., 1944).

② *The Department of State Bulletin*, Vol. 11, No. 284, December 3, 1944: 660.

利用经济影响力来抵制苏联的自私自利。①

如果说战时美国一直抱有同苏联保持合作的想法，那么此时，这种想法在发生改变。哈里曼认定，苏联此时已经全面放弃同美英保持全面合作的选择，他们开始控制邻邦，向其他国家输出制度，确立影响力。除了关系到国家安全的生产以外，苏联的外交重心只会落到政治影响而非实际的经济内容上。② 此时，哈里曼已经认定苏联将为东欧建立极权制度，撇开自由与民主，在制度上与美国形成对立。

5 月 30 日，欧洲战争刚刚结束，战场还来不及打扫，美苏在战后贸易问题上的分歧就显现出来。美国早就表明了在战后世界推行自由贸易的雄心，此时正在与国会商讨减税 15% 的授权，苏联却开始在东欧和东南欧推行限制贸易的政策。美国立即给予正视与考虑。苏联与保加利亚和罗马尼亚的贸易协定致力于在该地区排除与其他国家的自由贸易，限制性非常明显。此类贸易协定的实质为易货贸易，中小国家所提供的商品价格非常低，受到苏联的严重歧视。沿着什切青—的里雅斯特一线向东，苏联将能构筑起封闭的经济堡垒。③ 这与美国所主张的不歧视和自由开放的经济理念严重冲突。

1945 年 10 月中旬，美国国务院关于世界贸易与就业扩展方案的考虑已经趋于成熟，它的核心精神即来源于《租借协定》第 7 款。战时美国与盟国共签订了 35 个《租借协定》，第 7 款的精神都是一致的，即致力于废除国际贸易中一切歧视性待遇和税则，降低其他贸易壁垒。美苏《租借协定》第 7 款的具体内容是：以合适的对外、对内举措，来扩大生产、就业、交换和消费，这是所有民族自由与幸福的实质性基础；在国际贸易中废除所有形式的歧视待遇，降低关税和其他贸易壁垒，总体上，实现《大西洋宪章》

---

① *FRUS*, 1945, Vol. V: 818-819.
② *FRUS*, 1945, Vol. V: 821, 855.
③ *FRUS*, 1945, Vol. V: 852-853.

中确定的所有经济目标。① 但是，美国与苏联关于第 7 款的谈判迟迟没有展开，与英国和其他国家的谈判则达成了协议，1945 年 7 月 21 日，通过了"建立国际贸易组织的提议"。美国希望将这一提议发展成国际协定，以在 1946 年 6 月召开贸易与就业大会，从而向世界推行自由贸易政策。

由于该提议主要处理成员国间的贸易政策及贸易关系，它不得不考虑到苏联的特殊情况。在对外贸易上，苏联实行完全的国营垄断，这与美国和欧洲国家完全不同。对于自由市场国家而言，立法与行政保护下的最惠国待遇就足以保障公平、合理与不歧视待遇。对于国营经济国家而言，这行不通。如果在自由市场国家与国营经济国家之间建立非歧视的贸易基础，对于美国来说，需重新规范进口的数量限制、减税、补贴以及外汇控制。

苏联是美国要极力拉拢的国家，这主要是由于它在会谈中的重要地位。不仅因为苏联曾经是战时四大国之一，战后拥有强大的国家力量，还因为它是唯一的国营经济国家，这对美国所要建立的包容私人经济和国营经济于一体的世界经济秩序具有重要意义，另外，苏联的参加也可使未来的国际贸易组织具有广泛的代表性。② 在这种情况下，此前所确定的"贸易考虑"（Commercial Considerations）原则得到发挥。任何形式的国营贸易成员国，需保证它们所有的国际买卖只在贸易考虑基础上执行，考量包括商品买卖的价格、质量、可销性（市场认可程度）、运输及其他条件。苏联接受这条原则，与其他国家接受最惠国待遇，在涉及关税或其他影响国际贸易的因素时大致相当。对自由市场国家而言，拟议中的国际贸易项目还包括了对实质性减税、削减贸易壁垒的考虑，那么，作为抵消，就要求完全国营贸易国家，在待遇平等和贸易考虑基础上，每年从其他成员国采购一批商品，价值不能少于此前所一致同意的总量。在与国际贸易组织协商以后，这种全球采购协约将按期调整。③ 美

---

① *FRUS*, 1945, Vol. V: 909-910.
② *FRUS*, 1945, Vol. II: 1355-1356.
③ *FRUS*, 1945, Vol. V: 911.

国的设想可以说是全新尝试，如果苏联接受，将对缓和两国之间的矛盾有重大意义，这得到了英国的支持。英国认为这样可以最优惠的浮动价格来购买产品，而它考虑到与苏联的关系问题，也极力避免对国营贸易发表具有敌意的看法。① 但是苏联对参加预备会议的邀请却迟迟没有答复。

为了吸引苏联参加会议，1946 年 2 月，美国驻苏使馆提出建议，将本应于 6 月在纽约召开的联合国经社理事会议提前至 4 月初在伦敦举行。会议则可称为联合国经社理事会筹备委员会会议，这样即便苏联不愿作为核心国家出席预备会议，它也难以拒绝在经社理事会下讨论贸易原则问题。②后来，该会议筹备由于英国的反对而不了了之。

美国国务院对向苏联开展自由贸易依然心存希望，但驻苏使馆却发出不同的声音。4 月初，在与苏联就友好通商航海条约的谈判上，美国驻苏使馆公使衔参赞凯南认为对美国完全无益。首先，苏联非"法治国家"，行政力量过大；其次，苏联不能容忍其权力受到限制的条约；再次，国务院的立论多基于很久以前同苏联达成的共识。彼时苏联对外面世界有很强的依赖性；感兴趣于外国的让步以及在很大程度上需要外国专家。凯南反对的另一原因是，在协定草案中，他没有看到保障美国潜在重要利益的条款，反而苏联享有较多特权。凯南认为须将这些特权的收放权抓在美国手中。就最惠关税待遇问题，凯南认为美国只能单方如此，因为苏联的国营垄断贸易不可能向美国提供类似的贸易优惠。但在立法上，凯南提醒，需要给予美国行政当局以自由撤回最惠关税待遇的权力。③

4 月下旬，美国驻苏使馆有了更明确的结论，即苏联对美国的关税政策没有太大兴趣。这不仅是因为它的多数商品都可以免税进入美国，还在于它实行着一套与资本主义国家完全不同的关税制度。在苏联看来，对外出口意味着牺牲，因而是不值得争取的。之

---

① *FRUS*, 1944, Vol. II: 103-104.
② *FRUS*, 1946, Vol. I: 1296-1297.
③ *FRUS*, 1946, Vol. VI: 729-730.

所以还要出口，主要为创汇。与低税率相比，他们更关心的是如何在外汇方面减少损失。新任驻苏大使史密斯（Walter Bedell Smith）估计苏联每年对贸易的需要至多不过数十万美元，这与其信贷请求相比可以忽略不计。因此，他们对贸易始终提不起兴趣，更别提对美国减税的兴趣。

对于国务院所设想的苏联的全球采购承诺，史密斯认为这并不现实，苏联不会履行此类义务。进一步说，由于缺乏苏联相关统计信息，就需要专门成立研究机构，从别国统计数据来确定苏联的义务采购数量。这都是不现实的。同样，考虑到苏联坚持在任何重要的事情上都保留自由行动的权力，所以也不可能使苏联以条约义务的形式提供减让以进入到国际低贸易壁垒体系。在史密斯看来，整部苏联对外经济关系史证明，只有那些基于自身利益必须要做的，或既得利益已在眼前之时，苏联才会履行义务。在这种情况下，使馆认为，各国有权评议苏联在对外经济领域是否保持了合作，同苏联的减税谈判只能由各国分别开展。这就从理论上宣告，将苏联纳入自由贸易体系是不可行的。

对于美国来说，可行的办法是承认贸易协定法并不适用于国营垄断国家，另行起草新的法律，以赋予行政部门同此类国家谈判关税的权利。此法应允许美国首先向苏联提出最低程度的减税方案，当然，在判定苏联不能达到美国的期待之时，美国也可撤回减税方案。

总之，美国所积极推动的减税行动对苏联而言并不具有过多的吸引力。无论美国做出什么样的减税，都不能期望这对苏联经济政策能产生实际影响。但对美国来说，行政当局拥有对苏贸易政策制定与实施的全权，不受任何外部势力的制约。而美国的底气来自于：苏联需要购买美国商品；美国拥有对苏信贷以及接受苏联以黄金为交换中介的全权。①

---

① *FRUS*，1946，Vol. I：1317，*FRUS*，1946，Vol. VI：745-748.

三、美国终结对苏东国家的自由贸易实践

1946 年 2 月初，美国国务院贸易政策司出台备忘，列出了它对联合国贸易与就业预备大会的设想，《联合国国际贸易组织宪章》将是其中最为重要的成果。关税减让是宪章的重要内容，但对于国营经济却是一个新内容，以前从未有过。在美国的设想下，国营经济体对国内生产者的保护措施是由价格机制来确保的，而这类似于进口税产生的效果。通过谈判确定外贸垄断国购买外国产品的卸货价格和国内市场销售价之间的差价额度即能弄清楚此类国家的关税水准，从而可以使他们加入到减税谈判中来。美国确定此类谈判应建立并准备于关税表中，与关税谈判一体进行。而上述差额将不包括运输、分配和销售进口产品过程中产生的其他费用。①苏联的减税表格被列为第 13 份。7 月底，美国对外经济政策执行委员会完成了宪章草案的主要部分，关于国营垄断外贸的内容专门列为一节：国营贸易国家应该同其他成员国一样遵行不歧视贸易原则，无论对外出口还是进口，国营单位的决策与实践应以贸易利益的得失为唯一考虑因素。为平衡其他国家的关税减让，国营贸易国家应降低对个别产业的保护程度，并在一定时期内从其他成员国进口一定数量的商品。②

11 个月以来，苏联一直没有答复美国的邀请，而且事实上苏联对减税也没有多少兴趣。但是，美国仍再次向苏联发出了邀请。通知苏联的现实原因一是苏联驻伦敦贸易代表克列夫佐夫（Klentsov）向美国表达了苏联对会议的兴趣；二是美国不愿担负单方面与苏联在国际经济领域分裂的指责；三是放弃苏联将严重削弱法国和捷克斯洛伐克对会议的支持；四是苏联仍是筹备委员会的成员。③苏联最终没有参加会议。

在会议上，会议主席代为解释了苏联未能参会的原因。苏联的

---

① *FRUS*, 1946, Vol. I: 1284-1285.
② *FRUS*, 1946, Vol. I: 1333-1335.
③ *FRUS*, 1946, Vol. I: 1355.

主要精力放在了安全领域，对于将要讨论的严肃而又影响深远的议题，苏联现阶段没有足够的精力研究，① 缺乏足够人手参加经济领域会议。这不能让人信服，甚至是荒谬的。

在美国看来，1947 年年初，苏联正遭遇着严重的经济困难，它在制订优先发展重工业的五年计划之时低估了人民的自愿牺牲程度。战后人们渴望提高生活水平，无论是集体农庄，还是轻工业，都急需发展。这种情况甚至使得苏联的对外政策不再那么具有攻势。② 但这种判断昙花一现，没有对美国对苏决策产生影响。

美国驻苏使馆认为主要原因是苏联对此类国际机构缺乏兴趣，苏联要保持在国际行动上的所有自由。另一个原因则是，参加任何经济组织都有可能要求苏联提供其在国民收入、国际贸易、收支平衡和黄金产量上的数据，而这被苏联视为国家机密。③ 但是，也许更深层次的原因是，此时苏联已经做好与美国分庭抗礼的准备，战时盟国合作一去不复返。早在 2 月份，斯大林就在一次讲话中充分表达了他对资本主义经济体系的不信任，认为其中充满危机与战祸，而在战争的洗礼之下，苏维埃制度被证明是优越于西方资本主义制度的。④ 这种怀疑与不信任也促使苏联在国际事务与美国越走越远，两国越来越没有共同语言。从另一方面来看，参加会议的美国代表团也庆幸苏联没有参加他们的讨论，认为这为他们及时顺利组织会议并达成协议排除了很多不必要的麻烦。相比之下，作为唯一出席会议的东欧国家，捷克斯洛伐克采取了合作的态度，但对于他们所关心的内容，如完全国营体制（即苏联体制）、与非会员国

---

① E/PC/T/PV/1,"Verbatim of the First Plenary Meeting", Oct. 15, 1946：2-3.

② FRUS, 1947, Vol. IV, Washington：Government Printing Office, 1972：515-516.

③ FRUS, 1946, Vol. I：1355-1356.

④ "在莫斯科城斯大林选区选民大会上的演说"，1946 年 2 月 9 日，东北人民大学马列主义基础教研室编：《苏联伟大卫国战争及战后建设时期重要文献选集》，东北人民大学研究处教材出版科 1952 年版，第 71 ~ 75 页；FRUS, 1946, Vol. VI：695.

关系问题都没有做及时的讨论。①伦敦会议是一个信号，它表明美国已不再视苏联为其自由贸易想当然的推行地区。

1947 年年中以后，欧洲复兴成为美国重点考虑的问题，对苏贸易关系服从于对这一问题的考虑。在美国看来，没有欧洲的复兴就没有世界的复兴，更不用提国际社会稳定与和平的发展前景。②在这种情况下，美国对苏自由贸易的前景也越来越渺茫了。自1937 年 8 月《美苏贸易条约》生效以来，美国一直对苏联保持着不歧视及最惠国贸易政策，但到战后初期，苏联在美国对外贸易中的地位日益下降。1947 年上半年，美国向苏联和东欧国家出口1.25 亿美元，仅占出口总额的 1.5%，其后迅速下降。在美国看来，苏联对美贸易政策有两个突出特点：首先，它的兴趣直接出于军事潜力增长的需要；其次，苏联及其卫星国采取一切可能的措施抵制欧洲复兴方案。对苏联及其卫星国的经济增长来说，美国的出口——如柴油机、电力机车等，并非必不可少，但却非常重要。相比之下，美国自这些国家的进口就没有那么重要了，它所担心的，只有锰、铬、铱等少数金属的缺乏。很显示，无论是苏东利用与美国的贸易来增强军事军力，还是抵制欧洲复兴，美国都不愿意看到。③

值得注意的是，1947 年 7—8 月，紧随马歇尔计划之后，苏联与保加利亚、匈牙利、捷克斯洛伐克和罗马尼亚等国签订双边贸易协定，作为"莫洛托夫计划"的组成部分，在经济复兴问题上使东欧国家同实施马歇尔计划的西方国家隔离开来，强化了苏联东欧作为一个整体的格局。

与此同时，在对苏贸易问题上，美国部分集团逐渐有了更大胆的考虑，它认定美国的利益没能得到有效保护，因而主张在贸易上疏远苏联。8 月，《国际贸易组织宪章草案》出炉，颇符合美国心

---

① *FRUS*, 1946, Vol. I：1362.

② *FRUS*, 1948, Vol. IV, Washington：Government Printing Office, 1974：507.

③ *FRUS*, 1948, Vol. IV：490-491.

意的是，苏联代表以其政府没有参加筹委会的工作、建立国际贸易组织时机不成熟为由拒绝参加讨论。① 11 月，凯南领导下的国务院政策设计司起草长文件，认为宪章草案对"与外贸垄断国家交往的规定"——此类国家需承诺在外贸活动中，贸易考虑为其唯一动机——不足以保障美国的经济利益，从长远来看，某种程度的反控制措施将是必需的，如此，美国才能保护其在本国市场的经济利益不受外贸垄断国家的影响。但同时，凯南也鲜明地看到，这将使美国背离宪章草案和最惠国待遇的精神，应从长计议。②

那么，影响美国对苏贸易政策的因素又是什么？在政策设计司看来，首先就是苏联对外贸控制的加强；其次，在苏联及其控制的国家中，外贸的国家垄断或直接控制，使其屈从于政治和强权，甚至不顾经济本身的考虑；再次，苏联决定使马歇尔计划归于失败。为此，在有充分合理的前景下，美国需：（1）阻止美国或其国民增强苏联军力或削弱美国军力的行为；（2）阻止削弱美国经济福利的行为；（3）阻止对苏联圈国家的政府信贷，除非对美国或经济复兴方案有利。在美国看来，如果美苏恶化到经济战的地步，毫无疑问责任在苏联一方。③

美国国家安全委员会同样介入到对苏贸易政策中来。国安会认为，苏东对马歇尔计划的实质性反对损坏了美国的安全利益。在对各种利益——经济复兴、世界和平与美国国家安全的考虑之下，国安会将包括苏联在内的欧洲划为复兴区，对该区的任何出口都将置于控制之下。对该区任何国家的出口需满足：（1）该国的需求有充分的理由；（2）有利于欧洲复兴和世界和平；（3）对美国的地位无不利影响。这得到了商务部的认同，控制被认为是可行的。依照法令，这可维持到 1948 年 3 月 1 日，而为此额外出口控制所耗

---

① United Nations, *Yearbook of United Nations*, 1947-1948, Lake Success, N. Y. : Department of Public Information, 1948 : 522.

② *FRUS*, 1948, Vol. Ⅳ : 494.

③ *FRUS*, 1948, Vol. Ⅳ : 498-500.

费的花销为 14 万美元。①

从国家安全角度来说，美国似乎是要放弃与苏联、东欧地区的贸易，因为它们并不重要。但国务院贸易政策司有不同意见，顾问阿姆斯特朗（Willis C. Armstrong）认为凯南及其同事对事实作了最为严峻的分析。从经济角度来说，它们相当重要。1947 年前 9 个月，在各项商品进口总值中，来自苏联的锰占到 31%，铬 47%，铂则为 57%。第三季度，美国对苏联保持顺差。助理国务卿索普（Thorp）、贸易政策司司长布朗，以及商务部国际贸易办公室主任布莱斯德尔（Thomas C. Blaisdell）意见与阿姆斯特朗一致，都认为凯南的建议是在商品控制基础上施加了地区控制，是双重控制，凯南似乎是确认了共产主义者对马歇尔计划态度，以阿姆斯特朗为代表的这一政治集团为此感到困扰。② 但是在安全第一的形势下，国务院并不能有太多作为。

12 月中旬，国家安全委员会依然坚持复兴区的设计。它认为，对那些美国稀缺或有助于苏联军事潜力增长的物资，美国的国家安全要求立即停止向苏联及其卫星国运输，③ 而这并不涉及对苏联及东欧国家的贸易歧视问题。商务部对此大力支持，并于 1948 年 1 月 15 日发布相关政令。④ 如此之下，在有利于恢复经济、发展贸易的大旗之下，对苏东部分实施的贸易禁运就此展开，早前所设想的自由贸易荡然无存，但是，美国对苏自由贸易实践的尝试并没有结束。

苏联依然存在同美国开展贸易的想法。1948 年 2 月初，苏联外交部礼宾司长莫洛奇科夫（Fedor Molochkov）谈到，在对苏关税要求方面，美国尚有取得满意结果的良好机会，他要求美国等待

---

① *FRUS*，1948，Vol. IV：506-507.

② *FRUS*，1948，Vol. IV：510-511.

③ 有人认为，自此，美国完全关闭了同苏联和东欧社会主义国家发展自由贸易的大门。详见崔海智：《战后苏美经济合作尝试的失败——兼论经济冷战的起源》，《世界历史》2011 年第 1 期。

④ *FRUS*，1948，Vol. IV：512，514.

2~3 周。史密斯赞同推迟抗议、陈述互惠贸易的做法是明智可取的。①

从表 6-1 中可以看出，在对外贸易需求程度上，苏联较西方更加依赖对方，西方则逐渐收紧对苏贸易。在这其中，尤以美国最为典型。1947 年苏联对美出口降幅达 23%，但进口降幅则超过 60%。在战后两年，除 1947 年对其控制下的东欧国家略有出超以外，苏联外贸全面入超。如果想到和平时期一国对外贸易应呈上升趋势，而苏联却出现负增长，就可得出结论，即相对于美国来说，苏联更渴望自由的经济环境，以协助战后重建早日完成。

表 6-1　　　　　战后初期苏联对外贸易②　（单位：百万美元）

年度 对象国	1946 年		1947 年		收支	
	出口	进口	出口	进口	1946	1947
马歇尔计划参加国 （不含西德）	78	94	88	145	−16	−57
苏联圈欧洲国家*	215	225	240	219	−10	+21
美国	101	422	77	166	−311	−89
世界其他地方	6	52	25	74	−26	−49
总计	400	793	430	604	−363	−174

*包括保加利亚、捷克斯洛伐克、芬兰、匈牙利、罗马尼亚和南斯拉夫，不含苏联占领下的东德区域和阿尔巴尼亚。

但是，此时国际形势最为显著的变化就是东西方分裂的日益格局化。如果说在美国建立世界金融体系的过程中，苏联还是照顾到美国的需要而给予了配合，在双方互有妥协的情况下，合作得到彰

---

① *FRUS*, 1948, Vol. IV：803.

② Alexander Gerschenkron, "Russia's Trade in the Postwar Years", *Annals of the American Academy of Political and Social Science*, Vol. 263, May, 1949：87.

显，那么，杜鲁门上台以后则是发生了较大的转变，两国间由合作转向猜疑。在战后年代里，这种分歧加大了，尤其是在斯大林1946年2月9日演说、"铁幕"演说和1947年杜鲁门主义出台之后，这种分歧由猜疑转向敌对，遏制政策也正是在这个时候成型。这表现在国际经济领域就是，苏联、东欧国家渐渐不再参加国际经济会议等活动，而此前已达成的承诺则在无形中废弃。

尽管如此，联合国贸易与就业大会对国营贸易的讨论仍在继续，并根据现实情况的发展作了完善。1947年9月10日，日内瓦会议报告出炉，其中，第四章第四部分第30~31款阐述了与国营贸易相关的内容，这涉及自由贸易的核心内容。第30款对不歧视待遇做了界定，即建立或维持国营贸易的成员国，无论在进口或出口当中，除紧急或最终为政府机构所用商品外，须实行不歧视政策。这就意味着，此类企业无论买与卖，都只能做纯粹贸易上的考虑——包括价格、质量、可用性、可销性和运输等因素。同时，需要按照商业惯例，为其他成员国的企业提供充足机会来参与贸易。任何成员国都不能侵犯企业的此项权利。第31款致力于增进贸易。对于实施外贸专营的国家，相关利益国家（集团）可以就关税与之谈判，对于出口专营，谈判要注意减少或限制针对其国内消费者的垄断保护措施的实行，或出口足够数量的产品以保证价格合理；对于进口专营，亦要减少或限制保护措施，或阻止任何进口限制的实施。对于贸易专营国家来说，谈判设定最高进口税也是必要的，而如果谈判没有成功，贸易专营国则需公开或通知国际贸易组织最高进口税。对于贸易专营国所进口的商品，刨除国内税、运输、分配、合理利润等之后，国内内场价不能超过到岸价格与最高进口税之和。① 这同之前的设想相比，国营贸易国家的全球采购义务被取消，增进贸易与减税相联系，不歧视待遇继续得到强调。

1948年夏，美国对苏东地区推行自由贸易失去了最后的耐心。

---

① E/PC/T/186,"Report of the Second Session of the Preparatory Committee of the United Nations Conference on Trade and Employment", 10 September, 1947: 28-29.

1948 年 4 月，哈瓦那会议所确定的宪章正式文本对国营贸易的规定增至四款，分别就不歧视待遇、增进贸易、市场组织和清算非贸易储备进行阐释，①但实质性问题并没有增减，不歧视待遇原则是仅存的原则，在与宪章相匹配的《关贸总协定》第 17 款中，这一原则得到双重确认。② 但是，考虑到政治经济局势的发展，宪章与《关贸总协定》此举并没有实质性意义。举例说明，捷克斯洛伐克是《关贸总协定》创始缔约方之一，同时它作为唯一的苏东集团成员签署了哈瓦那议定书，并将于 4 月 21 日生效。但是，由于此前捷克斯洛伐克发生了政府危机，捷共完全掌握政权，美国认为捷克斯洛伐克已经成为苏东集团的一员，大为不悦，完全不顾它已是《关贸总协定》缔约方的事实，开始单方面中止捷克斯洛伐克在《关贸总协定》中的权利，对其实施歧视性贸易政策，并极力鼓动其他国家撤回对捷克斯洛伐克的减税义务，③ 8 月，在关贸总协定第二届大会上，美国表示愿同尽可能多的国家展开减税谈判，但这不包括"铁幕"国家，④ 从而严重背离自由贸易的原则，对于美国与苏东集团的关系而言，自由贸易是一个完全不合时宜的字眼。

美国与苏东集团的贸易关系日益恶化，不消说自由贸易，即便是正常贸易也无法维持。1951 年 6 月到 7 月，美国分别照会苏联、罗马尼亚、匈牙利、波兰和保加利亚，告知美国将于近期中止同它们签订的相关贸易协定。紧接着，杜鲁门于 8 月 1 日签署命令，宣布中止对共产党国家适用有关贸易协定所提供的关税减让和贸易政

---

① E/Conf. 2/78, "Final Act of the United Nations Conference on Trade and Employment", Apil, 1948: 25-26.

② E/PC/T/196, "Redraft of Final Act", 13 September, 1947: 42-43, GATT/CP/2, "General Agreement on Tariffs and Trade", 14 October, 1948: 37-38.

③ *FRUS*, 1948, Vol. I, Part 2: 910-911. 美国认为它是基于安全利益，才限制对捷克斯洛伐克的贸易，但在捷克斯洛伐克看来，这是美国为政治利益放弃贸易自由原则。详见 Susan A. Aaronson, *Trade and the American Dream*: 123-124, 223.

④ *FRUS*, 1948, Vol. I, Part 2: 933.

策义务。①最终，尽管捷克斯洛伐克仍然留在关贸总协定内，但美国在政治上"非我即彼"的立场使东西方在经济上几乎完全中断往来，它对苏联、东欧国家所推动的自由贸易实践也告终结．

　　从整个过程来看，贷款问题实为战后初期两国有效商讨的唯一经济问题，结果正如麦克尼尔所言，"苏联只好不要贷款，而美国则眼看着全世界根据自由的原则开展国际贸易与金融汇兑的希望逐渐消逝在外界的黑暗中"②。

---

① *FRUS*, 1951, Vol. I, Government Printing Office, 1979: 1381-1382.

② ［美］威廉·哈代·麦克尼尔著，叶佐译：《美国、英国和俄国：它们的合作和冲突，1941—1946》，第 1060 页。

第七章　美国自由贸易向占领
地区的扩展

1947 年 6 月 17 日，日内瓦会议召开第 7 次主席团会议，讨论联合国贸易与就业正式会议事宜。在这次会议上，美国代表威尔科克斯首次提出，鉴于德国①、日本和朝鲜在未来世界贸易中不可缺少的作用，它们的贸易政策应与《国际贸易组织宪章》的原则保持一致，因此，有必要邀请其主管当局派观察员参加会议，这得到了澳大利亚代表库姆斯的支持。作为另外的选择，英国代表赫尔莫提出，占领国可在其代表团中为德、日、朝安排观察员代表，不必另行邀请，这得到法国代表巴拉迪克（Baraduc）的支持。黎巴嫩与智利亦反对美国的提议。② 这就开启了美国自由贸易向占领国家（地区）扩展的历程，而这从一开始，也充满了对抗的意味。本章所谓占领地区，以德国、日本等前敌国为代表。③

---

① 本章所谓德国，指除苏联占领区之外的德国，即后来的西德或联邦德国。

② E/PC/T/DEL/44，17 June 1947：7.

③ 战后初期，盟国占领地区还包括奥地利、朝鲜等国家，但由于它们在第二次世界大战前即被法西斯国家吞并，因而被定位为法西斯侵略受害国，这导致它们在性质上与德、日法西斯国家不同。从严格意义上来说，它们并非"前敌国"，是以被解放者的面貌出现在战后历史当中，加入世界经济秩序的过程也相对顺利。因而，此类国家不在本章的讨论范围之内。

第一节　对关贸总协定不与占领地区
发生联系的争论

一、占领区贸易问题的提出

美国提出占领区贸易问题并不是偶然的，它有着鲜明的国内外背景。首先，国内方面应为直接源于占领花销的巨大压力。1947年2月初，时任美国陆军参谋长的艾森豪威尔在日记中写道：国会声称我们的预算需进一步削减，我们已经到了智穷计尽的地步……如果再被削减，占领将成为失败之举。① 加强占领地区与外国的贸易，显然能减轻美国的占领负担。但这不能解释为何美国一而再、再而三地提出这个问题。其次，美国自由贸易扩展的考虑。此时美国自由贸易实践正在全面展开，如果说苏东地区此时离自由贸易越来越远，将德日等占领地区容纳进自由贸易体系，同样可以扩大世界经济秩序的范围。1948年4月，克莱顿称，占领国对占领地区在财政上或其他方面的责任仅是推动美国如此为之的一个原因，不可忽视的是这样一个事实，最惠国待遇原则曾经并且仍然是美国对外经济政策中最重要和最为根本的组成部分。② 因此，占领地区必将成为美国自由贸易扩展的地区。最后，随着冷战逐渐成为美国外交中的头等大事，将占领地区迅速带入自由贸易体系，加快它们的经济复兴，在国际上应对苏联共产主义集团的"扩张"威胁，对于美国领导的"自由世界"以及美国的安全具有重要意义。

对于西欧的经济复兴，美国公布了马歇尔方案，而对于前敌国西德与日本，美国则力图通过扶植加快它们的复兴。1947年7月7日，由美国发起，就德、日、朝代表权问题形成报告，并递交联合国经社理事会。在美国看来，经社理事会需要解决的问题是：（1）

① ［美］罗伯特·费雷尔编，陈子思等译：《艾森豪威尔日记》，第182~183页。

② *FRUS*，1948，Vol. I，Part 2：912。

德、日、朝合适的政权实体是什么？（2）谁有资格代表它们？（3）他们参加会议的空间或程度。这得到了筹备委员会的支持。① 8 月 1 日，经社理事会审议后，认可盟国在德、日、朝的管制机构可以被邀请参加大会，② 美国初战告捷。

为便于占领区的恢复，美国允许它们实施歧视性贸易政策。由于此举与宪章和总协定的原则相冲突，美国决定更进一步，为三国复兴寻求国际支持。8 月底，美国针对《关贸总协定》议定书中的部分条款提出建议，即《关贸总协定》不与处于占领状态下的德国、日本和朝鲜发生联系，直至三者结束军事占领或能够独自承担起总协定的义务为止。美国此举的含义很明显：避免三国过早地卷入国际自由竞争，保护三国经济的稳定恢复。同时，美国此举亦可以试探各国对与占领地区开展贸易的态度。值得注意的是，在文件中，美国将"德国、日本和朝鲜"视为术语，特别规定其意为三国本身或其任何一部分，提前为此后德国、朝鲜的分裂做好了文字上的准备。③

二、各国的初步讨论

9 月 17 日，美国完成了对建议的修正，建议将之作为宪章第 24 条的补充，并提交会议审议，关税协定委员会第 22 次会议当天予以讨论。澳大利亚代表库姆斯首先表示反对，认为美国此举实属画蛇添足。既然总协定第 24 条已经规定了生效范围，就没有必要专门针对占领区作一规定，同时，澳大利亚认为此问题可在和约中解决。美国则认为澳大利亚忽视了几点，首先，第 26 条有可能模糊协定的生效范围；其次，更重要的考虑是占领地区的恢复问题，占领当局所实行的紧急措施很可能会违反总协定的规定，因此，需要厘清这一问题。就美国占领当局而言，他们有信心在尽可能快的

① E/PC/T/EC/PV. 2/2, 7th July 1947：13, E/PC/T/117 Rev. 1, 9 July, 1947：6, 9.

② E/PC/T/149, 4 August, 1947：1.

③ E/PC/T/W/311, 29 August 1947：1-2.

时间内使占领地区履行宪章和总协定的义务，分享利益。但在当前，美国的提议将占领地区身份中立化，既不把它们当作成员国，也不当作非成员国。法国则附议澳大利亚，认为对负有国际责任的政府而言，这个责任不包含占领地区，进一步地，经社理事会已于8月1日通过决议，界定了被邀请与会的国家与军事占领当局之间的差别，因此在法律上，美国关于第26条的解释站不住脚。有鉴于此，法国建议修正第26条第4段，明确国际责任不包括占领地区即可解决问题。英国代表沙克尔以需要与本国政府沟通为由，拒绝提出意见，算是对美国的支持。中国则明确支持澳大利亚，认为界定占领国身份的责任属于针对前法西斯国家的和平大会，要求美国对第24条的规定作一保留，这遭到美国拒绝。① 美国修正后的提案变为：鉴于军事占领地区的现状，这一问题将继续予以研究。此时可以认为，除非经他国同意，则总协定条款不适用于目前军事占领下的任何地区或某一部分。对占领当局以及与此类地区有贸易往来的任何缔约方亦无约束。② 这就为美国对占领地区实施相对自主的经济政策提供了保障。

9月19日，第24次会议继续讨论该问题。英国提出反建议，认为美国方案实际上给占领当局以自由处理权，英国认为正常的原则是，在辅之以必要的条件的情况下，逐步将总协定的原则应用于占领地区，当务之急则是，占领当局给予缔约方的贸易待遇，应与缔约方根据总协定的规定给予占领地区的待遇一致，这在之前与意大利的和约中有章可循。英国实际上是强调互惠贸易。美国则以实践上的困难予以回绝。英国认为与其如此，不如邀请占领地区的代表作为观察员参加大会，或可缓解反对的声音。澳大利亚支持英国提议，认为美国此举实际上是为其合法谋得对占领地区实施歧视性贸易的权利，因此宜在和约中商议此事。挪威同样认为美国方案不

---

① E/PC/T/W/340,17 September 1947:1, E/PC/T/TAC/PV/22, Verbatim Report of Twenty-second Meeting of the Tariff Agreement Committee, 17 September, 1947:25-26,54-62.

② E/PC/T/W/340 Rev.1, 17 September 1947: 1.

具建设性，不赞成将其附于总协定内，英国和比利时表示赞同，认为没有国家会对总协定第 26 条生效范围提出疑问。作为战前与德国双边贸易量最大的国家，荷兰同样赞同英国所提出的积极性表述。中国再次主张放弃对该问题的讨论，首席代表金问泗对美国所承担的占领重任表示了个人的同情，但认为占领当局同样有义务保证其他缔约方的合法利益不受损害，能够讨论此类事务的应为哈瓦那会议。对于美国对占领地区的扶植，中国担心前敌国在未来可能再次成为其他国家的威胁。在这里，中国引出一个重要的问题，即鉴于战争受害国的民族感情，他们是否愿意给予前敌国以互惠贸易待遇？这在其后美国自由贸易向德日扩展的过程中始终是一个重要问题，是美国始料未及的。法国既是战争受害国，也是占领国，身份特殊，同样反对美国的方案，认为这是哈瓦那会议的责任，得到比利时的响应。

面对激烈争论，美国仅得到了巴西的有限支持，其他国家的反对则更加强烈。英国随后认为，对这一问题的讨论超出了会议的权限，美国予以否认，但同意将后一部分改为：可以认为，除非其他国家提出，总协定不会要求对任何此类地区的适用。面对如此之多的反对，美国最好只好表态，这绝不意味着美国不同意宪章或总协定的原则适用于占领地区政策或美国与占领区贸易关系，此时提出只是权宜之计。最终，条款妥协为：在目前情况下，关贸总协定的条款并不能全面适用于缔约方与占领区间的贸易。该问题需进一步研究，并保证不损害第 22 条和第 23 条的规定，"进一步研究"的字样得到了中国的认可。①

9 月 24 日，关税协定委员会第 28 次会议确认了修改后的美国提案。正是在这次会议上，与会各国首次接触到最惠国待遇扩展至占领地区问题。在回答澳大利亚"与占领地区的贸易是否自由"时，美国明确了肯定回答，即包括澳大利亚在内的任何国家都没有将最惠国待遇扩展至占领地区的义务。美国代表埃文斯（Evans）

---

① E/PC/T/TAC/PV/24，19 September 1947：2-6，10-18，20-22，26.

直言，这并不意味着美国不会再次提出类似动议，① 由此证明这只是一个开始。就美国提案，会议决定成立分委员会，由澳大利亚、比利时、中国、法国、荷兰、英国和美国组成。中国仍然主张美国放弃提案，如实在困难，中国的最低要求是增加一条，即：如任一缔约方认为其利益受到另一缔约方——同时也是占领国行为的损害，则前者有权对占领地区采取行动，在被要求的情况下，占领国应同意就此类行动展开协商。②

美国关于《关贸总协定》不与占领地区发生联系的提案遭到众多国家的反对而进入下一步研究阶段，表明美国此时提出占领地区问题的时机并不成熟，各国的普遍反对预示着美国将占领地区引入世界经济秩序面临严峻困难。

第二节 美国与自由贸易秩序向西德的扩展

作为冷战的前线，德国在美国的战后世界战略中占据着重要的位置。与罗斯福不同，杜鲁门非常重视德国在战后世界中的地位与作用，上任伊始，他即完全抛弃了严厉制裁德国的"摩根索计划"。在他眼中，德国的政治和经济未来对世界而言有重大利益。③

一、美国提出《国际贸易组织宪章》适用于占领地区

1947 年 11 月哈瓦那会议盛大开幕之时，冷战局势急剧恶化，处于盟国占领下的德、日、意等前法西斯国家此时已经成为与苏东集团对抗的西方世界的一部分，美国作为西方世界当仁不让的领袖，希望在经济层面上将德、日等国纳入自由贸易体系，以加快复兴步伐。12 月 2 日，美国不再主张《关贸总协定》不与占领地区

---

① E/PC/T/TAC/PV/28, Verbatim Report of Twenty-eighth Meeting of the Tariff Agreement Committee, 24 September, 1947: 38, 41.

② E/PC/T/219, 27 September 1947: 2.

③ *Public Papers of the Presidents of the United States, Harry S. Truman,* 1946. Government Printing Office, 1962: 44.

发生联系，而是力主将《国际贸易组织宪章》的适用范围扩展至尚处于军事占领之下的德国与日本,① 称此举意在确保占领区对外贸易的稳定，并非通过"走后门"的方式让它们加入国际贸易组织。之所以在提案中没有提到朝鲜，美国认为朝鲜此时已是"自由国家"，它很快将有独立的政府来代表。此前，美国军方对此亦表示非常支持的态度，克莱（Lucius Clay）领导下的德国军事占领当局表示愿意遵守宪章，但要求大会暂时接受两项事实：（1）德国尚没有统一汇率；（2）新政府成立以来，德国对于新投资有延期偿付权。日本占领当局亦表示支持宪章，除保留进口配额以外，承诺将废除日本国营贸易，按照《关贸总协定》的要求修改日本关税制度。②

鉴于该问题的重要性，美国建议成立分委员会做仔细研究。1948 年年初，哈瓦那会议第六委员会第 20 次会议专门讨论了该问题。中国和捷克斯洛伐克认为盟国管制委员会和在日本的相应权力机构应为会议提供充足的信息，得到会议主席的认可。会议成立 J 分委员会讨论美国提案，委员会由比利时、捷克斯洛伐克、法国、墨西哥、美国、乌拉圭、印度、意大利、阿根廷和英国（任主席）组成，中国、波兰、澳大利亚和丹麦亦参加有关美国修正案的工作。③ 参加国家之多显示出该问题的重要性与敏感性。

美国对宪章适用于占领地区可谓不遗余力，但困难重重。从一开始，美国就遭到波兰、英国、法国和中国、阿根廷等欧、亚、拉美国家的坚决反对，有限的支持仅来自于比利时和印度。④ 1 月初，美国修正案特别提出，在涉及占领国之时，提出三项例外可以不对宪章负责：（1）维护占领军安全的任何措施；（2）和约或为结束第二次世界大战而订立的国际协定所涉及的条文；（3）为建

---

① E/CF. 2/C. 6/12, 2 December 1947：27-28.

② 谈谭：《国际贸易组织（ITO）的失败：国家与市场》，第 202 页。

③ E/CONF. 2/C. 6/SR. 20, 5 January 1948：4.

④ *FRUS*, 1948, Vol. I, Part 2：834.

立汇率而采取的必要举措。① 1 月 26 日，J 分委员会第一次讨论该问题。比利时提议成立小型工作组全面分析美国提案，捷克斯洛伐克代表奥根塔勒（Augenthaler）认为大会不具备处理与德日国际贸易关系的资格，中国则提议成立由法律专家组成的工作组审议大会资格。最终，工作组的提议被否决，但也没有形成其他的结论。②

　　大会究竟有无资格处理占领国亦有权限的德日国际贸易关系问题出其不意地成为美国首先要面对的问题，法国认为存在大会所不能解决的国际问题，如果分委员会宣布它足以胜任该问题，那么法国只能作为观察员参加，这得到了波兰的支持，捷克斯洛伐克认为《波茨坦协定》认定占领期间的德国是一个统一的经济单位，这也是大会所不能否认的。③ 会议无果而终。

　　1948 年 2 月 4 日晚上 6 点，论战再起。美国回答了所有的质疑：（1）强调联合国经社理事会欲让会议做出与德日贸易有关的决定，而管制当局仅仅是替代占领国处理行政事务，因此各政府应在哈瓦那做出决定；（2）强调美国方案决不是破坏此前有关国际协定，当两者冲突之时，以国际协定为准；（3）美国方案将应用于日本全部，（可能大部分）德国，但受益的不仅是德日，还包括国际贸易组织全体会员国。美国的发言没有得到广泛的支持，继之发言的丹麦支持波兰，认为大会无权阐释对德日管制协定，建议分委员会寻求其他办法，得到法国的支持。④ 2 月 5 日上午，J 分委员会继续开会，英国提议，美国方案应改为：（1）在和约或其他永久性国际协定达成以前，不在与德日贸易有关的问题上采取任何措施；（2）一旦国际贸易组织成立，它应当研究德日所带来的问题；（3）在宪章原则之下，通过决议尽快考虑德日贸易问题。波兰呼吁分委员会不要针对美国提案做任何决定，澳大利亚同样认为美国提案是不明智的。捷克斯洛伐克仍然质疑大会的权限问题。新西兰

---

① E/CONF. 2/C . 6/12/ Add. 10, 5 January 19 1948：1.

② E/CONF. 2/C. 6/W. 74, 27 January 1948：1-2.

③ E/CONF. 2/C. 6/W. 79, 30 January 1948：1-2.

④ E/CONF. 2/C. 6/W. 87, 5 February 1948：1-2.

的发言稍为缓和，但足够坚定，它支持将德日纳入到国际贸易组织中来。对于日本，新西兰要求宪章适用问题事先需要得到远东委员会的认可，它尤其强调，在宪章赋予德日优惠条件之前，管制德日的机构应给予各国同等的优惠待遇。丹麦提出折中办法，即设置短暂告示期，各国接受与否，悉听尊便。① 会议再次无果而终。

尽管美国做了很大努力，但提案很快被放弃。2月7日，J分委员会召开第14次会议，法国提议中止对美国提案的讨论，转而寻求其他解决方式。比利时提出重新界定第99条"其负有国际责任的地区"包含军事占领地区，不同意的成员国可在其后的解释中保留意见，这遭到英、法、捷、波、丹的一致反对。中国则希望美国能对其背后动机做一坦诚的解释。最终，美国提案未能通过。会议主席转而任命一非正式工作组来寻求其他办法，工作组由比利时、中国、丹麦、法国、英国和美国组成。②

此时，美国"宪章适用于占领地区"的意愿已经到达重要关口，如果不采取措施，这项动议将走向完全失败。美国的策略是以马歇尔计划来压制西欧国家同意，首先说服英法，继而影响小国如波兰和捷克斯洛伐克等。此时，法国的立场不再那么强硬，同意在一段时间的试验以后，德国可以享受不歧视待遇，但它仍然强调决定德国经济政策的权力在占领当局手中，在哈瓦那讨论德国的意义不大。③2月10日，法国外交部对宪章适用于德国问题出台正式意见，认为宪章——尤其是第三章关于经济发展的内容对德国并不重要，此时无论是对德国，还是饱受战争摧残的盟国来说，最为紧迫和重要的是重建而不是发展问题。法国极力主张这个问题交由即将于伦敦召开的三方会谈解决。④

二、美国提出给予占领地区最惠国待遇问题

2月11日，在一次非正式会议上，美国做出最后努力，提出

① E/CONF. 2/C. 6/W. 90, 5 February 1948: 1-3.
② E/CONF. 2/C. 6/W. 93, 9 February 1948: 1-2.
③ *FRUS*, 1948, Vol. I, Part 2: 851-852.
④ *FRUS*, 1948, Vol. I, Part 2: 853-854.

新的对占领区实施最惠国待遇的方案，但各国反应极为消极，不仅英法等国继续反对，原来倾向于支持美国的斯堪的纳维亚和低地国家也都保持了沉默，这迫使美国代表团撤回这项修正，改为单独议定。①

在不利形势下，为了自由贸易的扩展，美国采取多重步骤来实现目标。参议院外交关系委员会通过一项议案，要求参加欧洲复兴方案的国家（包括西德在内）必须就货物交换与削减贸易壁垒保持合作，欲在哈瓦那会议之外解决问题。以此为契机，美国督促英法以及中国改变政策。②除此之外，美国还想到两条平行方案，即（1）做出让步，占领地区与国际贸易组织关系留待后者建立以后决定，这可能要到1949年或1950年；（2）在《关贸总协定》框架下解决，由于《关贸总协定》同样涉及最惠国待遇和不歧视原则问题，如果2月底开始召开的关贸总协定第一届大会能够将占领地区延揽进来，则美国同样可以达到目的。③ 为了将德国重新整合进欧洲和世界经济，美国迅速行动，决定暂时按第二套策略出牌，预备在伦敦三方会议期间争取英法的支持。

到此时为止，美国仍然自信它拥有说服英法等国的资本，冠冕堂皇的理由是为了欧洲乃至世界经济的统一，稍实际一点的理由是世界各国随便歧视来自占领区的产品将不符合占领国的利益，比较有力的理由则是欧洲的重建仍然需要马歇尔计划，但比较实质性的理由也许是此时冷战的加剧迫使美国要保持西方世界的统一，这种统一体现在经济上就是将战败国纳入以美国为主导的世界经济秩序中，马歇尔曾不止一次地强调，不仅是德国，日本和朝鲜也要纳入这个体系。因此，美国不愿做出让步，它不相信欧洲和中国等国家会一直反对到底。2月24日，法国代表阿尔方（Alphand Saltzman）赴伦敦与美国驻英大使道格拉斯商谈，基本同意为德国出口打开通道，唯一现实的问题是赋予德国何种最惠国待遇。虽然法国对安全

① *FRUS*, 1948, Vol. I, Part 2: 860-861.
② *FRUS*, 1948, Vol. I, Part 2: 861.
③ *FRUS*, 1948, Vol. I, Part 2: 855-856.

的担忧已有所缓解，但在彻底解决安全问题之前，法国谨慎建议将此限于占领期间，并表示对日本和朝鲜没有兴趣。① 法国的表态意味着美国的胜利，在众多的反对声面前，它取得了初步的突破。

在克莱顿看来，在宪章例外条款允许的范围内，美国通过双边援助协定的形式，推动西欧、中国给予西德、日本和南朝鲜相互最惠国待遇，是可行的。② 但美国最终未能在哈瓦那如愿。4 月，最终通过的《哈瓦那宪章》对此做了模糊的规定，这体现于第 71 条（成员资格）第 5 段：在管制当局的申请下，大会将决定宪章的权利与义务适用于军事占领地区，并决定此类权利与义务赋予的程度。③ 宪章将决定权交给了大会，看似为占领地区敞开了大门，但实际上困难重重，从而使美国无功而返。在美国看来，它在哈瓦那的失败主要由于英、法、捷、法和中国的反对。这些反对部分缘于政治上的考虑，部分则是经济上的，如担心德、日经济渗透以及日后两国可能出现的大规模出口，等等。④ 6 月，双边援助协定的建议虽然得到一些中小国家的同意，像挪威还表示了欢迎，但却遭到英国、法国和中国等大国的强烈反对，英国和中国尤其反对将日本与南朝鲜容纳进来，该建议被迫放弃。

美国虽然遭遇重重挫折，但仍极力推动各国给予占领地区最惠国待遇。原因有三：（1）对美国来说，如果日本和南朝鲜能够自立，不仅可以减轻美国的负担，也可以使之在对外贸易中免遭不正当歧视。（2）由于美国对占领地区的部分援助直接或间接进入到日本和南朝鲜的出口行业当中，因而，在某种程度上，外国在对外贸易中歧视此类行业的商品便是歧视美国。从这个视角出发，美国在占领地区的利益类似于它在属国的利益⑤。（3）1948 年年初，美苏之间冷战形势严峻，尤其在德国问题上，分歧越来越大，越来

① *FRUS*, 1948, Vol. I, Part 2: 868-869.

② *FRUS*, 1948, Vol. I, Part 2: 912-913.

③ *FRUS*, 1948, Vol. I, Part 2: 873, E/Conf. 2/78, "Final Act of the United Nations Conference on Trade and Employment", Apil, 1948: 44.

④ *FRUS*, 1948, Vol. I, Part 2: 919.

⑤ *FRUS*, 1948, Vol. I, Part 2: 920.

越直接的对抗几乎不可避免。在这种形势下，英法等国势必要重新考虑美国的建议。1948 年 3 月，在伦敦会议期间，美国说服英法，三国将紧密合作，将西德纳入到欧洲复兴计划当中，① 这就意味着两国不再在贸易上严厉排斥西德，为西德货币改革和关贸总协定大会奠定了良好的基础。

1948 年货币改革是战后西德经济发展的里程碑事件。首先，战后初期主导西德经济的黑市贸易和易货贸易在一夜之间销声匿迹，"D 马克奇迹" 由此开始；其次，占领时期延续下来的大部分经济管控措施被废除，从而为经济上的自由放任提供了条件；再次，为鼓励出口与投资，西德从根本上重整了赋税体系，② 向稳定与 "自由" 的国家迈进。在这种情况下，8 月 16 日，关贸总协定缔约方第二届大会召开，继续讨论了最惠国待遇适用占领区问题。美国启动第二套方案，提出总协定适用于占领地区的问题。对此，东欧国家捷克斯洛伐克坚决反对，理由有二：（1）法律上不可能，总协定只能处理缔约方之间的关系；（2）涉及政治与军事问题，在和约缔结以前，无论德国还是日本都不能加入总协定。③但在严峻的政治形势下，8 月 23 日，讨论取得重大进展，法国开始同意对德国实施最惠国待遇的协议，英国和中国虽然还没有获得国内授权但也开始支持这个协议，但是，英国代表团被指示不参加任何考虑对日本实施最惠国待遇的委员会，中国、澳大利亚和新西兰也持相同立场，这使美国决定在最后一次全体会议上再讨论对日问题。④

8 月 25 日，第二届大会第 12 次会议召开，针对美国所提出的最惠国待遇扩展到占领地区——西德、日本与南朝鲜，与会国大体分为三类：（1）将德日区分开来，表示相对中立立场。英国、法

---

① *FRUS*, 1948, Vol. II, Washington：Government Printing Office, 1973：143.

② H. J. Dernburg, "Germany's External Economic Position", *The American Economic Review*, Vol. 44, No. 4（Sep., 1954）：530.

③ GATT/CP 2/SR. 10, 24 August 1948：4.

④ *FRUS*, 1948, Vol. I, Part 2：934.

国采取一致行动，对德持观望态度，但反对应用于日本。中国着重表示对总协定可能适用于日本的不安，同时表示看不出此时签署多边协定的必要性，黎巴嫩建议留待下一届大会处理。（2）支持美国的动议。锡兰（斯里兰卡）和荷兰支持美国，希望看到最惠国待遇扩展到越来越多的地区。（3）反对美国。澳大利亚认为可通过已有正常途径解决。这个途径对日本来说是远东委员会，对德国来说是正常的政府间途径。不仅如此，对于美国曾公开宣称的对日本提出类似动议，澳大利亚政府认为是一种羞辱。捷克斯洛伐克认为美国的建议在政治上不明智，经济上无益。争执之下，会议主席以成立工作组解决分歧结束了辩论。①

9月2日，美国提交修正总协定最惠国贸易条款的草案，意在将最惠国待遇扩展至西德占领区，据美国自己的报告，美占区与英占区已经合并20个月有余，双占区进出口完全置于联合进出口机构管辖之下，但所有的控制措施没有违背总协定的原则，也没有针对任何国家施以歧视。②两天后，第六工作组成立，成员包括澳大利亚、加拿大、中国、古巴、法国、荷兰、巴基斯坦、英国和美国等国，专门处理美国关于西德问题的提案。③9月初，经过三次会议之后，第六工作组形成草案，除澳大利亚与新西兰以外，工作组其他成员都同意给予西德有限最惠国待遇。但中国不同意将此作为处理与日本贸易关系的先例。④

工作组的决议非常谨慎，它对西德最惠国待遇附加了条件，形成单独协定：（1）该协定完全符合国际贸易组织《哈瓦那宪章》的原则，但条文独立于宪章；（2）协定仅限于商品贸易；（3）此时西德并无实际、有效关税，而一旦此类关税实施，则最惠国待遇的实施不能妨碍在宪章互惠原则基础上开展减税谈判，即如果减税

---

① GATT/CP. 2/SR. 12, 21［sic］August 1948：3-7. GATT/CP. 2/SR. 12/Corr. 3, 6 September 1948：1.

② GATT/CP. 2/WP. 6/2, 2 September 1948：1.

③ GATT/CP. 2/WP. 6/1, 25 August, 1948：1.

④ GATT/CP. 2/W/5, 23 August 1948：1, GATT/CP. 2/WP. 6/3, 2 September 1948：2.

谈判不能进行，则缔约方有权停止最惠国待遇的实施；（4）协定开放签署，各国签署 30 日后自动生效，协定有效期至 1951 年元旦，但如果签字国没有在 6 个月前向联合国秘书长提出退出申请，则协定继续有效，各国仍有 6 个月公示后退出的权利；（5）鉴于此时西德尚没有确定固定汇率，出口可能暗含无法确切计算的补贴，故而，如签字国认定其将对国内工业造成实质性损害，而对此类进口施以某种程度的反倾销税——税额约等于补贴数额——并不违反协定。针对特殊紧急情况，征税事先也不必同国际贸易组织协商。①

9 月 6 日，第二届大会第 19 次会议召开，继续审议给予西德最惠国待遇问题。捷克斯洛伐克首先表示强烈反对，按照《波茨坦协定》第 14 条，占领期间的德国是单独的经济体，实施单一的进出口关税政策。此前的方案有损于德国的统一，不具合法性，对它做出任何决定都超出了缔约方的权力。不仅如此，任何涉及与德国或其一部分建立关系的行为都干涉了其内政，触犯了国际法和联合国宪章，澳大利亚则坚持反对缔约方全体对这一问题的任何考虑意见，称缔约方全体不具有足够的权限考虑这一问题。澳大利亚所害怕的还是这一问题可能造成的给予日本同等待遇的先例。它建议美国接近对此有兴趣的国家，私下而不是通过缔约方全体解决，得到新西兰的支持。中国此时着重反对将西德作为日本的先例。印度则是持同情态度，英国和法国提出了微小的修改意见。在这种情况下，反对的声音被淹没，会议主席提议通过美国提案，最终以 15 ：0 通过。② 各国同意了对德实施最惠国贸易待遇，并于 14 日签署"最惠国待遇适用于西德军事占领区协定"，但对于西德是否有资格参加减税谈判，乃至最终是否参加《关贸总协定》，成为世界经济秩序中的一员，美国面临着严重争论。对于给予日本最惠国待遇问题没有做出决定。

美国如此支持西德是有着它的考虑的。在盟国军事控制之下，

---

① GATT/CP. 2/32, 3 September 1948：4-6.

② GATT/CP. 2/SR. 19, 11 September 1948：4-10.

将美、英、法三国占领下的德国部分进行整合，使西德成为统一的经济组织，不仅可以鼓励它的经济复兴，更可促进西欧的复兴与稳定。① 同时，美国对西德与日本等占领地区仍然担负着沉重的责任，在 1950 年的预算中，为两国预留的重建拨款即达 10 亿美元，而美国军队的 40% 亦驻扎于占领地区。②如此一来，西德将成为战后欧洲复兴的中心，即便从为削减美国的负担考虑的角度，美国自由贸易没有理由不延伸到这一地区。

三、西德加入关贸总协定

1949 年 8 月 13 日，关贸总协定第三届会议第 43 次会议召开，讨论下届会议缔约各方减税谈判安排，巴西质疑为何西德没有包括在内，会议主席、加拿大人威尔格雷斯（L. D. Wilgress）认为这是由于西德身份的不确定性，而关贸总协定只向联合国会员国发出邀请，西德显然不在其中。美国则质疑这种说法，并认为由工作组来处理最为合适。③下午会议继续，会议主席的看法有了很大改变，认为邀请参加谈判的国家应尽可能广泛，涵盖关税实际独立的实体，如以色列都应得到邀请，但朝鲜与德国似乎是有问题的。捷克斯洛伐克认为面对两个德国与两个朝鲜都没有得到承认的事实，即便是询问也不符合国际礼仪，故而，工作组最好不考虑邀请问题。法国则认为工作组需要充分而小心的考虑，鉴于德国不稳定的政治与经济形势使之难以做出决定，根据《关贸总协定》第 26 条，除非某国享有某种程度的自主权，否则不能参加谈判，因此，法国反对邀请德国与会。比利时赞同法国意见，德国应在政府成立之后参加会议，智利对此支持，并建议留待第四届会议解决，澳大利亚也倾向于此时不宜做出决定。巴西建议求助于联合国做出判断，同时

① *Public Papers of the Presidents of the United States*, *Harry S. Truman*, 1948：816.

② *Public Papers of the Presidents of the United States*, *Harry S. Truman*, 1949：54, 59.

③ GATT/CP. 3/SR. 43, 13 August 1949：6-7.

指出，离开德国的参与，欧洲经济不可能走向稳定。美国则坚定支持德国，认为缔约方全体不能将德国排除在外，工作组应将西德列于拟邀请的国家名单之中。主席最后认为，在邀请非成员国参与对其有直接利益关系的大会方面，联合国早有先例。因此，无论是否被邀请参加哈瓦那会议，只要其有资格参加国际贸易组织，邀请函就应发出。对此，英国与捷克斯洛伐克赞同将此项工作交由主席和执行秘书长处理。中国则要求考虑邀请朝鲜。最终，工作组由澳大利亚、比利时、加拿大、捷克斯洛伐克、法国、荷兰、挪威、英国和美国组成，这就是第十工作组。①

　　西德加入减税谈判，继而成为关贸总协定的正式成员的做法遭到捷克斯洛伐克的强烈反对。8 月 22 日，捷克斯洛伐克专门发表声明，无论是根据《哈瓦那宪章》第 71 条，还是《关贸总协定》第 26 条，成员均需为国家或独立关税区，西德不是一个国家，它是法律上仍然存在的德国的一部分，它也不能认为是某些国家担负国际责任的单独关税区，它仅是军事占领区。因此，不能邀请西德参加减税谈判乃至成为缔约方之一员。② 1947 年 9 月，缅甸、锡兰和南罗得西亚申请加入总协定，它们能否脱离英国自主做出决定，并承担国际义务是其能否加入总协定的关键，这给捷克斯洛伐克带来启示。9 月 26 日，捷克斯洛伐克发表补充声明，认定西德的被占领身份、贸易歧视行为，它的联合进出口机构、联合外汇机构都处于美国主导之下，本身无法单独承担国际义务，这是西德不能参加下届减税谈判的重要因素。③

　　1949 年 9 月 22 日，美国向缔约方全体声明，支持邀请西德、日本与韩国参加关贸总协定下届会议。美国的王牌是，一旦三国加入关贸总协定，则其他国家可以从与三国的贸易中赚取美元。而对于美国来说，日本加入总协定，将使令其颇为头痛的最惠国待遇问

---

①　GATT/CP. 3/SR. 44, 13 August 1949：1-6.

②　GATT/CP. 3/WP. 10/5, 22 August 1949：1-2.

③　GATT/CP3/WP10/2/4, 26th September, 1949：1.

题变得不再必要。①

9 月 30 日，第十工作组正式向缔约国全体提交报告，基本支持美国提案，认定西德、韩国有资格参加将于 1950 年召开的第三次减税谈判，共有 29 国政府受到邀请询问。自始至终，只有捷克斯洛伐克持坚决反对态度。对于日本参加减税谈判的动议，因多数国家持反对态度而作罢。不过，多数国家亦表态，将支持日本在某一时间最终融入国际贸易大家庭。②

1950 年 2 月 23 日，关贸总协定缔约国全体于日内瓦召开第四届会议，首先商讨了邀请西德作为观察员参加本届会议的可能。会议排除捷克斯洛伐克的反对，同意了西德的请求。③艾可恩（Eichorn）代表西德列席会议。其后，西德与韩国正式参加了在托基的减税谈判，西德减税 5500 项。11 月 9 日，经全体缔约国同意，西德与奥地利、秘鲁、菲律宾等共同成为关贸总协定的申请加入国政府（the acceding governments），在一定条件下临时适用托基议定书部分内容，而议定书一旦生效，则参加国政府将升级为缔约方，从而正式加入关贸总协定。④最终，西德于 1951 年 10 月成功入关，正是在这一年的下半年，西德首次实现贸易顺差。

入关以后，西德迅速融入世界经济秩序，表现在两个方面：首先，西德对欧出口增长迅速，并融为一体，美国的地位下降。1948年，奥地利、丹麦、法国、英国、意大利、挪威和瑞士进口的机械和交通设备中，美国产品占 39%，西德产品只占 4%；到 1952 年，美国产品的比例降至 26%，西德产品的比例上升到 24%；到了1955 年，这两个数字变成了 20% 和 32%！⑤其次，西德自由贸易成效显著。截至 1954 年中期，自欧进口中，自由化程度达到 90%，自双边清算国家达到 80%，自美元区也达到了 30%～40%，据西德

① GATT/CP3/WP10/2/6，27th September，1949：1.

② GATT/CP/36，30 September 1949：1-2.

③ GATT/CP. 4/SR. 1，23 February 1950：2-3.

④ GATT/CP. 5/46，12 December 1950：12-13.

⑤ 赵航：《多边贸易体制与美国的霸权权力》，外交学院 2008 年博士论文，第 64 页。

官方估计，整体自由化程度已经达到 80%，保护性贸易所占比例极低。① 这是史无前例的。由此，西德完全融入世界经济秩序。

第三节　美国与自由贸易秩序向日本的扩展

在拉动占领国家融入世界经济秩序的过程中，美国可谓一视同仁，不遗余力地全面推进。但对于日本来说，却经历了与西德完全不同的考验。与之前的西德相对顺利比较，日本遭遇了强有力的反对，走向自由贸易之路颇为坎坷，日本入关之路，也更为深刻地打上了冷战的烙印。美国支持日本入关的动议主要有两点：首先，基于安全考虑，在应对苏联共产主义的"入侵"威胁方面，美国需要经济上强大的日本，以及日本的合作；其次，美国需要日本经济上自立，以减轻对日本的援助负担。②

一、各国普遍反对给予日本最惠国待遇

1948 年，美国首次明确表达将日本拉入世界经济秩序的意向。虽然面临着澳大利亚和中国的反对，美国仍然将最惠国待遇与日本联系起来。1948 年 8 月，在关贸总协定第二届会议上，美国提议给予日本最惠国待遇，将其平等纳入到自由贸易体系中来。对此，澳大利亚坚决反对，理由有二：首先，理论上澳大利亚与日本尚处于战争状态，不宜给日本以盟国的实际地位；其次，某些盟国如墨西哥尚没有获得最惠国地位，因此给予日本最惠国地位的时机并不成熟。③ 由于澳大利亚的坚决抵制，加上中国、英国、新西兰等英联邦国家和捷克斯洛伐克或明或暗的支持，关贸总协定第二届会议没有讨论关于日本的提案。

---

① H. J. Dernburg, "Germany's External Economic Position", *The American Economic Review*, Vol. 44, No. 4 (Sep., 1954): 553-554.

② *FRUS*, 1952-1954, Vol. I, Part 1: 159.

③ AA: A1838/283, 731/3/3, "Kennedy to Burton, Memorandum CANBE RRA", 5 November 1948. Department of Foreign Affairs and Trade, *Documents on Australian Foreign Policy*, Vol. 20.

　　英联邦国家的反对主要基于三点：（1）英镑区贸易协定下与日本展开贸易往来；增进日本外贸纯粹是心理作用，实质上不会有明显增加；（2）日本尚没有固定汇率，这被认为是先决条件；（3）政治上面临国内的反对。因此，在对日本贸易结构和形式有所了解之前，英联邦国家不会轻易给予日本最惠国贸易地位。此外，英国还担心美日经济联系加强会排除其贸易机会。① 在美国看来，鉴于其对日本的金融责任，这相当于拒绝给予美国最惠国贸易地位。美国认为，最惠国待遇起码可以最大程度上激发日本在占领期间的贸易潜力，使之不会遭受任意歧视的危害。进一步地，在心理上，借力美国执行更多占领活动，推动改变其他国家对日贸易的政治反对立场。②

　　1949 年 4 月 8 日，关贸总协定第三届会议在法国安纳西召开，美国再次提出"占领地区适用最惠国待遇"提案，临时列为议程第十项。在当天举行的日程讨论上，捷克斯洛伐克认为这已经在第二届会议上解决，没有必要再次提及。美国则回应，这是为讨论第二届会议上所没有充分讨论到的特定方面，很显然是指日本问题。最终，该提案正式列为议程以 11∶1 同意，4 票弃权的结果通过。③ 虽然如此，6 月初，由于"技术原因"，美国撤回提案，但是问题没有结束，正如美国所声明的，"这并不意味着是降低了这个问题的重要性，它仍然期望缔约国全体在互惠基础上给予日本最惠国待遇"。美国坚持认为，这对于美国和其他国家都是有好处的：（1）日本外贸的复兴将有利于其保持最低限度的自立；（2）在自由贸易体系之下，日本贸易的增长将有助于世界贸易的总体扩展；（3）避免歧视日本贸易，从而消除未来不必要的经济与政治摩擦。正是在会议进行当中，日本确定正式汇率，1 美元兑换 360

　　① 　Roger Buckley，*Occupation Diplomacy*：132.

　　② 　*FRUS*，1948，Vol. VI，Washington：Government Printing Office，1974：1051-1052.

　　③ 　GATT/CP. 3/SR. 1，8 April 1949：4-6.

日元，为其走向贸易正常化提供了条件。①

9月26日，美国发表长声明，支持日本加入关贸总协定和减税谈判。美国将日本的发展与世界的繁荣绑在一起，竭力鼓吹日本的发展对世界的意义，直言时机已经成熟。首先，固定汇率的确定消除了各种形式的出口补贴，使其对外贸易处于合理的基础之上；其次，日本加入关贸总协定，在美国看来，有利于太平洋和世界的政治稳定，相反的做法只会增加仇恨与政治不满。将日本拒于关贸总协定大门之外不具合法性。因此，无论从政治还是经济的考虑出发，日本都应受邀参加第三轮减税谈判，盟军最高司令部（Supreme Commander for the Allied Powers）全力支持日本参加此类谈判，成功的谈判将引领日本走上不歧视的自由贸易的道路，给缔约方提供不满于对日贸易的补救途径，同时，还可鼓励日本的和平发展与民主宪法的实施。② 但仍然遭到多数国家的反对，被迫中止。

尽管一再遭遇挫折，但美国始终目标明确。1949年年底，国家安全委员会上书总统，认为美国的亚洲政策目标为：促使该地区自立，抵御共产主义及消除苏联的影响，从而保护美国的安全。在经济层面，推动亚洲国家认同关贸总协定的原则，即多边、不歧视，减少贸易壁垒，推动国际贸易和地区性贸易的增长。而这显然包括为日本争取最惠国待遇。③形势在1950年发生了变化，美国在国际会议上屡遭挫折使之改弦更张。2月底，国家安全委员会不再强调多边，认为在双边基础上，通过贸易协定方式为日本争取最惠国待遇也是可行的。这仍将由盟军最高司令部主导。④此后，最惠国待遇问题转入对日和约的考虑范畴，日本将在条约生效后的三年期间给予盟国最惠国贸易或国民待遇，在互惠基础上与盟国开展商

---

① GATT/CP. 3/41, 9 June 1949: 1-3.

② GATT/CP3/WP10/2/3, September 26, 1949: 1-3.

③ *FRUS*, 1949, Vol. Ⅶ, Part 2, Government Printing Office, 1976: 1215-1216, 1218.

④ *FRUS*, 1950, Vol. Ⅵ, Government Printing Office, 1976: 32.

贸往来，一旦盟国没有给予日本同等待遇，则日本可将超出部分撤回，例外条款或保护措施需在关贸总协定允许的范围内。①进一步地，美国期望对日和约能够与日本入关问题联系起来，这就指出，最惠国待遇的最终方向将是关贸总协定。

二、美国支持日本加入关贸总协定

1950 年，关贸总协定在日内瓦召开第四届会议，出乎意料，美国没有提出日本入关问题。4 月 3 日，在第 21 次会议（同时也是闭幕会议）上，美国称此举意在保持本届会议的"简赅"以及为 9 月份的减税谈判做准备。尽管如此，美国代表埃文斯仍为日本做了大段辩护：（1）缔约方全体在互惠基础上给予日本最惠国待遇是重要、必要的，它将促进日本融入世界经济；（2）日本正逐渐成为正常国家，早先已经确定汇率并保持稳定，战前许多恶意经济行为已经得到纠正，国会通过《公平贸易法案》禁止了包括倾销在内的该类举措；（3）废除国内价格补贴方面已经取得进展，在不久的将来会完全废除。埃文斯强调这并不是为美国谋取特殊利益，而是只有给予日本正常的贸易地位，才能使它在结束占领状态以后在国际社会扮演有用的角色。美国一再强调这对日本和全体缔约方都有好处，尤其在提振日本心理方面，并称将在第五届会议提出该问题。美国言辞恳切，但得到的仍是回绝。澳大利亚直言，考虑到和约的准备还没有眉目，在托基开始该议题非常困难。在日本战前恶劣的经济行为没有得到实质性解决之前，过分的坚持只会引起其他国家更多的反感。而如果美国放弃幻想，事情可能反而简单。② 英国的担心则比较现实。之所以在考虑上对西德与对日本不同，英国认为其在西德有自己的代表，因而能够缓解因西德行为不当所带来的压力，但在日本，英国没有权力的存在。现实地说，英国担心日本工业的复兴会带来恶性竞争，兰开夏郡的棉纺织业最近

---

① *FRUS*, 1951, Vol. VI, Part 1, Government Printing Office, 1977: 796, 851, 868.

② GATT/CP. 4/SR. 21, 11 April 1950: 6-7.

就感受到了威胁。① 英国不可能为日本的最惠国待遇付出过高代价。

在美国的压力之下，1951 年 2 月，英国选择相对中立路线，给予日本实质性最惠国待遇，唯一限制是对来自日本的进口需要考虑支付平衡问题。鉴于历史上日本"独特"竞争方式所带来的严重后果，在纺织工业和其他曾备受竞争之苦的工业压力之下，英国不愿就最惠国待遇问题给予日本任何正式承诺。对于日本参加国际组织问题，英国总体上支持它以无投票权身份加入，但是，就关贸总协定来说，即便日本是以没有投票资格的观察员身份参与，英国也不同意。② 作为长期支持美国的国家，1951 年 6 月，加拿大表态反对将日本入关问题与和约挂钩，坚称日本入关是关贸总协定缔约方所要讨论的事情，同时坚持施以合适的措施，以应对日本出口中可能的倾销、补贴或汇率操控。③ 由于担心北非与印度支那市场为日本的出口所冲击，法国希望日本单向给予盟国最惠国待遇，不求互惠，在得到否定的答复后，甚至建议对日和约删除有关最惠国待遇的部分。④ 这就站到反对者的行列中去了，当然为美国所不能容忍。

各国积极抵制日本加入关贸总协定。1951 年 7 月 16 日，美国提出革新程序：（1）相关国家寻求加入关贸总协定时，不必等大会召开即可谈判协商的方法；（2）使缔约方之间能够向前进一步谈判的程序。⑤ 得到法国、比利时、西德和意大利等国的支持，它们认为这只是正常的程序革新，但另有国家闻出其中所蕴含的更深含义，那就是日本问题。英国提出，在原则支持的同时，日本需要单独对待，英国决不会同意此项程序革新应用于日本入关，这得到澳大利亚的支持。印度没有支持英国，要求大会直接表决，以 2/3

---

① *FRUS*, 1950, Vol. Ⅵ：1348-1349.

② *FRUS*, 1951, Vol. Ⅵ, Part 1：896-897.

③ *FRUS*, 1951, Vol. Ⅵ, Part 1：1077-1078.

④ *FRUS*, 1951, Vol. Ⅵ, Part 1：1115, 1221, 1253.

⑤ GATT/CP. 6/2, 16 July 1951：1-3.

多数票为准。最终,决定成立工作组细致研讨,工作组由澳大利亚、比利时、巴西、加拿大、锡兰、智利、芬兰、法国、西德、土耳其、英国和美国组成。①

"旧金山和约"无疑使日本在形式上结束了与盟国敌对状态,这对它展开入关外交是一个很好的条件。9月25日,在对日"旧金山和约"签字前夕,日本致信关贸总协定秘书处,要求派观察员参加第六届会议,甚至连观察员都已派好,即日本政府海外代表,驻巴黎的彻萩原(Toru Hagiwara)。② 10月3日,大会受理日本的申请。英国代表莱基(Leckie)首先做了巧妙的表态,委婉而又坚定地表达了反对态度。莱基认为,虽然接受观察员并不意味着同意该国加入总协定,但是,缔约方一般也不会反对已经派驻观察员的国家加入。面对日本的突然申请,缔约方需要有时间仔细考虑,至第七届会议再做决定不迟。日本入关将给一系列国家带来难题。在最惠国待遇赋予日本问题上,英国:(1)认识到日本需要出口以补充必要进口所需资金的不足,并维持合理的生活水平;(2)目前已经给予日本实际最惠国待遇,并期待未来亦如此;(3)鉴于日本历史上的特殊问题,且其在未来可能重现,在日本出台更为清晰的经济与贸易政策之前,英国不承诺扩大最惠国待遇政策。自然地,对任何可能使日本入关的建议,英国一并照此处理。这得到了澳大利亚和南罗得西亚的完全支持。捷克斯洛伐克认为该问题非常重要,并认为无论是实质上,还是程序上,日本派驻观察员都是不能被接受的。

比利时倾向于支持日本派驻观察员,但表示完全理解反对国的困难,并认为日本的请求对本届会议来说太晚了,主张延缓考虑日本的请求。对于日本历史上倾销商品的做法,比利时心有余悸,认为总协定无力阻止此类行为的再次发生。法国和意大利亦持相似观点,认为如果缔约方全体不能一致通过邀请,则宁可推迟到下一届大会决定。

① GATT/CP. 6/SR. 8, 24 September 1951:3-5.

② GATT/CP. 6/8/Add. 1, 27 September 1951:1.

311

印度不认同英国与澳大利亚的做法，认为日本入关纯粹是程序问题，尤其关贸总协定还没有拒绝观察员加入的先例。缔约方政府大多已签订对日和约，因此无权反对日本的政治立场，但经济上可以。而在关贸总协定的框架之下，可以更好地确保并约束日本未来的经济政策，因而，印度呼吁缔约方立即同意日本的请求。得到了海地、锡兰、巴基斯坦、丹麦、希腊、挪威、瑞典、西德、古巴、巴西、智利等国的支持。美国亦持相同立场，认为拒绝观察员，实际上是在发出拒绝他国入关的信号。加拿大没有表态。

最终，面对众多反对，英国不再坚持反对，同意向日本发出邀请，但同时附上会议摘要以表明英国的态度。近 3 个小时的激烈争论之后，只有捷克斯洛伐克仍然坚持反对，其他国家均同意向日本发出邀请。[1]日本得以成功派驻观察员，向关贸总协定走近了一步。

在美国看来，日本的发展将有助于亚洲经济的增长，日本与东南亚、南亚地区经济联系的增强对每一方都有好处，在强化地区经济增长的同时，也将减少对美国经济援助的依赖，免除遭受苏联奴役的危险，[2] 从而巩固"自由"世界的联盟。

三、日本临时加入关贸总协定

1952 年 4 月底，盟国结束对日占领，日本在形式上成为主权独立国家，这为它其后开展"自主"外交提供了条件。此时日本外贸地位屡弱，在丧失了历史上最大的贸易对象中国之后，它的外贸总量仅相当于战前的一半。之所以能够弥平贸易赤字，完全依靠朝鲜战场的订货及驻日美军的美元消费。而日本欲成为正常国家，实现自立，加入关贸总协定将是必要的途径。为此，7 月 18 日，日本正式申请加入总协定，并拟与 28 缔约方展开谈判。一批缔约方认为，日本入关问题事关重大，需要在大会上专门研究。最终，日本的请求被列入临时议程，而如果超过 3 个（含）缔约方反对，

---

① GATT/CP. 6/SR. 18, October 1951: 1-7.

② *Public Papers of the Presidents of the United States*, *Harry S. Truman*, 1952-53, Washington: Government Printing Office, 1965: 55.

则只能推迟至下届大会讨论。① 在总体目标范围内，美国不仅支持日本在第七届大会入关，还准备好了与日本开展减税谈判。② 9 月 5 日，负责日程安排和两次大会之间事务的特别委员会正式同意日本派观察员参加关贸总协定第七届大会，并在第七届大会开幕当天予以确认，捷克斯洛伐克的反对最终被驳回。③

　　美国继续支持日本。在它看来，美国任何不坚定支持日本的行为，都会被其他国家视为对降低贸易壁垒传统政策的自我放弃，从而危害美国的贸易目标的实现，增强反对日本的声音，从而功亏一篑。④

　　10 月 10 日，第 6 次会议审议日本入关问题。作为观察员的日本在关贸总协定首次发言，为打消各国对日本入关的顾虑，称其战后在政治、社会与经济领域都发生了深刻变化。1951 年，日本工业生产达到 1934—1936 年平均水平的 127.8%，但外贸远低于这个数字，进口仅达到 47.2%，出口 29.9%。因此，日本急切地期待入关，恢复对外贸易，通过国际合作寻求稳定与繁荣，得到美国的大力支持。英国仍然采取阳奉阴违的政策，对美国表示支持的同时，又提出，（1）日本是拥有庞大海外贸易的国家，需要谈判的贸易量之大，影响到的缔约方之多，使英国需要更多的时间做仔细考虑；（2）历史上日本曾给一些国家带来严重的贸易损害，尽管日本已做了种种改革和保证，但它曾经的恶行仍让一些国家在考虑对日放弃保护本国权益之前仔细斟酌，并同意美国建立会间委员会来研究的建议。刚刚入关成功的西德倾向于支持本届大会做出决定，但日本参加减税谈判的时间和入关的条件则留待委员会考虑。加拿大强调双边互惠。法国更多的是关注法日双边贸易：（1）贸易逆差问题，1952 年前 7 个月，法国入超 70 亿法郎，法国关心日本的进口能力；（2）重新评估日本做出的关税减让；（3）需要考

---

① L/29, 30 September 1952: 1-2.
② *FRUS*, 1952-1954, Vol. I, Part. 1: 115-116.
③ IC/W/6, 5 September 1952: 2, SR. 7/1, 3 October 1952: 3.
④ *FRUS*, 1952-1954, Vol. I, Part. 1: 116-117.

虑到法兰西联邦各组成部分不同的需求、经济与关税性质。希腊赞同日本入关，但不想这么快。意大利倾向于协调谈判，鼓励日本继续改善国内生产条件，赞同由委员会就日本入关问题尽快出台意见。

捷克斯洛伐克从法律上否定了成立委员会的做法，认为决定日本能否加入减税谈判的权力在缔约方大会，但无意阻止日本入关或加入减税谈判。末了，捷克斯洛伐克代表谴责了日本对传统贸易国如中国的歧视以及禁运，认为这是它对外贸易不景气的重要原因。

鉴于日本对世界贸易的重要意义，土耳其、印度、巴基斯坦、印度尼西亚等国则做好谈判准备，支持日本尽快入关。其他国家如锡兰、瑞典、巴西则持中庸及乐观其成的态度。①

总体来看，没有任何国家直接反对日本入关，但支持日本立即入关的仍是少数，多数国家仍期待在时间上做出拖延，显示日本入关问题仍不乐观。最终，缔约方全体同意成立会间委员会，仔细审察日本申请案，并向缔约方汇报，最终仍由缔约方负责讨论这一事宜。② 11 月中旬，会间委员会开会日期定在 1953 年 2 月 2 日，而第八届大会确定于 1953 年 9 月 17 日召开。③

10 月 22 日，日本代表彻萩原发表声明，详细阐述饱受各国诟病的贸易政策，意在回答各国质疑。首先，战后日本外贸远低于战前水平。1951 年，日本外贸占世界贸易额的 2.15%，列世界第 14 位，排于马来亚、印度之后，而 1937 年这一数字是 5%。战后日本更多地进口了粮食与原材料，并成为入超大国。重要原因是，战后日本被迫切断与海外领土和近邻中国的联系，依赖于遥远地方的贸易往来；其次，针对其他国家担心的日本出口竞争问题，彻萩原认为这与日本主要出口制成品有关，但日本既无特权市场，也无特定原料产地，尤其是被排除于与中国大陆的贸易，因而只能寻求与"自由"国家的贸易；再次，日本强调不再走自私自给或恶意竞争

① SR. 7/6, 11 October 1952：1-8.

② L/46, 13 October 1952：1.

③ SR. 7/16, 11 November 1952：8.

的路线，而是在自由贸易、不歧视和公平竞争的基础上发展对外贸易。谈到战前超低价倾销的历史，彻萩原认为原因复杂，环境是很重要的因素，这包括：（1）特大型公司的存在使之有能力倾销；（2）战前政府有义务以任何价格出售商品，以换取军用设备和战略原料；（3）极其有助于出口的汇率安排；（4）极容易获取低廉原材料等。彻萩原特别强调此类因素现在皆已消失，如战前一样低价倾销的事情不会再次发生。最后日本的现行关税由占领当局于1951年制定，针对奢侈品的过高的100%从价税已被废除，日本的关税已比多数国家要低。针对不歧视原则，日本已赋予所有"旧金山和约"签字国最惠国或国民待遇。①

10月24日，日本又连发四份声明，分别就关税体系、外汇控制和进口许可制度、保护外国工业财产、日本商品价格水平做出详细解释，② 意在打消各国顾虑，表明加入总协定的诚意与决心。

日本的一系列声明如石入泉水，激起相关国家对其入关问题做更深入的思考。法国与意大利就部分商品要求日本给出价格信息，美国要求日本提供劳动力信息。一些国家更是按捺不住，纷纷向执行秘书长询问，单独同日本于总协定之外展开双边谈判，是否与此后引导日本入关的多边谈判存在技术上的障碍。执行秘书长称如果双边谈判适时服从多边谈判的精神，则不存在技术障碍。③ 也有国家主张日本入关谈判应作为总协定减税谈判的一部分，这样，缔约方之间也可互相谈判。④

"旧金山和约"第12条是对贸易关系的规定，即日本在不久的将来发起对盟国的谈判，以在友好基础上缔结商务、航运等条约；在条约生效4年内，日本给予签字国最惠国待遇，该项待遇以盟国给予日本者为限。而实际操作远较规定为复杂。首先，和约生效以后，面对签字国对日本商品的歧视，日本仍然给予了最惠国待

① W. 7/29, 22 October 1952：1-4.

② W. 7/29/Add. 1-4, 24 October 1952.

③ W. 7/37, 25 October 1952：1.

④ L/93, 8 June 1953：3.

遇，但不排除在不久的将来改变政策；其次，日本急切地想展开谈判，不仅是在航运方面，包括关税在内都是谈判的对象。① 此处，日本提出了一个新的思路，即无入关之名，但行入关之实，先从双边谈判开始，继而在将来入关以后，将谈判成果合并至《关贸总协定》之中，上述执行秘书长的回答应该是给日本提供了这个灵感，这也巧妙地将"旧金山和约"与《关贸总协定》再次联系起来。

此时美国对日本的支持力度减弱。由于国内贸易协定法案即将到期，国会就延长其生效问题存在争议，美国甚至不能在近期展开减税谈判。② 但是，壮大与稳定日本经济，加强它与自由世界的联系仍是美国在远东地区的关键政策与战略目标，主要途径即是日本完全入关。为此，美国做了充分的考虑。首先，考虑到其他政府可能提出劳工问题，美国宁愿引入类似《国际贸易组织宪章》第7条的内容；其次，由于日本已经着力改善贸易问题，美国将反对针对倾销、不公平贸易提出新的条款；再次，为获得更加有利的谈判地位，一些国家可能会在技术上提高日本商品的进口税率，美国将坚决反对此举，这将由贸易协定委员会负责。③

在美国的支持下，1953 年 2 月 4 日，会间委员会成立工作组，由澳大利亚、加拿大、古巴、法国、西德、印度、意大利、巴基斯坦、英国和美国组成，重点研讨：（1）在涉及损害缔约方利益的贸易行为时，审视总协定可以提供的保护；（2）遇到对国际市场的严重和破坏性攻击之时，总协定能否提供充足的保护或有无解救的办法；（3）就日本入关问题向会际委员会提出意见。④工作组效率很高，仅用 6 天时间便形成意见，并于 2 月 13 日为会间委员会所采纳。多数国家认为，已有总协定条文不足以应对它们所惧怕的商品倾销行为，在日本入关以后，需要修订现行贸易规则，考虑到

---

① W. 7/29/Add. 5, 31 October 1952：1-2.
② *FRUS*, 1952-1954, Vol. I, Part. 1：125.
③ *FRUS*, 1952-1954, Vol. I, Part. 1：128.
④ IC/W/9, 4 February 1953：1.

关税贸易壁垒持续降低的体系将有助于世界贸易的扩展，大量的关税事务等待处理，委员会建议尽快召开特别会议，讨论日本入关所需条件以及关税谈判的时机等问题。①同时，多数国家认为，日本只有经过全面减税谈判——美国与其他国家全面参与，并且做出有价值的减税之后，日本方可入关。②

4月28日，日本"恢复主权"一周年，美国国家安全委员会提交文件，对有关日本的行动目标做了规划，涉及经济层面则是：日本尽快加入关贸总协定，以总协定范围内降低针对日本商品的贸易壁垒；美国和美元区更多地接纳日本商品，为此，美国政府及国会需要在关税上采取适当和必要的行动，停止对日本商品增税或施加新的限制。③ 安全原因仍然是美国考虑将日本接入自由贸易体系的主要原因。

会间委员会的建议让日本非常不快，尤其是特别会议的召开势必推迟日本入关的时间，而它本打算第八届大会实现入关目的。此时朝鲜战争接近尾声，日本经济再次面临萧条的危险。朝鲜战争给日本带来的影响非常明显。在贸易上，1952年，日本出口约12.48亿美元，进口约20亿美元，逆差7.44亿美元，其中，出口与1951年相比下降了。当然，日本的贸易赤字由于美军订货和消费有所冲抵，1952年，此类美元收入为2.83亿美元，只有1951年的2/3。外汇储备方面，1951年，日本尚有3.31亿美元，1953年，尽管美军在日消费达到创纪录的7.85亿美元，但外汇储备还是急剧减少，此时根据最近5个月的数据预测的1954年外汇储备将达到负4.52亿美元。美国认为，之所以如此，日本本身需要负一定的责任，但自由国家没有认识到平等对待日本的重要性也是重要原因。日本经济问题的解决，需要美国、日本和其他自由国家通力合作。④ 总

① L/76, 13 February 1953: 5.

② *FRUS*, 1952-1954, Vol. I, Part. 1: 157.

③ *FRUS*, 1952-1954, Vol. XIV, Part 2, Government Printing Office, 1985: 1415,1451.

④ *FRUS*, 1952-1954, Vol. XIV, Part 2: 1667-1668, 1761, *FRUS*, 1952-1954, Vol. I, Part. 1: 131.

之，日本要么立即加入自由贸易体系，要么走向衰亡。无论对于美国还是日本，关贸总协定都是一个最好的选择。

为尽快入关，1953 年 4 月 30 日，日本建议美国：（1）支持早期安纳西多边减税模式，现有缔约方只与日本以及其他愿意加入的国家谈判；（2）美国同意与日本展开双边谈判，但只承诺某些现有税率不再增加。这样就与美国国会"不参加实质性谈判"精神相符，而日本也可在不作让步的情况下入关。在此之前，美国贸易协定法案仅得到一年延期，无法胜任与日本的全面减税谈判。①同时美国政府也刻意在支持日本与遵守国会立法方面寻求平衡。面对美国政府的犹豫，日本持续施压，要求美国继续全力支持日本入关，同时提出替代方案：双边减税谈判或全面谈判前的暂时资格。暂时资格意味着日本在关贸总协定框架下，履行义务，享受权利，并等待全面减税谈判之后获得完全资格。② 商讨的结论是，尽管面临困难，但不应阻碍日本获取临时资格。③

在得到美国的支持后，8 月 4 日，日本提出，战后日本实行的低关税改革，与关贸总协定减税和废除特惠的原则是一致的，并且日本已经准备好与各国开展双边谈判，期待得到总协定的支持。从"旧金山和约"的实施来看，日本已给予各签字国最惠国待遇，但只有少数国家给予日本同等待遇，日本不可能忍受长时间受歧视的贸易，尽快加入总协定能从总体上解决此类问题。④

会间委员会对日本的反应非常重视，并指示执行秘书处出台方案，8 月 20 日，草案出台，决定《关贸总协定》的条款临时适用于日本与缔约方各国的贸易关系，即日本虽非缔约方之一，但将履行所有缔约方义务，享有权利，有权参加缔约方大会以及参加缔约方附属机构的活动，有效期至 1955 年 6 月 30 日或日本入关为止，

---

① *FRUS*, 1952-1954, Vol. I, Part. 1：155.
② *FRUS*, 1952-1954, Vol. I, Part. 1：156-157.
③ *FRUS*, 1952-1954, Vol. I, Part. 1：157.
④ W/13, 5 August 1953：1-4.

该方案需要缔约方 2/3 以上多数以及日本政府的同意。① 在这种情况下，9 月 18 日，日本向缔约方关贸总协定第八届大会②提交两份文件：最惠国关税表（A 表）和 A 表没有的条款清单，共涉及 91.5%的关税，基本反映了 9 月 1 日以来日本的关税水平，以及日本对减税谈判的意愿与期待。③ 这样，在没有正式入关的情况下，日本走进了关贸总协定的会场，开始了与世界经济秩序的近距离接触。

1953 年 9 月 29 日，第八届大会第六次会议讨论日本入关问题，日本再次向缔约方全体表达了向自由贸易努力的意愿。针对各国担心的商品倾销问题，日本再次明确表示，在未来 18 个月内，国内生产成本处于上升态势，政府对不公平竞争的持续遏制使大规模商品出口成为不可能，另外，会间委员会所推荐和日本认可的例外条款也是防止此类贸易行为的有力武器。总之，日本已经准备好接受总协定下的所有义务。这得到了美国的强力支持。截至此时，日本的外贸仍然脆弱，不及 1934—1936 年平均水平的一半，而若不是朝鲜战争期间军事订货的刺激，日本的贸易赤字累计可能达到 7.5 亿美元，日本得到了丹麦、瑞典、土耳其、巴西和锡兰的支持，印度尼西亚主张暂时搁置历史问题，支持日本入关，智利则认为排斥竞争就不可能实现正常和自由的贸易，主张日本成为总协定的一员，巴基斯坦与希腊在表达支持的同时，提出存在分歧的国家应成立工作组讨论达成一致。

英国又一次扛起反对的大旗，它仍然基于日本过去的恶劣行径以及未来行为的不确定性表达反对，它的核心理由如下：首先，英国认为总协定不足以为缔约方提供充分的保护。由于总协定本就是临时机构，因此日本临时加入和永久加入其实没有本质区别，考虑到此时一些国家仍在抱守"过时的"关税，一旦一个低关税国家入关，则对它们冲击更大，英国倾向于在一个总体减税谈判回合中

① L/107, 20 August 1953: 2-4.
② 1953 年 9 月 22 日开幕。
③ L/131, 18 September 1953: 1.

考虑日本的申请；其次，英国担心日本会对英帝国市场形成冲击。在英国眼中，日本传统的东亚市场已经不复存在，美国又维持着高度保护主义政策，这就不由自主地将日本引向英国的传统贸易圈，这是英国绝不能允许的。为解决这个问题，英国建议缔约方首先降低进口税，这是支持日本入关的最好做法。如若不然，英国只能弃权，澳大利亚、新西兰选择与英国相同的做法，法国考虑到联邦利益，站在英国一边，印度的立场有所松动，此时支持缔约方仔细考虑英、法的意见，并成立工作组研究，以为日本入关达成尽可能广泛的基础。显然，不满于日本所提交的减税表是印度立场改变的原因。西德原则上同意日本入关，但提出须审查日本所提出的减税清单是否符合其期待。本来支持日本的奥地利也为日本的减税清单感到苦恼，欲重新思考其提出的对日减税清单。① 最终，分歧之下，会议主席宣布成立工作组协调解决。

1953 年 10 月 22 日，经过数易其稿，工作组形成报告，成为后来规范日本与缔约方贸易关系的宣言，其中包含两种思路：（1）吸收日本参加缔约方会议；（2）以《关贸总协定》条款来规范日本与单个缔约方的贸易关系。一方面，工作组同意邀请日本与会，另一方面，工作组也认可同意第二项思路的国家单独与日本通过总协定规范贸易关系。日本参会可以自由发言，年费为 12000 美元。对于各国能够实话的（应对日本倾销的）贸易保护政策，仍然是众口难调，没有形成有效的结论。宣言于签字一月后生效，开放签字至当年年底。②随后，比利时、丹麦、芬兰、印度、意大利、荷兰、土耳其、美国和瑞典签字认可日本参加会议，奥地利、西德和智利则是签字留待考察。英国、法国、澳大利亚等重要国家没有签字。年底以前，共有 18 国签字支持，③ 按照第二种思路的精神，日本一瘸一拐地"临时"走进关贸总协定的大门，扔掉了观察员的帽子，入关取得了初步成功。

---

① SR. 8/6, 29 September 1953：1-10.

② G/55/Rev. 1, 22 October 1953：1-3.

③ G/66, 28 October 1953：1, G/66/Add. 7, 14 January 1954：1.

四、日本艰难加入关贸总协定

在美国看来，日本的临时入关可喜可贺，完全符合美国的预期。首先，反对增加特惠成为原则性共识；其次，小国不再只是橡皮图章，它们也能发挥大的影响。① 对于日本的完全入关，美国没有办法获取 2/3 的多数同意，两段式入关方式也就成为可行的选择，这样，在临时有效的 1955 年的 6 月 30 日以前，日本无需缔约方全体的投票即可参加关贸总协定的活动。②

对美国国家利益来说，对外经济政策的重要性不言而喻：追求尽可能高层次的贸易水平、对资本和资源的高效利用，而这与国家安全也是一致的。对于《互惠贸易协定法案》，美国总统艾森豪威尔大力支持，认为表达谈判的意愿有助于美国获得它所希望的领袖地位，这能够减少贸易与支付壁垒，使美国商品更容易通行世界。③

为了使日本能够尽快完成与自由贸易体系的接轨，美国大举造势，继续渲染安全的重要性，利用共产主义的威胁博取支持。对拥有 8500 万人口的日本，美国认为，"如果我们不借给它钱，如果我们不与它做生意，如果我们不保护它与东南亚贸易的有限机会"，那么，日本将倒向共产主义集团。④解决此问题的关键即为对外贸易。消除不平等的贸易歧视，增加来自日本的进口，以及接纳日本加入关贸总协定，将能大大缓解日本的经济困难。为了防止日本为"共产主义"接收，艾森豪威尔同意美国全力支持日本，即便牺牲自己的出口利益也在所不惜。同时，国务卿杜勒斯建议日本的入关减税谈判于 1954 年 9 月 1 日开始。⑤

---

① *FRUS*, 1952-1954, Vol. I, Part. 1：167.

② *FRUS*, 1952-1954, Vol. I, Part. 1：172.

③ *Public Papers of the Presidents of the United States*, *Dwight D. Eisenhower*, 1954, Government Printing Office, 1960：352，354.

④ *Public Papers of the Presidents of the United States*, *Dwight D. Eisenhower*, 1954：587.

⑤ *FRUS*, 1952-1954, Vol. XIV, Part 2：1694-1695.

在美国的全力支持下，1954 年 7 月初，日本再次发出请求，认为此时发起正式的减税谈判已无任何障碍，希望尽早正式加入总协定。①7 月 29 日，会间委员会讨论日本申请。会上，日本正式提出在 1955 年 2 月开始减税谈判。与之前的口头支持不同，美国这次拿出了真金白银，凡是日本与第三国谈判过程中遇到的困难，美国都愿协助解决，具体来说，如果日本拿出的减税方案不能满足第三国的期待，而这种不再让步对日本来说是重要的，则美国愿以自身让步来补偿第三国。这对美国来说，可谓破天荒的事情。美国建议在 1955 年 5 月前完成谈判，由于时间紧迫，它要求各缔约方在 9 月 1 日前完成谈判的准备。此时已有大批支持日本的国家，如巴基斯坦、古巴、瑞典、西德、奥地利、意大利、乌拉圭、多米尼加、智利和挪威等做好了谈判的准备，也有一些国家亦支持日本完全加入关贸总协定，但各有自己的算盘：丹麦提出重新考虑时间问题；加拿大还提出谈判的深度与广度问题；印度提出时机与程序问题；比利时提出需要在第九届大会全面考虑关税问题之后再与日本展开减税谈判，希腊则称看不到富有成果的减税谈判召开的可能性。

英国仍然坚持以往的做法，对日入关问题能拖则拖，它认为美国的慷慨牺牲实际上很难履行。英国认为合适的谈判时机是缔约国全体已经准备好下一个谈判回合之时，如果各国普遍认为此时正是日本入关减税谈判缔约的时机，则英国将在所有方面持保留态度。语气温和而又强硬。法国明确拒绝参加多边谈判，站在法兰西联邦的立场上，法国认为唯一的解决方案是，缔约方整体的购买力增长到足以保证日本的出口不会对传统贸易关系产生（消极）影响，对一些国家来说，这种影响在过去某一历史时期曾非常严重；澳大利亚依然坚持此前的看法，新西兰在处理关税和进口等问题上正经历严重的困难，对日本的申请不能做出任何承诺；从对程序问题的考虑出发，巴西不赞成在完成对总协定的重新审视前开始减税谈判。

---

① L/205, 6 July 1954: 1-2.

1954 年 8 月 9 日，会间委员会开始表决，除了澳大利亚与新西兰重申保留意见以外，决议获得通过，并留待缔约方大会做最后审批。①

11 月 1 日，关贸总协定第九届大会第 3 次会议审议日本入关问题，即上述会间委员会报告。日本急切地想尽快入关，代表松本（Matsumoto）认为，最重要的是确定减税谈判的时间，其他都可放后考虑。美国、意大利、西德、瑞典、比利时、印度、奥地利、芬兰和巴基斯坦等国继续予以支持，部分国家甚至已经准备好减税表格的交换。希腊和古巴赞同日本入关，但认为没有必要启动减税谈判。

英国仍然坚持拒绝与日本展开谈判，但认为通过对总协定的重新审视，能够找到解决英国困难以及其他国家要求额外保护的方法。丹麦提议 1955 年 7 月之后，那时缔约方已完成对总协定的重新审视，而各国对减税表也已做充分考虑。法国亦是等待对总协定进行重新审视之后，再决定立场是否改变，巴西与荷兰也是此意，巴西建议审视完成的 1955 年 2 月 21 日作为减税谈判的开始日期。澳大利亚和新西兰仍是保持不合作立场。

最终，缔约方全体以 27 票同意通过会间委员会的报告。在美国的建议下，减税谈判开始日期由 2 月 1 日延至 2 月 21 日，为防止此前日本临时适用总协定过期，特将其有效期延长至 1955 年年底，得到 26 国的支持。英国、澳大利亚、罗德西亚与尼亚萨兰联邦（中非联邦）等国弃权。②

美国对日本入关极为支持，11 月 10 日，在为日本首相访美发布的联合声明中，确认日本人民的生活水准对整个自由世界都具有重要意义，对外贸易在很大程度上起决定性作用。美国将继续支持

---

① IC/SR. 15，2 August 1954：1-7，IC/SR. 17，9 August 1954：3.

② SR. 9/3，1 November 1954：1-6；IC/SR. 18，8 November 1954：2；L/318，2 February 1955：1；SR. 9/32，2 February 1955：3-4.

日本扩展对外贸易，改善经济地位，① 甚至愿意在美日双边谈判中减让 56% 的日本进口产品关税。② 美国认为这是唯一能够阻止日本倒向苏联集团或花费美国纳税人巨额援助的办法，对美国基本的安全利益与经济利益也是重要保障。这为艾森豪威尔及其内阁所确认。美国希望最终能有 20 个国家在关贸总协定框架下与日本展开谈判。③

1955 年 2 月 22 日，美国发表长篇声明，再三强调日本参与世界贸易的重要性，美国总统艾森豪威尔对日本入关问题给予极为优先的考虑，这首先体现在美国对日本直接的巨额减税；其次，如果第三方国家与日本达成更广泛的协定，则在法律允许的范围内，美国乐意考虑向这些国家做出相应的减税；最后，在自由世界中，美国认为，确立日本作为全面的和受尊敬的合作者的地位，是一个巨大进步。为保证会议的成功，美国将做一切它所能做的事情。④ 而此前，美国贸易协定法案的延长为众议院以 280∶110 的绝对多数通过，⑤ 为美国支持减税谈判奠定了良好的基础。

在此背景下，5 月 26 日，谈判工作基本完成，包括美国在内的 17 国完成了与日本的谈判，在这个过程中，美国获益甚多。举例说明，美日减税谈判本为利于日本入关而进行，但美国依然从中获取巨大的利益，以 1953 年进出口衡量的减税额度，美国向日本出口合计 3.95 亿美元，而从日进口只有 1.23 亿美元。⑥

日本入关议定书是在安纳西和托基议定书基础上拟定而成，但又有不同的特点：首先，议定书的签字将对日本入关构成有效投票，这将使缔约方的单独决定不再必要；其次，减税谈判完成以

---

① *Public Papers of the Presidents of the United States*, *Dwight D. Eisenhower*, 1954：1043.

② 赵航：《多边贸易体制与美国的霸权权力》，外交学院 2008 年博士论文，第 68 页。

③ *FRUS*, 1952-1954, Vol. I, Part. 1：213-214.

④ TNJ/2, 23 February 1955：1-2.

⑤ SR. 9/35, 28 February 1955：2.

⑥ *FRUS*, 1955-1957, Vol. IX, Government Printing Office, 1987：119.

后，可由谈判方立即安排议定书的签字而无需等待投票；最后，为了避免等待生效所需要的立法或其他步骤，议定书确定缔约方只需发布他们接受减税谈判成果的公告即可使之生效。①总之，本次减税谈判不同以往，基本相当于为日本入关而特设，这表现在会期时间短，参与国家数量少，讨论的关税条目少，仅有 600 项左右。②事实上，这也没有列入关贸总协定减税谈判轮次之中。

　　1955 年 8 月 11 日，根据《日本入关议定书》第 10 段以及《关贸总协定》第 33 条的规定，缔约方全体最终同意日本于 9 月 10 日正式加入关贸总协定。③ 但是，尽管入关成功，日本面对的挑战并不比之前更少。在全部缔约方中，仅有加拿大、丹麦、意大利和多米尼加四国无条件赞成，并在 10 月 9 日之前实施减税协定，一直坚决支持日本入关的美国，选择延缓实施 8 种（类）商品的减税，其他 14 个国家，以英国、法国、澳大利亚为代表，以及部分一贯支持日本入关的国家如印度、巴西、比利时等国，此时援引《关贸总协定》第 35 条，拒绝总协定适用于其与日本之间的贸易关系。④ 如果考虑到与日本成功达成条约的国家贸易量很小，那么日本入关的经济意义就非常有限了。

　　无论如何，这标志着美国将自由贸易扩展于占领地区的努力至此告一段落，总体上，它加快了此类国家融入世界经济秩序的速度，1955 年的减税谈判为日本额外带来 1300 万~1400 万美元的贸易额，从而促进了世界贸易的发展，战后美国最为重要的经济目标之一得以实现。⑤ 这不仅加快了战败国融入世界的步伐，还促使了战胜国与战败国矛盾的消解。但从具体来看，美国强行将德日拉入世界经济秩序，无论在政治还是经济层面，都留下了很多后遗症。

---

① TNJ/W.5, 30 March 1955：1.
② TNJ/10, 16 June 1955：2.
③ L/390, 5 August 1955：1.
④ L/405, 13 September 1955：1-4.
⑤ *FRUS*, 1955-1957, Vol. IX：119-120.

综　　论

19 世纪末 20 世纪初资本主义的发展推进了世界经济一体化的进程，但只有在经过第二次世界大战的洗礼之后，世界才在真正意义上形成了相互依存和重视合作的经济秩序，这是战后世界经济秩序的重要特征。它有着统一经济组织的协调，形成各国在经济发展上相互交流与互动的关系格局，每一个国家，都不能不顾他国利益而任意实施对外经济政策。

第二次世界大战后世界经济秩序的典型表现是有限度的多边自由贸易，这在之前除了少数探讨性实践以外并无先例。多边涵盖了金融领域的多边汇兑和贸易领域的多边减税谈判，之所以称为有限，是由于在贸易领域并没有形成如金融领域那样完备的组织架构。贸易领域类似于国际货币基金这样的集管理与协调于一身的机构直到 1995 年世界贸易组织成立时才诞生。但毫无疑问，这种大规模的多边经济机制，始于第二次世界大战及战后初期。

由于在实力、理念和实践上的长期积累与准备，美国在世界经济秩序变革中发挥了主导性作用。从第一次世界大战后美国世界经济构想的提出，到第二次世界大战中的具体规划，美国在与其他国家——尤其是与英国的政策协调中，确立了战后经济秩序的架构，其中包括明确的原则理念、严密的组织架构、建立了有详细权利与义务章程规定的国际经济组织，也包括各国在战后世界经济中须共同遵守的多边运行机制。战后世界经济秩序的出现，为当代世界进一步建造和完善各国协作发展与合作共赢的经济共同体奠定了历史基础。

一、20 世纪前期世界历史发展进程中的经济秩序演变

（一）20 世纪初世界经济发展的背景和要求

世界历史是由分散走向整体起源于十五十六世纪开始的资本主义向世界的扩展，完成于 19 世纪末资本主义世界体系的形成。资本主义世界体系形成之时，也是世界经济面貌发生重大变化的时期，这主要体现在：首先，第二次工业革命所引发的科技创新带动了经济大发展，世界步入电气时代，生产力得到前所未有的提高，生产水平达到人类社会新的高度；其次，英法等传统经济大国增长缓慢，实力减弱。后起的美、德等国则是借助于第二次工业革命的契机发展了新兴工业，从而赶超了英法等国，形成世界经济的新兴领导力量。

与上述世界格局变化相对照的是，世界经济格局中的主导力量并没有发生变化，英法为首的欧洲殖民宗主国仍然居于世界经济的主导地位。尽管作为主导力量的英法等国的经济实力已经遭到严重削弱，且殖民体系与世界经济的发展要求不相适应，但是由于各种原因，世界殖民主义经济秩序得以维持，并在一定程度上得到强化。在新兴资本主义国家当中，德国效仿英法，将其发展寄希望于殖民地的获取，这种要求导致了与英法等老牌殖民帝国的冲突，并酿成第一次世界大战。从某种意义上来说，第一次世界大战实际上是新旧经济力量对于殖民地的争夺，而非新旧发展模式之间的对立。由于各种原因，这次挑战失败了。英法老牌国家依然主导着已经一体化的世界，世界第一经济大国美国游离于主导圈之外。

第一次世界大战以后，各国面临着经济恢复与发展的重任。它们信任战前的国际金本位制度，认为黄金是经济稳定与发展必不可少的基石，但却忽视了一个根本性问题，即战后的世界经济秩序与战前相比已有很大不同，黄金严重不足。在经济秩序当中，各国经济力量的大小决定经济体系中权利与义务的实施，从某种程度上说，这种经济力量体现于黄金储量的多寡，而国际金本位制能够发挥作用，与黄金可以自由流动密不可分。第一次世界大战后的现实

与战前迥然不同，这表现在：第一，战后初期各国即兴起贸易大战，传统上奉行自由贸易的英国亦大幅增收关税，保护国内市场，转而实施贸易保护，主动控制黄金的自由流动；第二，黄金存储分布发生变化。由于经济实力的下降，英国的份额大大减少，而美国则是大大增加，尽管英国在战后又迅速充实了它的黄金储备，但同美国相比，还是有相当大的差距，如表 8-1 所示：①

表 8-1　　　　　　　　　　　英、美两国黄金储备对比表

	美　国		英　国	
	黄金储备	占世界比例	黄金储备	占世界比例
1913 年	19.24 亿美元	27.6%	0.35 亿英镑（1.70 亿美元）	3.6%
1920 年	29.29 亿美元	38.4%	1.568 亿英镑（7.62 亿美元）	8.9%

在黄金产量上，如果不包含殖民地的产量，英国的数字几乎可以忽略不计，而美国则是有着巨大的生产能力，1913 年黄金产量占到世界产量总额的 17.4%，② 主要黄金储备的转移造成的后果是：在世界经济中协调并维持其正常运转的力量发生转换，即战前发挥该作用的英国在战后失去了这种能力，而美国则开始具备这种能力。但是，20 世纪 20 年代世界经济秩序的现实却与这种转换存在根本的差异，即美国不愿积极参与国际事务，英国仍然是这一体系的主导国家，国际金本位制的恢复就是在这样的背景下发生的。

国际金本位制恢复的标志性事件是 1925 年英国按战前平价恢复英镑的黄金本位，事实证明，这对战后的英国经济来说是一个相

---

① League of Nations, *International Statistical Year-Book*, 1926：144-147, Table 85 Gold and Foreign Assets Reserves. 此表系根据相关数据整理而得，英国一栏的美元数字系按金本位制下 1 英镑兑换 4.86 美元折合而得，占世界比例一栏系根据 [英] 约翰·梅纳德·凯恩斯著，尚妍等译：《凯恩斯文集》中卷，第 480 页数据计算而得。

② 1913 年美国黄金产量为 133741 千克，英国（联合王国）产量为 27 千克，同期世界总产量为 768256 千克，详见 League of Nations, *International Statistical Year-Book*, 1926：98-99, Table 61 Gold.

当高的价格，不仅英国出口贸易受阻，国内经济的恢复与发展也是困难重重。一个明显的例证就是英国经济直到 1929 年才超过战前水平，恢复速度位居各主要资本主义国家之末。显然，英国无力像战前那样去调整世界经济所出现的问题。①

第一次世界大战后恢复的金本位制度还存在另外一个问题，即黄金不足。世界经济的发展速度超过了黄金数量的增加速度，除了美国和英国使用单一的黄金作为货币储备以外，大多数国家的货币储备为黄金和外汇，部分国家的外汇储备甚至大于黄金储备，如法国，1929 年的外汇储备占到了全部储备的 38% 强，奥地利在整个20 年代外汇储备都多于黄金储备数倍乃至数十倍，甚至于社会主义的苏联都保留有部分外汇储备。② 这在战前是不可想象的。此类外汇多为美元和英镑等可以兑换黄金的货币。这种以黄金和外汇作为运行基础的制度被称为黄金汇兑本位制。由于同时存在两种甚至多种货币拥有外汇储备，一旦作为储备的货币发生问题，则整个世界金融秩序也会出现问题。

更为关键的是，整体世界中各国经济的发展不再是彼此孤立的，而是相互联系不可分割，牵一发而动全身。由此，世界各国，尤其是世界经济中的主导国家不能仅顾本国利益，而必须要考虑国家利益与各国利益的协调，开辟共同发展之路。但是，第一次世界大战后的各国显然没能做到这一点，从美国哈定政府上台即提高关税引发战后首轮关税大战开始，世界经济就陷入恶性循环之中，各资本主义国家经济关系中冲突与斗争连绵不断。由于欧洲殖民宗主国仍然坚守维系殖民帝国的立场，世界经济结构性矛盾也无法得到解决。1929 年，在国际金（汇兑）本位制形成 4 年之后，经济大

---

①　19 世纪后期到 1914 年以前，英国扮演了世界银行家的角色。这一时期，尽管英国外债常常大幅超过它的黄金储备，但英镑的可兑换性和稳定性从未受到挑战，对世界金融与贸易的良性发展产生了显著影响。凯恩斯甚至认为，英格兰银行扮演了"国际金融乐队"指挥的角色。Heinz-Peter Spahn, *From Gold to Euro*, Springer, 2001：101-103.

②　League of Nations, *International Statistical Year-Book*, 1929：200-203, Table 102 Gold and Foreign Assets Reserves.

危机爆发，它集中体现了世界经济在当时所面临的困境。这场人类历史上最大的经济危机始终没有得到和平的解决，它对第一次世界大战后的世界经济秩序的打击是致命的，经此一役，国际金本位制彻底成为历史。

如前所述，经过工业革命推动的世界经济在 20 世纪初呈现出了新的趋向，表现为关于世界经济发展的新观念的出现。

首先，针对世界黄金不足的现实提出"货币管理"主张。第一次世界大战后出现了黄金不足的问题，人们的智慧将黄金汇兑本位制度推上历史舞台，实质是以外国货币代替部分黄金，以纸币弥补黄金的不足。可以说，这仅仅是对过去金本位制的修补，未能从根本上解决黄金短缺问题，转移了矛盾而没有解决矛盾，因此汇兑本位制只是治标不治本的办法。其致命之处在于作为储备的货币一旦出现通货膨胀，就会引起连锁反应，货币制度失灵，严重时甚至造成地区或世界金融秩序的崩溃。对此，英国著名经济学家凯恩斯首先提出了"货币管理"的理念。他认为虽然传统的金本位制具有稳定的特点，但是当面临严重的压力时，它便束手无策了。由于国家的管理本位比企图适应一种国际本位使该国的国内经济受到的压力要小得多，因此，在国家的困难和必要的牺牲方面，前者要比后者小一些。① 在第一次世界大战后的世界里，需要推出新的本位制度。这种货币制度，既要具备金本位制度下汇率稳定的优点，又必须解决国际上黄金不足的难题。因此，仅仅依靠货币流通的自然属性将无法解决问题，世界经济的发展需要一种新的货币管理模式。其次，鉴于世界经济一体化要求，也有关于废除贸易壁垒、打破殖民帝国界限、实现自由贸易模式主张的提出。

遗憾的是，第一次世界大战结束后的 20 年内，人们始终没能探索出合理有效的货币管理模式，更不用说自由贸易的实现。世界整体发展使得世界经济相互依赖程度加深，出现了需要各国将本国经济的发展与世界经济总体发展联系起来考虑的历史趋势。但是，

---

① ［英］约翰·梅纳德·凯恩斯著，尚妍等译：《凯恩斯文集》中卷，第 482 页。

第一次世界大战后世界经济中存在的种种弊端与这一趋势格格不入，世界经济走上良性发展的道路还需经过艰难的努力。

（二）20世纪前期新世界经济秩序的思想萌芽与建立过程

1. 美国"自由贸易"理念与实践的历史渊源

首先是美国自由贸易思想的发展。从根本上说，自由贸易思想是古典自由主义思潮的一部分。早在19世纪40年代，自由贸易主义的代表人物理查德·科布登（Richard Cobden）就曾认为，"我们可以使世界摆脱战争，贸易就是途径"。①虽然第一次世界大战使这一理论在欧洲几乎销声匿迹，但是却在美国扎根。这不是偶然的。美国经济自跃居世界第一，急需外部市场，自由贸易遂日益引起人们关注。20世纪初美国总统麦金莱声称"孤立不再可能，亦非所愿"，大力发展"门户开放"政策，这是美国在经济上走向开放，步入世界舞台的宣示，表明美国开始在既有的殖民主义体系下发出声音。

威尔逊主义标志着美国比较完整的世界经济理念的形成。从适应美国经济实力状况与对外扩张的需求，以及突破既有世界经济秩序的藩篱出发，威尔逊就任美国总统后提出了开放国家经济边界的主张。此时美国民主党人占据了国会的多数，为威尔逊的顺利施政提供了条件。从1913年上台开始，威尔逊就在各种场合表达了他对世界经济秩序的看法，如航海自由、尽可能消除一切经济壁垒，建立平等的贸易环境、"最惠国条款自动地适用于国际联盟一切成员国"，而且也"适用于原料的分配"、按"门户开放"政策开拓殖民地等，威尔逊是在世界范围内建立自由开放的经济秩序，这鲜明地体现出威尔逊作为一个自由贸易者的形象。简单地说，威尔逊的经济理念包含三个方面的内容：

（1）减税与降低贸易壁垒。这是最为直接的一点，美国的

---

①　［美］小约瑟夫·奈著，张小明译：《理解国际冲突：理论与历史》，上海世纪出版集团2005年版，第53页。

主动减税将有利于推动其他国家减税，从而促进相互之间的经济往来。

（2）不歧视原则。利用最惠国待遇来实现这样一个目的，包括对商品和原料的一视同仁，是世界经济一体化的基本要求。

（3）世界范围。"门户开放"政策将打破殖民帝国的经济界限，使世界真正地在经济上成为互相依存的整体。

威尔逊的世界经济理念是 20 世纪首个系统化的世界经济秩序的理论表述，它的提出，有利于已经成为世界第一经济大国的美国拓展对外贸易。同样，作为世界第一经济大国，提出自由贸易的主张本身不仅顺应了新时代的要求，从实践角度而言，美国也有能力在世界范围内推动自由贸易，并对其他国家起到引导和表率作用。这得到了当时身为国会议员、后来成为罗斯福政府国务卿的赫尔的支持。尽管如此，威尔逊的努力在国内外遭遇强大的阻力，最终折戟沉沙，随之而来的是世界关税战、贸易战以及金融领域的混乱，人类社会陷入囹圄。

共和党人在美国执政 10 多年在维持稳定的世界经济秩序方面建树平平。到 1933 年，世界经济已经残破不堪，美国也深陷于危机之中。这种状况为罗斯福政府上台后奉行和实践威尔逊的经济理念提供了可能。罗斯福启用了熟知威尔逊理念的人士，一向支持自由贸易的赫尔出任国务卿，并且任职 12 年之久；罗斯福的至交好友、对美国走向世界抱有雄心的摩根索被任命为财政部长，同样任职 12 年，为美国在和平乃至其后战争年代推行威尔逊经济理念并将之付之于实践奠定了基础。

第二次世界大战成为美国实现由孤立主义向国际主义转变的绝好时机，由于世界经济大危机和第二次世界大战爆发等大环境的驱动，普通美国民众认识到美国绝非是隔绝于世界之外的孤岛，开始支持美国政府走出传统孤立主义，参与世界事务。以国务卿赫尔为代表的自由贸易派在第二次世界大战爆发初期就迅速拟订战后世界经济发展蓝图，提出不歧视与废除贸易壁垒等世界经济秩序原则，发扬光大了威尔逊的主张。摩根索亦主持起草战后金融方案，从稳定汇率和强化美元地位出发，以促进贸易为目的，力图将美国的优势延续下去。在这个时期，美国政府发展了在国际事务中实现"美国领导"的思想，并得到美国社会的广泛认同，成为美国变革经济秩序的指导思想。

美国变革世界经济秩序的蓝图是在战争环境中形成的，因此，蓝图实现的关键是取得盟国的支持。在大洋彼岸的英国，同样思考并设计了战后世界经济秩序。著名经济学家凯恩斯制订了"清算同盟"计划，通过建立金融同盟为战后遭受战火毁坏的国家提供重建资金。他创造一种国际货币，淡化黄金的作用。同时，针对英国战后债务国的地位，以及收支失衡的现实，凯恩斯巧妙地设计了让债权国承担纠正收支失衡责任的机制。在该秩序中，即便英国经济力量已经大不如前，仍然可以通过自治领和殖民地获得同美国对话交涉的权力与地位，分享在世界金融事务上的主导权。另一名英国著名经济学家米德，受到凯恩斯的启发，设计了国际贸易方面的"贸易同盟"计划，提出多边自由贸易，限制贸易壁垒的内容，同时，他也为英国保留了帝国特惠制，显然，该计划是为英国在战后贸易利益量身打造的。

英国的战后经济主张遭到美国的坚决抵制。同第一次世界大战时的做法相反，在第二次世界大战初期，美国凭借战时获得的巨大实力地位同英国签署了《大西洋宪章》，由于对美国有巨大的依赖，英国基本认可了美国提出的关于战后经济秩序的基本原则，美国通过战时《租借协定》的实施进一步奠定了共识基础。美国主张的原则最为典型的是两条：平等待遇和不歧视原则，这同英国追求的战后经济秩序原则基本相悖。可以说，这是两国战后经济构筑问题上博弈交锋的焦点所在。

战时美国与英国就金融与贸易问题所开展的谈判中涉及的主要问题是：

（1）"美元本位"还是"国际货币本位"问题。凯恩斯的计划中提到"班柯尔"，怀特的计划也曾提到"尤尼塔斯"，但是，美国最终以美元代之。由于拥有巨额黄金储量，美元成为国际通用货币也具备了理论上的根据。如此一来，黄金的基础作用仍然得到强调。由于规定了 1 盎司黄金 35 美元的固定价格，其他国家货币皆以其含金量与美元挂钩，从而形成了稳定的货币汇兑体系。美元亦成为黄金的代名词。美国依靠强大的国家力量实现了国际汇兑稳定，但也埋下了美元与黄金价格脱钩的隐患。

（2）"固定汇率"与"浮动汇率"的选择。《怀特计划》规定了严格的固定汇率，汇率浮动受到国际货币基金的严格监管，由于美国掌握着对实质性事务的否决权，美国因此掌控了世界货币关系。虽然英国坚持保有自由浮动汇率的权利，以保护本国经济，改善收支平衡，但也不得不接受美国的方案。美国最终同意在收支失衡的情况下，在国际货币基金的指导下，各国有权在上下 10% 的区间内浮动汇率，更多的浮动则要经过国际货币基金的同意。

（3）战后所建立的超国家机构的目的。怀特所设想的国际货币基金主要目的是为了保持汇率稳定，维持美元的地位，从而有效增进贸易繁荣。凯恩斯则赋予清算同盟以接济各国重建的重任，而将稳定汇率放在次要地位，为美国不能容忍。为了解决英国的困难，怀特加强了世界银行的职能，将其作为战后盟国复兴与发展资金的主要来源机构。国际货币基金则专注于稳定汇率，调节收支平衡。

（4）"不歧视原则"与"帝国特惠制"的去留。这是一个最为主要的争端，事实上，在美国变革世界经济秩序的整个过程当中也没有完全解决这个问题。不歧视原则一直以来都是美国所追求并力主实施的，帝国特惠制则是英国竭力要保留的。美国的有力武器是盟国在战时对美国的物资依赖、英国必须承担它的国际条约义务；英国的武器则只有一个，即英国在战后所面临的严重经济困难。最终，在冷战背景下，美国放弃对完全不歧视原则的追求，有限允许战时盟国在战后歧视美国商品，不再要求英国废除帝国特惠制，导致变革的经济秩序具有了某种有限性。

除英国外，其他盟国也在美国变革世界经济秩序的过程中发挥了重要作用。

第一，盟国在一些保护性举措上与美国据理力争，在一定程度上保护了欠发达国家和发展中国家的利益。尤其是争取到了战后初期过渡期的设立，扭转了美国意图立即开始无条件自由贸易的企图，这为遭受战争破坏的国家、地区经济的恢复提供了重要的保障。

起初，美国只想在全球推行汇率稳定与多边自由贸易，而忽视了其他。在英国、澳大利亚和加拿大等国的坚持下，美国增加了关于全面就业的内容，这对世界经济发展是非常必要的。还在1942年，加拿大财政部长布赖斯（Rebort B. Bryce）就提出，就战后事务来说，加拿大最为关心的有两点：（1）更高更稳定的就业水平；（2）通过国际商品、劳务和资本交换使人力、物力资源得到更有效率的配置。① 加拿大认为战前没有能够达到充分就业的现实教训是非常明显的。而英国更是在战时制订了庞大的社会福利计划，这就更加需要全面就业的支持。这同时也得到了澳大利亚、新西兰等自治领的支持，他们认为国际贸易依赖于就业水平。② 最终，全面就业成为《国际贸易组织宪章》中的重要内容，并且成为联合国经济大会的重要内容。

在过渡期的设立上，盟国的主要出发点是战后的经济困难。不止是被占领国，参加战争的国家，除美洲国家外都有程度不同的牺牲，战后的国民经济发展都面临着重建家园的迫切任务。在这样一种情况下，对物资和资金需求众多，而生产能力则严重不足，如果立即开始完全的自由贸易，则国家经济势必要被摧毁。因此盟国很快提出了转型期问题，得到了美国的支持。

转型期的设立主要是着眼于国民经济的恢复与发展，保护弱小产业。在一定时期内——起初为1年，后来延长到3年——有关货币汇率稳定的严格规定，以及开放边界自由贸易的要求暂时被搁置，各国可以从本国的实际出发，实施有限度的外汇管制、进口数

---

① Robert B. Bryce, "Basic Issues in Postwar International Economic Relations", *The American Economic Review*, Vol. 32, No. 1, Part 2, Supplement, Papers and Proceedings of the Fifty-fourth Annual Meeting of the American Economic Association,（Mar. ,1942）:166.

② Richard Clarke, *Anglo-American Economic Collaboration in War and Peace*, 1942-1949：76.

量限制以及在某些特殊行业如婴儿产业和重建产业等实行特别关税。这样在一方面避免了遭受战火破坏的国家在经济起步阶段就陷于破产，另一方面保证了国际经济秩序建立于健康的基础之上。

第二，盟国抵制了美国无限利己主义的要求，使得美国在世界经济秩序中处于相对主导的地位，即便是取得了某种形式的霸权，那也是相对有限的霸权。

美国对世界经济秩序的变革完全从美国利益出发，包括它理想的原则，如汇率稳定、完全不歧视、完全废除贸易壁垒、减税等，对于世界第一经济大国美国来说是非常有利的，但是对于其他国家来讲，这并不是最好的方式。毫无疑问，世界经济的和谐发展需要建立在各国共同发展的基础上，因此美国必须做出让步。

在金融秩序上，盟国首先是争取到了汇率的有限稳定，即各国有权视本国收支平衡状况在固定汇率基础上自由浮动10%。其次，虽然在投票权上美国获得了对大部分事务的否决权，但是，其份额并不足以保障其所中意的提案全部获得通过。相对于美国对国际货币基金的重视，盟国对战后恢复与发展问题的强调迫使怀特提出世界银行方案，这为战后恢复与复兴的资本解决了最主要的来源问题。相对于金融来说，贸易是一个更加复杂、现实和直接的问题。金融只是提供了各国开展经济活动的基础和媒介手段。而在贸易领域，各国要直接地面对，直接关系到各国的利益，考虑因素众多。在贸易上，盟国对保护性关税的坚持使美国被迫同意各国在转型期间对本国贸易采取一定的保护措施，改变其一直坚持的不歧视原则，允许欠发达国家对美国产品进行某种形式的歧视，它甚至还允许英国继续保留帝国特惠制。这一方面抵制了美国的不合理要求，另一方面使这样一个体系更加适应战后形势，从而为更好地发展打下基础。

美国在变革世界经济秩序的过程中，需要用多数国家认同和接受的"原则"来支撑它的变革实践。从这个意义上讲，战后经济秩序的出现是反法西斯战争的逻辑结果，它相比战前世界经济结构是一个革命性的飞跃，符合第二次世界大战后世界发展的总体趋势。需要说明的是，在经历了经济大危机和第二次世界大战之后，已经没有任何一个国家或国家集团——无论它有多么强大，能够长久主导维持和平，国家主权的限制要求富有效率的超国家机构的建立。世界经济一体化之下，各国共同合作之下的繁荣发展才是和平的维持之道。①

综上所述，美国社会经过数十年的酝酿，在盟国的支持下，终于将理念有限度地转化为现实。在跃上世界经济第一大国宝座半个多世纪，渡过史无前例的经济大危机，打赢了两次世界大战之后，它完成了对旧有经济秩序的变革，并发挥了主导性作用。

（三）战后世界经济秩序的初步运行

美国所主导变革的世界经济秩序，不仅反映了美国威尔逊的理念，同时也吸收了各反法西斯盟国方面不可忽略的要求，从而使其更具可行性。世界经济秩序在战后的 1946 年开始发挥作用。

至 1945 年 12 月 27 日为止，有 29 个国家批准了《布雷顿森林协定》，这些国家的配额占到基金全部资产的 80%，从而协定正式生效。1946 年 3 月，《布雷顿森林协定》签字国在美国佐治亚州萨凡纳（Savannah）召开会议，选举了国际货币基金和世界银行第一届董事会，并确定两者总部设于美国首都华盛顿。本来英国极力主张两大组织至少有一个能够将总部设于欧洲，已经确定将总部设于美国的国际货币基金组织也最好选择纽约而不是易受美国政治影响的华盛顿，但美国获得了中国、加拿大、捷克斯洛伐克和墨西哥等国的支持，3 月 8 日，理事会确定的决议如下，其中也部分照顾到了英国的要求：

> 基金的主要办公地点将设于美国华盛顿城，当业务需要或便利时，执行委员会可以在成员国任何区域设立机构或分支。②

---

① J. B. Condliffe, *Agenda for a Postwar World*：83.

② J. Keith Horsefield, *the International Monetary Fund*, 1945-1965, Vol. I：*Chronicle*：130.

　　两机构总部设于华盛顿的直接后果是其活动将直接受美国政治的影响，对易受政治影响的事务如汇率及其管理更是如此，美国主导的影响开始显现。

　　首先，按照章程，国际货币基金组织的主要作用是在国际货币事务中增进国际合作，维持汇率稳定，保证成员国间的汇率安排，帮助建立多边支付体系，利用基金资源在收支平衡方面给予成员国以信心，便利国际贸易的扩展。①据此，基金首先是在第一时间确定各国汇率，美元与黄金直接挂钩的地位在实践中得到确认，美元的地位得到确认，如表8-2所示：

表8-2　　　　　　主要国家1单位货币所兑美元数额表②

年份	国家	兑换数额（单位：美分）
1946	比利时	2.28167
	加拿大	100.00
	捷克斯洛伐克	2.00
	古巴	100.00
	丹麦	20.8376
	埃及	413.300
	法国	0.839583
	印度	30.2250
	墨西哥	20.5973
	荷兰	37.6953
	南非	403.00
	英国	403.00
	美国	100.00

---

　　① J. Keith Horsefield, *the International Monetary Fund*, 1945-1965, Vol. III: *Documents*: 187-188.

　　② J. Keith Horsefield, *the International Monetary Fund*, 1945-1965, Vol. II: *Analysis*, 1969: 84-85.

年份	国家	兑换数额（单位：美分）
1947	澳大利亚	322.400
1948	巴西	5.40541
1949	南斯拉夫	2.00
1953	德国	23.8095
	日本	0.277778

　　在强化美元地位的同时，美国也通过该方式牢牢限定了各成员国的货币价值，从而开创了世人对货币的国际管理。如果想到美国在基金内拥有足够的否决权，则美国实际上是新汇兑体系的管理与规范者。在客观上，稳定的货币汇兑体系将大大有利于世界贸易的复兴与发展。

　　其次，国际货币基金多边汇兑功能开始发挥作用。从货币开放兑换起的 18 个月内，基金共向 11 个国家出售美元、英镑和比利时法郎等合计 633873380.91 美元，以帮助成员国维持收支平衡，基金还向挪威购买了约 610 万美元的黄金，成员国付出的是本国货币。如表 8-3 所示：

表 8-3　基金货币交易表（1947 年 3 月 1 日—1948 年 9 月 21 日）①

国家	美元	英镑	比利时法郎
比利时	33000000	—	—
智利	8800000	—	—
丹麦	10200000	—	—
埃塞俄比亚	300000	—	—
法国	125000000	—	—
印度	44120000	—	—

---

① United Nations, *Yearbook of the United Nations*, 1948-1949：1057-1058.

国家	美元	英镑	比利时法郎
墨西哥	22500000	—	—
荷兰	62500000	1500000	300000000
挪威	5000000	—	200000000
土耳其	5000000	—	—
英国	300000000	—	—

　　从表中可以看到，除了北欧的挪威与荷兰的某些需要以外，所有国家都需要美元，这凸显了美元在这些国家经济恢复与发展过程中的重要作用，以及美国在各国重建与复兴中的重要地位。

　　世界银行于1946年6月25日正式运作，原始资本额为120亿美元，截至当年8月31日，银行的总资产为385157513.64美元，其中黄金价值为14072258.62美元，占总资产的3.65%，银行的黄金为分开保存，有9395758.64美元是储存于纽约联邦储备银行，4676499.98美元储存于英格兰银行。①

　　世界银行成立初期，至当年9月20日，仅有两笔贷款申请。按照银行协定第一条的内容，世界银行主要功能是协助成员国重建与发展，便利生产性投资；促进私人资本的流动，促进国际贸易的长期平稳增长和收支平衡；以及引导国际投资，在战后初期，协助由战时经济向和平经济的过渡。② 在实践中，法国所申请的重建借款成为世界银行受理的第一笔贷款。法国最初的贷款要求是5亿美元，但世界银行谨慎行事，将其削减至2.5亿美元，法国经济的健康恢复以及它在西欧经济复兴中的重要地位是世界银行做出这一决定的主要原因。贷款效果显著，到1946年年底，法国经济即已恢复到1938年水平的90%，出口也恢复到了75%。除此之外，8月7

----

① IBRD Executive Directors, *First Annual Report of IBRD*, D. C.：1946：13.

② IBRD Executive Directors, *First Annual Report of IBRD*：4.

日，世界银行又发出了第二笔贷款，这次是面向荷兰，金额 1.95
亿美元，主要用于在荷兰本土生产性设施的重建。想到荷兰的初始
要求为 5.35 亿美元，这笔贷款也是谨慎的。① 这两笔贷款都是基
于重建的目的。除此之外，世界银行在 1947 年还做出了如下的贷
款决定（见表 8-4）：

表 8-4 **1947 年世界银行其他贷款表②**

国家	金额 （亿美元）	用途与目的
智利	0.4	水电、造林、港口、城市交通与铁路工程
捷克斯洛伐克	3.5	战争破坏重建、原材料重新积聚、恢复工程
丹麦	0.5	工农业重建与现代化
伊朗	2.5	工农业、运输业的现代化与发展
卢森堡	0.2	重建与现代化的目的
墨西哥	2.1	灌溉、水电、管道、高速公路、铁路和港口
波兰	6.0	煤矿、钢铁、纺织、电力和运输重建

从表 8-4 中可以看到，面向智利的贷款是世界银行第一笔致力
于发展用途的贷款，同样目的的还有伊朗和墨西哥，它们的贷款总
额为 4.99 亿美元，只占全部贷款额的 1/5，由此可以认为，在刚
开始的年份里，世界银行贷款主要用于成员国的经济恢复与重建工
程，受惠国集中于欧洲。伊朗位于西亚，地理上与欧洲接近。由于
它在美国与苏联的对抗中处于关键位置，因而不能排除世界银行贷
款有政治上的考虑。

需要注意的是，虽然这些贷款已经得到同意，但资金并没有全
部到位，从表 8-5 中可以看到，银行的主要工作仍是面向重建，发

① IBRD Executive Directors, *Second Annual Report of IBRD*, Washington,
D. C.：1947：18.

② IBRD Executive Directors, *Second Annual Report of IBRD*：19.

展方向仅仅向智利支付了微不足道的 1600 万美元。如表 8-5 所示：

表 8-5　　截至 **1948 年 3 月世界银行贷款使用情况表**

(单位：亿美元)

成员国	贷款拨付额度	使用额度	剩余额度
智利	0.16	—	0.16
丹麦	0.40	0.07	0.33
法国	2.50	2.50	—
卢森堡	0.12	0.07	0.05
荷兰	1.95	1.38	0.57
总计	5.13	4.02	1.11

　　在 1949 年以后，世界银行更多地将贷款转向发展方面，积极支持欠发达国家的生产性的投资。到 1949 年年底，世界银行共向 13 个国家发放各类贷款 24 笔，合计 7.44 亿美元。[1] 除此之外，世界银行还组成专家团帮助各国分析它们的经济问题，设计方案来加强金融稳定和提高信誉。到 1949 年年底，有遍布于亚、非、欧、美五大洲的 27 个国家得到了帮助和指导，而这对于它们的复兴无疑是起了很大的作用。正如维托里奥所称，如果没有国际货币基金和其他制度的话，在 20 世纪的下半期世界无疑将经历低速发展，国际经济关系将会变得不确定和不稳定，并对国际商品流动产生消极影响。[2]

---

① United Nations, *Yearbook of the United Nations*, 1950, Lake Success, N. Y.: Department of Public Information, 1951: 946.

② Antonio Di Vittorio, *An Economic History of Europe, from Expansion to Development*, New York: Routledge, 2006: 309.

世界金融秩序运行初期也不是没有问题。世界银行在过多地支持欧美国家的复兴之时，间接损害了欠发达国家的利益，在1948年举行的联合国经济与社会理事会第三次大会上，中国、阿根廷和印度等国认为联合国没有对欠发达地区给予足够的经济重视，菲律宾更是批评了世界银行谨慎的做法，认为世界银行应该更加自由和快速地增拨大额贷款，并考虑资助欠发达地区的发展项目，哥伦比亚则认为世界银行繁琐的手续弱化了欠发达地区对贷款的需求，要求经济与社会理事会介入到贷款事务中来。

另一方面，苏联则批评世界银行存在歧视某些成员国尤其是东欧成员国的行为，政治因素取代经济考虑成为世界银行做出判断的依据。同时，对日内瓦和哈瓦那会议达成的协议，苏联认为这是在某些大国及其支持者的巨大压力下达成的，在关税政策和进口问题上，宪章对中小国家并不公平，进一步地，在对待非国际贸易组织成员方面，宪章对之强加了歧视机制，这不仅不利于贸易的发展，还有可能造成它的萎缩。①

初期两机构的活动非常保守，总的来说，这与此时世界经济正处于恢复和转型时期不无关系。实际上，在布雷顿森林会议期间，美国代表团就意识到，在参战国经济大踏步走上复兴之路前，基金不应工作;② 在美英两国谈判共同声明之时，美国人升级了认知，在战后重建完成之前，基金不能正常发挥它的应有作用,③ 也就是说，基金自成立至正常发挥作用之间有一个过渡期，当初规定的过渡期为3年，但是此后这个日期一延再延，一直到1958年，两机构才实际完全按章程发挥作用。

在贸易方面，与当初的宏伟构想相比，美国自由贸易实践的最终面貌发生了很大的变化，主要表现在：（1）实践范围从全球缩

---

①　United Nations, *Yearbook of the United Nations*, 1948-1949：432-433.

②　"Instruction of American Delegates-Fund and Bank", July 2, 1944：17, Box8, RG56 Bretton Woods.

③　Raymond F. Mikesell, "The Bretton Woods Debates：a Memoir", *Essays in International Finance* (Department of Economics, Princeton University), No. 192, March, 1994：29.

小至"自由世界"；（2）不再要求全面减税以及废除所有的贸易壁垒；（3）主动吸纳前敌国进入自由贸易体系，这在世界历史中尚属首次。虽然美国没有实现当初的宏大构想，但自由贸易的基本原则——不歧视、减税和降低贸易壁垒等得以保留，并指导了关贸总协定的历轮谈判。

以关贸总协定为平台，多国谈判减税效果显著。1947 年日内瓦减税谈判作为标志性的开始，无论减税项目还是减税幅度都达到相当高的程度。这也反映出 20 世纪 30 年代经济战之后各国关税之高，对国际贸易损害之大。在经历了重重危机之后，人们迫切需要经济的快速恢复。其后，减税虽然趋于平缓，但参与国家越来越多，至 1950 年，已经增加到 38 个国家。1956 年，联合国经社理事会第 22 届会议上，各国盛赞，正是由于关贸总协定，在某种程度上还有国际货币基金组织对国际贸易壁垒的逐步移除，战后世界生产与贸易在各方面都实现了飞速发展，不仅战争所造成的严重破坏已被成功处理，战前的某些顽疾如大量失业和经济危机等也找到克服的良方。① 对多边贸易持否定态度的加德纳在其著作出版前（1956）也不得不承认，世界贸易已经出现稳定扩展，战后的和平缔造者们避免了第一次世界大战后 10 年的可悲失误。英国实现收支平衡，美国不会再回到孤立，近年来的经济发展又带来新的希望。② 1955 年，联合国秘书长哈马舍尔德（Dag Hammarskjold）在谈到世界经济形势时提到，意义深远的贸易实践自由化近来已经实现。③ 从一个侧面表明，战后以自由贸易体系为核心内容的世界经济秩序面貌初现（见表 8-6）。

---

① United Nations, *Report of the Economic and Social Council*, *covering the period from 6 August 1955 to 9 August 1956*, 1956：11.

② Richard N. Gardner, *Sterling-Dollar Diplomacy*：381.

③ United Nations, *Report of the Economic and Social Council*, *covering the period from 7 August 1954 to 5 August 1955*, 1955：19.

表 8-6　　**1955 年之前关贸总协定历次减税谈判数据表**①

时间	地点	参与国家数量	减税项目	减税幅度
1947 年 4 月— 1947 年 10 月	瑞士日内瓦	23	约 45000 项	54%
1949 年 4 月— 1949 年 10 月	法国安纳西	13	约 5000 项	35%
1950 年 9 月— 1951 年 4 月	英国托基	38	约 8700 项	26%

在美国的大力推动下，自由贸易大大推动了各国经济的复兴与繁荣。1955 年，世界经济发展再攀新高，日本成为经济新秀。伴随世界经济高速发展的是国际贸易的快速增长，大量的贸易限制、外汇管制措施被废除，如截至 1955 年 1 月，欧洲经济合作组织已经废除 90%的配额，超过半数的成员国解除对私人美元资本流入的配额或许可证限制，远远超过 1954 年不到 1/3 的水平。截至 1955 年 9 月 30 日的一年里，美国的海外投资收益达到史无前例的 24 亿美元，除去 2 亿美元的政府对外贷款利息，绝大部分收益来自于私人对外直接投资。同时，针对来自美元区商品的数量限制也显著减少，② 美国成功克服 1953—1954 年出现的经济衰退。随着自由贸易实践的继续发展，美国的出口利益得到前所未有的维护。

1954 年年初，艾森豪威尔在致国会的信中阐述了他对美国对外经济政策的观点：对战争破坏的修复任务已经基本完成，创建保卫自由世界体系的工作正在被顺利地推进，绝大多数国家已经取得

---

① 赵航：《多边贸易体制与美国的霸权权力》，外交学院 2008 年博士论文，第 44~46 页；王志：《美国多边贸易政策研究（1934—2009）》，复旦大学 2010 年博士论文，第 82 页；WTO/GATT-Chronology of Achievements,http://www.wto.org/english/thewto_e/minist_e/min96_e/chrono.htm,2012 年 8 月 24 日访问。

② *The Economic Report of the President*, 1956, Government Printing Office, 1956：146-147, 153.

令人瞩目的金融稳定与生产增长，但在各国间依然存在人为设置的障碍，它们阻碍了资本流动与对外贸易的发展。自 1934 年以来，美国对贸易自由的追求已经有 20 年，但是情况依然不乐观。在降低不公平贸易壁垒方面，美国需同友国保持合作，渐进地推动此项工作。在当前情况下，美国需主动引导，并且将其他各国带入这条轨道上来。① 由此，在 19 世纪 50 年代中期，冷战正酣之际，自由贸易重新成为美国行政当局的重要外交目标。美国主导下的自由贸易体系极大增强了美国的贸易乃至世界地位。

在合作方面，各机构之间不是孤立的。首先是金融秩序内的合作。虽然在当初的设计上，怀特偏向于基金所发挥的主导与基础性作用，但在具体的运作上，它们之间互相联系。一个银行与基金执行董事们组成的常设委员会来决定与两机构有共同利害关系的事项，继而达到互补作用的发挥。两个机构的执行董事们也会就他们关心的问题交换意见，基金和银行执行董事会的主席也保持密切合作。②无论如何，单单货币体系的存在并没有意义，它的价值在于为贸易提供稳定的交易平台，减少国际贸易在各国不同货币价值问题上所受的阻碍，它的真正价值，需要通过国际贸易的恢复与增长来体现。基金与银行还与一些相关机构如联合国经济与社会理事会、粮农组织保持合作，参加他们的会议。在一定程度上说，这两大体系的互相促进与支持才是世界经济秩序能够健康发展的主要原因。

基金成立后，与正在创建中的国际贸易组织进行了必要的接触与合作。1946 年伦敦会议召开的时候，基金派美国人卢思林洛（George F. Luthringer）——怀特在基金内的继任者参加会议。基金所关心的是其既定权限不会为国际贸易组织的相关章程与权力所抵消，以及两者之间政策的一致性问题。卢思林洛几乎参加了与国际贸易组织有关的每一次会议。在伦敦会议上，他强调两个机构保持

---

① *Public Papers of the Presidents of the United States*, *Dwight D. Eisenhower*, 1954：353.

② IBRD Executive Directors, *First Annual Report of IBRD*：10-11.

一致的必要性，国际贸易组织在做出决定之前，需要征求国际货币基金的意见。① 对此，在日内瓦会议上，新修正的《国际贸易组织宪章》承认了基金在其固有范围内的决定权，在外汇、数量限制和其他贸易措施等牵涉到两方的问题上，宪章提供了合作机制，对国际贸易组织权限之外，但又有关系的事项如货币储备、收支平衡以及外汇安排方面，宪章规定要全面征求基金的意见。从另一个方面来说，对基金而言，一个成功的国际贸易组织对其重要性很难说是过分强调了的。两机构的合作避免了分工的重叠，有利于各自职能的正常发挥。

不仅如此，在哈瓦那会议之后，1948 年 7 月，基金还成立了联络委员会，由曾出席日内瓦会议的代表团主席、埃及人萨阿德（Saad）任主席，委员会主要推动与国际贸易组织的合作，他们在由执委会已经同意的方案基础上，与国际贸易组织过渡委员会谈判。9 月，这种合作又扩展到关贸总协定。② 之后，在国际贸易组织已经在实质上流产之后，关贸总协定缔约方继续同意由基金来决定歧视性进口限制政策能否实施。1949 年，针对澳大利亚、泰国、智利、印度、新西兰、巴基斯坦、南罗得西亚和英国对歧视性进口限制政策的实施，基金认定此类政策的逐渐放松实施对澳大利亚、泰国、新西兰和英国是合理的。③ 这种制度一直维持了下来。

1947 年 12 月 9 日，正值哈瓦那会议召开之际，土耳其代表提出对《国际贸易组织宪章》第 10 条的修正案，即"组织应该向世界银行推荐考虑来自落后国家贷款的申请"，世界银行并不同意，但迅速给出了解释：世界银行作为政府间机构，本身具有独立性，并不受国际贸易组织的指导，而且，它的成功在很大程度上依赖于私人资本市场，如果世界银行在贷款问题上接受其他组织的推荐，

① "Committee: II. Statement by George F. Luthringer observer for International Monetary Fund", November 7, 1946, E/PC/T/C. II/43: 2-6, J. Keith Horsefield, *The International Monetary Fund*, 1945-1965, Vol. I: *Chronicle*: 173.

② J. Keith Horsefield, *The International Monetary Fund*, 1945-1965, Vol. I: *Chronicle*: 173-175.

③ United Nations, *Yearbook of the United Nations*, 1950: 959.

则会严重损害它在私人资本市场出售债券的能力，从而危及其设计功能——支持世界的复兴与发展。同时申明，世界银行怀有坚定的信心，"这个问题将在两机构的健康工作关系中得到最有效的解决"。①

在《关贸总协定》的问题上，到 1950 年为止，总协定有 33 个缔约方，印度尼西亚成为新的成员国，黎巴嫩和中国则退出了总协定。在三次减税会议之后，已经达成的减税成果将维持生效至 1954 年，涉及的贸易量超过当时世界总额的 4/5。总协定包含了保护关税减让成果的条款，从而避免政府为了本国的利益任意提高关税或增加贸易壁垒。这些条款包括进口的数量限制、出口限制、进口税和关税管理等方面。② 总协定也保障了各国政府间实际上是互相给予最惠国待遇。《关贸总协定》的意义在于提供了规范各国贸易关系的准则与机制，以及讨论各种问题和争端的论坛，在某种程度上实现了国际贸易组织没有实现的目标。

总体来看，国际货币基金组织、世界银行、关贸总协定组织、经济与社会理事会等的活动都不是孤立的，它们之间保持着密切的联系，战后世界经济秩序的运行基本上就处于这些机构的管理与监督之下。当然，这些机构的主导权基本上是掌握在世界经济秩序的变革者——美国手中。

二、影响美国变革世界经济秩序的因素

战后初期，美国财政部长文森称，资本主义本质上是国际性体系，如果它不能在国际范围内运转起来的话，就会彻底垮掉。因此，美国需要开放的市场。③实际上，这一追求自美国成为世界经济大国时已经开始。美国自由贸易构想自从威尔逊时代成型以来，

---

① "Second Committee: Economic Development Communication from International Bank for Reconstruction and Development", December 11, 1947, E/Conf. 2/ C. 2/11: 1-3.

② United Nations, *Yearbook of the United Nations*, 1950: 1003.

③ [美] 沃尔特·拉费伯尔著，牛可等译：《美国、俄国和冷战，1945—2006》，世界图书出版公司 2011 年版，第 9 页。

一直流转于美国社会，在摩根索、赫尔和克莱顿等人的宣传和实践中发扬光大，稳定货币关系，扩展海外贸易，追求世界市场，推动美国成为变革世界经济秩序的主导力量。而无论在变革的构想还是实践阶段，美国都是核心领袖国家，① 是 20 世纪中期自由贸易得以实现的最主要推动力量。在威尔逊之后，美国对世界经济秩序的变革受到三大事件——1929—1933 年世界经济大危机、第二次世界大战和冷战的影响，最终在艾森豪威尔时代形成了美国主导下的世界经济秩序的特有面貌。

（一）　两战之间的教训

20 世纪初，美国一跃成为世界经济大国，威尔逊对自由贸易的支持为美国人赢得平等进军世界市场的机会，并进而提出对世界经济的主张。威尔逊以公海航行自由、消除一切贸易壁垒和建立平等的贸易环境为特征的自由贸易构想随着十四点原则向世人公开。对于威尔逊领导下的美国来说，自由贸易绝不止是口号，它是重要的外交目标。正如美国学者劳埃德·加德纳（Lloyd Gardner）所言，"理想主义"的言词并不能掩盖威尔逊经济扩张的目的，实际上，他的思想是为美元服务的。② 对于此时的美国来说，孤守美洲已经不再有利于美国，它的发展需要与外部世界建立频繁的联系。但历史的发展总是出乎人们的意料之外，威尔逊向世界推广的"十四点"计划没有为本国接受，美国继续选择孤守美洲，毫不犹豫地筑起高关税壁垒，在事实上退出战后世界体系的重建，自由贸易构想成为空想，取而代之的是连绵不绝的贸易大战和经济危机。尽管美国在 20 世纪 20 年代出现经济辉煌，但却埋下了危机的种子。事实证明，这种政策既不利于欧洲，也不利于美国。

从广阔的历史背景出发，我们可以看到，美国的自由贸易无论是构想还是实践，都深深受到第一次世界大战后国际经济关系的影

---

① *FRUS*, 1952-1954, Vol. I, Part 1: 162.

② 王玮、戴超武：《美国外交思想史，1775—2005》，人民出版社 2007年版，第 251 页。

响。首先，第一次世界大战后国际经济关系美国选择经济孤立，抛弃威尔逊以开放、不歧视原则为特征的经济理念，导致欧洲重建资金匮乏，世界经济被人为割裂，发展方面参差不齐，这不是健康的世界经济秩序；其次，美国所主动挑起的大规模关税大战并没有使美国获益，相反，美国与美国之外的世界共同承担了对外贸易下降、经济发展停滞乃至遭受危机的全部后果。从某种程度上来说，由于美国经济规模巨大，它遭受的损失也更加严重。

　　1929—1933 年世界经济危机使美国下定决心不再重蹈第一次世界大战后的覆辙，坚定地放弃经济孤立，在对外经济政策上走开放的道路。一方面，在赫尔的推动下，美国迅速推出《互惠贸易协定法案》①，使政府有权在开放原则之下，与外国政府谈判降低关税，在第二次世界大战爆发前形成了小规模的互惠贸易体系，美国初步尝到减税所带来的好处；另一方面，在政治层面，无数的政府要员与社会人士都担心战后世界经济重蹈 20 世纪 30 年代的覆辙，对可能出现的经济危机严阵以待，这在客观上为自由贸易政策的实施打下基础。1944 年 10 月，艾奇逊在国会前作证时，一再重申对重回 30 年代经济战的担心，因为这将导致"国际贸易的缩水、生活水平的降低和国家间的仇恨"，而和平与自由企业恰恰要依托于世界贸易、生产与消费的普遍增长。和平只有一个，经济和平，亦是政治与军事和平。世界经济的繁荣将系于自由贸易和国际投资的大规模改变，美国需要推动国际贸易。②精要地概括了历史经验对美国的影响。自共和党人的经济孤立政策破产以后，开放的自由贸易便为越来越多的人接受，在行政机构尤其如此。这最终导

---

　　①　从法律上来说，无论是 20 世纪 30 年代美国力推的互惠贸易，还是 40 年代开始追求的自由贸易，都是在《互惠贸易协定法案》的保障下进行的。《互惠贸易协定法案》赋予行政机构以权力，使以总统为首的行政机构在对外经济政策领域相对于国会处于主导地位，形成与以前不同的贸易体制。因该法案于 1934 年通过，有人遂将这一贸易体制称为"1934 年体制"，参见 I. M. Destler, *American Trade Politics*. Institute for International Economics, 2005.

　　②　Robert L. Beisner, *Dean Acheson, A Life in the Cold War*. Oxford University Press (USA), 2006：21.

致，在成功的互惠贸易实践的基础上，美国形成自由贸易构想，对该构想的追求与实践在战后初期变得势不可挡。

（二）第二次世界大战的推动

第二次世界大战给了美国以前所未有的良机来建立世界经济秩序。一方面，在某种程度上，德国与日本在战前世界拥有令人不可忽视的话语权，没有德国与日本的同意，没有哪个国家能够改变欧洲和远东太平洋地区的政治与经济格局。大战改变了这一状况，它剥夺了法西斯国家在战后世界规划上的话语权，德日意只能俯首听从盟国的安排；另一方面，美国在战时反法西斯大同盟中处于绝对主导的位置——这种地位是它从未获得过的，盟国对美国的依赖使它们很难对美国提出的要求说不。这种依赖在战时表现为协同作战与后勤支持，战后初期表现为对重建提供制度与经济支持。美国获得此种有利地位固然与其拥有强大的经济实力有关，但它在世界历史中再一次处于如此重要的位置，显然是与第二次世界大战分不开的。与上一次不同，这一次美国上上下下均决定充分利用机会来保证美国的战后地位。

1939 年 9 月，大战全面爆发，美国立即开始对世界贸易秩序的规划。鉴于美国同传统资本主义国家和社会主义苏联先后结盟，国际合作完全取代孤立状态，美国对战后世界贸易秩序的规划充满了理想化的色彩。至 1945 年年初，这一计划演变为历史上最大规模的自由贸易计划。推行对象面向全球，不仅包括传统资本主义国家，还包括实行不同社会制度的苏联，典型特征为：第一，传统资本主义国家放弃战前经济同盟，减税，降低各种贸易壁垒，在不歧视原则基础上开展贸易往来；第二，社会主义国家苏联承诺每年完成一定数量的全球采购义务，采购以经济考虑为唯一动因，此举意在抵消资本主义国家的减税损失。为此，美国做了最为全面的考虑，通过一系列的双边与多边会谈，最终形成一系列国际文件——《大西洋宪章》、《租借协定》、《联合国宪章》、《布雷顿森林协定》等，以取得盟国对美国战后世界主张的支持，自由贸易在这些国际协定中占据重要位置。

大战使人们倍加珍惜和平与合作，重视经济的重建与发展，这是战后初期美国构建世界经济秩序的背景，也是自由贸易能够走向实践的重要基础。第二次世界大战期间与战后初期，美国都是倡导国际合作的最为积极的国家，自由贸易作为国际合作的重要组成部分，自然也不例外。更为重要的是，它的实践符合美国作为一个上升大国和领袖大国的利益。由于第二次世界大战极大扩充了美国的生产能力，1945 年 4 月 16 日，杜鲁门继任总统伊始便称：美国已经成为世界上最大的商品生产国之一，这种优势需要保持；美国已经成为世界领袖，而这并不仅仅依赖于陆海军力量；美国已经学会如何为自由而战，现在需要学习与其他国家共存，以促进共同利益的发展。[1] 杜鲁门需要美国学会第一次世界大战后不曾学会的东西，即减税，增加与世界其他国家的贸易往来。相对于杜鲁门，艾森豪威尔的话可谓朴实而又到位：我支持这个法案（《互惠贸易协定法案》），是因为我认为这对国家有好处。[2] 在艾森豪威尔看来，两次世界大战后，美国成了世界上最大的债权国，这时美国仅仅为了使自己的整个制度有殷实可靠的财政基础而减少输入增加出口，就不再对美国有利了。……降低美国关税税率是普遍正确的。[3] 由此，自由贸易在美国战后初期外交中占据显著地位，是第二次世界大战留下的重要遗产。

（三）冷战爆发的影响

第二次世界大战的结束并没有带来预想中的持久和平与大国合作，相反，冷战接踵而至。面对苏联的"扩张"威胁，美国将安全视为最大利益，它对非共产主义国家自由贸易的实践甚至在一定程度上得以加强。冷战状态下，尽管美国是整个"自由世界"的

---

[1] *Public Papers of the President of the United States*, *Harry S. Truman*, 1945. Government Printing Office, 1961: 6.

[2] ［美］德怀特·艾森豪威尔，樊迪等译：《艾森豪威尔回忆录：白宫岁月》上，三联书店 1978 年版，第 322 页。

[3] ［美］罗伯特·费雷尔编，陈子思等译：《艾森豪威尔日记》，第323～324 页。

领导者与保护者，但它的繁荣与安全同样依赖于"自由世界"的繁荣与安全。在回忆录中，杜鲁门深刻地认识到第二次世界大战后的美国要竭力避免萧条的欧洲的出现，他写道：我盼望从这次战争中，我们将获得一个维持和平的有效的世界组织，盼望我们能帮助我们的朋友和盟国在经济上站立起来。① 这里所说的世界组织，绝不仅指联合国而言，它还包括扩展世界贸易的经济组织，帮助饱受战争创伤的盟国站起来，美国才能推动贸易的发展。艾森豪威尔对此亦看得非常透彻。1953 年 7 月初，他在日记中写道，自由世界应在美国领导下推行和坚持世界贸易体制，让落后国家的人民维持过得去的生活，否则我们终将成为共产主义进攻的目标。② 共产主义的潜在威胁迫使美国加强推行自由贸易，团结和稳定"自由世界"。

在冷战背景之下，自由贸易仍然是美国的重要外交目标，但它的实践发生了不同于预想的重大变化。首先，自由贸易实践对传统资本主义国家照常推行，虽然矛盾重重，但依然取得了重要成果。致力于减税和降低贸易壁垒的关贸总协定成立，并得到越来越多国家的认可，美国通过此举确保了"自由世界"的联盟与安全；其次，美国对苏联自由贸易的实践仅仅为尝试性质。尽管美国战时对国营贸易做了周密的规划与准备，并且在《租借协定》中取得了苏联对自由贸易的认可，但战后初期，美苏间经济外交集中于商讨贷款、租借物资的清偿，以及苏联对东欧国家的控制等方面，这严重阻碍了两国关系的发展，自由贸易的实践也远远上不了两国外交的舞台。随着冷战的发展，美苏之间的隔阂也越来越深，对抗更加严重。作为缓和两国关系重要方式的贸易，在 20 世纪 50 年代初期几乎完全中止；再次，同样是受冷战的影响，在面临众多国家一致反对的情况下，美国仍将占领地区拉进自由贸易体系。在战时的构想中，这一内容完全不存在，甚至没有人提起过。共产主义的威胁

---

① ［美］哈里·杜鲁门著，李石译：《杜鲁门回忆录》上，第 235 页。
② ［美］罗伯特·费雷尔编，陈子思等译：《艾森豪威尔日记》，第 324 页。

使美国提出这一问题，并迅速走向实践。尽管美国遇到众多国家的反对，但仍然将西德、日本成功拉入关贸总协定。对于美国来说，此举已经超越巩固"自由世界"联盟的利益，显示自由贸易同样是美国战后初期的重要外交目标。

在这一问题上，有两位学者的观点值得引用。著名贸易政治史学家戴斯勒认为，（战后初期）美国对外政策是要在自由的世界经济秩序基础上建立自由世界的同盟，在这个宏大的目标面前，贸易政策只能屈居次席。[①] 虽然如此，在对待西德、日本问题上，美国却很好地协调了这两点，一方面，美国打造并强化了围绕共产主义世界的"自由世界"联盟，西德与日本为坚固的前线缓冲地带；另一方面，美国同样绕开盟国的反对，将西德、日本拉入自由贸易体系，确保自由世界的联盟与自由的世界经济秩序的统一。如果考虑到另外一位经济史专家赫德森，对自由贸易作为战后初期美国重要外交目标的认识就会更加清晰，他认为，战后初期美国在贸易上采取了自由放任政策，但不支持自由主义的议员对此很难认同，为了促使他们接受，美国国际政策从此披上了反共产主义的外衣。[②] 这鲜明地指出自由贸易在美国外交中的重要地位。这也许能帮助我们了解战后初期美国自由贸易实践的真实面貌。

值得注意的是，美国对自由贸易的主导竟然是通过关贸总协定这样一个临时性组织实现的。在战后初期相当长的时间内，关贸总协定都是美国在自由贸易上的制度选择。1952 年年初，国务卿艾奇逊曾声明，从短期来看，美国将关贸总协定作为充分、有效的机制，支持它作为解决国际贸易争端的组织。从长远来看，将关贸总协定长期化、固定化和稳定化将是美国努力的方向，而美国行政政策与立法行为之间也将更加和谐一致。[③] 在行政政策与立法行为的一致性方面，却是以行政方面的让步来实现

---

① I. M. Destler, *American Trade Politics*：19.

② Michael Hudson, *Super Imperialism, the Origin and Fundamentals of U. S. World Dominance*, Sterling：Pluto Press, 2003：13.

③ *FRUS*, 1952-1954, Vol. I, Part. 1：114-115.

的。针对美国国会曾在多个场合表示它对美国参加关贸总协定持保留态度，① 1955 年 2 月中旬，国务院官员布朗作出回答：美国总是拥有撤回减税权的自由。② 这就向国会表明，美国在自由贸易体系内拥有相当大的自主权，这种自主权在很大程度上抵消了国会可能带来的限制。法案虽不能保证美国行政当局毫无约束地推行自由贸易，但是，它却在一定时间内足以保证美国行政当局在贸易问题上不受国会的干扰，这也是为何这样一个临时组织，竟然可以支撑 47 年之久的重要原因。

（四）美国利益的保障

美国变革世界经济秩序的动力源于对本国利益的追求。进入 20 世纪以来，无论是威尔逊、罗斯福还是杜鲁门，甚至 20 世纪初麦金莱的政策转向，都是为了扩大美国的贸易，在世界范围内追求利益。考虑到战后的美国具有强大的生产能力，自由贸易可以为美国攫取最大的利益。正如《剑桥美国经济史》所言，对于一个在国外市场封闭和国外市场萧条的情况下，损失会更大的国家而言，推进自由贸易政策所得到的要比在贸易保护主义的情况下得到的更多，更有意义。③ 这是美国在战后初期继续变革世界经济秩序和追求自由贸易的主要动力。事实上，美国自由贸易的实践的确给美国带来了巨大的利益。

1. 对外贸易与投资的发展

数据显示（见表 8-7），战后初期，美国的对外贸易并没有如第一次世界大战之后一落千丈，而是保持平稳，延续发展。

---

① *FRUS*，1952-1954，Vol. I，Part 1：159.

② *FRUS*，1955-1957，Vol. IX：86.

③ Stanley L. Engerman，Robert E. Gallman，*The Cambridge Economic History of the United States*，Vol. 3，*The Twentieth Century*. Cambridge University Press，2000：457.

表 8-7　　　　　战后初期美国对外贸易收支情况表①

（单位：亿美元）

	1945 年	1948 年	1949 年	1950 年	1951 年	1952 年	1953 年	1954 年	1955 年
出口	162.73	170.58	160.33	143.96	202.82	206.61	212.15	208.96	218.48
进口	102.32	102.95	96.61	120.53	150.68	156.88	164.67	158.72	176.56
顺差	60.41	67.63	63.72	23.43	52.14	49.73	47.48	50.24	41.92

从表中可以得知，战后初期美国出口有序发展，进口的增长速度更快。贸易收支在 20 世纪 50 年代稳定于顺差 40 亿~50 亿美元的水平，比 40 年代有所下降。在总体贸易持续增长的前提下，美国顺差的下降表明，世界其他地区的经济复兴与发展更快，它们已经能够自己生产部分必需品，从而一方面减少自美进口，另一方面可以增加对美出口。这种局面的出现与杜鲁门和艾森豪威尔曾经提出的看法基本相符。他们认为，美国必须解决外国美元储备的不足，只有外国能够持续获得美元，它们的经济才能发展，美国的出口利益才能得到保障。与"一战"后"二战"前美国对外贸易所出现的萎靡不振的状况相比②，这算是相当成功的。

从联合国的相关统计也可看出美国在自由贸易实践过程中对其利益的实现程度。第二次世界大战之后，美国对外贸易增长迅速，与第一次世界大战之后的美国经济发展主要靠内需完全不同。从统计数字上看，战后 1946 年和 1947 年的美国商品贸易，相比于 1938年有了巨额增长，如表 8-8：

----

① U. S. Bureau of the Census, *Statistical Abstract of the United States*, 1956：887.

② 1920 年美国出口 102.64 亿美元，顺差 35.22 亿美元，此后逐年下跌，1925 年出口 63.48 亿美元，顺差 10.76 亿美元，1935 年出口 32.65 亿美元，顺差仅为 1.08 亿美元。详见 U. S. Bureau of the Census, *Statistical Abstract of the United States*, 1956：887.

表 8-8　　美国对外贸易构成表①　　（单位：亿美元）

	主要商品	1938 年半年均数	1946 年上半年	1946 年下半年	1947 年上半年
进口	原料	2. 88	8. 08	9. 18	9. 17
	天然食品	1. 30	4. 01	4. 13	5. 15
	加工食品	1. 56	2. 33	2. 70	3. 16
	半成品	2. 93	4. 13	5. 16	5. 92
	制成品	2. 09	3. 83	4. 62	4. 67
	总计	9. 75	22. 38	25. 80	28. 07
出口	原料	3. 04	6. 40	7. 74	8. 49
	天然食品	1. 25	3. 53	2. 95	4. 28
	加工食品	0. 92	8. 60	6. 64	8. 16
	半成品	2. 47	4. 41	4. 53	8. 53
	制成品	7. 62	23. 33	26. 86	45. 00
	总计	15. 29	46. 27	48. 73	74. 46

从表 8-8 中可以看到，战后进口方面比较稳定，保持在 1938 年水平的 2~3 倍，但出口方面增幅巨大，为 1938 年水平的 3~5 倍，出超激增，美国在第二次世界大战后的发展更多的是依赖于对外贸易。而且，此时美国没有出现像第一次世界大战后的经济衰退，在一定程度上证明了赫尔等人建立自由贸易体系的正确性。

从投资数量的变化也可看出自由贸易对美国利益的增进。如表 8-9 所示，战后初期，美国对外投资激增，伴之而来的是债权的迅

① Department of Economic Affairs, *Economic Report*: *Salient Features of the World Economic Situation* 1945-1947. United Nations, 1948: 15.

速增加，到 1953 年甚至达到近 160 亿美元的债权；与之对照，外国在美投资缓慢上升，直至 1949 年才达到战争结束之时的水平，增长速度远远落后于美国对外投资的增速。这一时期美国海外投资也获益颇丰，从 1945 年的 3.58 亿美元增长至 1950 年的 12.48 亿美元以及 1955 年的 19.49 亿美元，① 分别占当年贸易顺差的 6%、53% 和 46%，显示自由贸易对资本流动的重要意义，这同样是第一次世界大战后贸易壁垒林立所不能带来的。

表 8-9　　　　　　　　**美国国际投资地位表**②　　　（单位：亿美元）

	1945 年	1946 年	1947 年	1949 年	1951 年	1953 年	1954 年	1955 年
美国对外投资	168.18	206.18	289.26	326.43	349.55	395.67	422.29	448.88
外国在美投资	175.94	164.52	166.88	176.24	205.49	236.28	268.04	295.75
债权	-7.76	41.66	122.38	150.19	144.06	159.39	154.04	153.13

2. 对美国对外贸易的分析

美国对外贸易总额自 1951 年起开始迅速增长，如表 8-8 所示，部分原因固然是朝鲜战争所致，战争导致美国军事贸易大幅上升，但事实却是非军事贸易所占比例更大。1953 年，军事贸易额达到顶峰，非军事贸易额陷于谷底，但前者份额也仅为后者的 1/4，非军事贸易远远超过军事贸易。表 8-10 数据有力地表明军事刺激并不是美国经济发展的唯一动力，美国对外贸易没有重蹈第一次世界大战后陷于低迷的覆辙应主要归功于自由贸易的广泛实践。

---

① U. S. Bureau of the Census, *Statistical Abstract of the United States*, 1956：887-888.

② U. S. Bureau of the Census, *Statistical Abstract of the United States*, *1951*：817, *Statistical Abstract of the United States*, 1957：878.

表 8-10　**1950—1955 年美国对外出口军事与非军事结构组成表①**

（单位：亿美元）

	1950 年		1951 年		1952 年		1953 年		1954 年		1955 年	
	军事	非军	军事	非军	军事	非军	军事	非军	军事	非军	军事	非军
出口	5.26	155.07	14.70	188.12	26.03	180.58	44.43	167.72	33.11	175.85	23.47	195.01
进口	5.76	114.77	12.70	137.98	19.57	137.31	25.12	139.55	25.95	132.77	27.67	148.89

如果分析一下美国对外出口的去向，则可以发现为什么美国要积极主动变革世界经济秩序（见表 8-11）。

表 8-11　**美国对外贸易出超（+）入超（-）地区分布表②**

（单位：亿美元）

地区	1938 半年均数	1946 上半年	1946 下半年	1947 上半年
欧洲	+3.80	+18.39	+14.68	+24.44
拉丁美洲	+0.39	+1.06	+2.96	+9.38
北美	+1.04	+1.97	+3.50	+5.42
亚洲	-0.26	+2.42	+1.94	+4.60
非洲	+0.32	+1.20	+0.63	+2.70
大洋洲	+0.39	-0.16	-0.51	+0.38

除了在原有势力范围——拉丁美洲有了巨大出超以外，还在其传统上无法渗透的地区——主要是欧洲及欧洲殖民地林立的亚洲和非洲有了更为巨大的出超增长，这正是美国在历史上所一直觊觎并谋求实现的。通过第二次世界大战时军力在亚非欧等地区的扩张，美国经济渗透进了这些地区，而通过自由贸易体系的构建，美国稳

①　U. S. Bureau of the Census, *Statistical Abstract of the United States*, 1956：887.

②　Department of Economic Affairs, *Economic Report*：*Salient Features of the World Economic Situation* 1945-1947：16.

固了这些渗透，迫使欧洲的老殖民主义者承认既成事实，从而美国可以继续他们的经济渗透，与世界开展更加自由的贸易。

总之，由于对外贸易与对外投资的巨大发展，美国国家与普通民众都从中获得了巨大的收益。美国国际经济研究所出版的《美国与世界经济》研究认为：从 1945 年起，由于美国与世界经济一体化程度的加深，美国的收入每年增加 1 万亿美元，大约相当于年国民生产总值的 10%。美国每个家庭平均年生活水平提高约 9000 美元。如果实现了全球性的完全自由贸易，整个美国的经济所得每年至少还会增加 5000 亿美元。从反面假设也能得出类似的结果。假设美国继续贯彻 1930 年关税法，那么美国的国民生产总值将下降 2.4%，而如果其他各国都采用对等的关税体制报复，美国的国民生产总值将进一步下降 2.1%。①

三、第二次世界大战前后世界经济秩序的比较

两次世界大战后的世界经济秩序的面貌几乎迥然不同。第二次世界大战后经济秩序在适应并促进 20 世纪世界经济整体发展的同时，还推动了世界非殖民化的进程，促进了各国合作，实现了有秩序的自由贸易体系，具有进步性。

（一）经济的相对稳定代替经济的混乱

秩序代替混乱，协作代替对抗，这是两次世界大战后世界经济秩序在本质上的不同之处。从历史现实来看，"一战"后的世界经济秩序秉承了国际金本位制的一贯运行模式，在世界经济已经大有发展，经济格局与战前完全不同的情况下，各国依然试图保持以前的发展范式。这主要表现在以下两点：

（1）各国努力推动恢复金本位制。第一次世界大战以后，各国对战前的国际金本位制记忆犹新，认为这是经济发展进步的基础。的确，在战前年代，它是 1870 年以来世界经济大发展，资本

---

① 赵航：《多边贸易体制与美国的霸权权力》，外交学院 2008 年博士论文，第 60 页。

主义经济在世界范围内连为一体的基石，有力地保障了各国贸易的发展。但是，"一战"以后世界经济格局发生了变化。传统国际金本位制下的强国英国衰落下来，经济一蹶不振，无力维持过去英镑的强势地位，而新兴大国美国，则在战后扼杀了前总统威尔逊的"贸易自由"理想，提高对外关税，重披孤立主义与贸易保护主义外衣，企图以此来保障美国的经济发展，从而在事实上将自身经济与世界经济割裂。

现在看来，这种做法是愚蠢的。但在当时的美国，这种做法得到了多数人的支持。欧洲各国亦没有理会战后出现的新情况，执意恢复金本位制。尽管凯恩斯已经敏锐地觉察到金本位制已经不再可行，要求迎接"管理通货"时代的到来，但他没有受到政府当局的重视。英国和法国是两个最为支持金本位制的国家。1925 年，英国不顾自己的现实，甚至牺牲部分出口利益，按战前价格恢复了英镑的黄金本位，相当于单方升值 10%；而法国按较低的价格恢复了法郎的黄金本位，一直到 1936 年，在大危机中灾难深重。可以说，金本位制度无力解决各国在第一次世界大战后的发展问题。

美国拥有巨额黄金，但由于高关税所带来的出超，黄金并不能轻易流出；英国有维持世界经济运转的雄心，但却心有余力不足，它没有足够的黄金来维持黄金收支平衡；法郎定值过低从某种程度上来说是背后捅了英镑一刀，在为法国谋得了利益之后，带来的是对世界其他经济体的损害；至于战败国德国，经济运行完全依赖于来自美国的贷款，是金本位制运行下的脆弱炸弹，稍有不慎，就会引发国际金本位制的崩溃。事实上，也正是美国减少了对德贷款，造成德国偿付危机，最终中断了资金周转链条，引爆大危机。

（2）没有统一的协调机构或国家，世界经济分散，各国政策随意性强。"一战"后，国际金本位制在被重建的同时，没有一个国家能够或愿意担负协调中心的作用，更没有专门的国际机构能够担当此任。各国只是简单地恢复了金本位制度，但却对金本位制度能够发挥良好作用的国际环境的缺失视而不见。这在经济发展时期尚不算是严重的问题，如 1925—1929 年，欧美经济还是一片欣欣向荣的景象。但是，一旦危机来临，这种缺陷迅速发作，情况就变得严峻了。

　　1929 年开始的经济大危机让各国惶恐不安，纷纷寻找出路，在缺乏有效国际协调的情况下，它们采取了只顾自己，以邻为壑的解决方式，在金融领域有汇率控制、货币竞争性贬值、货币冻结、多重货币工具和双边清算机制①；在贸易领域有任意增加关税、进口配额、建立封闭贸易区等。这些解决危机的方式，无视世界经济已经连为一体的事实，不但无助于危机的解决，而且使世界经济秩序混乱不堪，加剧了它的分裂状态。从根本上说，这实际上是第一次世界大战后初期，那种混乱秩序的继续与扩大。第一次世界大战后没有解决的问题，因为经济大危机的冲击变得更加明显了。从长远来看，限制性金融交易与歧视性贸易不会增加国际贸易，必然不利于各国贸易的发展，繁荣也无从谈起。

　　如果说流行于第一次世界大战前的国际金本位制是建立在黄金天然作用的基础上，货币规律自行于世界范围内发挥作用，英国只是通过维持英镑币值稳定从而间接维护国际货币秩序稳定的国家，那么，美国变革建立的世界经济秩序则是强调人为管理机制在世界经济领域发挥作用的体系。这种管理源于凯恩斯所提出的对货币与贸易的管理的理论，在 20 世纪 30 年代经济大危机之后为美国政府所重视，在第二次世界大战中逐渐上升为美国的国家政策，在"二战"以后，又在美国等国的推动下，成为世界经济领域的标准范式，对货币的管理也由单个国家转向国际层面。这是人类社会第一次试图管理世界经济秩序，美国对世界经济秩序的变革正是体现于此。它解决了战前不稳定经济秩序的两个要素：

　　（1）各国货币汇率保持稳定。在政府和商人们不接受汇兑风险之时，灵活多变的汇率弱化了人们的信心，减少了贸易量，这在两战期间的国际经济关系中表现得非常明显。以黄金为基础的固定汇率将重新树立人们的信心并复兴贸易。在惨痛的教训面前，1936年的美英法三方协定树立了一个有意义的先例，即提供通过国际合

————————

　　①　"The Bretton Woods Agreement and American Foreign Trade", August 25, 1944：2, Box46, RG56 Bretton Woods.

作而不是启动新一轮的报复实现必要的货币贬值。

相对于过去金本位制的致命缺点，国际货币基金从三个方面做了发展：第一，基金借贷额度的扩展；第二，允许成员国就汇率作小范围变动；第三，对汇率控制的保持与强制性执行。① 固定汇率的确定，提供给了成员国解决收支不平衡的办法，以及解决争端的机制与平台。这就避免再度出现货币恶性竞争的局面，而会议就协作达成共识本身就是相对于过去的进步，这也是人类历史上第一次在国际层面上对金融秩序做管理上的尝试。事实上，国际货币基金对固定汇率的管理也是颇为成功的，到 1950 年，只有 3 个国家——法国、哥伦比亚和墨西哥微调了它们的汇率。②

不仅如此，作为国际货币基金的补充，世界银行的成立为战时遭受战火破坏以及经济上欠发达的国家或地区获取资金提供了渠道，这也是汇率稳定能够得以保证的一个重要前提。同时，吸取第一次世界大战以后的教训，为了避免战后世界的分裂，美国力主及早吸纳战败国德国和日本参加到自由贸易秩序中来，尽管在某种程度上遭到以英、法、中为代表的前反法西斯盟国的反对，但德国和日本还是很快就融入到战后世界经济秩序中，并且享受到了这个秩序带来的种种好处。

（2）确定多边谈判减税的贸易模式。在贸易上，针对曾经在20 世纪二三十年代经济大危机中殊死搏杀的关税大战、贸易区分割以及广泛实行的歧视性贸易等严重弊端，美国在战时同盟国的谈判中格外强调避免这些阻碍世界自由贸易行为的再次发生，《大西洋宪章》中对平等待遇的强调，《租借协定》对于不歧视原则的追求，都体现了美国欲倾力打造一个以自由贸易为根本特征的世界的决心。

在实践过程当中，无论是布雷顿森林会议所达成的贸易公平与稳定的基础，还是《国际贸易组织宪章》或《关贸总协定》所确

---

①　B. H. Beckhart, "The Bretton Woods Proposal for an International Monetary Fund", *Political Science Quarterly*, Vol. 59, No. 4（Dec., 1944）：497.

②　United Nations, *Yearbook of the United Nations*, 1950：956.

定的减税、削减贸易壁垒等举措，都是在一个国际层面所达成的。尤其是前者，在战时还得到了苏联的认可，具有普遍意义。在结果上，《布雷顿森林协定》实现了多边支付和稳定汇率，国际贸易组织的失败并没有终结美国变革世界经济秩序的脚步，作为替代的《关贸总协定》的实施仍然是改变了战前混乱的经济发展模式，其通过多头双边谈判的形式在实质上实现了多边模式，促进了各国经济的快速复兴。

如此广泛的一致性是对第一次世界大战以来世界经济混乱秩序的一种纠正，是各国合作的成果，代表了新的发展趋势。即使是有限度的多边经济秩序，也比过去更能促进贸易的发展。而在世界范围内对贸易进行多边管理与协调，在人类历史上也是首次，表明世界经济发到一个更高的阶段。

（二）非殖民化初见成效

国际金本位制能够发挥作用，其中一个重要因素是黄金能够集结于少数国家手中。这些国家多是殖民主义国家，依靠殖民地输送财富，从而掌握世界经济命脉，操控世界经济发展。从某种意义上说，国际金本位制不可避免地带有殖民主义性质。正是这种殖民主义性质，在20世纪世界经济联结为整体之后，逐渐成为其发展的阻碍。

作为后起的资本主义国家，19世纪末，美国打着"门户开放"的旗号来反对旧式的殖民主义，力求以"全面开放和机会均等"将世界市场重新洗牌，这虽然得到传统殖民主义国家的认可，但是却仅限于各殖民主义国家还在争夺的地区，在各殖民主义国家专有殖民地中，门户开放政策面临重重阻力。

但这是美国赖以立国的基础，早在门罗主义提出之时，其口号即是反对欧洲殖民者对新大陆的干涉。到了20世纪初，这种"全面开放、机会均等"的政策日益与美国第一经济大国的地区相匹配。如果美国能在世界范围内推行门户开放，这无异于打开了殖民主义垄断和分割下的世界市场，从而实现过去殖民主义者所追求的最大利益。在美国20年代到40年代经济发展过程中，尤其罗斯福执政以后，这项政策逐渐演变成经济领域的非殖民化，这主要表现在：

（1）打破诸殖民帝国的界限，尤其是以宗主国为中心的的经济体系的界限，最明显的是对英帝国特惠制的围追堵截。第一次世界大战以后，虽然以俄德奥土为代表的四大帝国覆亡了，但是与英法等国相比，它们并没有占据太多殖民地，不能称为殖民帝国。与之相对比，英法等国不仅仍然占据着广大的殖民地、半殖民地和保护国，它们在经济上的联系更加紧密，形成了形色不一的经济集团。这造成了两个后果：其一，殖民宗主国因为其母国的特性而成为各经济集团的中心国，它们是经济体内金融贸易与资源调配的中心，往往由于母国的参与，集团内部的经济联系越来越紧密，越来越排外；其二，与当代经济集团不同，20世纪30年代的经济集团之间被人为地建立了贸易壁垒的高墙，导致不同经济集团之间、不在同一经济集团的国家之间的经济交流异常困难。这两种情况导致在世界范围内出现了多个经济"小世界"，分裂了世界经济，不利于各国经济的发展，对于类似美国这种经济上有巨大发展，而又没有自己固定和充分海外市场的国家来说相当不利。

对此，美国高举非殖民化的大旗，表现在经济领域是贸易中的平等对待和不歧视原则的应用。虽然由于种种原因，英国的帝国特惠制最终得以保留，但是此时的帝国特惠与战前相比已经有了很大的不同，在《关贸总协定》的框架之下，帝国特惠的封闭性已经不复存在，它不仅是英帝国成员的经济体，在对外开放的大环境下，更是世界经济秩序之中的经济体，殖民帝国的痕迹淡化了。

（2）与"一战"后的世界不同，美国在变革世界经济秩序的过程中，对发展中国家和欠发达国家对经济发展的要求做了考虑，并且制定了相应的措施，建立了相应的机制。这相比于过去来说是一个进步。在布雷顿森林会议上，美国向发展中国家及欠发达国家就控制汇率与限制数量进口的使用权作出了让步，允许在维持收支平衡的基础上，实行有限的汇率控制，以及就国内婴儿产业和新建工业实行保护性的数量限制进口措施，甚至世界银行的设想与设置本身就是着眼于遭受战火毁坏和欠发达国家对资金的需求；在

《国际贸易组织宪章》的谈判上，它也作出让步，专门增添了在其初稿中毫无体现的"经济发展"一章，着眼于不发达国家的发展。而在事实上，这些措施也的确促进了发展中国家的进步。典型的例子是，在哈瓦那会议的一次发言上，印度尼西亚代表极力支持宪章，认为这对加快其经济发展和贸易恢复是极为必要的。[①]

相对于"一战"后战胜国的做法，"二战"后不发达国家的声音被更多地倾听了，它们的很多要求被吸纳进战后世界经济秩序中，这体现了一种进步。当然，这绝不是说美国对不发达国家的考虑已经完美，它还存在很多问题。

（三）推动世界经济的复兴与发展

同第一次世界大战后的世界经济相比，"二战"后世界经济有了显著不同的发展。

"一战"结束以后，世界经济秩序简单恢复了战前的金本位制度，针对黄金的不足发展了汇兑体系，贸易方面则是放弃自由贸易，关税林立，壁垒横生，各国的经济恢复与复兴在很大程度上只能依靠自身力量，因而发展缓慢。比较典型的例子是英国，这个战前世界经济霸主直到 1929 年才超过战前经济发展水平，旋即遭遇经济大危机，在历史上记下了痛苦的一笔。在国际经济领域，各国的独立发展不可避免地带来了追求自身经济发展，不顾甚至损害其他国家利益行为的发生。在某种程度上说，经济大危机既是这样一种国际经济无政府状态发展的结果，又加剧了这种无政府状态的发展，促使人们去寻找更为合理有效的发展模式。

战后初期，无论是像美国那样的富余国家，还是被战争严重破坏的国家，以及没有卷入战火的欠发达国家都面临着经济振兴或发展的任务。在这个过程中，国际合作是如此重要，以至于联合国经济发展分委员会在它的第一份报告中即提出，"如果在未来几年经济能够更快的发展，那么在联合国框架下一个更大规模的资金流动

---

① ITO/58, Address by Dr. A. K. Gani, Indonesian Republic, no dated.

将是可能的",① 而该资金流动主要发生于国际货币基金和世界银行。作为联合国的专门机构,不难理解,这两个机构在战后世界经济发展的过程中发挥了巨大的作用。战后初期,由于需要重建和复兴的国家众多,世界银行发挥的作用相较为大,它提供的大量贷款和优惠条件是平时私人银行所不能给予的。

相对于胡佛"一战前的 25 年是 10 个世纪以来西方人类社会最美好的时代"的感叹,"二战"后的 25 年无疑是更为美好和更值得感叹的时代。据统计,从 1955 年到 1969 年,美国国民生产总值以每年 4% 的速度增长,法国是 5.7%,西德是 5.1%,意大利为 5.6%。同期内,所有小国的平均增长率为 4.4%,英国是最慢的,为 2.8%,日本则是最快,达到了 7.2%。②历史上从来没有哪个时期在如此短的时间内完成经济恢复、发展与繁荣的艰巨任务。而在第一次世界大战结束后的这个时期,世界正经历着前所未有的大危机。在这一点上,美国变革建立的世界经济秩序发挥了重要的作用。

(四) 战后世界经济秩序的不足与局限

虽然美国主导变革的世界经济秩序拥有着以前经济秩序所没有的优点,但缺点与不足同样存在。这种不足主要存在于三个方面:

美国变革世界经济秩序的根本出发点是保障美国的利益,为美国经济对外扩张提供便利。这就必然要适应美国的需求,因此会出现:

(1) 美国强调美元的作用,并力促其成为世界基础性货币。本来,无论凯恩斯还是怀特都曾提出了创设新的国际货币单位的计划——班柯或尤尼塔斯,尤尼塔斯甚至是从广泛的美国民众来信中

---

① Document E/CN. 1/47, part 4, paragraph 4, quoted from Department of Economic Affairs: *Economic Report*: *Salient Features of the World Economic Situation* 1945-1947: 29.

② [美] H.N. 沙伊贝、H.G. 瓦特、H.U. 福克纳著,彭松建等译:《近百年美国经济史》,第 500~501 页。

选征出来的名字,① 但在计划的演变过程当中,这两种货币都消失了,美元从中走出,获得了类似于黄金的地位,并为 35 美元兑换 1 盎司黄金的公式而强化。这在战后初期的世界经济环境中是可行的。1944 年,布雷顿森林会议举行之年,美国拥有黄金储备 206 亿美元,这个数字比 1942 年的最高峰有所下降,但占到其国内货币总量的 44%。考虑到这一年美国的黄金产量还不到 3600 万美元,是自 1939 年以来的最低点,② 则这些美元储备当是吸收了世界的黄金产量,从这一点来说,美国如此巨大的黄金拥有量和世界的相对贫困使它有能力担负起美元与黄金的固定汇率。

但是美国此时忽略的是,从长远来看,它作为一个国家不可能长盛不衰,经济不可能永远大规模领先世界,黄金也不会一直从世界流入美国。一旦世界其他国家和地区得到发展,并且在速度上超过美国,它们对黄金的需求也将越来越大,则必然会出现这样一种情况,即美国的黄金储备在世界上所占的比重将大幅降低,而一旦这个比例低于某一限度——美国经济所能承受的最低限度,则美元与黄金的固定汇率的脱钩将不可避免。实际上的发展也是如此,在经过 20 余年的黄金发展之后,1971 年,美元贬值,从而宣告了美元等同于黄金这一设想的失败,战后的金融体系也因此深受打击。美国为一己之私的考虑最终却给世界带来不便与恐慌,这不能不说是发人深省的。

(2) 美国由强调国际合作转向对抗。美国所构建的世界经济秩序在初期实际上局限于资本主义世界,这与战后的冷战形成互为因果的关系。在很大程度上,这是由于美国意识形态的作祟。

罗斯福主政美国时期,其对外政策的根基是着眼于盟国——尤其是东西方盟国之间的合作,无论是在政治层面还是经济层面,罗

① 1943 年 4 月,怀特计划曝光后,美国财政部发起为新的国际货币取名字的倡议,无数民众积极参与。Folderr Q23, Suggested Names of Monetary Unit, Box42, Records of the Bretton Woods Agreements, 1938-1946, RG56.

② U. S. Bureau of the Census, *Statistical Abstract of the United States*, 1946, Government Printing Office, 1947: 387, No. 404: 728, No. 829.

斯福都不允许破坏团结与合作的基本方针，这从很多标志性事件——如美国在《大西洋宪章》、《租借协定》中对英国的让步，布雷顿森林会议上对苏联的让步上都可以看到。在罗斯福的设想中，大国合作是世界和平与安全的基本保障，也是对美国利益的最大保障。为此，他可以在某些重要问题，甚至是原则问题上作出让步。

1945 年 4 月继任的杜鲁门改变了美苏两国关系发展的方向。从经济层面来看，杜鲁门政府对内不能平抑保守势力，他们在国会的力量日益增强；对外亦不能继承过去的苏东政策。1945 年他突然中止对苏租借，使苏联极为忧虑美国战后的政策方向，加上战争后期美英苏关系中已经浮现的矛盾，苏联开始改变战时对美合作政策。而杜鲁门政府没有采取弥合裂痕的措施，反而对苏联实施了更加强硬的政策，这种恶性循环成为战后东西方中断合作转向对峙的重要原因。

在美国对外经济政策中，对国营经济的考虑越来越少，美国越来越将外交重点放在"自由"经济一方。1946 年 5 月，负责经济事务的助理国务卿克莱顿撰文称，对外经济政策的最重要之处在于，它有助于民主和自由机制的成长和发展，自由人群手中的和平才是最稳定的。①这就从经济层面明确了与罗斯福政府外交重点——与盟国维持包括经济在内的合作才能保证持久和平的不同观念，这种对"自由"的过分强调无疑加剧了苏联与东欧国家的猜疑，从而成为东西方最终走向分离的重要原因之一。这表现在 1946 年伦敦会议以后苏东阵营几乎没有参加过有关贸易的联合国大会，它们也没有参加国际货币基金与世界银行的工作，更不用说致力于减税的关贸总协定。

（3）贸易机制亦存在明显不足。首先，由于美国始终主导了该组织的运行，它总是过多地考虑美国的利益；其次，总协定对不

---

① 　William L. Clayton, "The Importance of International Economic Relations to World Peace", *Proceedings of the Academy of Political Science*, Vol. 22, No. 1, *Labor Policy and Labor Relations* (May, 1946): 96-97.

发达国家的利益照顾并不充分。1955 年，世界贸易额增长至新的记录，但不发达国家的贸易量却徘徊于 20 世纪 50 年代初的水平上，它们与发达国家的贸易甚至下跌了。① 美国学者理查德·加德纳认为美国对发展中国家或欠发达国家没有作出多少让步，至少在《关贸总协定》方面，其服务于发达国家的程度要高于发展中国家。而这种在一开始对发展中国家关注度的不够，正是国际贸易组织失败的原因之一。② 再次，总协定基本排除了苏联以及东欧国家的参与，因此并不能说是完整的世界性组织，这与当初的构想相去甚远。虽然社会主义国家被隔离于自由贸易之外，但不代表它们对此没有兴趣。1956 年 8 月，苏联提出在联合国框架下召开世界经济会议，以商讨成立面向所有国家开放的贸易组织。③ 很明显，这是不满于《关贸总协定》对成员国的限制以及管理功能的缺失。苏联的提议虽然没有得到更多国家的响应，但却揭示出这样一个事实：战后世界是作为一个整体在发展，各国不可能再做到彼此隔绝，发达国家也不可能只考虑本国利益，人们不满意战后初期自由贸易实践的局限，必将会做出努力寻求改变。

（4）两点辨析。中外很多学者认为，美国在战后初期并没有成功实践自由贸易，至少从协定内容来看，美国没能抵挡住其他国家对保护性贸易的要求，从而使自由贸易的推行功亏一篑。美国学者齐勒的研究是这一观点的典型代表。他从英美两国斗争的角度出发，探讨了自由贸易制度从构想到实践失败的过程。结论是英国利用它经济的脆弱地位与美国讨价还价，迫使美国放弃完全自由贸易的要求；④ 国内，谈谭详细考察了战后初期英美在贸易问题上的交

---

① United Nations, *Report of the Economic and Social Council*, *covering the period from 7 August 1954 to 5 August 1955*：18.

② Richard N. Gardner, *Sterling-Dollar Diplomacy*：379.

③ United Nations, *Yearbook of the United Nations*, 1956, Lake Success, N. Y.：Department of Public Information, 1957：158. *Report of the Economic and Social Council*, *covering the period from 6 August 1955 to 9 August 1956*：13.

④ Thomas W. Zeiler, *Free Trade*, *Free World*：*The Advent of GATT*：195-199.

涉，虽然美国最终取代了英国的地位，但却偏离了它所热衷的市场原则和多边非歧视自由贸易的目标。① 两者的观点基本一致，美国为了达到某种目的，被迫放弃在自由贸易上的原则主张。

诚然，战后初期美国自由贸易的实践遭遇一些消极因素的影响。从史实出发，对美国自由贸易的实践造成严重消极影响的两大事件是：第一，英国拒绝废除帝国特惠制；第二，美国放弃国际贸易组织。20 世纪 30 年代初帝国特惠制出现，由于它具有的封闭和排外特点，被美国视为自由贸易的最大敌人；作为自由贸易实践的最高管理与协调机构，国际贸易组织在世界贸易中的地位一如国际货币基金在国际金融体系中的地位，它是自由贸易的重要保障。由此可见，两大事件对美国自由贸易的实践的冲击是相当大的。但是，它们果真颠覆了美国对自由贸易的追求吗？

第一，帝国特惠制的保留。

英帝国特惠制对内实行低关税、低贸易壁垒，颇有自由贸易的特点，但它对帝国之外的国家与地区而言，却是高关税和高贸易壁垒的代名词，它的封闭与排外性使它成为典型的与自由贸易相对的制度。经济大危机之后的英国正是靠帝国特惠制才保住大国地位，挺过第二次世界大战，并奠定了在战后初期与美国相抗衡的局面。因此，美国将完全废除帝国特惠制列为目标也是自然而然的事情。

历史的发展总是出乎意料，战后初期，美国在自由贸易实践上的强势引起英帝国的极大不满。一方面，美国要求其他国家实践自由贸易，尤其是英国必须废除帝国特惠制，这写进了《英美金融协定》；另一方面，美国国内对此无法做到真正统一。1947 年，美国国会通过羊毛立法，对羊毛进口增税，导致英国、澳大利亚、南非、新西兰，一定程度上还有加拿大，对美国的做法表示严重不满甚至愤慨。这促使它们积极行动以保护本国利益——即在英帝国内已经享受到的特惠利益。虽然美国最终选择否决羊毛法案，为欧洲复兴提供马歇尔计划，但是英国却从中找到了美国的弱点，在帝国成员的支持下，它从废除帝国特惠制的义务中脱身，从而严重影响

---

① 谈谭：《国际贸易组织（ITO）的失败：国家与市场》，第 2 页。

到美国自由贸易的实践效果。

那么，英国此举对美国自由贸易实践有没有根本的影响呢？从前文可以看到，英国于 1947 年 10 月公布包含实质性特惠减让的表格，承诺 3 年内不再增加新的特惠，废除对美国相对重要的数项特惠，同时将特惠削减 25%。这种做法在美国看来，是已经打破了特惠体系最重要的部分。① 因此，美国虽然没有达到完全取消英联邦特惠制的目的，但英国和英联邦自治领最终同意在特定产品上削减或取消英联邦特惠关税，服从总协定"减少现有特惠关税差额"的规定，从而"表明英国就此承担了长远的义务"。② 更重要的是，此举标志着英帝国特惠制不再是完全封闭和排外的体系。随着美国主导下自由贸易体系的发展，英帝国必将完全融合于其中。

从原则上来看，英国削减特惠，并与减税保持一致，这与自由贸易的取消歧视、减税和降低贸易壁垒的原则完全相符，帝国特惠制的保留并没有成为阻碍美国自由贸易实践的严重障碍。对此，国内学者舒建中亦认为，（美英对帝国特惠制的处理）最大限度地实现了美国的政策目标。③ 这个政策目标，毫无疑问，就是指美国自由贸易构想的实践。

第二，国际贸易组织的失败。

对于国际贸易组织，多数学者们的看法一如美国对外关系委员会成员小迪博尔德所言，世人早在大西洋宪章订立之日就见证了一种意愿，即所有同法西斯奋战的国家在经济领域保持最全面的合作，在长达九年的时间里，伴随着租借协定、战时讨论、布雷顿森林会议、联合国粮农组织和善后救济总署、《联合国宪章》和《美英贷款协定》等各种事件，这种意愿一步步成型，所有以上步骤指向的目标是废除阻碍世界贸易的各种壁垒。作为规范贸易原则的协定，《国际贸易组织宪章》将是国际经济合作框架的重要基石。

---

① *FRUS*, 1947, Vol. I: 1015.

② *FRUS*, 1947, Vol. I: 1021.

③ 舒建中：《美国与 1947 年日内瓦会议——兼论关贸总协定机制的建立与美国贸易霸权》，《解放军外国语学院学报》2005 年第 3 期。

因此，国际贸易组织的失败意味着美国自由贸易政策的巨大改变，① 同时意味着自由贸易政策的失败。

但是，对于美国自由贸易政策而言，国际贸易组织的夭折，影响果真有这么重大吗？从对历史事实的分析可以看到，国际贸易组织的夭折，在某种程度上是历史的必然。我们应该看到，与设计初衷相比，国际贸易组织发生了太多的变化，以至于推动自由贸易不再是它的主要职能。

从当初的设计来看，国际贸易组织的主要职能是清理所有形式的贸易壁垒、废除对私人商业活动的限制、促进建立于不歧视基础上的健康的国际贸易，与联合国经济与社会理事会、国际货币基金等国际经济组织保持合作，② 以维持健康的贸易环境。从中可以看出，这完全体现了自由贸易的目标。但事实情况是，从 1945 年年底问世，《国际贸易组织宪章》草案历经数轮激烈争论，到 1948 年 3 月哈瓦那会议最终通过之时，历经三年论战，四次大会的洗礼，宪章无论从内容还是精神上都发生了巨大变化。

为了解决不同国家的不同要求，并最终形成统一的文件，哈瓦那会议对各国提出的要求几乎照单全收，因此，《国际贸易组织宪章》最终版本处处充满了例外条款，而这些例外条款，由于限制了商品的自由流通，成为阻碍世界贸易增长的新的绊脚石。简单说，众多的例外条款引来的反对大体如下：第一，收支严重失衡的国家被准许使用进口配额——某些时候为歧视性的使用，遭到众多反对。反对者认为配额的使用无助于改善收支，即便控制外汇也不能缓解经济困难。第二，关于就业的条款内容笼统而又模糊，尤其在贸易与就业之间没有建立有效联系。第三，在国际商品协定方面，政府在贸易控制与生产管理上的权力太大，如美国全国制造业联合会就认为，私人卡特尔固然不好，但政府卡特尔也是不好的。

---

① William Diebold, Jr. "The End of the I. T. O", *Essays in International Finance* (Department of Economics, Princeton University), No. 16, October, 1952：1-2.

② *FRUS*, 1945, Vol. Ⅵ：117-119.

第四，针对政府滥用权力没收或歧视私人投资等情况，宪章没有对外国私人投资者提供充分保护，以至于美国全国对外贸易委员会认为，宪章对私人投资提供的保护比已有的还要少。这被认为是最坏的一点。① 关税、特惠、补贴乃至数量限制等方面的例外条款体现了各国对本国利益的追求，这实际上是制造了数量庞大的贸易壁垒，自由贸易的目标被放置一边。

不得不说，这样的举措，便利于经济落后和遭受战争严重破坏的国家的发展与复兴，但对于美国自由贸易的推行来说，并不是多么有利的事情。美国国际商会执行委员会对宪章的批评最有代表性：它在实际上接受了所有的经济民族主义；因给予对外贸易中央计划的优先权而损害了自由企业体制；给歧视保留广阔的空间以及接受经济孤立原则等。② 美国不会接受这些歧视，尤其它们将对美国经济利益造成损害。这简直就与自由贸易原则完全相悖。1941年5月，赫尔对经济民族主义的抨击和对不歧视的强调——这些是自由贸易的重要原则，在《国际贸易组织宪章》中几乎都消失了。

当然，美国放弃《国际贸易组织宪章》还有其他重要原因，如美国丧失对该组织的控制权（理事会没有常任席位，一国一票等）、冷战的影响等，但单从对贸易政策的规范和影响来看，哈瓦那会议审议后的宪章显然已经不再是自由贸易的宪章，与之相对应的是，致力于减税的《关贸总协定》承担了这一职能。因此，对于美国放弃国际贸易组织，可以理解为它实际上放弃了对自由贸易的过多束缚，而对于自由贸易本身，美国选择了通过《关贸总协定》去践行。

20世纪，人类社会进入新阶段。在经济上，经过第二次工业革命的推动，整个世界为资本主义联结为一体。在这种情况下，各

---

① William Diebold, Jr. "The End of the I. T. O", *Essays in International Finance* (Department of Economics, Princeton University), No. 16, October, 1952: 16-18.

② William Diebold, Jr. "The End of the I. T. O", *Essays in International Finance* (Department of Economics, Princeton University), No. 16, October, 1952: 20.

国经济的增长不再取决于本身经济政策如何，而是各国经济政策整体如何。但在"一战"后的 10 余年时间里，世界主要大国的领袖们采取了错误的对外经济政策，导致世界贸易增长缓慢，经济动荡与危机丛生，甚至引发了规模空前的世界大战。这一切不能不让人反思，人类社会发展的未来在哪？危机与大战给出的答案是和平与合作。历史已经证明，在各国普遍联系的情况下，任何单纯追求本国利益不顾其他国家的做法，不可能为本国带来利益。因此，从经济意义上说，第一次世界大战、20 世纪 30 年代的经济大危机、第二次世界大战和冷战的开始，都是 20 世纪前半段世界经济秩序由旧变新的过程中的具有重要意义的事件。在这个过程当中，第二次世界大战的爆发凸显出了人类社会太过曲折的发展历程，而人类不能再以一个更大的灾难来作为上一个灾难的结果。作为世界第一经济大国的美国，利用第二次世界大战的契机，变革了世界经济秩序。从第二次世界大战后的历史演进来看，这一体系促进了以国际金融稳定与国际贸易增长为主要内容的经济繁荣，它所确立的世界经济运行的基本原则、组织、机制在当代国际社会中仍然发挥着重要作用，继续推动着世界经济水平向更高层次发展。同时应当看到的是，由于在变革中所存在的局限，也由于战后半个多世纪世界经济发生了巨大的变化，对战后经济秩序中不合理成分的改革也成为当代国际社会推动世界经济持续良性发展的需要。由此，第二次世界大战前后美国对战前世界经济秩序的改造过程，将给当代国际社会以深刻的历史启示，而人类在曲折发展中将不断迈向更光明的前景，这一点无需讳言。

参 考 文 献

英文部分

I. Archives and Unpublished Documents

RG56 General Records of Department of Treasury, National Archives II, College Park, MD, US.

Records of the Bretton Woods Agreements, 1938-1946, Boxes1-55

Chronological File of Harry Dexter White, Nov. 1934-Apr. 1946, Boxes1-13

Staff Memorandum of Harry Dexter White, Jan. 1941-June. 1946, Boxes14-15

Memorandum of Conferences held in the office of the Secretary of the Treasury, Sep. 1938-Jun. 1945, Box20

Memorandum of Conferences held in Harry Dexter White's office, Feb. 1940-Aug. 1945, Box21

RG59 General Records of Department of State, National Archives II, College Park, MD, US.

United Nations Monetary &Financial Conference, Bretton Woods, NH, July, 1944. Boxes 1-15

Position Papers, Bureau of International Organization Affairs (IO) and Its Predecessors, 1945-74, Boxes 1-15 of 55

Trade Agreements Branch, Subject File relating to International Commodity Problems, 1946-50, Boxes 1-3

Diaries of Henry Morgenthau, Jr. , Franklin D. Roosevelt Presidential Library & Museum, Hyde Park, NY, US.

British Cabinet Papers, http://www. nationalarchives. gov. uk/cabinetpapers/

    CAB 65 *Second World War conclusions*

    CAB 66 *Second World War memoranda*

    CAB 67 *Second World War memoranda*

    CAB 68 *Second World War memoranda*

    CAB 128 , *Post War conclusions*

    CAB 129 , 1-47 *Post War memoranda*

WTO Documents, 1945-1955, http://www. wto. org/gatt_docs/

    E : *United Nations Economic and Social Council*

    G : *General Series*

    GATT : *CONTRACTING PARTIES*

    ICITO : *Interim Commission of the International Trade Organization*

    ITO : *International Trade Organization*

    L : *General Series*

    SR : *Summary Records*

    TNJ : *Trade Negotiations Committee* : *Japan*

II. Published Documents

Documents on British Foreign Policy, 1919-1939, 2nd Ser. Vol. II, No. 37, London : 1947.

Department of Economic Affairs : *Economic Report* : *Salient Features of the World Economic Situation* 1945-1947, New York : United Nations, 1948.

IBRD Executive Directors, *Annual Report of IBRD* (First to Third), Washington, D. C. : 1946-1948.

Kimball, Warren F. , *Churchill and Roosevelt, the Complete Correspondence*, Vol. I, New Jersey : Princeton University Press, 1984.

League of Nations, *International Statistical Year-Book of the League of Nations*,

1926, *Geneva*: 1927

1929, *Geneva*: 1930

1933/34, *Geneva*: 1934

Long, Breckinridge, *Foreign Affairs of the United States in Wartime and After*, Washington: Government Printing Office, 1944.

McJimsey, George, *Documentary History of the Franklin D. Roosevelt Presidency*, *Vol.* 40 *the Bretton Woods Conference*, 1944, Lexis Nexis: 2008.

Moggridge, Donald, *the Collected Writings of John Maynard Keynes*,

Vol. 23, *Activities* 1940-1943, *External War Finance*, London: Macmillan Press, 1979.

Vol. 24, *Activities* 1941-1946, *The Transition to Peace*, London: Macmillan Press, 1979.

Vol. 25, *Shaping the Post-war World*: *the Clearing Union*, London: Macmillan Press, 1980.

Vol. 26, *Activities* 1941-1946, *Shaping the Post-War World*: *The Bretton Woods and Reparations*, London: Macmillan Press, 1980.

Neal, Steve, *Eleanor & Harry*, *The Correspondence of Eleanor Roosevelt and Harry S. Truman*, Scribner, 2002.

Public Papers of the Presidents of the United States, *Dwight D. Eisenhower*, 1954, Washington: Government Printing Office, 1960.

Public Papers of the Presidents of the United States, *Harry S. Truman*,

1945, Washington: Government Printing Office, 1961.

1946, Washington: Government Printing Office, 1962.

1948, Washington: Government Printing Office, 1964.

1949, Washington: Government Printing Office, 1964.

1952-53, Washington: Government Printing Office, 1965.

Notter, Harley, *Postwar Foreign Policy Preparation*, 1939-1945, Washington, 1949.

S. Shepard Jones and Denys P. Myers ed. , *Documents on American Foreign Relations* (*DAFR*),

January 1938-*June* 1939, Vol. I, Boston: World Peace Foundation, 1939.

July 1939-*June* 1940, Vol. II, Boston: World Peace Foundation, 1940.

Secretariat of the League of Nations, *The Course and phases of the World Economic Depression*, Geneva: 1931.

Seymour, Charles ed. , *The Intimate Papers of Colonel House*, Vol. 4, London: 1928.

The Economic Report of the President,

    1947, Washington: Government Printing Office, 1947.

    1956, Washington: Government Printing Office, 1956.

United Nations, *Report of the Economic and Social Council*,

    covering the period from 6 *August* 1955 *to* 9 *August* 1956, New York: 1956.

    covering the period from 7 *August* 1954 *to* 5 *August* 1955, New York: 1955.

United Nations, *Yearbook of the United Nations*,

    1948-1949, Lake Success, N. Y. : Department of Public Information, 1949.

    1950, Lake Success, N. Y. : Department of Public Information, 1951.

    1956, Lake Success, N. Y. : Department of Public Information, 1957.

U. S. Bureau of the Census, *Statistical Abstract of the United States*,

    1914, Washington: Government Printing Office, 1915.

    1922, Washington: Government Printing Office, 1923.

    1924, Washington: Government Printing Office, 1925.

    1926, Washington: Government Printing Office, 1927.

    1946, Washington: Government Printing Office, 1947.

    1949, Washington: Government Printing Office, 1949.

    1951, Washington: Government Printing Office, 1951.

    1956, Washington: Government Printing Office, 1956.

    1957, Washington: Government Printing Office, 1957.

U. S. Department of State, *Anglo-American Financial and Commercial*

Agreement: *Docements*, Washington: Government Printing Office, 1945.

U. S. Department of State, *Foreign Relations of the United States* (*FRUS*),

1936, Vol. I, Washington: Government Printing Office, 1953.

1941, Vol. I, Washington: Government Printing Office, 1958.

1941, Vol. III, Washington: Government Printing Office, 1959.

1942, Vol. I, Washington: Government Printing Office, 1960.

1943, Vol. I, Washington: Government Printing Office, 1963.

1943, China, Washington: Government Printing Office, 1957.

1944, Vol. II, Washington: Government Printing Office, 1967.

1944, Vol. III, Washington: Government Printing Office, 1965.

1944, Vol. IV, Washington: Government Printing Office, 1966.

The Conference at Quebec, 1944, Washington: Government Printing Office, 1972.

1945, Vol. II, Washington: Government Printing Office, 1967.

1945, Vol. V, Washington: Government Printing Office, 1967.

1945, Vol. VI, Washington: Government Printing Office, 1969.

1946, Vol. I, Washington: Government Printing Office, 1972.

1946, Vol. VI, Washington: Government Printing Office, 1969.

1947, Vol. I, Washington: Government Printing Office, 1973.

1947, Vol. IV, Washington: Government Printing Office, 1972.

1948, Vol. I, Part 2, Washington: Government Printing Office, 1976.

1948, Vol. II, Washington: Government Printing Office, 1973.

1948, Vol. IV, Washington: Government Printing Office, 1974.

1948, Vol. VI, Washington: Government Printing Office, 1974.

1949, Vol. VII, Part 2, Washington: Government Printing Office, 1976.

1950, Vol. I, Washington: Government Printing Office, 1977.

1950, Vol. VI, Washington: Government Printing Office, 1976.

1951, Vol. I, Washington: Government Printing Office, 1979.

1951, Vol. VI, Part 1, Washington: Government Printing Office, 1977.

1952-1954, Vol. I, Part 1, Washington: Government Printing Office,

1983.

1952-1954, Vol. XIV, Part 2, Washington: Government Printing Office, 1985.

1955-1957, Vol. IX, Washington: Government Printing Office, 1987.

U. S. Department of State, *Proceedings and Documents of the United Nations Monetary & Financial Conference*, Vol. II, Washington: Government Printing Office, 1948.

U. S. Department of State, *The Department of State Bulletin*,

Vol. 1, No. 12, September 16, 1939.

Vol. 3, No. 61, August 24, 1940.

Vol. 4, No. 93, April 5, 1941.

Vol. 4, No. 99, May 17, 1941.

Vol. 4, No. 100, May 24, 1941.

Vol. 6, No. 140, February 28, 1942.

Vol. 7, No. 172, October 9, 1942.

Vol. 10, No. 257, May 27, 1944.

Vol. 11, No. 262, July 2, 1944.

Vol. 11, No. 268, August 13, 1944.

Vol. 11, No. 270, August 27, 1944.

Vol. 11, No. 284, December 3, 1944.

Vol. 13, No. 337, December 9, 1945.

Vol. 15, No. 383, November 3, 1946.

Vol. 15, No. 386, November 24, 1946.

Vol. 16, No. 411, May 18, 1947.

Vol. 16, No. 414, June 6, 1947.

Vol. 18, No. 457, April 4, 1948.

Vol. 20, No. 515, May 15, 1949.

Vol. 23, No. 593, November 13, 1950.

U. S. Department of Treasury, *Annual Report of the Secretary of the Treasury on the State of Finances (ARSTSF)*,

for the Fiscal Year Ended June 30, 1937, Washington: Government

Printing Office, 1938.

for the Fiscal Year Ended June 30, 1940, Washington: Government Printing Office, 1941.

for the Fiscal Year Ended June 30, 1941, Washington: Government Printing Office, 1942.

for the Fiscal Year Ended June 30, 1942, Washington: Government Printing Office, 1943.

for the Fiscal Year Ended June 30, 1943, Washington: Government Printing Office, 1944.

for the Fiscal Year Ended June 30, 1945, Washington: Government Printing Office, 1945.

U. S. Office of War Information, *The United Nations Fight for the Four Freedoms*, Washington: Government Printing Office, 1942.

Woolley, John T. and Peters, Gerhard, *The American Presidency Project* [online]. Santa Barbara, CA: University of California (hosted), Gerhard Peters (database), http://www. presidency. ucsb. edu/ws/

III. Works and Articles

i. Works

Aaronson, Susan A. , *Trade and the American Dream*, Lexington: the University Press of Kentucky, 1996.

Acsay, Peter J. , "Planning for Postwar Economic Cooperation, 1933-1946", PHD Dissertation of Saint Louis University, 2000.

Aldcroft, Derek H. , *The European Economy*, 1914-1970, London: Croom Helm, 1978.

Beisner, Robert L. , *Dean Acheson, A Life in the Cold War*, New York: Oxford University Press (USA), 2006.

Blum, John M. , *From the Morgenthau Diaries*, Vols. 1-3, Boston, 1959-1967.

Brinkley, Douglas and Facey-Crowther, David R. , *The Atlantic Charter*, New York: St. Martin's Press, 1994.

Buckley, Roger, *Occupation Diplomacy: Britain, the United States and Japan*, 1945- 1952, London: Cambridge University Press, 1982.

Butler, Michael A., *Cautious Visionary, Cordell Hull and Trade Reform*, 1933-1937, Kent: The Kent State University Press, 1998.

Cesarano, Filippo, *Monetary Theory and Bretton Woods: the Construction of an International Monetary Order*, New York: Cambridge University Press, 2006.

Clarke, Richard, *Anglo-American Economic Collaboration in War and Peace*, 1942-1949, Oxford: Clarendon Press, 1982.

Cobden, Richard, *Speeches on Free Trade*, London: MacMillan and Co., 1903.

Condliffe, J. B., *Agenda for a Postwar World*, New York: W. W. Norton & Company, 1942.

Dalton, Hugh, *The Fateful Years, Memoirs*, 1931-1945, London: Frederick Muller Ltd., 1957.

Destler, I. M., *American Trade Politics*, Washington: Institute for International Economics, 2005.

Dobson, Alan P., *U. S. Wartime Aid to Britain*, 1940-1946, Dover: Croom Helm, 1986.

Dormael, Armand V., *Bretton Woods, Birth of a Monetary System*, London: MacMillan Press, 1978.

Drummond, Ian M., *Negotiating Freer Trade: the United Kingdom, the United States, Canada, and the trade agreements of 1938*, Waterloo: Wilfrid Laurier University Press, 1989.

Dutt, R. Palme, *Britain's Crisis of Empire*, London: Lawrence& Wishart, 1949.

Eloranta, Jari &Ojala, Jari eds., *East-West Trade and the Cold War*, Jyvaskyla: University of Jyvaskyla, 2005.

Engerman, Stanley L. & Gallman, Robert E., *The Cambridge Economic History of the United States*, Vol. 3, *The Twentieth Century*, Cambridge University Press, 2000.

Gardner, Richard N. , *Sterling-Dollar Diplomacy: Anglo-American Collaboration in the Reconstruction of Multilateral Trade*, Oxford: Clarendon Press, 1956.

Hancock, W. K. & Gowing, M. M. , *British War Economy*, London: HMSO, 1949.

Harrison, Mark, *The Economics of World War II*, Cambridge: Cambridge University Press, 1998.

Hathaway, Robert M. , *Ambiguous Partnership, Britain and America, 1944-1947*, New York: Columbia University Press, 1981.

Hearden, Patrick J. , *Architects of Globalism: Building a New World Order during World War II*, Fayetteville: The University of Arkansas Press, 2002.

Hetzel, Robert L. , *The Monetary Policy of the Federal Reserve: A History*, New York: Cambridge University Press, 2008.

Hinton, Harold B. , *Cordell Hull, A Biography*, New York: Doubleday, Doran & Company, 1942.

Horsefield, J. Keith, *The International Monetary Fund*, 1945-1965, Vol. I: *Chronicle*, Vol. II: *Analysis*, Vol. III: *Documents*, Washington D. C. : 1969.

Howson, Susan and Moggridge, Donald, *The Wartime Diaries of Lionel Robbins and James Meade*, 1943-1945, Basingstoke, Hampshire: Macmillan, 1990.

Hudson, Michael, *Super Imperialism, the Origin and Fundamentals of U. S. World Dominance*, Sterling: Pluto Press, 2003.

Hull, Cordell, *The Memoirs of Cordell Hull*, Vols. 1-2, New York: MacMillan Co. , 1948.

Irwin, Douglas A. , Mavroidis, Petros C. , Sykes, Alan O. , *The Genesis of the GATT*, Cambridge: Cambridge University Press, 2008.

Jackson, Ian, *The Economic Cold War: America, Britain and East-West Trade*, 1948-1963, New York: Palgrave, 2001.

Jurgen, Gehl, *Austria, Germany, and the Anschluss*, 1931-1938, London:

Oxford University Press, 1963.

Kirshner, Orin ed. , *The Bretton Woods-GATT System: Retrospect and Prospect After Fifty Years*, New York: M. E. Sharpe, 1996.

Langsam, Walter C. , *The World Since 1914*, New York: The MacMillan Company, 1933.

Mason, Edward S. & Asher, Robert E. , *The World Bank since Bretton Woods*, Washington: Brookings Institution, 1973.

McKercher, Brian, *Transition of Power: Britain's Loss of Global Pre-eminence to the United States*, 1930-1945, New York: Cambridge University Press, 1999.

McKinzie, Richard D. , *Oral History Interview with John M. Leddy*, Washington D. C. , June 15, 1973, from Harry S. Truman Library.

McKinzie, Richard D. , *Oral History Interview with Winthrop G. Brown*, Washington D. C. , May 25, 1973, from Harry S. Truman Library.

Postan, M. M. , *British War Production*, London: H. M. S. O, 1952.

Pressnell, L. S. , *External Economic Policy since the War*, Vol. 1, *The Post-war Financial Settlement*, London: Her Majesty's Stationery Office, 1986.

Schlesinger, Jr. , Arthur M. , *The Crisis of the Old Order*, 1919-1933, Boston: Houghton Mifflin Company, 1957.

Rees, David, *Harry Dexter White: A Study in Paradox*, New York: Coward, McCann & Geoghegan, 1973.

Robinson, Edgar E. , West, Victor J. , *The Foreign Policy of Woodrow Wilson*, 1913-1917, New York: The MacMillan Company, 1918.

Sayers, R. S. , *Financial Policy*, 1939-1945, London: Her Majesty's Stationery Office and Longmans Green and Co. , 1956.

Schild, Georg, *Bretton Woods and Dumbarton Oaks: American Economic and Political Postwar Planning in the Summer of 1944*, London: Macmillan Pr. , 1995.

Skidelsky, Robert, *John Maynard Keynes*, Vol. 3, *Fighting for Britain: 1937-1946*, London, Macmillan, 2000.

Spahn, Heinz-Peter, *From Gold to Euro*, Berlin: Springer, 2001.

Stettinius, Edward R. , *Lend-lease, Weapon for Victory*, New York: Macmillan Company, 1944.

Taus, Esther R. , *The Role of the U. S. Treasury in Stabilizing the Economy*, 1941-1946, Washington, D. C. : University Press of America, 1981.

Thompson, Robert S. , *The Eagle Triumphant: How American Took Over the British Empire*, Hoboken: John Wiley & Sons, 2004.

Vittorio, Antonio Di, *An Economic History of Europe, from Expansion to Development*, New York: Routledge, 2006.

Weiss, Steve, *Allies in Conflict: Anglo-American Strategic Negotiations*, 1938-1944, New York: St. Martin's Press, 1996.

Welles, Sumner, *The Time for Decision*, New York: Harper & Brothers, 1944.

Wilcox, Clair, *A Charter for World Trade*, New York: Macmillan Co. , 1949.

Wilson, Theodore A. , *The First Summit: Roosevelt and Churchill at Placentia Bay*, 1941, Lawrence: University Press of Kansas, 1991.

Woods, Randall B. , *A Changing of the Guard: Anglo-American Relations*, 1941-1946, Chapel Hill and London: University of North Carolina Press, 1990.

Zeiler, Thomas W. , *Free trade, Free World: The Advent of GATT*, Chapel Hill: University of North Carolina Press, 1999.

ii. Articles

Aaronson, Susan, "How Cordell Hull and the Postwar Planners Designed a New Trade Policy", *Business and Economic History*, Second Series, Vol. 20, 1991.

Acsay, Peter J. , "Planning for Postwar Economic Cooperation, 1933-1946", *PHD Dissertation* of Saint Louis University, 2000.

Allen, R. G. D. , "Mutual Aid between the U. S. and the British Empire,

1941-1945", *Journal of the Royal Statistical Society*, Vol. 109, No. 3 (1946).

Altman, Oscar L. , "Quotas in the International Monetary Fund", *Staff Papers-International Monetary Fund*, Vol. 5, No. 2 (Aug. , 1956).

Beckhart, B. H. , "The Bretton Woods Proposal for an International Monetary Fund", *Political Science Quarterly*, Vol. 59, No. 4 (Dec. , 1944).

Bidwell, Percy W. , "A Postwar Commercial Policy for the United States", *The American Economic Review*, Vol. 34, No. 1, Part 2, Supplement, Papers and Proceedings of the Fifty-sixth Annual Meeting of the American Economic Association (Mar. , 1944).

Boughton, James M. , "American in the Shadows: Harry Dexter White and the Design of the International Monetary Fund", *IMF Working Paper*, January 2006.

Boughton, James M. , "Why White, not Keynes? Inventing the Postwar Monetary System", *IMF Working Paper*, March, 2002.

Brandis, Buford, "British Overseas Trade and Foreign Exchange", *Political Science Quarterly*, Vol. 58, No. 2. (Jun. , 1943).

Bryce, Robert B. , "Basic Issues in Postwar International Economic Relations", *The American Economic Review*, Vol. 32, No. 1, Part 2, Supplement, Papers and Proceedings of the Fifty-fourth Annual Meeting of the American Economic Association, (Mar. , 1942).

Canadian international council, "Japan and GATT", *International Journal*, Vol. 9, No. 3, summer, 1954.

Clayton, William L. , "The Importance of International Economic Relations to World Peace", *Proceedings of the Academy of Political Science*, Vol. 22, No. 1, *Labor Policy and Labor Relations* (May, 1946).

Costigliola, Frank C. , "Anglo-American Financial Rivalry in the 1920s", *The Journal of Economic History*, Vol. 37, No. 4 (Dec. , 1977).

Dernburg, H. J. , "Germany's External Economic Position" , *The American Economic Review* , Vol. 44 , No. 4 (Sep. , 1954).

Diebold, Jr. William , " The End of I. T. O " , *Essays in International Finance* (Department of Economics, Princeton University) , No. 16 , October, 1952.

Feis, Herbert, "Restoring Trade after the War" , *Foreign Affairs* , Vol. 20 (1941-42).

Fetter, Frank Whitson, "The United States and World Trade" , *Annals of the American Academy of Political and Social Science* , Vol. 255 , *Foreign Policies and Relations of the United States* (Jan. , 1948).

Germain, Randall D. , " Financial governance in historical perspective: lessons from the 1920s" , Paper presented to *the annual conference of the* 2008 *Canadian Political Science Association* , University of British Columbia.

Gerschenkron, Alexander, "Russia's Trade in the Postwar Years" , *Annals of the American Academy of Political and Social Science* , Vol. 263 , May, 1949.

Glickman, David L. , " The British Imperial Preference System" , *The Quarterly Journal of Economics* , Vol. 61 , No. 3 (May, 1947).

Haines, Walter W. , " Keynes, White, and History " , *The Quarterly Journal of Economics* , Vol. 58 , No. 1 (Nov. , 1943).

Herring, Jr. George C. , " The United States and British Bankruptcy, 1944-1945: Responsibilities Deferred" , *Political Science Quarterly* , Vol. 86 , No. 2 (Jun. , 1971).

Jacobson, Harold Karan, "The Soviet Union, the UN and World Trade" , *The Western Political Quarterly* , Vol. 11 , No. 3 (Sep. , 1958).

James, Harold & James, Marzenna, "The Origins of the Cold War: Some New Documents " , *The Historical Journal* , Vol. 37 , No. 3 (Sep. , 1994).

Kimball, Warren F. , " lend-lease and the open door: the Temptation of British Opulence, 1931-1942" , *Political Science Quarter* , June, 1971.

Linz, Susan J. , "Foreign Aid and Soviet Postwar Recovery", *The Journal of Economic History*, Vol. 45, No. 4 (Dec. , 1985).

Luce, Henry R. , "The American Century", *Life*, Vol. 10, February 17, 1941.

McNally, Raymond V. , "The American Wool Problem", *American Journal of Economics and Sociology*, Vol. 7, No. 2 (Jan. , 1948).

Mikesell, Raymond F. , "The Bretton Woods Debates: a Memoir", *Essays in International Finance* (Department of Economics, Princeton University), No. 192, March, 1994.

Miller, James N. , "Origins of the GATT-British Resistance to American Multilateralism", Jerome Levy Economics Institute at Bard College, *WB Working Paper* No. 318, 2000.

Opie, Redvers, "Anglo-American Economic Relations in War-Time", *Oxford Economic Papers*, *New Series*, Vol. 9, No. 2 (Jun. , 1957).

Paterson, Thomas G. , "The Abortive American Loan to Russia and the Origins of the Cold War, 1943-1946", *The Journal of American History*, Vol. 56, No. 1, Jun. , 1969.

Reynolds, David, "From World War to Cold War: the Wartime Alliance and Postwar Transitions, 1941-1947", *The Historical Journal*, 45. 1, 2002.

Toye, Richard, "The Attlee Government, the Imperial Preference System and the Creation of the GATT", *English Historical Review*, cxviii (Sept. 2003).

Welles, Sumner, "Shaping the Economic and Political Future", *Proceedings of the Academy of Political Science*, Vol. 21, No. 2, Shaping the Economic Future (Jan. , 1945).

Wilcox, Clair, "The London Draft of a Charter for an International Trade Organization", *The American Economic Review*, Vol. 37, No. 2, Papers and Proceedings of the Fifty-ninth Annual Meeting of the American Economic Association (May, 1947).

"The Vandenberg Tariff", *The Economist*, March 15, 1947.

389

中文部分

一、文件资料类

[英] B. R. 米切尔编，贺力平译：《帕尔格雷夫世界历史统计（1750—1993）》三卷，北京：经济科学出版社 2002 年版。

李剑鸣、章彤编：《美利坚合众国总统就职演说全集》，天津：天津人民出版社 1996 年版。

[美] 罗斯福，关在汉编译：《罗斯福选集》，北京：商务印书馆 1982 年版。

秦孝仪：《中华民国重要史料初编——对日抗战时期》第三编《战时外交》三，台北：中国国民党中央委员会党史委员会 1981 年版。

沈志华编：《苏联历史档案选编》16，北京：社会科学文献出版社 2005 年版。

世界知识出版社编：《国际条约集》

卷（1924—1933），北京：世界知识出版社 1961 年版。

卷（1934—1944），北京：世界知识出版社 1961 年版。

卷（1945—1947），北京：世界知识出版社 1959 年版。

卷（1948—1949），北京：世界知识出版社 1959 年版。

[英] 约翰·梅纳德·凯恩斯著，尚妍、谢晓迎等译：《凯恩斯文集》中下卷，北京：改革出版社 2000 年版。

二、著述

（一）著作

邓蜀生：《伍德罗·威尔逊》，上海：上海人民出版社 1982 年版。

黄绍湘：《美国通史简编》，北京：人民出版社 1979 年版。

刘绪贻、杨生茂主编：《美国通史》4、5、6，北京：人民出版社 2002 年版。

金卫星：《从"门户开放"到世界贸易组织：20世纪美国全球扩张战略的历史轨迹》，苏州：苏州大学出版社2001年版。

梅俊杰：《自由贸易的神话——英美富强之道考辨》，上海：三联书店上海分店2008年版。

舒建中：《多边贸易体系与美国霸权——关贸总协定制度研究》，南京：南京大学出版社2009年版。

宋则行、樊亢：《世界经济史》中卷，北京：经济科学出版社1998年版。

谈谭：《国际贸易组织（ITO）的命运：国家与市场》，上海：上海社会科学院出版社2010年版。

王玮、戴超武：《美国外交思想史，1775—2005》，北京：人民出版社2007年版。

王在帮：《霸权稳定论批判——布雷顿森林体系的历史考察》，北京：时事出版社1994年版。

夏炎德：《欧美经济史》，上海：三联书店1991年版。

许海云：《锻造冷战联盟——美国"大西洋联盟政策"研究，1945—1955》，北京：中国人民大学出版社2007年版。

杨生茂：《美国外交政策史，1775—1989》，北京：人民出版社1991年版。

张振江：《从英镑到美元：国际经济霸权的转移，1933—1945》，北京：人民出版社2006年版。

[澳]A. G. 肯伍德、A. L. 洛赫德著，王春法译：《国际经济的成长，1820—1990》，北京：经济科学出版社1997年版。

[英]阿·尔·康南著，汉敖译：《英镑区》，北京：世界知识出版社1956年版。

[美]阿瑟·林克、威廉·卡顿著，刘绪贻译：《一九〇〇年以来的美国史》上、中，北京：中国社会科学出版社1983年版。

[英]爱因锡著，杨承芳译：《第二次世界大战中的经济问题》，桂林：文化供应社1940年版。

[法]安德烈·莫鲁瓦著，复旦大学历史系世界史组译：《美国史——从威尔逊到肯尼迪》，北京：人民出版社1977年版。

［英］奥斯汀·罗宾逊著，滕茂桐译：《凯恩斯传》，北京：商务印书馆 1980 年版。

［英］包斯坦著，周宪文译：《战后西欧经济史》，台北：台湾银行经济研究室 1975 年版。

［英］彼德·马赛厄斯等主编，徐强等译：《剑桥欧洲经济史》第 7、8 卷，北京：经济科学出版社 2004 年版。

［苏］费·丘耶夫著，军事科学院外国军事研究部译：《同莫洛托夫的 140 次谈话》，北京：新华出版社 1992 年版。

［美］韩德著，马荣久等译：《美利坚独步天下》，上海人民出版社 2011 年版。

［美］赫伯特·斯坦著，金清等译：《美国总统经济史——从罗斯福到克林顿》，长春：吉林人民出版社 2011 年版。

［法］米歇尔·博德，吴艾美等译：《资本主义史：1500—1980》，北京：东方出版社 1986 年版。

［法］C. L. 莫瓦特编，中国社会科学院世界历史研究所组译：《新编剑桥世界近代史：世界力量对比的变化，1898—1945》，北京：中国社会科学出版社 1999 年版。

［美］查尔斯·P. 金德尔伯格著，宋承先、洪文达译：《1929—1939 年世界经济萧条》，上海：上海译文出版社 1986 年版。

［美］查尔斯·P. 金德尔伯格著，徐子建等译：《西欧金融史》，北京：中国金融出版社 1991 年版。

［美］德怀特·艾森豪威尔著，樊迪等译：《艾森豪威尔回忆录：白宫岁月》上，北京：三联书店 1978 年版。

［美］德怀特·杜蒙德著，宋岳亭译：《现代美国：1896—1946》，北京：商务印书馆 1984 年版。

［英］E. H. 卡尔著，秦亚青译：《20 年危机（1919—1939）：国际关系研究导论》，北京：世界知识出版社 2005 年版。

［美］福克讷著，王锟译：《美国经济史》上下卷，北京：商务印书馆 1989 年版。

［法］弗朗索瓦·卡龙著，吴良健、方廷钰译：《现代法国经济史》，北京：商务印书馆 1991 年版。

[日]宫崎犀一等编，陈小洪等译：《近代国际经济要览：16 世纪以来》，北京：中国财政经济出版社 1990 年版。

[美]H. N. 沙伊贝、H. G. 瓦特、H. U. 福克纳著，彭松建等译：《近百年美国经济史》，北京：中国社会科学出版社 1983 年版。

[美]哈里·杜鲁门著，李石译：《杜鲁门回忆录》上下卷，北京：三联书店 1974 年版。

[苏]赫鲁晓夫著，上海市政协编译组译：《最后的遗言：赫鲁晓夫回忆录续集》，北京：东方出版社 1988 年版。

[美]亨利·基辛格著，顾淑馨、林添贵译：《大外交》，海口：海南出版社 1998 年版。

[英]卡尔·波兰尼著，冯钢等译：《大转型：我们时代的政治与经济起源》，杭州：浙江人民出版社 2007 年版。

[英]克拉潘著，姚曾廙译：《现代英国经济史》4，北京：商务印书馆 2009 年版。

[美]罗伯特·达莱克著，陈启迪等译：《罗斯福与美国对外政策，1932—1945》下册，北京：商务印书馆 1984 年版。

[美]罗伯特·费雷尔编，陈子思等译：《艾森豪威尔日记》，北京：新华出版社 1987 年版。

[美]罗伯特·吉尔平著，杨宇光等译：《国际关系政治经济学》，北京：经济科学出版社 1989 年版。

[美]罗伯特·基欧汉著，苏长和等译：《霸权之后：世界政治经济中的合作与纷争》，上海：上海世纪出版集团 2006 年版。

[英]罗伯特·斯基德尔斯基著，相蓝欣、储英译：《凯恩斯传，1883—1946》，北京：三联书店 2006 年版。

[美]罗伯特·特里芬著，陈尚森、雷达译：《黄金与美元危机：自由兑换的未来》，北京：商务印书馆 1997 年版。

[英]M. M. 波斯坦主编，郎立华等译：《剑桥欧洲经济史》6、7、8，北京：经济科学出版社 2002 年版。

[美]迈克尔·亨特著，褚律元译：《意识形态与美国外交》，北京：世界知识出版社 1999 年版。

[美]默里·罗斯巴德著，谢华育译：《美国大萧条》，上海：上海

世纪出版集团 2003 年版。

[美]乔纳森·休斯、路易斯·凯恩著，邸晓燕等译：《美国经济史》，北京：北京大学出版社 2011 年版。

[美]乔治·凯南著，葵阳等译：《美国外交》，北京：世界知识出版社 1989 年版。

[英]帕姆·杜德著，苏仲彦等译：《英国和英帝国危机》，北京：世界知识出版社 1954 年版。

[美]舍伍德著，福建师范大学外语系编译室译：《罗斯福与霍普金斯》，北京：商务印书馆 1980 年版。

[英]苏珊·斯特兰奇著，杨宇光等译：《国际政治经济学导论——国家与市场》，北京：经济科学出版社 1990 年版。

[美]托马斯·帕特森等著；李庆余译：《美国外交政策》，北京：中国社会科学出版社 1989 年版。

[美]W. 艾夫里尔·哈里曼、伊利·艾贝尔著，南京大学历史系译：《特使——与邱吉尔、斯大林周旋记，1941—1946》，北京：三联书店 1978 年版。

[美]威廉·恩道尔著，顾秀林、陈建明译：《金融海啸》，北京：知识产权出版社 2009 年版。

[美]威廉·哈代·麦克尼尔著，叶佐译：《美国、英国和俄国它们的合作和冲突，1941—1946》，上海：上海译文出版社 1987 年版。

[美]威廉·曼彻斯特著，朱协译：《1932—1972 年美国实录：光荣与梦想》，北京：商务印书馆 1978 年版。

[英]温斯顿·丘吉尔著，吴万沈等译：《第二次世界大战回忆录》2、3，海口：南方出版社 2003 年版。

[美]沃尔特·拉菲伯、理查德·波伦堡、南希·沃洛奇著，黄磷译：《美国世纪——一个超级大国的崛起与兴盛》，海口：海南出版社 2008 年版。

[美]沃尔特·拉费伯尔著，牛可等译：《美国、俄国和冷战，1945-2006》，北京：世界图书出版公司 2011 年版。

[美]小约瑟夫·奈著，张小明译：《理解国际冲突：理论与历史》，

上海：上海世纪出版集团 2005 年版。

[美]约翰·加迪斯著，时殷弘等译：《遏制战略：战后美国国家安全政策评析》，北京：世界知识出版社 2005 年版。

[美]约翰·肯尼斯·加尔布雷思著，沈国华译：《1929 年大崩盘》，上海：上海财经大学出版社 2006 年版。

[苏]祖波克著，苏更生译：《美国史略：1877—1918》，北京：三联书店 1959 年版。

（二）未刊硕博士论文

崔岩：《美国战略性贸易政策研究》，吉林大学 2010 年博士论文。

刘振环：《美国贸易政策取向的历史演变》，吉林大学 2010 年博士论文。

孙天竺：《美国对外贸易政策变迁轨迹研究（1776—1940）》，辽宁大学 2008 年博士论文。

王瑶：《战后初期苏联战时经济向和平经济的转变》，中国社会科学院研究生院 2000 年硕士论文。

王志：《美国多边贸易政策研究（1934-2009）》，复旦大学 2010 年博士论文。

谢华：《冷战时期美国对第三世界国家经济外交研究（1947—1969）》，陕西师范大学 2008 年博士论文。

辛玫：《美国与国际货币基金组织关系探析——制度霸权的研究视角》，吉林大学 2007 年硕士论文。

赵航：《多边贸易体制与美国的霸权权力》，外交学院 2008 年博士论文。

（三）论文

崔海智：《战后苏美经济合作尝试的失败——兼论经济冷战的起源》，《世界历史》2011 年第 1 期；

《苏联对战后经济重建的思考——迈斯基关于战后英、美经济政策的报告》，《俄罗斯研究》2011 年第 2 期。

邓峰：《冷战初期美国对日本的贸易政策》，《现代日本经济》2001

年第 4 期；

《冷战初期美国对日本加入关贸总协定的外交政策》，《吉林大学社会科学学报》2001 年第 6 期；

《试论推动日本加入关贸总协定的政治因素》，《现代日本经济》2005 年第 5 期。

金卫星：《二战期间美国筹建战后世界多边自由贸易体系的历程》，《史学月刊》2003 年第 12 期；

《"门户开放"政策与 20 世纪大国的博弈》，《苏州大学学报》2007 年第 6 期；

《美元的崛起与欧美经济民族主义博弈》，《世界历史》2008 年第 4 期；

《马歇尔计划与美元霸权的确立》，《史学集刊》2008 年第 6 期。

郎平：《贸易是推动和平的力量吗?》，《世界经济与政治》2005 年第 10 期。

李铁城、武冰：《大西洋会议和大西洋宪章》，《世界历史》1985 年第 9 期。

毛锐：《试论战后初期苏联对"基金"和"银行"的态度转变及对苏美关系的影响》，《山东师大学报》1997 年第 1 期。

梅俊杰：《从马克思的论断看自由贸易的历史真相》，《马克思主义研究》2009 年第 6 期。

舒建中：《美国与 1947 年日内瓦会议——兼论关贸总协定机制的建立与美国贸易霸权》，《解放军外国语学院学报》2005 年第 3 期；

《美国在关贸总协定机制下的对捷政策 (1948—1951)》，《西南师范大学学报》2006 年第 1 期；

《美国在关贸总协定机制下的对德政策 (1948—1951)》，《西南大学学报》2008 年第 1 期。

谭秉文：《苏联和东欧国家与国际货币基金组织和世界银行》，《国际金融研究》1989 年 11 期。

夏尔·塔凯著，胡润之译：《论自由贸易》，《第欧根尼》1985 年第 2 期。

张俺元、卢志渊:《二战结束初期美国和苏联对外经济战略比较》,《泉州师范学院学报》2008 年第 1 期。

张小青:《论美国的贸易保护主义——从历史角度进行的分析》,《美国研究》1988 年第 1 期。

张义德:《战后初期的苏联经济》,《历史教学》1997 年第 9 期。

《关贸总协定 123 个缔约方名录》,《对外经贸实务》1994 年第 10 期。

后　记

写作之余，放眼窗外，看到的是满满的生机。这座新英格兰小镇兼具乡村的安静和城市的繁华。武汉 8 月暑气正盛的时候，这儿却如初秋一般让人迷恋。推门外出，往往艳阳高照，却一点也不热，远远望见群山翠绿，恍如世外桃源；午后有时狂风大作，暴雨骤起。风雨之后，依然蓝天白云，空气平静得仿佛不曾发生过什么。即便是下雨了，人们往往也能安之若素。在街上行走的人们，不会因为雨滴的陪伴而刻意加快脚步，甚至有人牵出他的爱犬在雨中漫步。街上是永远也驶不完的汽车，无论是风和日丽还是大雨磅礴，它们不抢路不插队，秩序仿佛如宇宙规律一般有力而又自然。与之类似，世界经济秩序也有着它运行的规律，善用它，能为国家谋利，而无视它或滥用它，必然会付出代价。

第二次世界大战史的研究是值得推进的，与国外同行相比，我们在很多方面做得并不够。这本论述美国与战后世界经济秩序的小书，从根本上来说，是第二次世界大战史的研究成果。它能够出版，首先得感谢我的恩师韩永利教授。10 多年来，如没有恩师的耐心指导，绝不会有本书的写作计划，我个人也不会有任何研究成果问世。韩老师还是我人生道路的引路人，在为人处世上，我常常感受到他高尚人格所散发的魅力，于我而言，见贤思齐用在这儿是再合适不过了。

特别感谢武汉大学边界与海洋研究院的胡德坤教授。胡老师是国内第二次世界大战史学科的领军人物，待人宽厚，富有耐心，对于我的学术成长给予了极大的帮助和鼓励，没有他的支持，这本书的出版将不可想象。

在过去的求学和研究岁月中，武汉大学严双伍教授、张德明教授、熊沛彪教授、徐友珍教授、潘迎春教授、彭敦文教授、谢国荣教授、刘晓莉老师，华中师范大学黄正柏教授和邢来顺教授等均在不同场合给予热情鼓励并对书稿提出宝贵修改意见，一并感谢！同样，如果没有武汉大学历史学院和世界史研究所领导及老师们的谆谆教导和善意帮助，我也不可能走到今天。当然，由于本人水平和精力有限，难免在行文中出现错误和疏漏之处，本书可能出现的所有问题都由本人承担。

还要感谢北美大陆的师友。如果不是达特茅斯学院的 Pamela Kyle Crossley 教授邀请我来美访学，我可能现在也没有机会来美国获取第一手研究资料，而如果马里兰大学的 David Sicilia 教授没有给我访问学者的身份，那么我在 College Park 的半年将无书可读。他们平素对我的慷慨支持与帮助，常常使我这个外国人深为感动。

最后要感谢的是我的家人。与爱人吴佳琴相识六年，亏欠良多。她几乎放弃了自己的一切，尤其在个人事业上作出了巨大的牺牲，如果没有她的陪伴，这本书的完成将遥遥无期。我的父母，穷尽半生将我抚养成人，他们虽不了解我的工作，但一直给予了无条件的理解。还有很多人，虽然此处不能一一列出他们的名字，但是我不会忘记他们给我的每一项帮助。

做学术工作是幸福的，但它也是一种易于"欠债"的工作。老师们对我的指导，家人对我的照顾，每每让我感恩的同时，更加诚惶诚恐，生怕辜负了他们的期望，浪费了他们的付出。这本书的出版，远不足以偿还过去的"债务"，也称不上是一个重要的交代，我自当以奋发向上自勉。

张士伟

2015 年 8 月于美国新罕布什尔州汉诺威